税源建设与海西发展

福建省地方税务局　编著

中国财政经济出版社

图书在版编目（CIP）数据

税源建设与海西发展/福建省地方税务局编．—北京：中国财政经济出版社，2010.8

ISBN 978－7－5095－1995－0

Ⅰ．税…　Ⅱ．福…　Ⅲ．地方税收－税收管理－财政政策－研究－福建省　Ⅳ．F812.757

中国版本图书馆CIP数据核字（2010）第017145号

责任编辑：赵　力　李筱文　　　　责任校对：李　丽

封面设计：郁　佳　　　　版式设计：兰　波

中国财政经济出版社出版

URL：http：//www.cfeph.cn

E－mail：cfeph@cfeph.cn

社址：北京市海淀区阜成路甲28号　邮政编码：100142

发行处电话：88190406　财经书店电话：64033436

北京财经印刷厂印刷　各地新华书店经销

787×1092毫米　16开　22印张　386 000字

2010年8月第1版　2010年8月北京第1次印刷

印数：1—2 000　　定价：45.00元

ISBN 978－7－5095－1995－0/F·1971

（图书出现印装问题，本社负责调换）

本社质量投诉电话：010－88190744

编辑委员会

序言

2009年5月，国务院发布了《关于支持福建省加快建设海峡西岸经济区的若干意见》，这是党中央、国务院作出的重大战略决策，是海峡西岸经济区建设过程中具有里程碑意义的大事，是中央从我国现代化的全局和两岸关系发展的大局作出的一项战略决策，为福建的发展指明了方向。随着这个意见的发布，海峡西岸经济区迎来了发展的黄金时期。

海西区的改革、发展和繁荣需要稳定可靠的财力保证，地税部门作为政府重要的职能部门，在加快建设海峡西岸经济区的征途中肩负重任。实践中，我省地税系统始终坚持税收经济观，牢固树立胸怀全局、立足全局、围绕全局、服务全局的观念，认真思考和找准地方税收在服务海西建设中的定位，提高认识，明确职责，自觉把地税工作置于加快海西建设的大局中去认识和把握。

为了坚持用科学发展观统领税收工作，在省局领导、机关各处室和各设区市局机关领导带头下，全省地税干部结合工作实际，广泛深入开展调查研究。由于指导思想明确和参与调研的积极性高，税收调研工作取得了显著成效，优秀的调研成果通过各种形式转化成上级领导机关和相关部门的决策参考，转化成现实的政策和措施，产生了良好的经济效益和社会效益。呈现在读者面前的就是这样一份系统调研报告，这组报告通过税源状况分析、产业发展研究、政策效应分析、先行先试研究，把我省经济税源发展状况做了较为全面的调查分析，并从发挥税收职能作用方面提出了服务海西区经济建设的税收政策建议，颇有决策参考价值。应该说，这本调研报告的适时推出，恰当地反映了我省地税部门积极响应中央号召，支持海西大发展的工作热情。

综观上述优秀税收调研成果，都很好地体现了“新”、“全”和“两结合”的特点，即抓住新出现的问题、抓住全局性的问题，把现实性问题研究与前瞻性问题研究相结合。多数研究是紧密围绕“税源建设”展开的，其内容丰富，观点鲜明，既有较好的学术理论水平，又具有一定的实践意义，充分展示了我省地税干部勇于思考、敢于创新的务实工作态度，很好地体现了税收调研为税收工作服务、为税制改革服务、为领导决策服务、为经济发展服务的工作方针。全书内容丰富，文笔流畅，观点鲜明，论据充分，有较强的理论性和实践性，应该说是全省地税干部深入实际，勇于探索取得丰硕成果的直接体现。

相信《税源建设与海西发展》一书的刊印，必将进一步鼓励、鞭策全省地税系统广大干部职工不断学习、与时俱进、奋发有为，为税收事业的发展，为海峡西岸经济区的建设，为全面建设小康社会作出新的更大的贡献。

李国瑛

2010 年 6 月

目　录

综合分析报告

“先行先试”研究

税源建设研究

产业发展研究

政策效应分析

税源建设与海西发展

综合分析报告

福建地税2008年税收收入分析报告

福建省地方税务局计财处课题组

2008年我局立足于服务“海西”经济区建设，以科学发展观统领组织收入工作全局，着眼于科学管理、公平效率和法制建设，建立与经济发展相协调的组织收入工作机制。在面临宏观经济形势复杂多变，政策性减收因素增多等诸多困难的情况下，圆满完成各项组织收入工作，较好地发挥了税款征收与基金统筹在“调税源发展，保财源增长，促民生和谐”等方面的职能。

一、收入基本情况

全省地税累计组织各项收入772.54亿元，增收128.25亿元，增长19.9%。其中：（1）税收收入入库559.95亿元，实现比2004年翻番，增收85.17亿元，增长17.9%，完成年度计划535亿元的104.7%，占财政总收入的36.9%，圆满完成全年征收任务，排全国第11位。分级次看，中央级收入完成115.08亿元，增收13.65亿元，增长13.5%，完成年度计划105.6亿元的109%；省级收入完成32.03亿元，增收6.98亿元，增长27.9%，完成年度计划29亿元的110.4%；市县级收入完成412.84亿元，增收64.54亿元，增长18.5%，完成年度计划304.1亿元的103.1%。地方级合计入库444.87亿元，占地方级财政收入的53.4%。（2）其他收入累计入库212.59亿元，增收43.08亿元，增长25.4%，其中社会保险基金征缴180.22亿元，增收37.83亿元，增长26.6%。扣除厦门市，基本养老保险基金入库88.37亿元，增收13.63亿元，增长18.2%，完成年度任务86.8亿元的101.8%，超收1.57亿元。失业保险基金入库8.81亿元，增收1.29亿元，增长17.2%，完成年度计划8.26亿元的106.7%，超收5547万元。

二、分税种收入情况

营业税入库226.89亿元，增收18.16亿元，增长8.7%。其中房地产营业税入库50.04亿元，减收18.47亿元，负增长27.0%；金融保险营业税入库43.56亿元，增收14.34亿元，增长49.1%。分地区看，厦门和福州两地受房地产营业税大幅减收影响，分别增长1.9%和3.4%，其余地市增幅均超过10%，增长最快的为莆田市，增长31.8%，主要为东南铁路等项目结算带来建筑业营业税增收。

企业所得税入库85.85亿元，增收7.35亿元，增长9.4%。其中服务业、交通运输和建筑安装业企业所得税分别增长48.4%、41.8%和35.3%，三者合计增收6.89亿元。房地产企业所得税入库12.29亿元，减收1.81亿元，负增长12.8%；工业企业所得税入库30.62亿元，增收1.46亿元，增长5.0%。分地区看，莆田企业所得税增长46.3%，主要为建筑安装业企业所得税增收4560万元；漳州和福州企业所得税分别增长18.8%和16.6%；其余地区增幅均呈增幅为个位数的低迷增长。

个人所得税入库105.62亿元，增收15.06亿元，增长16.6%。虽然受个人所得税免征额提高影响，工资薪金个税仍增长21.6%，利息、股息、红利所得个税增长20.3%，个体工商业户生产、经营所得受经营业绩下滑影响，个税增长6.9%。分地区看，南平和宁德个税增长近四成，莆田个税负增长约三成。

地方小税种中，城镇土地使用税入库29.04亿元，增收20.16亿元，增长227%；土地增值税入库30.16亿元，增收10.46亿元，增长53.1%；车船税入库4.16亿元，增收2.24亿元，增长116.8%；烟叶税入库3.76亿元，增收1.01亿元，增长36.6%；资源税入库5.46亿元，增收1.15亿元，增长26.7%；印花税入库10.88亿元，增收1.65亿元，增长17.8%；城建税入库33.50亿元，增收4.56亿元，增长15.8%；房产税入库24.63亿元，增收3.39亿元，增长16.0%。

三、收入主要特点

（一）税收运行呈前高后低走势，下半年税收比重同比明显下降。如图1所示，由收入的相对量来看，上半年我省税收延续了上年的较快增长势头，增

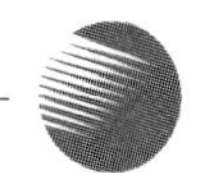

幅基本维持在二至三成左右，进入下半年以来，除7月和10月两个税收收入大约还维持两成的增长外，其余月份增幅均落在3%—6%区间，呈现低迷增长；由收入的绝对量来看，2008年1月份入库税收逾70亿，创下单月税收收入历史新高。上半年税收收入均在43亿元以上，下半年有4个月单月税收收入在37亿元以下，其中11月单月税收入库少于30亿元，下半年税收收入占全年比重为43.8%，同比下降约3个百分点。

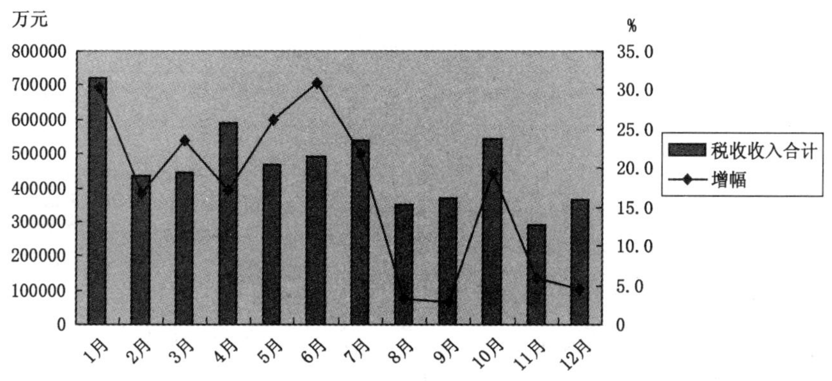

图1 2008年税收收入走势图

（二）经济容税水平趋稳，但当前经济增长对地方税收的拉动力度有所减弱。2008年全省生产总值实现约10863亿元，按可比价增长13.0%，按现价增长17.4%。据此测算，税款所属期税收负担率为5.16%，同比上年下降0.07个百分点；税收弹性为1.03，同比下降约0.3个百分点。由于税制和经济结构调整的双重影响，经济增长对地方税收的拉动力度明显减弱。

（三）税源结构性调整对中心城市影响大于其他地区。厦门、福州和泉州等沿海中心城市，由于房地产税收比重较大或外向型制造业产业较发达，受此轮经济周期性波动冲击影响明显大于其他地区，三地税收依次增长14.1%，16.0%和17.7%，其余地区税收增幅均在两成以上，增长最快的为漳州市，增长30.5%，厦门、福州和泉州市合计占全省税收总量的68.8%，同比下降1.33个百分点。

福州房地产营业税减收5.25亿元，租赁和商务服务业减收5.37亿元，二者合计减收10.62亿元，下拉税收增幅约10个百分点，受此影响，当年营业税仅增长3.4%，同比下降17.5个百分点。

厦门房地产营业税减收11.21亿元，负增长44.6%，下拉税收增幅8.4个百分点。受此影响，当年营业税仅增长1.9%，同比下降40个百分点。此外，受纺织业、电信设备、电力、房地产等企业经营不景气影响，企业所得税仅增长7%，同比下降14.4个百分点。

泉州中小制造业比较发达，在此轮经济调整中税源发展面临较大的阻力。受企业利润下滑影响，全年企业所得税增长3.3%，同比下降14个百分点，其中工业企业所得税仅增长1.8%，同比下降8.7个百分点。电信设备、酒、化工和纺织业企业所得税呈现减收。受企业经营景气程度影响，个人所得税中个体工商户生产、经营所得和利息、股息、红利所得分别增长3.5%和1.7%。

表1　　2008年福建省分地市税收增长情况

单　　位	税收（万元）	增幅（%）	近三年平均增幅（%）
全　　省	5599535	17.9	23.7
厦门	1522968	14.1	24.8
扣厦门	4076567	19.4	23.3
福州	1264793	16.0	20.4
三明	247488	21.3	24.4
南平	207776	20.6	28.0
宁德	178593	24.5	26.4
莆田	211159	21.1	21.0
泉州	1064742	17.7	20.6
漳州	370057	30.5	35.0
龙岩	372667	21.0	23.8
省直征局	159292	20.1	36.3

（四）全省前十位税收大户中房地产企业户仅有融侨一家，制造业户数有所增多，但规模仍偏小，税源亟待壮大。由各地前十位税源大户表来看，见表1、表2，福州无所属行业为制造业的企业；厦门有厦门烟草和戴尔中国两家，分别入库3.58亿元和1.59亿元；龙岩有龙岩烟草和龙净环保两家，分别入库3.20亿元和5466万元；南平为南孚电池和南平电缆两家，分别入库4053万元和3590万元，其中南缆减收约2300万元，负增长39%；莆田为英博雪津啤酒一家，入库3545万元；泉州为联合石油化工一家，入库6358万元；漳州为片仔癀药业和正兴车轮集团两家，分别入库4216万元和3470万元，其中片仔癀药业减收近千万元，负增长18.3%；三明制造业税源大户共四家，为全省最多，分别为三钢闽光、三钢集团、智胜化工和福建三农集团，除三钢闽光入

库2.94亿元外（另有1.8亿元在省直征入库），其余三家合计入库仅1.59亿元，比融侨集团一家还少入库约5000万元。除龙岩烟草、厦门烟草、三钢闽光和戴尔中国四家税收超亿元外，我省制造业企业总体而言规模仍偏小。

表2　　2008年福建省纳税企业十强情况　　单位：万元

企业名称	本年累计		2008年比2007年增减		所属行业
	2008年	2007年	金额	%	
紫金矿业集团股份有限公司	50151	49381	770	1.56	采矿业
福建三钢闽光股份有限公司	47400	40962	6438	15.7	制造业
中国建设银行股份有限公司厦门市分行	37008	8235	28773	349.4	金融业
厦门烟草工业有限责任公司	35756	23621	12135	51.37	制造业
福建省福泉高速公路有限公司	34011	22098	11913	53.91	交通运输、仓储和邮政业
厦门航空有限公司	33296	22804	10492	46.01	交通运输、仓储和邮政业
龙岩烟草工业有限责任公司	32016	27094	4922	18.17	制造业
中国工商银行股份有限公司厦门市分行	26905	4604	22301	484.38	金融业
融侨集团股份有限公司	20516	19260	1256	6.52	房地产业
中国银行股份有限公司厦门市分行	16001	6427	9574	148.97	金融业

（五）因经济结构性调整，地方税源呈现出相应变化特点。房地产等地方税收主要来源行业的企业税收大幅下滑；金融行业税收保有较高增幅；制造业非即期收入比重较大，经济性税源呈现萎缩；服务性行业税源较快发展，但体量仍偏小。具体来看，全年房地产税收入库106.07亿元，减收5.63亿元，负增长5%，该项税收减收明显下拉了全年税收增幅；金融行业受上年多次加息以及上半年股市红火等因素影响，企业效益好转，税收明显增多，截至三季度末金融行业地方税收增长约四成，但第四季度以来，该行业税收增幅呈现逐月下滑趋势，分别为20%、8.7%和5.1%。全年金融行业税收入库13.82亿元，增收3.59亿元，增长35.1%；加快服务性行业发展的战略部署见成效，交通运输、批发零售、信息传输等服务性行业税收增长均接近三成，随着我省经济建设向深入发展和城市化进程加快，服务性行业税源具较大增收潜力；制造业

税源受资金趋紧、市场萎缩、出口受阻、原材料价格大起大落等诸多不利因素的影响，税收增幅同比有所下降，全年实现税收入库85.45亿元，增收18.89亿元，增长28.4%，不计城镇土地使用税，入库69.53亿元，增收7.28亿元，增长11.7%（见表3）。

表3

税收入库前三位			税收增收前三位		
行业	入库（万元）	收入占比（%）	行业	增收（万元）	收入占比（%）
房地产业	1060690	18.9	金融业	231442	27.2
制造业	854457	15.3	制造业	188914	22.2
建筑业	796087	14.2	批发零售业	86713	10.2

四、影响增收减收的主要因素

（一）复杂多变的经济形势左右我省税源发展动向。前期较快的经济发展速度以及由此带来的风险在2008年逐步释放。上半年钢铁、建材、石油价格一度高起，部分企业对市场风险估计不足，前期库存成为企业沉重负担。进入第四季度以来，受国际金融危机向实体经济蔓延影响，我省外贸依存度较高的纺织、鞋帽、机电等制造行业订单大幅减少。此外，市场需求不振以及房地产市场萎靡导致对建材等商品需求大幅减少。其中，就三钢集团一家因企业效益下滑导致企业所得税退税达1.3亿元。

（二）宏观调控政策调整影响我省税收走势。由于地方税收结构中房地产税收比重较大，在针对当时局部过热的房地产市场出台的一系列宏观调控政策影响下，从上半年税收预警指数来看，地方税收已经呈现出比经济增幅更深的回调。第四季度以来，针对国际金融危机向实体经济蔓延的态势，宏观调控部门适时调整了政策思路，由“双防”到“一保一控”，再调整为“保增长”。而作为经济调节手段之一的税收政策成为宏观调控的主要抓手，其中，对地方税收影响较大的有调减房地产交易税收，以及调低百余家高新技术企业企业所得税税率等政策。这些政策在当前的经济发展形势下，对稳定地方税源有着积极的意义，但也使地方税收即期收入大幅减少，初步测算影响我省地方税收收入减收约6亿元。

（三）受税收政策调整影响，地方税收结构中地方小税种增收贡献明显高

于主体税种。2008 年收入增量结构中，地方小税种占 52.4%，同比提高 29.7%，地方小税种增收贡献明显提高。具体来看，地方税收主体税种减收政策较多，企业所得税“两法合一”影响税收减收约 10 亿元，个人所得税免征额提高影响税收减收约 7.3 亿元。而地方小税种中土地使用税受税额标准提高以及征收范围扩大到外资企业，补差上年税款影响，增收 20.16 亿元，增长 227%，占地方税收增量的 23.7%，拉动地方税收增长 4.2%，为增量最主要来源。此外，土地增值税清算以及车船税税额标准提高政策也带来相关税收大幅增长，两者分别增收 10.46 亿元和 2.24 亿元，增长 53.1% 和 116.8%。

（四）以科学发展观为指导，着眼于科学管理、公平效率和法制建设，治税效率明显提高。首先，认真落实组织收入原则，做到依法征税、依法减免、依法征管，营造适合地税事业发展的内部机制和外部环境；其次，全面贯彻落实新企业所得税法及其实施条例，加强个人所得税依法纳税宣传和征管，及时落实高新技术企业税收优惠，将促进社会经济发展，惠及民生的各项税收政策落到实处；第三，提升情报交换和税务审计等手段的运作能力，规范税收自由裁量权，加强核定征收户征管，确保应收尽收；第四，继续落实和完善税收分析、纳税评估和税务稽查互动机制，积极稳妥编制税收计划，加强重点税（费）源的监控，强化税收数据资源的共享应用，充分发挥税收分析对税源管理的促进作用。

（五）加强养老保险基金征管“扩面、增人、增基数”工作见成效。我省地税各级征收机关针对 2008 年基本养老保险基金任务较重的情况，通过落实调高个体工商户和灵活就业人员缴费基数；调整提高各行业核定征收缴费基数下限；明确社会组织专职工作人员纳入基本养老保险参保范围；全省统一开展建立企业年金的企业基本养老保险参保缴费的专项调查，核增参保人数；组织开展劳务派遣企业参保缴费专项稽核；社保征管信息系统统一启动滞纳金程序等各项措施，扎实费源基础，圆满完成了全年征收任务。

五、2009 年税收收入形势展望

2008 年我局立足“海西”建设和“四求先行”，树立科学的税收经济观和税收管理观，大力推进依法行政，圆满完成各项收入任务，但由于国际国内经济形势复杂多变，宏观调控政策前紧后松，地税收入也随经济发展形势变化呈现出了前高后低的运行态势。展望新的一年，经济发展环境趋紧仍将持续，在保增长的宏观调控政策引导下，宏观经济决策层仍有可能出台一系列减税政策，组织收入工作面临着较大考验。

（一）从经济发展环境看，由于金融体制的原因，国际金融危机对我国金融行业的直接影响有限，但随着国际金融危机的影响向实体经济进一步蔓延，由于国际需求萎缩，我省制造业出口依赖性较强的问题开始凸现。外贸依存度较高的电信设备，体育用品制造业和纺织、服装、鞋、帽制造业税源发展不容乐观，相关税收呈现减收。据初步摸底，我省机电、纺织等行业企业目前的订单数仅为以前的三分之一。此外，持续高速增长多年的经济也进入调整周期，我省地方税源结构中制造业等经济性税源较薄弱，支柱性产业少，房地产等税源比重大，税收体量小，税源结构比较单一等既有问题在经济调整周期显得更加严峻。由于当前经济结构调整中与地方税收收入密切相关的房地产行业发展景气程度欠佳；2008 年增幅较高的金融行业受减息等因素影响，企业利润可能下降，从而影响相关税收增长；2008 年制造业税收增量虽然居各行业第二位，但多为城镇土地使用税增收贡献；此外，由于消费信心的恢复需要一个过程，有效需求不足影响服务业税收增长，此轮经济结构调整对地方税收的影响更为深远。目前，中央为稳定经济发展，出台了进一步扩大内需、促进经济增长的十项措施，确定了 4 万亿元的投资计划；部署了 7 项工作对房地产业和股市进行调控，宏观经济调控政策基调向保持经济稳定发展方向调整。随着刺激内需尤其是鼓励消费政策的不断实施，部分中间投资品行业和消费品行业的发展空间将被有效打开，从而对上游行业形成基础支撑，带动相关行业的稳定发展。从我省来看，2009 年交通固定资产投资预计达 460 亿元，建成两纵四横公路网，高速公路完工两个项目，续建六个项目，海沧至漳州天宝、松（溪）建（瓯）、福州南连接线、福（州）永（泰）、莆（田）永（定）龙岩段、莆永莆田段、上杭蛟洋至城关、招银疏港路、泉州环城路二期等九个项目开工；京福铁路开工、温福、福厦和向莆铁路的建成；港口新开工 17 个项目，计划完工 26 个项目，新增生产性泊位 32 个；大规模的基础设施建设又会给上中游的能源、原材料和资本品行业带来较多的阶段性投资机会；福清和福鼎核电项目、LNG 项目等重点项目建设也有利于我省税源产业结构升级。此外，“海西”经济区建设步伐加快，两岸实现“大三通”后，经贸往来增多，交通更加便捷，这些因素对我省经济和税收又好又快发展都十分有利，预计 2009 年全省生产总值增幅在 10% 左右。

（二）从税收政策性调整看，在经济调整阶段，实行结构性减税政策也将作为宏观经济决策部门扩大内需的手段之一，为地方税收带来较大影响的政策性调整主要有：一是在当前房地产市场发展不景气的情况下，国家出台的房地产交易税费减免政策进一步降低了房地产税收收入，2009 年该项税收仍可能呈现负增长；二是企业所得税“两法合一”后税率调整的减收效应在汇算清缴上年收入时将更加凸现，预计将影响税收减收约 12 亿元；三是高新技术企业所得税率由 25% 降为 15%，我省第一批有百余家企业进入名单，预计影响企业所得税减收约 5 亿；四是目前个人所得税免征额标准是否进一步提高政策尚未明确。综合考虑为拉动内需，国家推行工资收入增长政策的利好，以及企业发展不景气，减薪裁员幅度加大的不利影响，预计个税增幅有所回调；五是城镇土地使用税今年收入中有补差上年收入部分，2009 年随着政策性翘尾因素的影响消失，且无补差收入部分，该项收入增幅将大幅下降，部分地区可能出现负增长；六是车船税翘尾增收因素的影响消失；七是我国增值税转型，将生产型转为消费型，预计国税增值税收入面临着较大减收压力，与此同时也将会制约着城建税收入的有效增长。

（三）综合来看，税收收入增长的不利因素有房地产、制造业税源减收因素增多，税收政策性减收影响明显；有利因素是为扩大内需，保持经济平稳发展，固定资产投资增幅有望提高，为推动“海西”经济区发展，我省公路铁路港口等基础建设投入也有望加大。总体而言，当前经济发展结束了持续多年的扩张阶段，进入平衡调整期，地方税收也必然相应进入调整。同时，为了刺激经济增长，中央推行的减税政策将进一步下拉税收增幅，预计地方税收增长将与 GDP 增长同步。

2009 年面临着经济周期下行和产业结构调整双重影响，大部分行业税源发展将呈现周期性回落趋势，我省税源结构比较单一，产业规模偏小，区域发展不平衡等矛盾更加突出。针对当前的经济发展环境和我省省情，建议可从以下几个方面着手，推动税源发展走上良性循环轨道。

1. 依托区域比较优势，推动相关产业链形成。福建山林和海洋资源均比较充裕，但山海间区域发展差距较大，因此，税源发展应秉承科学发展观，立足当地资源禀赋，集中力量重点突破两到三个比较优势的行业。

2. 优化制造业产业布局，提高产业集中度。目前我省制造业，尤其是化工、机械等产业分布散见各区域的现象比较突出，多数企业未达规模效益，产业布局分散一定程度上影响我省企业竞争力。产业布局上应全省一盘棋，统筹考虑。

3. 适度发展房地产和建筑业，保有一定固定资产投资增长热度。房地产和建筑业含税水平较高，相同的产业增加值，能产生数倍于其他行业的税收，从而大幅提升区域经济税收产出效率。因此保持房地产市场适度稳定，保障在建工程项目有序进行，是促进地方财力增长的有效途径，此外，房地产业和建筑业的发展也能加快城市化建设的进程。

4. 着眼于加快服务业发展，推动内需扩张。目前我省地方税收中服务行业贡献的税收体量仍比较小，但该行业能提供大量就业机会，有利于促进社会稳定，提高人民收入，促进消费。此外，会展、物流、旅游等服务性行业具有积极的联动效应，能带动制造业等相关税源税收大幅增长，对提高我省知名度，吸引外来投资也有着重大意义。

5. 加强风险防范，降低金融风险对实体经济的冲击。由于资金占用较大，目前在金融中倒下的有不少为原本效益较好的外向型企业，如一度进入中国中小制造业50强的厦门星星集团受国际金融危机影响，订单大幅减少，货款无法收回，近日率先倒闭。这类企业的倒闭不仅带来债务连锁反应，也造成失业问题，增加社会不安定因素。为此，建议由政府部门牵头设立风险基金，对资金一时周转不灵，但有发展潜质的企业提供必要的资金担保，稳定制造业税源，逐步引导企业由出口导向型向以扩大内需为主转变。

六、下一阶段组织收入工作要点

面对新形势、新困难、新挑战，我省地税系统各级征收机关应继续践行科学发展观，以加强税收管理为主线，理顺部门关系，提高治税效率。组织收入工作应坚持“应收尽收，坚决不收过头税，坚决不越权减免税”的原则，按照省委省政府和国家税务总局各项工作部署，服从经济建设大局，服务科学发展。重点做好以下几项工作：

（一）由带好队、收好税向造环境、上台阶延伸，以提高收入质量为中心，全面贯彻落实科学发展观的要求，实现收入由计划导向型向质量导向型管理转变。

1. 以科学发展观为指导，深入剖析税（费）源基础，建立涵盖税收进度分析、税源调查分析、税收政策效应分析、税收征管风险分析、税收预测分析等多层次的分析体系，以科学发展的分析思路发现组织收入工作中的薄弱环节，主动融入地方经济社会发展的大局中，为地方财源建设出谋划策，实现税收增长和经济发展的良性互动和良性循环。

2. 针对当前经济运行不确定因素增加，加强经济税收预测预警分析，切实提高组织收入工作的预见性。注重经济指标信息及税基资料的采集，在此基础上建立科学的收入预测模型以及税收负担监管机制，通过分区域、分税种、

分行业的税负、征收效率分析，把握税（费）源发展变化趋势，为年度征收计划调整和寻找征管薄弱环节提供依据。

3. 处理好应收尽收与支持地方经济发展间的关系。协调好部门关系，争取地方政府的理解与支持，坚持科学的经济税收观，坚持收入增长速度、质量和效益的统一。积极探讨促进税收征缴在调节收入分配、优化产业结构、为“海西”建设提供财力支撑上发挥作用，以及推动基金统筹在促进社会稳定和谐发展方面发挥作用。

（二）以科学发展观为指导，以加强税收管理为主线，理顺部门关系，提高治税效率，营造有利于组织收入工作开展的内在机制。

1. 以科学发展观学习和实践为契机，加强系统干部理论学习，树立科学的税收经济观和管理观。首先，加强税收与经济关系的认识，将收入的增长建立在经济发展、企业增效的基础之上，在紧跟经济热点、紧随经济走向中正确把握组织收入工作大局，牢固树立和落实科学发展观指导下的税收经济观。其次，树立科学的税收管理观。适应社会经济发展变化的要求，积极探索和运用税收工作规律，树立科学的税收管理观，更新治税理念和思维方式，强化税收法治观念、成本观念、效率观念，走科学化、精细化管理道路，提高统筹兼顾和协调发展的能力。

2. 完善监督考核办法，加强行政问效，全面提高征管质量和效率。首先，明确各单位在组织收入工作中的职责、任务和目标，确保责任到人，管理到户，形成各职能科室各负其责，齐抓共管的良性组织收入工作机制。其次，以人为本，加强岗位专业知识培训，通过系统培训，提高岗位素养，加强干部队伍建设，创建学习型机关，以高素质、专业化的干部队伍实现科学管理、优质服务和规范执法。第三，理顺部门关系，推动税收分析、纳税评估与税务稽查长效互动机制形成。第四，加强税收管理信息化建设。扎实做好金税三期工程实施工作，逐步实现纳税人网上申报，依托信息化平台，提高税（费）源管理效率。

（三）树立科学的税收管理观，营造和谐的税收征管法制环境。

1. 重视税法在促进法制国家建设上的作用。税法是国家法制的体现，坚持税法刚性执行对促进国家法制环境的改善有积极的意义。因此，应将坚持“应收尽收，坚决不收过头税，坚决防止越权减免税”的原则贯穿组织收入各环节。

2. 重视税法调节在改善民生上的作用。在扶持民生，促进产业优化等方面多争取优惠政策。在当前经济形势趋紧的大环境下，积极将扶持中小制造业和高新技术产业的各项税收优惠落到实处，帮助纳税人共度难关。

3. 重视征管法制环境的改造。采取各种措施，加大税法宣传力度，加强纳税约谈服务，在纳税人了解各项税费政策的前提下，提高依法缴纳税费遵从度。

（执笔：陈　萌）

福建地税支持“海西”地方财源建设综合报告

福建省地方税务局税收科研所课题组

一、福建财力构成的基本情况

2007年，福建财政总收入保持了一贯的持续、健康、又好又快的增长。统计显示，2007年福建财政总收入为1284亿元，较2006年增长26.8%，比2002年实现翻番，提前3年实现“十一五”目标任务。这其中，地方一般预算收入700.03亿元，增长29.4%；上划中央收入584.24亿元，增长23.9%。而福建实际可用财力为889亿元，它包括的税收部分则主要有：地税部门征收的为373.35亿元，占42%；中央税收返还的为90.43亿元，占10.2%；中央财政转移支付的为76亿元，占8.55%。

具体到地税部门，2007年全省地税累计组织各项收入644.29亿元，增收145.25亿元，增长29.1%，收入总量比2004年翻了一番，如图1所示，其中税收收入累计入库474.79亿元，居全国第十位，增收109.02亿元，增长29.8%，完成年度计划409.5亿元的115.9%。分级次看，中央级收入完成101.44亿元，增收19.93亿元，增长24.5%，完成年度计划87.3亿元的116.2%；省级收入完成25.05亿元，增收8.39亿元，增长50.4%，完成年度计划18.1亿元的138.4%；市县级收入完成348.30亿元，增收80.70亿元，增长30.2%，完成年度计划304.1亿元的114.5%。

二、福建财力的地税构成结构

随着公共财政体制的深入建设，税收已经成为各级地方政府财力的主要来

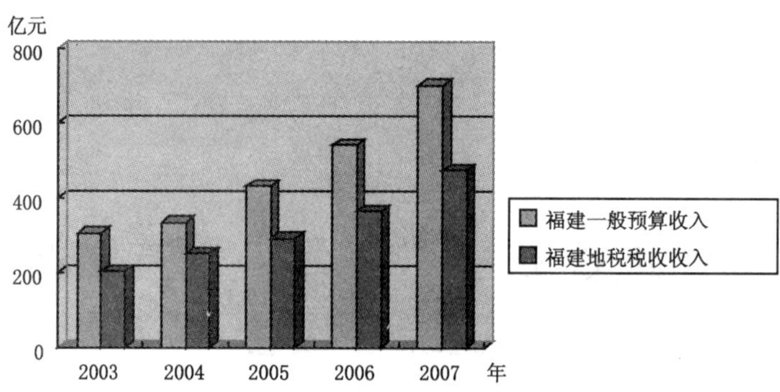

图 1　2003—2007 年福建一般预算收入与福建地税税收收入汇总

源，而地税机关作为各级地方财税收入的主要征收机构，在地方财力建设上发挥着举足轻重的作用。

2007 年全省地税组织税收入库 474.79 亿元，在 2006 年增长 28.9% 的基础上，仍然保持较快增长势头，又实现了增收 29.8%，增速之快，前所未有。受此影响，地方税收对地方财政贡献明显提高，在全年财政总收入中，由地税部门征收部分同比增长 29.9%，比非地税部门征收部分多增长 47 个百分点，增收贡献率提高 3.8 个百分点，占全省实际可用财力的比重是 53.41%。

分析 2007 年福建财力的地税构成结构，可以得出如下结论：

（一）从税种角度考察，地方各税种全面发展，三主体收入格局并驾齐驱

虽然现在归属于地税部门征收的税种多达十余种，但地税收入的大头主要依赖于营业税、企业所得税、个人所得税这三大主体税种。2007 年，依赖三主体税种征收入库的税收总额为 276.36 亿元，占全部地方级地税收入的 74.02%，表现了很强的依赖性。其中营业税收入 208.73 亿元，占全省实际可用财力的 23.48%，较 2006 年增长 32.37%；企业所得税（地方及部分，下同）收入 31.40 亿元，占全省实际可用财力的 3.53%，较 2006 年增长 21.66%；个人所得税（地方及部分，下同）收入 36.23 亿元，占全省实际可用财力的 4.08%，较 2006 年增长 27.05%；其他地方税种收入累计 96.99 亿元，占全省实际可用财力的 10.91%，较 2006 年增长 34.27%。

（二）从产业角度考察，地方税收呈现出了“一产弱化，二产提升，三产加速”的同步发展格局

从增长速度看，第一产业由于规模较小，加上政策倾斜，其税收比重不断弱化，逐年缩小，2007 年仅实现税收 4860 万元；第二产业税收则始终领先增长，受益于工业内涵深化，技改提升带动工业效益明显好转，2007 年实现税收 165.45 亿元；第三产业是地税收入来源的主轴，由于 2007 年建安房地产业

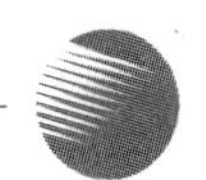

仍然保持高速增长，两个行业贡献的税收占行业税收比重高达38.8%，纳税上亿元的企业中逾四成是房地产企业。

（三）从企业性质考察，地方税收的来源呈现出税收分布日益多元化的特点

综合表现在：股份公司税收高速增长，集体企业税收比重逐年下降，涉外企业税收稳中有升，私营企业的税收贡献日益增大。其中，全年股份公司和私营企业税收增长分别是52.3%和49.5%，是税收增长的主要来源；国有控股企业税收入库40.62亿元，增长68.1%，拉动税收增长4.5个百分点；外向型企业税收贡献亦稳步走高，全年增长28%，在2006年提高5.7个百分点的基础上，又提高了3.3个百分点。各种性质企业的协同发展，无疑为税收收入长期稳定增长奠定了坚实的基础。

（四）从区域经济考察，地方税收对地方财力的贡献有待协进

税收作为经济的晴雨表，能在一定程度上折射出经济发展的规模、速度、结构和效益。2007年，全省地方税收总量不断壮大，税收增长明显，GDP税收负担率稳步提高，区域税收与区域经济交相辉映、良性互动。九个设区市税收增长均达到两位数，增幅居前的依次为漳州（39.7%）、厦门（36.5%）和南平（35.9%）。但由于受资本投入水平、政策因素、经济秩序、投资环境、城市化程度、资源因素等影响，地区间税收收入结构呈现不同层面、收入总量差距亦出现扩大的趋势，收入总量最高与最低的地市相比差距明显，显示了加快区域经济与区域税收和谐发展的迫切性。

三、影响地方财力增长的原因分析

近年来，福建省的经济稳定并快速地发展，财政收入保持着较快的增长。但是从我省实际可支配的财力角度考察，却还存在较大提升空间。分析产生的原因，无疑会对今后更好地开展工作有指向性意义。

首先，税收增长因素是影响地方财力增长的直接原因。经济发展是税收增长的根本，因此，税收要增长最基本的就是发展经济。发展经济要求注重从以下方面推进：一是提高经济发展层次，转变高消耗、低附加值的经济增长方式，提升地方财力增长的原动力；二是提高经济质量和效益，走出片面GDP追求的老路，在增强工业企业自主创新能力、提高核心竞争力、助推企业盈利空间上下功夫，提升地方财力增长的质量；三是合理配置产业结构，使产业发展与财源增长保持同步增长。由于我国税种设置的特殊性，不同行业税收差异

很大，所以，产业结构就直接决定了整体税收贡献，当前要重点推进地方税源容税水平高的产业，使得税收与经济发展能够协调共进。在同样的GDP规模下，二三产业比重的提高意味着地税税基的扩大，收入更具潜力；尤其是单位地税含税率高的第三产业的较快发展，是地税收入能否保持增速较快的重要原因之一。

其次，"生产性"税制特征以及由此引发的非对称财政机制，是影响地方财力增长的深层次原因。我们国家的税制是以流转税为主体的生产型税制，在这种税制下，税收主要由生产单位在实现销售后缴纳，这使得一方面生产地政府收益了生产获得的税收财源；另一方面，又导致生产商品在流入消费地的同时，针对该商品课税形成的流转税负担也输入了该消费地，也即在生产地由生产单位缴纳的流转税负担转嫁到了消费地。这种由于税制原因自动将财源从农村转移到城市，特别是工业集中的大中城市的财政机制（杨斌教授把它定义为非对称财政机制），使得许多工业基础薄弱的中小城市、山区县市不仅不能享受消费地本应该具有的税收红利，现实上却还要承担消费地维护公共需要带来的财政负担。无疑这种"生产性"税制以及由此引发的集中纳税和分散负担的非对称财政机制大大加剧了地方财政压力，是隐藏在深层的影响地方财力增长的一大原因。

再次，现行中央地方税收分成体制是影响地方财力增长的客观原因。现行中央地方税收分成体制使得上级政府通过集中财权，建立了让下级政府高度依赖上级政府的财政体制，使得下级政府财政总收入大幅增长的同时，实际可用财力却未必同步跟上，甚至上级政府在制定和实施涉及到政府间财政权益再分配的公共政策时，经常出现"只出政策，不拿钱"的现象，这使得本已并不宽裕的下级政府实际可用财力越发显得捉襟见肘。由表1中数据可见作为工商税主体税种收入大都集中在中央，由于中央政府与地方政府竞争的对象是同一税源，中央政府向有利于自己的方向改变税收分成规则，实际上等同于中央政府提高自身的"税率"，这就使得地方政府并没有从经济发展的实惠中获得相匹配的财政红利，下级政府往往必须通过"跑步进京（省、市、县）"，才能争取赢得本应属于地方的财政收入，这使得实际可用财力增长受到了抑制。最近，国家发展改革委员会和财政部正在制定各有侧重的中国财税体制改革方案，大税种上收中央已成既定指向，这种政策一旦施行，如无相应配套的地方税体系跟上，地方财力的可调度资源无疑将受到进一步制约。

表 1　我国目前主要税种的分成情况　单位：%

税　种	中央政府	地方政府
企业所得税	60	40
个人所得税	60	40
增值税	75	25
证券交易印花税	97	3

最后，税务征管水平的高低，也将直接影响地方财力的实现水平。财力要落实，除了经济要发展、体制需健全等实体基础必须做实外，税务部门的征管水平是税源变成现实财源的重要环节。如果税收征管质量不高，跑、冒、滴、漏现象严重，那么经济再发展，地方税收也不能大幅度增长，地方税收占地方实际财力的比重也就不可能得到提高。因此，地税部门要继续认真贯彻“加强征管、堵塞漏洞、惩治腐败、清缴欠税”的工作方针，进一步强化税收管理，夯实管理基础，以税收管理的规范化、精细化，推动税收收入的持续增长，实现税收质量的稳步提升，为地方财力的有效增长作出贡献。

四、探寻地方财源增长的有效突破瓶颈

“十一五”福建经济面临着新一轮发展机遇，“海西”战略的实施则为新一轮创业作了良好的铺垫，但是我们必须看到，在前进的道路上，我们还面临着许多挑战：一是县乡地方财源紧张造成地方税收增长刚性，这使得我们始终面临满足即期财力需求与延期财源可持续增长之间的矛盾。二是经济税收总量仍较小，产业欠缺规模，税源基础尚未壮大，在偏紧的宏观调控下，如何扶植税源增长点，壮大支柱产业，完成跨越式发展，面临较大考验。三是福建经济属于外向型经济，而我们的外销企业很多属于技术含量低、劳动力密集型企业，易受国际贸易壁垒、国际市场波动影响，在没有核心竞争力的情况下，企业抗风险能力不强，加快发展面临较大压力，这些制约了我省税源的可持续发展。四是从行业税收分布来看，与全国平均水平相比，我省服务业税收增长缓慢，比重较低，这一方面是由于批发零售、住宿餐饮等服务业税源分散，征管难度大；另一方面，有效需求不足也成为制约我省第三产业税源增长的瓶颈。五是区域经济与区域税收和谐发展尚存在进一步提升的空间，目前一些地方政府为抢夺税源，通过不规范的税收竞争阻碍了区域经济一体化发展，干扰了私

人资本的投资决策，扭曲了经济效率。其结果必然会引发大量的为减轻税负而进行的寻租活动，最终导致社会成本上升和国家社会福利的净损失，造成国家和地方税收流失，长期看，必然损害我省区域经济的整体竞争力，也不利于全省的有序共进。六是地方税收中投资性行业税源所占比重偏大，易受宏观政策调控影响，随着宏观政策调控效力的逐步释放，投资性行业增长势必受到抑制，将对地方税收带来成倍下拉影响。七是能源产品价格上涨对我省现阶段工业税源发展不利。统计资料表明，近年来工业产品出厂价格和原材料、燃料、动力购进价格间剪刀差有所加大，这将压缩工业企业利润空间。我省现阶段工业发展在沿海省份中处于相对弱势，难以通过规模生产提高经济效益，而效益增长对能耗投入依赖较大，因此，此能源产品价格上涨对现阶段我省工业税源发展的不利影响更为明显。

这些发展中的问题，必须在发展中解决。当前，从地税在经济发展中的实践体验来看，以下几个方面是我们必须予以重点关注的：

1. 以各种方式扩大就业，帮助百姓赚钱增加财产性收入。首先，科学发展观的一个重要指向是对大众民生水平能起到有力助推的作用。而我们一些地方政府似乎陷入一个误区，他们对招商引资很感兴趣，热衷于资本密集型和技术密集型产业的发展，对劳动密集型产业和个体商贩持简单消极态度，却不知道劳动密集型产业和个体商贩同样能够创造价值，不明白就业是民生，就业是财力之源，有就业就能帮助政府增加税收。之所以产生这种偏见，很大程度上是因为大的企业带来的税收直观明显，而小商小贩聚沙成塔的累积效应不够直观。其实，一个地方政府增加税收的最好办法是增加就业，帮助百姓赚钱，而不是对一些小本经营看似无意的经济活动横加干涉。百姓赚钱多了就会多消费，每一项消费国家都能从里面收税。所以，各级政府应该为能够增加就业的各种活动提供优惠，比如职业培训、职业介绍、到农村招工、保护工作岗位等。每增加一个就业政府补贴就算3000元也并不亏本，按照一个月收入1000元计算，目前国内生产总值中有20%的价值被政府征税征走了，就是说征税是收入的25%，当年政府补贴投入的3000元刚好就能够收回。第二年如果这个人继续在岗位上，国家就能继续收税，不必再对增加就业作补贴，所增的税收是国家的纯收入了。

2. 优化产业结构，培植、发展新型主体财源。对我国而言，除了面对以往有效需求不足的既存问题，还面临基础能源价格持续攀升和美元的持续贬值带来的输入型经济冲击，国内宏观经济面临着前所未有的挑战。经济困难对税收的可持续增长是个严峻挑战。因此，积极涵养税源，逐步建立新老税源交

替，大小税源并举，支柱税源多元化的多层次地方税源体系，是确保税收与经济持续协调发展的基础。当前，应着力进行产业结构的调整，摆脱过多依赖建安房地产的税收增长路子，在继续做大做强工业经济，推动经济增长方式和经济结构的战略性调整的同时，进一步加快第三产业发展，优化经济结构。由于地方税收与第三产业相关度最高，因此，第三产业权重越高，越有利与地方税收增长。按照目前第三产业增加值税负水平8.34%与第二产业增加值税负水平3.48%的差额测算，第三产业增加值比重下降1个百分点，当年地方税收减少3.61亿元以上，影响整体税收增长1个百分点，拉低GDP税收负担率0.05个百分点。为此，应加大对第三产业的扶持力度，重点发展交通运输、邮电通讯、房地产、旅游、金融、保险、信息服务、社会保障等产业；积极培育和完善商品流通市场、技术市场、劳动力市场、房地产市场、产权转让市场、信息市场等；大力引进高新技术项目，发展新兴替代产业和接续产业，实现非资源型产业规模化，这样必将会加快第三产业的持续发展，第三产业地方税收的增长比例会逐年增加。

3. 全省统筹，发挥比较优势，提高地方财力的产出效率。我们知道，由于地缘特色导致的行业结构不同，即使经济基础相似，也会使得经济税收产出的效率大相径庭。因此，站在全省的角度，在产业发展战略上，必须分和有序，依托比较优势，从全省一盘棋的效能建设角度出发，探寻壮大地方财力的可为之道。具体来说，目前对于福州、厦门这样的中心城市，可重点发展现代服务业、金融业、物流业，提高中心城市对周边地区的辐射力；对龙岩、三明这两个资源型较为突出的地市，可重点在资源性产业链上进行深化，推动产业链横向扩展和纵向延伸；对南平这个农业和制造业较为突出的地市，可因地制宜，在绿色农业和一两个特色制造行业上重点突破，形成规模优势；对宁德、莆田这两个沿海地市而言，除了已有较为开发成熟的产业，可以充分利用海洋资源，重点发展船舶制造业和鱼产品加工业；对于漳州这个正在由传统农业向现代农业和加工制造业转型的地市，不能简单弃农转工，而必须双翼并举，充分发挥漳州与台湾一贯良好的农业合作对接，在农业拓展化上下功夫；对于市场化程度最发达的泉州而言，着力点无疑应该是在做大做强已有优势行业，提高品牌知名度，力争成为国内乃至全球相关行业的领跑者。

4. 加强税收管理，优化税收环境。税务管理是地方财力得以有效保证的关键一环，当前，很重要一点是适应经济发展的不同条件，对征管对象施行差别化管理。对内而言，在税务局内部，应进一步完善征管机制，规范机构设置，优化征管流程，健全岗责体系，提高征管能力，推行科技加管理；对外而言，则可予以侧重点不同的差别化管理，对重点纳税企业，应以税收信息化为依托，推行税收分析、纳税评估、税源监控、税务稽查互动机制，以分析引导评估，以评估协助稽查，以稽查促进管理，加强税源管理；对尚在孵育期的小规模纳税人，应以提供税收服务为主，在大力推进依法治税，强化税收执法检查的同时，更应执法与服务并举，健全纳税服务机制，拓宽纳税服务领域，用足用好现有的税收政策，继续深入落实国家核准的各类税收优惠政策，进一步简化减免审批程序，使纳税服务的方式和内容更具针对性，通过营造良好的税收环境来优化税收法治环境，从而提升税源潜力。

5. 建言献策，对“生产性”税制以及由此引发的非对称财政机制进行改革，充实并且完善地方税体系。地方经济发展本来必然会导致地方财政的“水涨船高”，但现实情况是“生产性”税制以及由此引发的非对称财政机制，令地方实际可支配财力受到了较大削弱，并由此引发了事权与财力不相匹配而导致的一系列层级冲突。基于改革的必要性与迫切性，建议继续深化税制改革：一方面改变流转税为主体的生产型税制，强化所得税制的主体地位，形成双主体税制，同时深化财产税改革；另一方面，在公共财政框架下规范税收返还、转移支付等制度，缓解基层财政紧张和地方税收增长不足的矛盾；同时，改革地方税制，建立三级分税体制，确立地方税收体系的主体税种，赋予地方政府适当的税收立法权和部分地方税的税收管理权，如可以制定地方税的税率、有权对纳税人采取某些减免税的措施等等。

（执笔：赖勤学）

“十一五”头两年我省地方税收行业特征及地方财源分析

福建省地方税务局税收科研所课题组

一、“十一五”头两年税收增长基本情况

“十一五”头两年我省地方税收保持了“十五”以来的高增长势头，2006年与2007年两年，我省地税部门累计组织各项收入1143.33亿元，其中组织税收收入840.55亿元（含厦门市，下同），两年的税收收入是“十五”期间税收收入总量的79.2%，年均递增29.4%，大大超过“十五”期间17%的年均增长速度。2007年地税各项收入突破600亿元大关，首次位居全国第十位。

在三次产业结构上，2006年三次产业分别实现税收0.056亿元、128.46亿元和237.25亿元，占税收总量比分别为0.015%、35.12%、64.86%。2007年分别实现税收0.49亿元、165.45亿元和308.85亿元，分别占税收总量的0.1%、34.8%和65%。2006年、2007年三次产业实现的税收收入见表1。

表1　　2006年、2007年三次产业实现的税收收入情况

年份	第一产业		第二产业		第三产业	
	地方税收（亿元）	占总量比（%）	地方税收（亿元）	占总量比（%）	地方税收（亿元）	占总量比（%）
2006年	0.056	0.015	128.46	35.12	237.25	64.86
2007年	0.49	0.1	165.45	34.8	308.85	65

地区税收收入上，“十一五”头两年全省九地市地方税收收入保持快速增长的同时，地区间税收比重保持稳定。厦门、福州、泉州保持税收收入前三

位，税收贡献达七成以上，收入比重略高于“十五”期间69.8%的平均值，两年平均收入比重70.37%。

二、“十一五”税收行业发展的新特点

（一）部分地区行业优势特征有所显现，个性发展尚有空间

从2007年全省九地市行业税收比重来看，行业分布区域特征有所显现，行业结构有待进一步调整。如龙岩市一半以上的税收集中于第二产业，尤其以采矿业为主要的税收来源，第二产业占当地税收比重57.7%，高出全省平均数23个百分点。其中以有色金属矿采选为主的二产税收特征突出，且向三产延伸形成产业链，依托资源优势产业链的税收效应显现。其余地市行业税收构成以第三产业为主的同时也表现出不同的行业特征，比如泉州、漳州、莆田、三明、南平、宁德六地市工业税收比重都大大高于全省平均水平，工业后发特征明显，泉州以非金属矿物制品业为主，轻纺制造业为辅的特征突出。而莆田制造业主要集中在农副食品加工业上，税源体量不易做大。第二产业中建筑业的比重偏大，除泉州、三明、龙岩三地市的建筑业占第二产业比重低于全省平均水平外，其余六地市建筑业占第二产业比重都在46%以上，其中宁德市更是占了62.6%。第三产业中，只有厦门、福州两地税收比重高出全省平均水平，而且主要税源集中于房地产业，福州市电子通信设备制造等新兴产业有所发展，但比重还是偏弱。说明地区行业发展具有明显的区域性特点，行业发展存在一定的不平衡性，新的税源挖掘空间还很大。

（二）资本性行业税收发展突出，占据行业税收构成的主体位置

第三产业一直保持着地方税收构成的主体地位，2007年第三产业税收占地方税收总量的65%，其中资本性行业在第三产业中贡献较大。2007年第三产业的十二个分项中，房地产业、金融业和租赁服务业居前三位，分别占了36.2%、13.5%和10.4%，相应在地税第一大主体税种营业税的构成中，这三行业贡献也位列前三。说明随着居民收入水平提高，物价的不断上涨，导致人民币实际意义上的贬值，民间投资意愿明显增强，进入资本性行业的流动资金增多，促进了资本性行业税收的增长。

（三）传统服务业发展势头强劲，新型现代服务业发展缓慢

按照一般的行业划分，经过改造提升后的传统服务业包括了金融、房地产、交通运输、商业、住宿餐饮等，这几个行业在2007年实现了地方税收222.74亿元，占了第三产业实现税收的72%。而现代服务业所代表的信息产

业仅占4.8%，一方面说明了传统服务业在向现代服务业的升级改造过程中，融入现代服务业管理理念、经营方式和组织形式取得了较大发展；另一方面也说明信息服务业、科技服务业等现代新兴服务产业的发展仍停留在起步阶段，在今后经济结构的调整升级中，仍旧有很大的拓展和作为空间。

三、新时期地方税源分布特点探寻

从“十五”至“十一五”开局的七年来，中国经济以略为偏快的速度发展，近年显示经济有从偏快向过热发展的迹象，价格结构性上涨，投资膨胀压力较大，相应税收上出现偶发增长性税源增多，后续可持续税源表现贫乏。稳健的财政政策和从紧的货币政策在今后几年将继续，对发展偏热的投资性经济将会有一定的制约影响，这两年由于经济偏热带来的税收持续高速增长，已给税收基数增压不少，再加上企业所得税等税收政策调整带来的税源减少等影响，使得探寻新的可持续的税源增长点显得十分必要。综合国内外各方面因素，立足近几年我国经济发展状况考虑，我们认为发展地方税源的新增长点面临的困难和契机主要有以下几方面：

（一）审视面临的困难

一是不恰当的投资过度引发内部失衡，造成流动性过剩和货币供应量过大。21世纪以来，我国靠土地、资本等要素的不断投入来拉动经济高增长，导致投资增长迅猛。而当这种高增长超出了我们资源能够支撑的水平时，要靠大量的货币去买挤出来的资源，支撑高速的增长，必然造成货币供应量过大，引发价格上涨等一系列问题，居民购买力下降，内需不足继续扩大。二是外部失衡造成人民币升值压力大，出口增长放缓。在外部失衡的情况下，不管是贸易还是投资，都有大量的外汇进来，国家掌握的外汇储备大量增加，这种情况下，人民币升值的压力提高。三是能源、原材料价格大幅上涨，能耗型企业经营成本大幅提升。我国经济结构中资源消耗比重很高，且过于依赖廉价的资源，单位产能资源效率不高，对于出口需求的变动和资源价格的波动的风险，承受能力很差。四是我国仍保持着粗放式的经济增长模式，出口导向政策未能及时调整，导致对外贸易条件恶化，贸易摩擦加剧。此外资源和环境瓶颈收紧、劳动力成本的提高、人民币升值等一系列因素都导致出口产品竞争力下降，出口型企业发展困难。

（二）今后地方税源分布展望

1. 2007年国务院提出了关于加快发展服务业的若干意见，提出“十一五”时期服务业发展的主要目标。其中提出到2010年，服务业增加值占国内生产总值的比重比2005年提高3个百分点，有条件的大中城市形成以服务经济为主的产业结构，服务业增加值增长速度超过国内生产总值和第二产业增长速度。随着国有服务企业改革、软件开发、信息技术、现代物流、工程咨询、知识产权服务、服务代理等服务行业的进一步发展壮大，将为地税收入创造新的税源增长点。

2. 连续多年宏观经济景气较旺、居民收入增长较快、消费结构升级等基本因素，决定了2008年我国消费品市场销售增长率仍保持高位。此外，2008年奥运会在我国举行，也将会对国内市场销售产生“奥运景气”推动作用。这些都将进一步推动相关企业利润增长，为税收提供新的增长动力。

3. 促使投资保持较高增速的基本因素依然存在，虽然实际利率水平上升、房贷新政、高能耗产品出口限制政策等限制投资因素存在，但综合分析投资增速仍会保持一段时间，投资增长将保持投资性行业税收增长的持续性。

4. 中央实行从紧的货币政策，多次提高法定存款准备金率和利率，但总体投资增速仍将保持，尤其是企业运用新能源新技术的升级改造需要新的投入，金融机构贷款余额的稳步增长，将继续为地方税收提供增长点。

5. 十七大报告提出以创业带动就业的思路，鼓励地方做多做小，积极发展中小企业，解决地方就业问题。随着中小型企业的增多和发展壮大，也将为地方税收的增长不断创造新亮点。

四、地方税源发展的若干建议

税收增长主要依赖经济、征管和税制这三大因素，其中经济发展是首要的。发展地方税源要抓住当地经济特点，立足产业结构的调整、重点行业的突破、经济增长模式的转变，在税收方面积极探索符合经济规律的科学征管模式，适时调整和完善税制结构，着力构建与地方经济财政发展相适应的地方税源结构体系。

（一）增强经济税收观，促进政府投入与财税产出的良性互动发展

税收的良性增长要以经济增长为前提，同样地能为税收做出积极贡献的经济结构和增长模式才是科学合理的经济模式。尤其在当前地方财政来源与税收的相关度越来越高的情况下，我们应加强经济税收观，把企业的税收贡献纳入政府制定相关政策的考虑因素，对一个产业一个企业的评判，不仅要看它对经济总量、对增加就业的贡献，还要看其对财政税收的贡献，以实现政府投入与

财政产出的有效互动。为此，我们建议在研究相关扶持政策时，除要营造有利于企业发展的政策环境，推动企业做强做大外，还应围绕税源抓项目，围绕效益给扶持。在及时足额纳税的情况下，优先扶持对地方贡献大的企业，引导企业特别是重点骨干企业增强依法纳税意识，促使企业合理负担应缴税收，切实承担起相应的社会责任。

（二）发展现代服务业，促进产业结构转型，全面提升经济运行质态

按照税法税目的分类，服务业包括了代理业、旅店业、饮食业、旅游业、仓储业、租赁业、广告业、其他服务业。按此分类统计，2007 年我省地税服务业税收达到63.53 亿元，占地方税收收入的 13.38%，占第三产业税收比重的 20.6%，仅落后于房地产业，位居第二，这是保证地方税收收入的一个主要税源。但同时期全国地税行业税收中，服务业占地方税收总量的 18%，占第三产业税收比重的 28%，相比之下，我省服务业的税收增长仍旧偏缓，比重偏低。而从“十五”后期以来，受原材料价格、市场竞争、国际贸易摩擦等因素的影响，我省工业企业出现整体效益回落的局面，工业税收增速趋缓。整体来看，我省税源基础相对薄弱，产业欠缺规模，在当前宏观调控偏紧的情况下，应该扩大有利地方税源增收的第三产业尤其是服务业的发展，形成服务业规模产业群，解决第三产业税源增长的瓶颈问题。通过积极培育大市场，加速推进由传统制造加工向工贸联运、先进制造业和现代服务业并举的转型，创建先进制造业配套的生产服务集中区，发展都市型工业、现代服务业和高新技术产业等高附加值经济，引导相关企业把利润中心、结算中心、营运中心等税收连结点建在本地，将税收引向本地。

（三）找准潜力点，凝聚部门合力，积极推动社会综合治税

社会综合治税机制要以政府为主导、税务部门为实施主体、部门配合、社会参与、司法作保障。强化社会综合治税，需要强化部门间的沟通合作，加大零散税源的社会化力度，更重要的是要有效利用税收领域的政府资源，通过政府强化引导与税务部门强化征管来合力推进地方税源建设的协同化进程。当前发展福建省地方税源的潜力，我们认为可以从以下几个切入点考虑：一是在现有分税制未做大改动的情况下，要选择收入波动小、税基较宽、增长潜力好、有一定收入规模的税种行业作为培植、挖掘重点。如营业税类的三产行业、个人所得税高收入行业等。二是大力发展先进制造业，用信息化带动工业化。在推动新型工业化进程中，要突出重点，扶优扶强，着力抓好重点企业、重点技改项目、重点新产品研发项目、重点招商引资项目、重点民营企业，强化重点企业对税收的支撑作用，发展后发优势，使产业结构与地方税源结构相匹配。

三是调整和优化第三产业内部结构，在巩固、提高传统服务业水平的同时，注重培育和发展信息网络、金融证券、物流、软件服务、文化教育、中介服务等现代服务业，使其成为我省今后第三产业的主体和地方税收的新的增长点。四是鼓励和支持非公有制经济的发展壮大。“十五”以来，非公有制经济对地方税收的贡献有目共睹，已逐步取代国有集体经济在各类所有制经济税收贡献中占据主体地位，我们应充分发挥非公有制经济产权关系清晰，经营机制灵活的优势，通过完善市场体系，引进民间投资等政策扶助，引导和支持非公有制经济走规模经营的道路，优化其产业组织结构，为促使其上规模、上档次营造良好的市场环境。五是推进旅游产业链的建设。福建山多，旅游资源相当丰富，发展前景广阔，今后的发展关键在于凭借良好的区位条件和现代化交通格局，做大做强旅游产业，运用市场机制，充分整合旅游资源，增强旅游辐射功能，提升旅游经济的规模与层次，以旅游资源带动当地经济的发展，加快资源优势转化为经济优势、财源优势的步伐。

（四）探索税收信息掌控与处理方法，提升税收管理水平

税收管理实际上是税款征收入库与税务信息产生、传递和处理的过程。而且在这两大流程中，税款流程的形成状况畅通与否都是由税务信息流程的通畅与否决定的，即税务信息流程占据了主导地位。税收管理的每一环节都离不开对税务信息的处理，如果信息流程发生阻滞，税务信息不能及时地产生、传输、反馈，税款征收活动就将失去决策的依据而无法正常进行，由此引起税款流程的堵塞，必然使得税源难以及时地转化为财政资金。因此，要解决税收管理的瓶颈问题，不仅要在税制设计与改革中充分考虑当前税收管理水平的局限性，更要努力在改进税务信息流程的掌控和处理方法上下功夫，为税收管理行为的及时运作和调整提供及时有效的信息资料。

（执笔：李朝霞）

福建省产业结构调整与税收增长

福州市地方税务局计财处课题组

一、综述

（一）产业结构与经济增长的一般规律

与传统的新古典经济增长理论不同的是，结构主义者认为经济发展过程中产业结构的变动会对经济增长产生重大的影响，经济结构的优化升级是国民经济的进一步发展的动力。配第—克拉克定律（Petty - Clark's Law）深刻揭示了世界各国产业发展的规律（杨治，1985）：在经济增长的不同阶段，产业结构具有不同的特点，一般而言，随着经济社会的发展和收入水平的提高，第一产业增加值比重和就业比重将逐步下降，第二产业增加值比重和就业比重将首先上升，当人均 GDP 达到一定水平时，随着非工业化阶段的来临，又会逐步下降，第三产业增加值比重和就业比重则一直呈现上升趋势。库兹涅茨认为不去理解和衡量生产结构中的变化，经济增长难以理解（Kuznets，1947）；钱纳里认为经济结构的一系列互相关联的变化为持续增长所必需（Chenery，1960）；罗斯托认为现代经济增长在本质上是一个产业部门变化的过程，它根植于现代技术所提供的生产函数的累积扩散之中，这些发生在技术与组织之中的变化只能从产业经济部门的角度来加以分析（罗斯托，1988）。现代新增长理论通过扩展熊彼特“创造性破坏”的概念来解释产品的数量增长和质量升级说明产业结构变动是经济内生增长的一个重要源泉和动力（Aghion&Howitt，1998），经济增长的实践表明，经济增长总是在产业结构的不断调整中实现的。因此，各国政府无不纷纷采取措施促进本国产业结构升级，以此促进经济社会的协调发展。

（二）国内对产业结构与税收变动的研究

一直以来，我国产业结构升级问题都受到重视，同时，税收作为宏观调控工具之一其重要性日益凸显出来。分析税收收入与三次产业发展之间的关系有利于深入理解税收与经济结构的关系。在贯彻实施我国“十一五”规划进程中，如何充分发挥税收政策作用，加快产业结构优化调整升级步伐，实现经济社会的全面可持续发展和税收收入的稳定增长，是摆在我们面前的一项重要课题。许多学者对税收和产业结构的问题进行研究。李文（2003）指出，从需求来看，税收政策可以通过改变中间需求与最终需求的比例及中间需求结构、消费需求结构、消费需求与投资需求的比例、投资需求结构从而影响产业结构；从供给来看，税收政策可以通过改变劳动力的数量和质量、资本的数量和投向、技术进步从而影响产业结构。反过来，现存的产业结构可以对税种结构、税收征管方式、税收负担水平、税收增长方式等产生相应的影响（郭传章、范洪波、文川，1999）。张伦俊（2005）分析了1998—2003年的产业税收负担和产业税收弹性以及产业税收协调系数[①]后指出，第一产业增加值与税收收入贡献不一致，税负偏低；第二产业税收贡献高于第二产业贡献程度，而第三产业近几年的税负偏重。

近几年来，我国对税收和产业结构相关的定量研究也日益增加。董承章、蒋东宇、楼正良（2000）通过回归分析了1985—1998年三次产业与财政收入的互动增长关系后指出：第一产业对第一产业财政收入影响最弱，第二产业对第二产业财政收入影响次之；而第三产业最大。第一产业增长率对第一产业财政收入增长影响较大；第三产业次之；而第二产业增长率对第二产业财政收入增长率影响较弱。林秀梅（2002）构建了税收和三次产业增加值的增长模型，指出1985—1999年的税收负担下降主要是因为税收增长与三次产业增长不同步，而且三次产业的税收贡献率也和增加值贡献率不同步，三次产业税收比重变化和产业结构变化不协调。郭庆旺、吕冰洋（2004）用面板数据模型分析了1995—2002年我国的不同地区税收收入与产业结构的影响，认为在现行税制结构下，第三产业与第二产业的产值比提高明显有利于税收总收入的增长，而且对企业所得税收入增长的正向影响最为显著（营业税次之，增值税最低）。在三大区域中，东部地区税收收入增长从这种产业结构转移中受益最多，中部地区次之，西部地区受益最少。从产业结构调整带来的税收收益角度看：第一，就全国来讲，我国在新型工业化的进程中，要大力发展第三产业；第二，就中西部地区来讲，鉴于中西部特别是西部地区经济发展落后、人均收

---

① 税收协调系数 $=\frac{\text{产业税收比重}}{\text{产业 GDP 比重}}=\frac{\text{产业税收收入}}{\text{税收总收入}}\times\frac{\text{GDP 总额}}{\text{产业增加值}}=\frac{\text{产业税负}}{\text{宏观税负}}$，税收协调系数表示产业税收贡献与经济贡献协调程度。

入低下、居民消费水平有限，两区域在规划产业结构调整战略时，还是应在大力发展第二产业的基础上发展第三产业，不能过分强调第三产业的发展。李洁（2005）利用协整方法检验了四川省的税收和产业结构变动情况，认为二者不存在长期稳定的均衡关系。褚燕（2005）建立一个基于产业结构变动的宏观税负模型，分析了产业结构、产业利润率和产业工资水平等因素变动对宏观税负的影响，但是没有进行实证分析。付广军（2005）也用面板数据模型分析1996—2003年我国9省区市的宏观税负和产业结构的数据，认为第一产业比重高的地区，宏观税负就比较高，产业结构是影响该地区宏观税负的主要因素。但是李猷民（2007）也通过面板数据模型分析1994—2004年全国的数据后指出，产业结构变动并不是宏观税负提高的主要影响因素，而经济发展水平和征管能力提高对宏观税负影响更大。

当然，由于分析方法和分析对象不同，而且不同的文献对数据处理和模型构建不同，会得出不同的结论。但是，目前这些研究文献大多都是就全国范围情况进行研究，同时大多是仅分析税收与产值结构的关系，而没有结合就业结构和产业劳动生产率进行分析。另外，全国经济普查之后，各个省市都对经济数据进行修正，上述许多文献也没有体现这一变化。

（三）福建省的税收与产业结构发展状况

1994年分税制改革以来，福建省作为我国一个经济较发达的东部沿海省份，经济税源结构发生了很大变化。GDP从1994年的1644.39亿元增长到2007年的9249.13亿元，年均增长14.21%（当年价）。从产业结构发展来看，第二、三产业的比重在不断提高。根据2008年的福建省统计年鉴，福建省第一、二、三产业占GDP的比例从1994年的22.1%、43.8%、34.1%发展到2007年的10.8%、49.2%、40.0%（见表1）。从图1可以看出，尽管才14年时间，福建的产业结构变动也确实呈现出配第—克拉克定律所揭示的一般规律。从产业内部的构成来看，产业结构内部不断优化，经济运行质量和稳定性也进一步提高。

我们可以将1994—2007年东部沿海省市的三次产业结构的变动和全国总体产业结构变动做一个比较。

伴随着产业结构的调整，福建省财政经济发展出现相对快速而协调的发展势头，税收收入的稳步增长为财政各项支出和建设奠定了良好的基础。根据2007年版《全国税务统计》的数据显示，福建省各类税收收入从1994年139.09亿元增长到2007年的1330.84亿元，年均增长18.97%，高于全国税收收入年均增长速度。财税收入总体上呈现了与经济同步增长并略高于经济增长的形势。

表1 福建省与全国产业结构变动的比较

年度	福建省			全国		
	第一产业	第二产业	第三产业	第一产业	第二产业	第三产业
1994	22.1	43.8	34.1	19.76	46.57	33.57
1995	22.2	42.1	35.7	19.86	47.18	32.86
1996	21.6	41.3	37.1	19.69	47.54	32.77
1997	20.1	42.3	37.6	18.29	47.54	34.17
1998	19.3	42.3	38.4	17.56	46.21	36.23
1999	18.4	42.0	39.6	16.47	45.76	37.67
2000	17.0	43.3	39.7	15.06	45.92	39.02
2001	16.0	44.3	39.7	14.39	45.05	40.46
2002	14.9	45.6	39.5	13.74	44.79	41.47
2003	13.9	47.0	39.1	12.80	45.97	41.23
2004	13.7	48.1	38.3	13.39	46.23	40.38
2005	12.8	48.7	38.5	12.20	47.70	40.10
2006	11.4	49.4	39.2	11.30	48.70	40.00
2007	10.8	49.2	40.0	11.30	48.60	40.10

数据来源：福建省2008年度统计年鉴与2008年度中国统计年鉴。

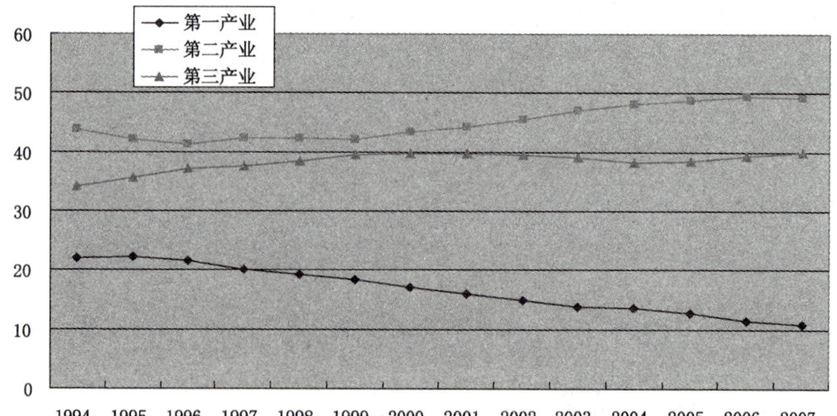

图1 1994—2007年福建省三次产业产值变动情况

数据来源：福建省2008年度统计年鉴。

本文利用经济普查后最新数据分析分税制以来福建省税收和产业结构变

动的情况，同时，结合三次产业的就业结构和产业劳动生产率进行实证研究现行税收政策对产业结构变迁的效应，以此来说明存在的问题和今后的改革方向。本文第二部分介绍模型和数据来源；第三部分利用福建省有关数据分析税收和产业结构的影响；第四部分对计量结果的原因进行分析；第五部分是结论与政策建议。

二、模型和数据来源

（一）本文的计量分析模型

虽然 Romer（2000）认为长期经济增长是由技术进步（含经济制度的变迁）贡献的，而短期的经济增长是由资本和劳动等要素投入的增加所贡献的。但是刘伟和李绍荣（2002）指出："资本、劳动和技术是在一定产业结构中组织在一起进行生产的，对于给定的资本、劳动和技术，不同的产业结构会导致不同的生产"。他们通过总量生产函数法推导出经济增长与产业结构变动模型。本书将直接利用上述模型进行分析税收与产业结构变动的影响。

我们认为一定时期的税收收入是不同产业的函数：

$$T = F_t(X_1, X_2, \cdots, X_k, A) \tag{1}$$

其中 T 表示税收收入，$X_i, i = 1, 2, \cdots, k$，表示第 i 产业的产出量，A 表示经济的制度和技术水平。对上述函数求全微分可得：

$$dT = \frac{\partial T}{\partial X_1}dX_1 + \frac{\partial T}{\partial X_2}dX_2 + \cdots + \frac{\partial T}{\partial X_k}dX_k + \frac{\partial T}{\partial A}dA \tag{2}$$

上式两端同除以 T 得：

$$\frac{dT}{T} = \frac{X_1}{T} \cdot \frac{\partial T}{\partial X_1} \cdot \frac{dX_1}{X_1} + \frac{X_2}{T} \cdot \frac{\partial T}{\partial X_2} \cdot \frac{dX_2}{X_2} + \cdots + \frac{X_k}{T} \cdot \frac{\partial T}{\partial X_k} \cdot \frac{dX_k}{X_k} + \frac{A}{T} \cdot \frac{\partial T}{\partial A} \cdot \frac{dA}{A} \tag{3}$$

其中，$\frac{X_i}{T} \cdot \frac{\partial T}{\partial X_i}$ 表示第 i 产业的总税收弹性，记为 β_i；用 $\beta_0 = \frac{A}{T} \cdot \frac{\partial T}{\partial A} \cdot \frac{dA}{A}$ 表示经济制度变迁和技术进步对税收收入的影响。从而得出下面模型：

$$\frac{dT}{T} = \beta_1 \cdot \frac{dX_1}{X_1} + \beta_2 \cdot \frac{dX_2}{X_2} + \cdots + \beta_k \cdot \frac{dX_k}{X_k} + \beta_0$$

对上式进行变换，我们可以用下式来计量产业结构对税收的贡献：

$$\log T = \beta_0 + \beta_1 \log X_1 + \beta_2 \log X_2 + \cdots + \beta_k \log X_k + \varepsilon \tag{4}$$

所以，与郭庆旺、吕冰洋（2004）、付广军（2005）和李猷民（2007）不同的是，本文参数估计值 $\beta_0, \beta_1, \beta_2 \cdots \beta_k$ 事实上是表示一种产业税收弹性的概念。而且需要指出与一般文章中的产业税收弹性概念不同的是，本文分析的税收弹性是指产业结构变动对税收总收入变动的弹性，而不是单个产业变动对来自于这个产业的税收收入变动的影响。因为我们更关注对总税收收入的影响，而不论税收收入来自于哪一个产业。这也是后面估计结果出现产业税收弹性为负数的原因①。我们认为在经济发展的不同阶段和不同的经济发展基础与要素禀赋，不同产业结构变动对税收收入变动影响并不相同。笼统的认为应该发展哪一个产业来促进经济增长和税收收入提高是一种比较绝对化和有点先入为主的看法。

钱纳里和塞尔奎因（Chenery, & Sycquin 1975）指出，在发展中国家由于技术进步与劳动生产率提高，工农产品价格结构体系不合理（也即所谓工农产品价格“剪刀差”）等原因，产值结构转换普遍先于就业结构转换。因此，就业结构指标比产值结构指标更能真实地反映产业结构实际变动状况。所以，有必要考察从业人员结构变动与税收收入变动的影响，现在我们用 $L_i, i = 1, 2, \cdots, k$，表示第 i 产业的从业人数，用 L_i 替换 X_i 代入（1）式，经过类似的推导，我们可以用下式来计量不同产业的就业结构对税收的贡献：

$$\log T = \beta_0 + \beta_1 \log L_1 + \beta_2 \log L_2 + \cdots + \beta_k \log L_k + \varepsilon \qquad (5)$$

模型（4）—（5）都是从总量进行分析的，为了更进一步进行比较，我们需要分析人均数变动的影响。我们考察不同产业的劳动生产率变动对税收收入的影响。现在用小写字母表示人均变量，比如用 $t = T/L$ 表示人均税收水平，用 $x_i = X_i/L_i, i = 1, 2, \cdots, k$，表示第 i 产业的劳动生产率。同样的，我们可以用下式来计量不同产业的劳动生产率对人均税收收入的贡献：

$$\log t = \beta_0 + \beta_1 \log x_1 + \beta_2 \log x_2 + \cdots + \beta_k \log x_k + \varepsilon \qquad (6)$$

（二）本文的数据来源

由于在 2005 年度全国经济普查之后，历年 GDP 数据有所调整，三次产业产值的数据和结构也会有相应的变化，因此，我们采用最新的统计年鉴的数据。本文的三次产业产值数和就业人数数据均来源于 2008 年度的福建省统计年鉴。本文所称的税收收入不包括关税和农业四税，但是包括海关进口代征税，或者说本文分析的是安体富（2002）所称的小口径宏观税负。由于统计年鉴上没有总税收收入数据，我们采用 2007 年的《全国税务统计》上数据。本文为了说明问题的需要，比照人均劳动生产率的概念，用税收除以全部从业人员数表示人均税收，或者说是每个从业人员在生产工作所创造的税收“产

---

① 根据一般意义上产业税收弹性概念，在税制没有大的变动情况下，由于产业增长必然使得来自这个产业的税收也增长，所以这种意义上产业税收弹性必然大于零，即为正数。

出”。这与通常意义上说的税收除以总人口数的人均税收概念不一样，因为后者更多表示一种税收负担的概念。本文所用的计量经济软件为 EVIEWS6.0。

三、计量结果分析

（一）中国税收与产业结构变动影响方程

由于本文主要是通过面板数据模型进行比较分析，为了使分析的结果更具有直观性和对比性，我们首先用全国的总体数据对待估计模型（4）—（6）进行 OLS 回归并以此作为比较福建省税收产业结构弹性的一个参照，后面我们将结合福建省的数据回归结果对此进行分析。同时为了消除模型中的自相关，我们在税收就业结构弹性和税收生产率弹性模型中加入 AR 项。全国数据的回归结果见表 2。

表 2　全国总体数据的 OLS 回归结果

自变量	模型（4） 因变量 $\text{Ln}T$	模型（5） 因变量 $\text{Ln}T$	模型（6） 因变量 $\text{Ln}t$
C	-2.068^{*} (−1.84)	-101.565^{*} (2.32)	-10.004^{***} (−35.39)
$\text{Ln}X_1$	-0.940^{**} (−2.67)		
$\text{Ln}X_2$	1.477^{***} (3.90)		
$\text{Ln}X_3$	0.448^{**} (2.21)		
$\text{Ln}L_1$		3.201 (1.07)	
$\text{Ln}L_2$		3.922^{***} (3.89)	
$\text{Ln}L_3$		3.982^{***} (6.99)	
$\text{Ln}x_1$			0.291^{***} (4.18)
$\text{Ln}x_2$			0.508^{**} (3.26)

续表

自变量	模型（4） 因变量 LnT	模型（5） 因变量 LnT	模型（6） 因变量 Lnt
Lnx_3			0.994*** (6.40)
AR（1）		1.191** (2.65)	0.383*** (3.569)
AR（2）		-0.686* (-2.12)	
Adj. R^2	0.995	0.995	0.999
Log like lihood	24.960	25.259	37.526
F - statistic	937.684	502.128	4014.431
D. W.	1.827	2.266	2.069
样本量	14	14	14

注：*、** 和 *** 分别表示在 10%，5% 和 1% 的检验水平上结果显著，括号中为 t 统计量，下同。

数据来源：2008 年度中国统计年鉴和国家税务总局网站。

（二）三次产业产值结构税收弹性回归结果分析

现在，我们对福建省的相关数据，对税收和产业结构变动模型（4）—（6）进行分析。首先，分析产值结构税收弹性，我们的回归结果如表 3 所示。

表 3　　模型 4 的估计结果

	系　　数	标准差	t - 统计量	概　　率
第一产业产值弹性	-1.765	0.154	-11.475	0.000
第二产业产值弹性	0.868	0.085	10.252	0.000
第三产业产值弹性	1.288	0.131	9.862	0.000
常数项	1.530	0.483	3.167	0.016
AR（2）	-0.963	0.218	-4.419	0.003
修正后的 R^2	0.999	Durbin - Watson stat		2.138
F - statistic	1884.471			

从模型的结果来看，总体回归结果还是比较好的，参数的估计值也比较显著。下面来分析参数估计值的经济含义。

从第一产业的税收收入弹性来看，全国总体数据的弹性为 -0.94，而福建

省的税收弹性为 -1.765。从产业税收弹性的定义我们知道，弹性为负数，说明该产业产值的增长与总税收收入之间呈反向变动趋势。因此，不论就全国而言还是就福建省而言，第一产业产值增长都与税收收入呈反向变动趋势。从回归系数看，全国第一产业产值每增加 1 个百分点会带动总税收收入减少 0.94 个百分点，而福建省则为减少 1.76 个百分点。说明福建省第一产业产值变动对税收收入影响比全国的大。

从第二产业的税收收入弹性来看，全国总体数据的弹性为 1.477，而福建省的税收弹性为 0.868。说明该产业产值的增长与总税收收入之间呈同方向变动趋势，不论福建省还是全国都是如此。第二产业产值的增加 1 个百分点能带动全国税收收入增长 1.48 个百分点，而同样的变动只能带动福建省税收收入增长 0.87%。可见福建省的第二产业的产值增长对税收收入增长的影响比全国总体水平低一些。

从第三产业的税收收入弹性来看，全国总体数据的弹性为 0.448，而福建省的税收弹性为 1.288，说明不论福建省还是全国的第三产业产值的增长都会带动税收收入的增长，而且从回归系数估计值看，福建省的第三产业税收收入弹性比全国总体水平高很多。

从三次产业的产值税收弹性来看，全国的数据表明：$\beta_2 > \beta_3 > \beta_1$，而福建省则是：$\beta_3 > \beta_2 > \beta_1$。由此可以看出，三次产业发展对福建省的税收收入影响和对全国的影响是不同的，虽然第一产业产值增长对税收收入会带来反方向变动的影响。但是，福建省的税收收入增长主要靠第三产业的产值增长而带动，而就全国总体而言，仍主要靠第二产业产值的增长而带动。因此，就产值税收弹性来看，福建省的结构调整已经比全国总体水平进步大。

（三）三次产业就业结构税收弹性回归结果分析

下面再来分析三次产业就业结构税收收入弹性，模型的回归结果如表 4 所示。

表 4　　模型 5 的估计结果

	系　数	标准差	t - 统计量	概率值
第一产业就业弹性	5.866	2.219	2.644	0.025
第二产业就业弹性	0.648	0.766	0.845	0.418
第三产业就业弹性	5.720	0.395	14.495	0.000
常数项	-72.211	18.175	-3.973	0.003
修正后的 R^2	0.994	Durbin - Watson stat		1.574
F - statistic	780.342			

从模型估计的结果来看，总体回归结果还是比较好的，参数的估计值也比较显著。下面来分析参数估计值的经济含义：

从第一产业的就业税收收入弹性来看，全国总体数据的弹性为3.201，而福建省的税收弹性为5.866。由此可见，福建省与全国一样，第一产业就业增长与税收收入呈同方向变动趋势。从回归系数看，全国第一产业产值每增加1个百分点会带动总税收收入增长3.2个百分点，而在福建省则为增加5.86个百分点。说明福建省第一产业就业变动对税收收入影响的程度比全国的大。

从第二产业的就业税收收入弹性来看，全国总体数据的弹性为3.922，而福建省的税收弹性为0.647，说明不论在福建省还是在全国第二产业就业的增长与总税收收入之间都是呈同方向变动趋势。第二产业就业的增加1个百分点能带动全国税收收入增长3.92个百分点，而同样的变动只能带动福建省税收收入增长0.65个百分点。可见与产值结构税收弹性一样，福建省的第二产业的就业增长对税收的影响比全国总体水平低很多。

从第三产业的就业税收收入弹性来看，全国总体数据的弹性为3.982，而福建省的税收弹性为5.720，说明不论福建省还是全国的第三产业就业的增长与总税收收入之间都是呈同方向变动趋势。而且从回归系数估计值看，福建省的第三产业税收收入弹性比全国总体水平高很多。

从三次产业的就业税收弹性来看，全国的数据表明：$\beta_3 > \beta_2 > \beta_1$，而在福建省则是：$\beta_3 > \beta_1 > \beta_2$。由此可以看出，三次产业的就业增长对福建省的税收收入影响和对全国的影响具有很大差异：就全国而言，三次产业的就业增长都能带动税收收入很大幅度的增长（税收弹性都大于3），而相反在福建省，第三产业和第一产业的就业增长能够带动税收收入大幅的增长，而第二产业的就业增长1个百分点仅能带动税收收入增长0.65个百分点。这说明福建省的税收收入增长主要靠第三产业和第一产业的就业增长而带动，而就全国总体而言，则主要是靠三次产业就业的共同增长而带动。

（四）三次产业劳动生产率税收弹性回归结果分析

最后我们再来分析福建省的三次产业劳动生产率与人均税收弹性关系，模型的回归结果如表5所示。

从模型估计的结果来看，总体回归结果还是比较好的，参数的估计值也比较显著。下面再来分析参数估计值的经济含义：

从第一产业的劳动生产率税收弹性来看，全国总体数据的弹性为0.291，而福建省的税收弹性为1.012。类似的我们知道，福建省与全国总体一样，第一产业劳动生产率与人均税收收入呈同向变动关系，从回归系数看，全国第一

产业劳动生产率每增加 1 个百分点会带动人均税收收入增长 0.29 个百分点，而福建省则为增长 1.01 个百分点。说明福建省第一产业劳动生产率提高对人均税收收入影响比全国总体水平大。

表 5　　模型 6 的估计结果

	系数	标准差	t－统计量	概率值
常数项	－14.620	0.542	－26.977	0.000
第一产业生产率弹性	1.012	0.354	2.856	0.019
第二产业生产率弹性	2.878	0.476	6.052	0.000
第三产业生产率弹性	－1.664	0.716	－2.323	0.045
MA（2）	－0.995	0.027	－36.277	0.000
修正后的 R^2	0.996	Durbin－Watson stat		2.300
F－statistic	798.314			

从第二产业的劳动生产率税收收入弹性来看，全国总体数据的弹性为 0.508，而福建省的税收弹性为 2.878。说明第二产业劳动生产率的提高与人均税收收入之间呈同方向变动趋势，不论福建省还是全国都是如此。不过第二产业劳动生产率的提高 1 个百分点能带动全国人均税收收入增长 0.51 个百分点，但能带动福建省人均税收收入增长 2.88 个百分点。可见福建省的第二产业劳动生产率的变动对人均税收收入的影响比全国总体水平高很多。

从第三产业的劳动生产率税收收入弹性来看，全国总体数据的弹性为 0.994，而福建省的税收弹性为－1.664。说明从全国来看，第三产业劳动生产率提高能够推动人均税收收入增长，但福建省却是导致人均税收收入的减少。从回归系数估计值看，福建省第三产业劳动生产率每增加 1 个百分点带动人均税收收入的减少 1.66 个百分点，而在全国只能带来人均税收提高 0.99 个百分点。所以，福建省的第三产业劳动生产率对税收影响比全国总体水平高很多（即弹性的绝对值）。

从三次产业的产值税收弹性来看，全国的数据表明：$\beta_3 > \beta_2 > \beta_1$，而福建省则是：$\beta_2 > \beta_1 > \beta_3$。由此可以看出，三次产业劳动生产率变动对福建省的人均税收收入影响和对全国的影响是不同的：就全国而言，三次产业劳动生产率的提高都能够对人均税收收入带来同方向变动的影响，并且其主要靠二、三产业劳动生产率提高所带动。不过福建省则是主要是靠第二产业的劳动生产率提高的影响，特别是第三产业劳动生产率与人均税收收入却呈反向变动。

四、对计量分析结果的原因分析

下面从三次产业的不同结构的税收弹性的角度进行比较分析，并结合第三部分的估计结果简要分析其原因，并以此说明其存在的问题。

（一）从第一产业税收弹性的估计值来看

在福建省其产值税收弹性小于零，而就业税收弹性和劳动生产率税收弹性都大于零，同时其就业税收弹性还大于劳动生产率税收弹性。这个结论直观的解释就是增加第一产业人员可以提高总税收收入，提高第一产业劳动生产率可以提高人均税收。而这与通常的认识理解大相径庭！

我们认为这恰恰说明了由于目前福建省就业结构转换的滞后性，农村存在着大量的农业剩余劳动力而没有转移到其他产业，农业生产效率低下，农业发展对税收总收入贡献率不高。就业结构转换与产值结构变动并不同步，产业结构调整升级对促进税收收入增长的作用还没有完全发挥出来。而且目前税收政策也存在不少不利于农村产业结构和就业结构的转换的地方，需要进一步加以调整。

（二）从第二产业税收弹性的估计值来看

福建省这三种产业税收弹性估计值都是正数但只有劳动生产率税收弹性比较高，这意味着，在福建省提高第二产业的劳动生产率比增加第二产业劳动力投入和提高第二产业产值份额更能促进税收收入的增长。

我们认为这反映目前福建省产业结构调整的具有一定片面性，总体效益不高。特别是福建省长期以来第二产业就是一个短腿，改革开放特别是新税制建立以来，虽然福建省第二产业有了很大发展，但是总体实力不强、效益仍不高。企业是税收的主要提供者，比较沿海地区的企业情况如表 6 所示。

表 6　部分沿海地区企业指标比较　单位；万元

地　　区	工业企业指标比较				建筑业指标比较	
	户均工业增加值	户均收入	户均税金	户均利润	户均建筑业总产值	户均利税总额
辽宁	2700. 64	9337. 37	397. 08	309. 28	4853. 1	366. 85
江苏	2519. 55	9961. 05	311. 08	429. 69	7393. 72	402. 69
浙江	1199. 5	5721. 82	216. 9	274	11973. 47	703. 92
福建	1848. 39	6331. 27	230. 51	328. 78	5131. 99	299. 33

续表

地　　区	工业企业指标比较				建筑业指标比较	
	户均工业增加值	户均收入	户均税金	户均利润	户均建筑业总产值	户均利税总额
山东	3404.24	10901.91	467.76	786.02	4487.75	297
广东	2678.38	9893.22	336.72	481.84	5327.17	398.14
全国	2655.54	9143.19	423.72	544.54	5881.21	351.74

说明：1. 上述工业企业是指国有及非国有规模以上工业企业的有关指标。

2. 建筑业是指各地区总承包建筑企业和专业承包建筑企业的指标。

数据来源：根据《中国统计年鉴 2006》的数据计算得出。

从表 6 可见，福建省工业、建筑业的规模竞争力在全国还是处于比较低的水平，提供的税收自然也不多，总体税收收入相应也就低。虽然有部分高新技术企业，但总量小没有充分发挥其带动和引导作用，而且在产业结构发展上还存在与其他地区的通病，比如产业同构、农村剩余劳动力无法顺利转移等。同时由于劳动力的边际报酬份额不高，使得居民收入水平较低，消费需求不振，影响到产业结构的进一步升级和三次产业的协调发展。同时造成经济增长方式粗放，单位产品能耗增加。地区间产业同构化突出，行业集中度普遍过低，经济增长也缺乏后劲。

（三）从第三产业税收弹性的估计值来看

福建省第三产业产值和就业税收弹性都大于 1，而劳动生产率税收弹性却为 -1.66，可见在福建省，发展第三产业特别是提高第三产业的就业人数能够促进税收总收入更大幅度的增长。

这主要说明伴随着福建省产业结构升级，第三产业对经济发展和对税收收入增长的作用越来越大。不过第三产业税收弹性较高也说明了福建省第三产业有了很大的发展，但是其发展的潜力还没有完全展现出来，尤其是第三产业劳动力蓄水池的作用还没有完全发挥出来。除了厦门市依托自身的区位政策优势和较高的城镇化水平，使得就业结构转换较快，其他地区的第三产业劳动力比重还是偏低（都不到 50%）。另外从图 1 可以看出，近十年来，福建省的第三产业产值比重始终在 38%—40% 之间徘徊，产业结构转换更多的是在第一产业和第二产业之间进行的。虽然这与统计分类口径更改有关，但却也可以从一个方面反映出在福建省第三产业发展出现一定的困难，而且福建省第三产业总体发展水平不高，劳动生产率偏低，生活型服务业长期占主导，生产型服务业发展滞后，金融保险、物流产业、科技开发、信息咨询等现代服务业严重落后，特别是在县乡地区第三产业发展还不够完善。而且当前的税收政策对第三产业发展还有一定的制约，部分第三产业税负偏重，同时由于各种主客观因素存在，许多税收优惠政策对第三产业发展的促进作用没有实现，从一定程度上阻碍了税收收入的提高，同时片面强调资本的发展作用，造成居民收入的增长与经济增长不同步，对第二产业产品的国内消费需求都不足，更何况是更高层次的第三产业的服务呢？

五、几点政策建议

由此上述分析可见，引入就业结构因素后，税收与产业结构变动关系会有新的角度和思路。如果片面强调产值的增长，必然导致就业结构转换更加困难，最终成为经济发展一个重大障碍。下面我们在此基础上提出几点政策建议：

（一）税收应大力扶持服务于新农村建设

农业的发展是调整优化产业结构和国民经济发展的基础。推进农村剩余劳动力的转移，促进农村就业结构的转换是提高第一产业劳动生产率的重要途径，不仅有助于提高农村经济发展，还能相应的促进税收总收入的增长。今后要结合统筹城乡发展和建设社会主义新农村要求，巩固农村税费改革成果，规范农村非税收入的征收管理，切实减轻农民各项不合理的负担，逐步改变目前的二元税制格局，实现城乡税制统一。进一步加大扶持农业产业化经营的税收优惠力度，努力培育农村的主导产业，鼓励社会资金投资农业，可以考虑对这方面社会资金进行一定的税收优惠和金融扶持，促进农业剩余劳动力的就地转移。

财税政策扶持农业不仅要“少收”，更要“多予”。从我国近几年的税收增量中增加对农村地区的转移支付，增加对农村基础设施和社会公共事业的投入。财税政策可以对农村从事非农就业进行专门的税收优惠和对农业收入加大直接补贴力度，努力提高农村人口收入水平，为农村就业结构转换创造条件，同时要加强各项惠农资金的监管，要在明确各级政府事权和财权的基础上加快乡镇机构改革步伐，避免“黄宗羲定律”在农村出现。

（二）形成促进产业结构调整的税收政策体系

福建省在今后产业结构调整过程中，要转变发展思路，努力发挥市场机制在资源配置中的基础调节作用。新一轮税制改革已经启动，建议今后按照产业

结构升级发展的客观要求，发挥消费税的消费引导作用，进一步调整消费税的课税范围和税率，将高档娱乐业、奢侈性服务业、“极品”商品、不符合环保要求的商品等纳入；完善营业税的鼓励与限制功能；降低生产与生活服务业的营业税负担，促进第三产业就业吸纳功能的发展；降低小规模个体户税收负担，提高他们的可支配收入；提高个人所得税的费用扣除标准，合理确定扣除项目，逐步实现向分类综合征收的个人所得税转化；适当降低劳动所得的边际税率，使劳动所得的总体税收负担一方面不高于非劳动所得，使得个人所得税税收负担更趋于合理。

在正确划分中央与地方的税收立法权和管理权的基础上完善各项地方税收制度，做到内外资税收政策统一。将外资单位纳入城建税征税范围；实施城镇建设税费改革，条件成熟时对不动产开征统一规范的物业税；扩大印花税的征税范围，简并税目税率；扩大资源税课税范围，体现对环保工程和生态环境建设的倾斜，将资源收费转化为资源征税，以规范征收管理，降低征收成本，推进税费改革。

（三）税收要促进就业结构的转换

在当前这样一个二元经济结构中，就业结构转换是实现工业化与城市化的一个关键环节。如前所述，第三产业就业税收弹性最大，因此，要鼓励农业劳动力从事第三产业。目前，福建省第三产业的就业比重只有不到35%，落后于发达国家近25个百分点，所以，第三产业发展就业空间广阔、潜力巨大，同时也能够促进税收收入的快速增长。

税收政策要促进农村剩余劳动力的转移，可以考虑比照下岗失业人员优惠政策对吸纳农民工的企业和农业加工企业也给予相应的优惠，支持农业劳动力就地转移。在税收政策引导上要选择能够扩大就业的劳动密集型的经济政策，同时要根据不同地区的资源禀赋来配之以不同的经济发展模式；鼓励中小企业和非公有制经济大力创办服务业，并给予相应的税收政策扶持；降低对于劳动收入的所得税率，个人所得税扣除标准要考虑纳税人赡养人口、年龄和健康状况、医疗、教育费用等因素，鼓励劳动的供给；对依法设立的各种劳务输出公司给予定期减免所得税和营业税的优惠政策。

开征社会保险税，这对于拉动消费、降低劳动力增长速度意义重大。现在可以将城镇地区已有的养老、医疗、失业等基本保险收费纳入税收轨道，以提高征收率，降低管理费用，提高资金的使用效率。待条件成熟时，再逐步扩展到农村，或者先行完善现有农村社会保险体系，再逐步转到税收的轨道上来。确定合理的农村社会保险和城镇社会保险的衔接政策。要从税收收入增量中增加对非农就业的财政扶持，逐步取消对农民进城务工经商和人口迁移的制度和政策限制，使农民工没有后顾之忧；改善农村劳动力进城的就业生活条件，对其和后代应提供平等的就业和培训机会；废除因户籍、身份差别在医疗卫生教育住房等方面产生差异的制度，使进城农民工享受到同等的市民待遇。

（四）加快科技进步和人力资本积累的税收优惠政策

新增长理论认为，技术进步和人力资本积累是经济增长的重要动力。当前广大农村剩余劳动力是潜在的人力资本，但是其素质总体水平低下，还不能形成现实意义的人力资源，有鉴于此，今后要通过加强教育和培训提高劳动者素质。当前，政府对这部分劳动力尚无法大规模的进行培训，只能通过发展劳动密集型产业进行吸纳，通过“边干边学”提高他们的素质，巩固和发展劳动密集型产业以解决就业问题。税收政策要鼓励和提高全社会对人力资本投资的偏好，增加所得税中的对教育和培训的扣除项目和标准，对从事教育和培训机构收入减免相应的流转税，从税收收入中进一步增加对教育的财政支出，促进人力资源的形成和利用。

作为发展中国家，在产业升级中要选择合适的技术发展道路。发展经济学家对此早已有了深刻论述。舒马赫（Schumacher）认为发展中国家应采用劳动密集的、适合中小型企业的“中间技术”。印度经济学家雷迪（Reddy）于1975年提出“适用技术论”，强调技术选择和发展的战略思想。因此，税收政策应鼓励和发展企业的科技创新能力；有选择地发展高新技术产业，提高关键产业、骨干企业的资本和技术密集度，以增强其国际竞争力。以具有优势、能够带动新兴产业发展的关键技术领域为重点，建立促进研究、开发、产业化全方位发展的服务体系，推动传统产业的高新技术改造，提高经济整体素质。税收对产业结构优化升级的支持，重点应放在企业初创和新产品研发时期，即尚未盈利的阶段。要加强对重大基础研究开发的税收支持，可以考虑将无形资产研制或购买费用列入增值税进项税扣除，鼓励企业计提研究开发基金并予以税前扣除，对科技人员的科技成果和技术研究、技术服务收入以及以技术入股的实际收入，比照稿酬所得减征30%，对各类科研奖励津贴收入免征个人所得税，对于科技推广服务业减免营业税等优惠，同时更进一步加大对基础研究的财政投入，以形成合理的激励技术创新的利益机制。

（执笔：邢　锋）

工业化发展阶段地方税源状况分析

漳州市地方税务局课题组

一、工业化的基本概念

理论界对工业化的定义各种各样。狭义的、简单的定义：从产业发展的角度看，工业化是人类社会发展到一定阶段上工业逐渐取代农业成为社会主导产业的历史过程。[①] 工业化与社会经济发展是同一个过程，工业化不仅是经济总量规模的不断增大，而且经济结构和社会结构也随之发生深刻的变化。产业经济学中的“配第—克拉克定理”认为：随着经济的发展与人均国民收入水平的不断提高，劳动力首先由第一产业向第二产业移动；当人均国民收入水平进一步提高时，劳动力便向第三产业移动。劳动力在产业间的分布状况为：第一产业将减少，第二、第三产业将增加。在同一时点上，人均国民收入水平越高的国家，农业劳动力在全部劳动力中所占的比重相对就越小；而第二、三产业劳动力所占的比重相对就越大。反之，人均国民收入水平低的国家，农业劳动力所占比重相对越大，而第二、三产业劳动力所占比重相对越小。[②]

因此，各国或各地区工业化发展的不同进程，直接导致它们之间经济发展水平的差异，具体表现在总量规模、产业结构和人均收入水平等经济生活的主要方面。

二、工业化水平评价指标体系

（一）经济总量指标

① 参见刘惠河：《东部沿海欠发达地区工业化路径选择》，厦门大学硕士学位论文 2006 年 10 月。

② 参见刘惠河：《东部沿海欠发达地区工业化路径选择》，厦门大学硕士学位论文 2006 年 10 月。

经济总量指标一般用人均 GDP。人均 GDP，这是反映工业化水平（阶段）的直观指标。H. 钱纳里等人对工业化程度的实证研究表明：人均 GDP 水平与工业化程度成正比，人均 GDP 水平越高，工业化程度越高。[①] 按照 H. 钱纳里的分析，现代经济发展从不发达经济到成熟的工业经济整个变化过程分为六个阶段，即按 1970 年美元计算：当人均 GDP 介于 140—280 美元时，经济发展处于初级产品生产阶段；人均 GDP 介于 280—560 美元时，经济发展处于工业化初级阶段；人均 GDP 介于 560—1120 美元时，经济发展处于工业化中级阶段；人均 GDP 介于 1120—2100 美元时，经济发展处于工业化高级阶段；人均 GDP 介于 2100—3360 美元时，经济发展处于发达经济初级阶段；人均 GDP 介于 3360—5040 美元时，经济发展处于发达经济高级阶段。

（二）产业结构

西蒙·库兹涅茨等人研究认为，工业化演进阶段也通过产业结构的变动过程表现出来。在工业化初期和中期阶段，产业结构变化的核心是农业和工业之间“二元结构”的转化。在工业化起点，第一产业比重较高，第二产业比重较低；随着工业化的推进，第一产业比重持续下降，第二产业和第三产业比重都相应有所提高，且第二产业比重上升幅度大于第三产业，第一产业在产业结构中的优势地位被第二产业所取代。

（三）就业结构

英国经济学家克拉克根据威廉·配第的观点，依据若干国家一定时期劳动力在三次产业之间转移的统计资料，得出配第—克拉克定理：随着人均收入水平的提高，劳动力首先由第一产业向第二产业转移，当人均收入水平进一步提高时，劳动力便由第二产业向第三产业转移。表明就业结构是一个国家或地区经济发展阶段的重要标志。[②]

（四）城市化水平

城市化水平通常是指非农业人口占总人口的比重。[③] 城市化水平与工业化进程是相辅相成的。随着工业化过程的推进，城市化水平相应提高。城市化与工业化之间具有高度相关性，表现为两者之间相互推动的良性互动关系。在工业化初级、高级阶段以及后工业化阶段城市化水平变动很小，进入工业化中级

---

① 参见尹继东、陈斐：“中部六省工业化水平比较与发展对策”，《经济研究参考》2003 年第 75 期。

② 参见卢华丽：《中国新型工业化进程的区域比较研究》，重庆大学硕士学位论文，2006 年。

③ 参见尹继东、陈斐：“中部六省工业化水平比较与发展对策”，《经济研究参考》2003 年第 75 期。

阶段后是城市化加速发展时期。

以上四个方面都是经济学家判断工业化发展阶段的传统指标体系。在经过理论研究和实证分析的基础上，筛选出二、一产业比值，人均国内生产总值，城市化率，二、一产业就业比例 4 个指标做综合评价。现将各指标时期、阶段划分集中列表如表 1 所示①。

表 1　　工业化进程统计测度指标阶段对照表

<table>
<tr><th>时期</th><th>人均国内生产总值（美元）</th><th>二、一产业比值</th><th>城市化率（%）</th><th>二、一产业就业比值</th><th colspan="2">阶　段</th></tr>
<tr><td>1</td><td>580—1150</td><td>2 以下</td><td>20 以下</td><td>0.4 以下</td><td colspan="2">初级产品阶段</td></tr>
<tr><td>2</td><td>1150—2300</td><td>2—4</td><td>20—30</td><td>0.4—0.8</td><td>工业化初级阶段</td><td rowspan="3">工业化阶段</td></tr>
<tr><td>3</td><td>2300—4600</td><td>4—6</td><td>30—40</td><td>0.8—1.2</td><td>工业化中级阶段</td></tr>
<tr><td>4</td><td>4600—8600</td><td>6—8</td><td>40—50</td><td>1.2—1.6</td><td>工业化高级阶段</td></tr>
<tr><td>5</td><td>8600—13780</td><td>8—10</td><td>50—60</td><td>1.6—2.0</td><td>发达经济初级阶段</td><td rowspan="2">发达经济阶段</td></tr>
<tr><td>6</td><td>13780—20680</td><td>10 以上</td><td>60 以上</td><td>2.0 以上</td><td>发达经济高级阶段</td></tr>
</table>

从实际情况来看，中国目前正面临工业化和信息化的双重转型任务，在全球化的趋势下，经济发展与环境、能源制约的矛盾尤为突出，在这种新型工业化要求下，单纯用传统的指标判定，是不能客观、全面评价各地区工业化进程状态。有必要把反映新型工业化进程重要标志的研究与试验发展（R&D）指标也作为一个现阶段工业化进程判断的重要的评价指标。

三、东部地区工业化水平的比较分析

（一）工业化指标比较分析

按照表 1 指标，选取东部地区 2006 年数据进行测算，形成表 2。

表 2 中测算结果对照表 1，可以说明我国 2006 年已接近工业化中期，上海市已进入发达经济阶段；浙江即将完成工业化进程，正向发达经济阶段迈进；江苏处于工业化中期向高级过渡阶段；安徽、江西还处于工业化早、中期；而山东、福建正处于工业化中期阶段。2006 年华东六省一市人均 GDP 为

① 参见陈元江："工业化进程阶段划分与综合测度指标实证"，《工作视点》2006 年第 11 期。

表 2　　2006 年华东六省一市工业化进程统计测度指标计算表

测度指标		全国	上海	江苏	浙江	安徽	江西	山东	福建	平均
人均国内生产总值	人均国内生产总值（元）	16084	57695	28814	31874	10055	10798	23794	21471	26357
	折算美元	2018	7237	3614	3998	1261	1355	2985	2693	3306
第一产业产值比	第二产业产值（亿元）	103162	5028	12251	8510	2648	2321	12751	3744	7414
	第一产业产值（亿元）	24737	94	1545	925	1029	786	2139	896	47253
	产业产值比值	4.17	53.61	7.93	9.20	2.57	2.95	5.96	4.18	6.37
第一产业就业比例	第二产业就业人数（万人）	19225	328	1589	1452	836	582	640	1870	1113
	第一产业就业人数（万人）	32561	55	1360	718	1718	702	907	2328	1042
	产业就业比值	0.59	5.92	1.17	2.02	0.49	0.83	0.70	0.80	0.94
城市化率	城镇人口（万人）	57706	1610	3918	2814	2267	1708	1678	4291	2612
	年末总人口	131448	1815	7550	4980	6110	3558	4339	9309	5380
	城市化率（%）	43.90	88.7	51.9	56.5	37.1	48	38.68	46.1	48.56

说明：美元折算按照《统计年鉴 2007》提供的人民币汇率（中间价）100 美元 =797.18 元折算得到。

26357 元，相当于全国水平的 163.9%。其中安徽省人均 GDP 为 10055 元，仅为全国水平的 62.5%，在华东六省一市中排位最后；上海市人均 GDP 为 57695 元，为全国水平的 385.7%，在华东六省一市中排位最前；福建省人均 GDP 为 21417 元，为全国水平的 133.1%，在华东六省一市中排名第五，低于华东六省一市平均水平。从东部地区人均 GDP 水平历年变化情况（参见表 3）看，福建省的工业化水平在东部地区中，1996 年还位居第二，仅次于上海，到 2005 年就落后了，仅排在江西和安徽之前，与江苏、浙江省的差距也越来越大，而安徽与江西一直比较低，而且与全国平均水平的绝对差距不断拉大。东部地区除上海外，其他省份在 20 世纪 90 年代中期人均 GDP 水平相当，90 年代后各省的差距有所拉大。江西和安徽在落伍，与区域平均水平相对差距扩大，而福建省位置后移，低于东部地区平均水平。由此可以反映出，从人均 GDP 水平而言，近年来福建省的工业化发展已落后于东部其他省份。

表 3　　主要年份国内生产总值与人均生产总值比较

地　区	国内生产总值（亿元）					人均国内生产总值（元）				
	1996 年	2000 年	2001 年	2005 年	2006 年	1996 年	2000 年	2001 年	2005 年	2006 年
全国	71176.6	99214.6	109655.2	183867.9	210871.0	5846	7858	8622	14103	16084
上海	113.0	4551.2	4950.8	9154.2	10366.4	796	27187	30174	51474	57695
江苏	112.2	8582.7	9511.9	18305.7	21645.1	158	11539	13022	24560	28814
浙江	112.7	6036.3	6748.2	13437.9	15742.5	259	12906	14692	27703	31874
安徽	114.4	3038.2	3290.1	5375.1	6148.7	188	5076	5577	8675	10055
江西	113.4	2003.1	2175.7	4056.8	4670.5	276	4838	5386	9440	10798
山东	112.2	8542.4	9438.3	18516.9	22077.4	128	9409	10490	20096	23794
福建	115.4	3920.1	4253.7	6568.9	7614.6	354	11294	12475	18646	21471
平均	113.3	5239.1	5767.0	10773.6	12609.3	309	11750	13117	22942	26357

选取东部地区“九五”、“十五”、“十一五”的主要年份 1996 年、2001 年、2006 年的三次产业结构、三次就业结构、城市化水平和 2006 年研究与试验发展比值 4 个指标进行比较如表 4 所示。

表 4　　东部地区主要年份指标比较

省市	三次产业结构			三次就业比值			城市化率	研究与试验发展（2006 年）	
	1996 年	2001 年	2006 年	1996 年	2001 年	2006 年	2006 年	支出	占 GDP 比重
上海	2.47 : 54.53 : 43.01	1.73 : 47.58 : 50.69	0.9 : 48.5 : 50.6	9.3 : 48.8 : 41.9	12.51 : 41.69 : 45.8	6.25 : 37 : 56.75	88.7	2544655	2.45
江苏	16.08 : 51.2 : 32.72	11.38 : 51.59 : 37.03	7.1 : 56.6 : 36.3	41.6 : 33.3 : 25.2	41.36 : 30.05 : 28.59	29.8 : 34.8 : 35.4	51.9	1110166	0.51
浙江	14.69 : 53.07 : 32.24	10.3 : 51.27 : 38.43	5.9 : 54 : 40.1	41.9 : 31.4 : 26.7	35.74 : 32.21 : 32.04	22.63 : 45.78 : 31.59	56.5	967400	0.61
安徽	28.45 : 46.91 : 24.64	22.8 : 43.02 : 34.19	16.7 : 43.1 : 40.2	60.6 : 17.4 : 22.0	58.74 : 16.27 : 24.99	45.93 : 22.34 : 31.73	37.1	373833	0.61
江西	29.0 : 38.81 : 32.19	23.26 : 36.22 : 40.52	16.8 : 49.7 : 33.5	54.9 : 17.9 : 27.2	61.62 : 14.28 : 34.1	39.09 : 27.55 : 33.35	38.68	198330	0.42
山东	20.14 : 47.16 : 32.71	14.4 : 49.32 : 36.28	9.7 : 57.7 : 32.6	53.5 : 25.0 : 21.5	52.32 : 23.92 : 23.76	39.1 : 31.4 : 29.5	46.1	1024832	0.46
福建	21.5 : 41.8 : 36.71	15.31 : 44.77 : 39.93	11.8 : 49.1 : 39.1	49.5 : 24.0 : 26.5	45.82 : 25.09 : 29.09	37.6 : 31.16 : 31.24	48	322271	0.42

从表 4 可以看出，从东部地区各省三次产业结构比较来看，福建省农业比重一直都比较高，1996 年高出上海 19 个百分点，2001 年还高出 13.6%，以后逐年有所下降，到 2006 年仍然高出 10.9%。与最接近的江苏省比，1996 年高出 5.4 个百分点，2001 年高出 3.9%，到 2006 年仍然高出 4.7 个百分点，十年间一产比重下降 9.7 个百分点，二产提升 7.3 个百分点，三产提升 2.4 个

百分点；山东省、江苏省、浙江省一产分别下降10.44%、8.9%、8.8%；二产分别提高10.5%、5.4%、1.3%，说明，虽然福建省与他们差距还很大，但我省经济发展的进度还是比较快的。从就业的产业结构来看，我省一产的就业比重还比较高，1996年高于江苏和浙江7.9和7.6个百分点，到2006年仍高出7.8和15个百分点。城市化水平也不是太高，比江苏、浙江落后3.9和8.5个百分点。

研究与试验发展（R&D）指标是新型工业化的一个重要考核指标。研究R&D投入不仅是反映一个国家和地区科技实力的重要指标，又是提高国家和地区综合实力和竞争力的重要基础，R&D占GDP的比是国际通用的反映一个国家和地区经济增长方式和评价科技实力或竞争力的核心指标。① 不够充裕的财力，势必影响R&D的支出不足，就会导致人才流失，从而削弱工业的研发能力；反之，这样的现实又进一步加剧了研发人才的流失，陷入“恶性循环”。福建省2006年R&D支出322271万元，仅是江苏省的29%、浙江省的33%、山东省的31%，占GDP比重为0.42%，是东部地区占比最低的，甚至比安徽省还低0.19个百分点，更无法与全国最高的上海市相提并论了，可见我省对R&D投入还很不足，不能满足企业自主研发的需要。

（二）财力比较分析

工业化的过程，是产业结构调整、升级的演进过程。各国或各地区工业化发展的不同进程，直接导致它们之间经济发展水平的差异，而GDP规模的扩张是税收实力增强的主要因素之一，税收又是构成财政收入的主要来源。

以2006年为例，我省与东部四省一市（安徽、江西除外）比较来看，差距还很大。2006年我省国内生产总值总量居于末位，是江苏省的35.2%、浙江省48.4%、34.5%；工业生产总值占GDP比重分别比江苏低7.84、比浙江省低4.73、比山东省低8.85个百分点；规模工业企业单位数13755个，规模工业总产值10005.08亿元，利润总额586.52亿元，江苏省、浙江省、山东省的三个指标分别是福建省的2.6倍、3.3倍、3.3倍；4.1倍、2.9倍、3.9倍和3.2倍、2.3倍、4.5倍。从财政收入来看：福建省财政总收入1012.77亿元，也是居于末位，江苏省、浙江省、山东省是我省的2.5—4.1倍之间，国地税组织的税收分别是福建的4.8倍、2.6倍和3.4倍，其中工业税收占税收总额的比例分别是58.5%、51.9%、72.5%，福建省是56.7%，比浙江省高4.7个百分点，与山东省差距较大，低15.8个百分点，详见表5。

---

① 参见刘惠河：《东部沿海欠发达地区工业化路径选择》，厦门大学硕士学位论文2006年10月。

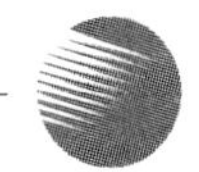

表5　2006年华东地区财税、经济指标对比　单位：亿元

地区	财税指标				经济指标						
	财政收入	税收合计	其中：工业税收		GDP	工业GDP	比重%	规模工业			
			小计	占税收收入比重%				企业单位数（个）	增加值	占工业比重%	利润总额
上海	4799	4111	1930	46.94	10366	4670	45.1	14404	4834	103.5	1097
江苏	3936	3246	1900	58.55	21645	11110	51.3	36319	10309	92.8	1907
浙江	2568	2983	1549	51.93	15743	7591	48.2	45686	5993	79.0	1375
安徽	816	650	388	59.62	6149	2190	35.6	6523	1886	86.1	254
福建	1013	1041	590	56.66	7615	3312	43.5	13755	2848	86.0	587
江西	518	409	222	54.25	4671	1806	38.7	5333	1288	71.3	194
山东	4110	2535	1838	72.51	22077	11556	52.3	31936	11494	99.5	2633

说明：税收合计是指国地税部门征收入库的税款，浙江包括宁波市、福建包括厦门市、山东包括青岛市。

四、福建省经济与地方税收发展相关分析

（一）地方经济与地方税收发展状况

1. 税收增长高于经济增长。“十五”以来，我省经济以年均11.7%（现价）的增长速度递增，经济总量由2001年的4253.7亿元扩张到2006年的7614.6亿元，是2001年的1.8倍，GDP实现了快速增长，而同期地税税收总量也相应得到扩张，由2001年的159亿元，发展到2003年首次突破200亿元大关，2006年达到365.76亿元，年均增幅20.6%。税收增长高于经济增长8.9个百分点。

2. GDP融税能力逐年提高。GDP融税能力以宏观税负形式表现，宏观税负水平解释GDP融税能力的强弱。“十五”期间，地方税收宏观税负保持在3.7%—4.8%之间，表现出稳定的特点，并呈逐年提高态势，说明地方税源的基础相对比较稳固。

（二）产业经济与相关地方税收发展状况

1. 第二产业经济与第二产业税收呈较高幅度增长趋势。随着工业化进程的加快，我省第二产业创造的增加值不断提高，2001年全省第二产业增加值占GDP的44.77%，2006年为49.1%，5年间提高4.33个百分点。2001年第二产业增加值为1803.5亿元，2006年达3743.7亿元，年均增长14.88%，高于同期GDP增长3.18个百分点，其中工业增加值增幅又快于第二产业增长。

在工业较快发展的同时，第二产业提供的税收也由2002年的58.8亿元，扩张到2006年的128.5亿元，年均增幅达到21.59%，高于第二产业增加值增长的6.71个百分点，同期的工业税收也得到长足增长，2006年实现74.2亿元，是2002年的2.02倍。

2. 第三产业税收增势强劲。2006年我省第三产业增加值达到2974.1亿元，年均增长12.14%，同期第三产业税收2006年为237.3亿元，年均增长20.17%。第三产业中，房地产业税收增长是近年税收增收亮点，年均增幅高达40.83%，成倍高于税收增幅，对税收贡献逐年增大。

3. 二、三产业税收结构悄然发生变化。对我省2001—2006年相关指标统计表明，第二产业税收占总税收的比重经历了上升到下降的过程（2002年34.0%，2004年36.9%，2006年35.1%），而同期第三产业的税收正经历截然相反的过程（2002年65.8%，2004年63.1%，2006年64.9%）。而导致第二产业比重下降的原因主要是工业税收有所下滑，2006年工业税收比重比2002年下降近1个百分点，比2003年下滑3.2个百分点；而房地产税收的比重却在快速上升，2006年比2002年提升了10.4个百分点，见表6。

表6　　福建省相关指标情况统计　　单位：亿元

项　目	2001年	2002年	2003年	2004年	2005年	2006年	平均增幅%
国内生产总值	4253.7	4682.0	5232.2	6053.1	6568.9	7614.6	11.70
第二产业增加值	1803.5	2037.0	2340.8	2770.5	3200.3	3743.7	14.88
其中工业增加值	1586.5	1809.0	2061.3	2438.6	2842.4	3311.6	15.13
第三产业增加值	1618.2	1765.8	1949.9	2206.0	2537.6	2974.7	12.14
地税税收收入	159.0	172.9	201.9	243.6	283.7	365.8	20.60
宏观税负	3.74	3.69	3.86	4.02	4.32	4.80	
第二产业税收		58.8	70.9	89.8	103.2	128.5	21.59
二产税收占总税收比重（%）		34.0	35.1	36.9	36.4	35.1	
其中：工业税收		36.7	47.5	55.9	61.5	74.2	19.24
工业税收占总税收比重（%）		21.2	23.5	22.9	21.7	20.3	
第三产业税收		113.8	130.8	153.6	180.2	237.3	20.17
三产税收占税收比重（%）		65.8	64.8	63.1	63.5	64.9	
其中：房地产业税收		21.0	25.8	40.6	54.3	82.6	40.83
房地产业税收占总税收比重(%)		12.15	12.78	16.67	19.14	22.58	

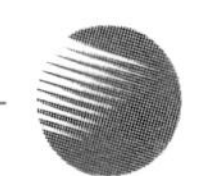

（三）福建省经济运行存在问题

1. 高加工度产业所占比重不高，单位物耗水平较高。福建工业的二元结构现象较为突出，数量众多的传统产业与部分较为现代的产业并存，低水平加工业比重过高与高加工度产业成长不足并存，一般产品生产能力过剩与高技术含量、高附加值产品供给不足并存，资本和技术密集型产业缺乏国际竞争力。工业增加值率是一个反映生产过程中物耗的水平，同时也反映产品深加工、精加工的程度和技术含量的指标。如果生产过程中物耗比重大、加工程度低、技术含量少，工业增加值率就低。以规模以上工业增加值率为证，2006 年福建增加值率为 28.5%，与安徽、江西、山东相比分别低 3.4、1.9 和 1.2 个百分点。我省工业增加值率，反映了福建大部分工业加工深度和技术含量较低，单位物耗水平较高。

2. 规模经济优势不突出，缺少“航空母舰”式企业。福建工业经济总量和市场份额虽均居全国第九位，但规模经济优势不突出，主要表现在：一是大中型企业不多，小型企业数占规模以上工业的 90.3%。从平均每个企业拥有的资产看，2005 年，全省规模以上制造业平均每个企业资产规模为 4740.99 万元，低于上海（8367.25 万元）、安徽（7400.92 万元）、山东（6241.65 万元）、江西（5612.62 万元），也低于全国（6209.27 万元）平均规模水平；目前，全省虽有 3 家制造业企业年主营业务收入超百亿元，但这三家工业企业仅分别占全国前三位企业的 18.8%、14.7% 和 18.1%，即缺少“航空母舰”式企业。二是产业集群发展仍显不足，总体上落后于浙江省和广东省。1998 年浙江省 66 个县级区域（大约相当浙江县级区域总数的四分之三）的调查显示，100 亿元以上的产业集群 4 个，50 亿—100 亿元 13 个，10 亿—50 亿元的多达 91 个，超过福建现在的发展水平（朱华晟，2003）。

3. 产业技术水平较低，市场竞争力不强。福建工业在技术创新能力，技术开发投入，产品科技含量，科技成果向现实生产力转化等方面仍然存在较多的欠缺。多数企业形成了生产能力，但缺乏开发能力；不少企业只称得上是个加工厂或组装厂，没有成为创新主体，更谈不上掌握核心技术，全省仅有 4% 的企业拥有自己的科技机构，以企业为主体的技术创新体系建设尚处于起步阶段。

4. 人才缺乏，难以满足工业快速发展的要求。科研技术人员是提高生产工艺、改造生产设备、研制新产品的主要力量，科技人员的缺乏是企业发展的瓶颈制约。福建技术工人特别是高级技工、专家比重较小，制约了工业进一步发展，目前，全省工业就业人员中具有高级职称的人员只占 3% 左右，低于全省各产业平均水平 1.2 个百分点，其中高级工的比例仅占 1.08%，低于全省各产业平均水平 0.45 个百分点。福建技术工人特别是高级技工、专家型技工短缺，制约了工业进一步发展。工业不能长期靠低成本的劳动力和低廉的产品价格维持竞争优势，而要生产高质量的产品，创出自己的名牌，就需要高素质的技术工人。

5. 能源资源消耗较快增长，工业企业可持续发展面临新的挑战。近年来，随着工业经济的持续快速发展，我省在合理使用能源、节约土地资源以及保护生态环境方面都面临新的挑战。首先，从能源耗用情况看，近几年全省工业生产的能源消耗总体呈下降趋势，2005 年全省规模以上工业企业万元产值能耗为 0.39 吨标准煤，比上年下降 13.3%，但从能源消费结构看，依然存在原煤消费量比重（占 58.9%）过高，电力消费比重（占 12.5%）较低的现象，尤其是随着重化工业进程的加快，煤、电、油的供求矛盾愈显突出。其次，从水和土地资源的利用情况看，2005 年福建规模以上工业取水量为 59.97 亿立方米，比上年增长 18.4%；从工业用地增长情况看，近年来各地虽对征用土地资源采取了严格的控制措施，但工业用地仍呈明显上升趋势，而工业用地紧缺的呼声也日趋提高。再次，从环境保护方面看，生产快速扩张与环境保护的矛盾较为突出。企业生产排放的污染物大量增加，2005 年全省工业废水排放量、工业废气排放量、工业烟尘排放量、工业二氧化硫排放量和工业粉尘排放量分别比上年增长 13.6%、24.5%、21.6%、41.8% 和 13.6%。生态环境受到严重影响，可持续发展面临现实威胁，成为影响工业增长的重要制约因素。

五、发挥税收调节经济杠杆作用，形成税收发展与经济发展的良性互动

（一）加快新型工业化进程，保持经济持续健康发展

按照“以信息化带动工业化，实现信息产业化和产业信息化”的原则，利用高新技术改造和提升传统产业，促进传统工业向新型工业化转化和变革。以高新技术产业为主导，将信息技术、生物工程技术、机械制造技术、能源开发技术等作为重点，努力培育并形成技术先进、科技含量高、产品市场前景好、与其他产业的关联性强的特色优势产业；运用税收政策，促进高新技术产业的发展。在制定和完善我国高新技术产业的税收优惠政策时，必须加大对传统产业高技术化的税收优惠力度，以提高传统产业的技术水平，使传统产业赶上当前高新技术产业化的步伐，提高其效率，从而促进经济快速增长。

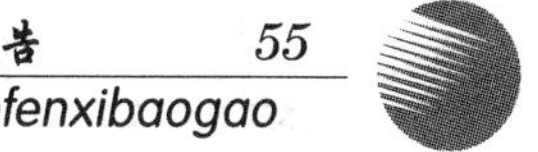

（二）加快工业产业升级，提高经济增长效益

跳出福建谋发展，着力把握好福建在大区域分工合作中的定位。强化我省作为台湾海峡经济区的重要部分，打好“台牌”，利用福建在海峡两岸合作交流的中转枢纽优势，承接台湾汽车、电子等产业的转移，当好产业梯度转移的“接力棒”，构筑海峡两岸产业合作与交流的基地。以加快海峡西岸大通道建设为依托，主动加强与周边省区的经济联系与合作，自觉参与全国经济分工，不断提高对内联接水平。一方面，“承南启北”，主动参与长、珠两个三角洲的经济分工协作，并吸收它们的养分，接受扩散效应，实现与两个三角洲对接；另一方面，“东进西出”，打通沿海通向中西部腹地的大通道，从两个三角洲中穿过，加强对江西以及长江中上游的辐射；同时，利用 CEPA（CEPA，全称 Closer Economic Partnership Arrangement，中文直译为“紧密经济伙伴安排”），促进闽港澳合作。坚持“引进来”，鼓励“走出去”，更大程度参与国际分工合作，着眼于产业的全球分工，以世界的眼光，宽广的视野，在开放中发现比较优势，统筹省内与国外的发展，努力构建与入世后开放型经济运行体系相适应的工业区域产业结构。提升福建在国际垂直分工中的环节，以更加接近产业的核心技术和核心产品，更多地获取国际分工利益。主动接受发达国家转移出来的技术先进的劳动密集型产业。加大利用跨国资本的力度，促进福建工业产业结构成长的外向推动。

（三）树立科学发展观，促进房地产行业的地方税源可持续发展

当前，不管是福建省，还是其他省市都存在房地产行业税收占地方税收比重过高的问题，这一方面反映了伴随着工业化进程的加快，城市化水平不断提高，城市化建设又反过来促进了社会总需求的提高，成为工业化发展的重要推动力。但另一方面，各地房地产税收的快速增加，很大程度上是由于各地房地产价格的过快增长，房地产市场的需求，相当一部分并不是真实的需求，而是属于投资性需求，造成了房地产行业的潜在泡沫，由此带来了相当多的问题。就财政而言，由于房地产行业的税收在各地的地方税源中都占据了重要的地位，而地方财政中有大量的刚性支出，一旦房地产行业大起大落，必将危及地方税源的稳定性。因此，各地政府应当树立科学发展观，认真落实国家对房地产行业的各项调控措施，合理安排城市改造进程，加快廉租房和经济适用房的建设，税务部门和财政部门要严格执行国家关于二手房交易的相关税收政策，严格执行房地产行业土地使用税、营业税、土地增值税、企业所得税税收政策，抑制炒房投机，保证房地产行业的地方税源可持续发展。

（四）发展现代服务业，提高地方税源质量

第三产业的比例逐步提高是工业化发展高级阶段的特征之一，也有力于提高GDP增长质量，降低GDP单位能耗。同时，发展高层次的服务业，还有利于壮大中间收入阶层，有利于和谐社会的建设。营业税是地方税收的主体税种之一，除建筑业以外全部来自第三产业，这种“三产型”的财源是地方税收最直接、最快速的收入来源，大力发展服务业有利于壮大地方税源。目前福建省第三产业的比例还比较低，结构也处于较低层次，现代服务业的比例比较低，还有很大的发展空间。一是要发挥对台区域优势，抓住有利时机，发展港口、公路、铁路等物流业，建设一批重要物流园区、物流中心、配送中心，完善物流运作基础设施；优化企业供应链管理，发展第三方物流，建立现代物流服务市场体系，加强区域合作，使福建省成为台海两岸商业交流的纽带。二是大力发展法律、会计、电子商务、营销、广告信息、咨询中介等新兴服务业。积极培育企业化经营、规范化管理、社会化服务的商务服务机构；鼓励支持社会力量投资发展；推动社区服务多层次、多方位发展。三是发展软件设计外包等信息产业。加快信息软件园建设，吸引需要大量运用高质量人力资本的服务外包项目落户，重点发展IT产业、光电子、光材料、网络通讯设备等，扩张电子产业规模。四是发挥福建省的生态优势，发展特色旅游产业。发挥旅游品牌优势，加大旅游产品开发，通过旅游资源整合，构建以滨海度假、地质探秘、生态观光、史迹寻踪、宗教朝圣等为主的特色旅游产业集群，对接珠三角和台港澳等旅游市场，推进区域合作，壮大旅游产业经济。

（五）优化税源结构，建立稳定的地方税源

近年来我国的税制结构仍然处于不断的完善过程中，从目前的趋势来看，税制的改革方向是财产税在地方税源中的比重越来越高，这一方面有利于建立公平竞争的统一的市场，减少地方政府对经济的干预，但同时也是对税务管理一项挑战。税务部门要密切研究税源发展的动向，逐步完善财产税的征管。一是要建立土地等级地价的定期更新机制，根据城市化发展的进程和经济发展及时调整土地使用税等级和税额；二是完善土地、房产的监控机制，为房产税和土地使用税逐步扩大范围打下基础；三是扩大物业税模拟评税的范围，为物业税的开征做好充分准备。

（六）提升服务水平，营造良好的税收环境

推进新型工业化和企业发展需要良好的税收环境。因此，要进一步提升服务水平：一是公开办税，营造公平竞争环境。在办税服务厅、对外服务网站、21366语音服务系统等设置咨询服务，及时公布纳税人定额情况、企业纳税信用等级评定情况、表彰纳税大户、曝光欠税大户等，及时公布国家税收政策法

规，解释税法条款，介绍办税程序；二是积极落实各项税收优惠政策，支持地方经济发展，大力支持特色经济、特强经济、外来经济、民营经济和新兴产业的发展；三是优化纳税服务，以建设服务型税务机关为目标，制定服务措施，简化审批手续，规范审批程序，进行纳税辅导，帮助企业培训财会人员，建立健全企业财务制度；四是重视企业发展中的问题。深入企业调研，积极帮助企业解决发展中出现的新问题、新矛盾，对有利于企业改革、改制和发展的税收问题，要及时主动给予解决，把企业推上发展的快车道。

（课题负责人：于化江
课题组成员：陈振琪　唐庆芳　陈一秀
黄　玲　吴毅鹏　林连全
执　　笔：唐庆芳）

优化区域产业结构，提高税收产出效率

——福建省地方财源建设若干思考与对策建议

福建省地方税务局计财处课题组

一、我省区域经济税收产出效率的实证分析

计量经济学是以一定的经济理论和统计资料为基础，运用数学、统计学方法和计算机技术，以建立经济计量模型为主要手段，定量分析研究经济变量关系的新兴学科。近年来，计量经济学除了受诺贝尔经济学奖等理论学界的青睐外，在经济、管理等多个领域也有着广泛的应用，OECD 国家普遍建立了比较完善的税收预测和财政管理模型体系作为政府年度预算和财政建设的决策参考。我国经过了建国以来数十年的积累，目前经济和税收的时间序列数据已经初步具备建立起计量经济模型体系的条件。本文结合福建省经济和税收数据，用计量经济学方法对基于柯布·道格拉斯生产函数推导出来的经济税收产出随机边界模型进行实证分析。在测算各区域经济税收产出效率的基础上，结合同业税负理论，通过设置虚拟变量和添加假设等方法，突出经济产业结构对税收产出效率的影响。

（一）假设前提

本模型主要基于两点假设：一是同一时期各区域作出的征管努力无明显差别。二是除厦门外，同一时期各区域执行的税收政策无明显差别，税收政策变化对各区域的影响是等效的。此外，将通过添加经济特区虚拟变量，消除厦门经济特区税收优惠对结果的干扰。

（二）适用模型

以柯布·道格拉斯生产函数形式表示的经济与税收关系：

$$q^{*} = AX_1^{\alpha 1}X_2^{\alpha 2}X_3^{\alpha 3}\cdots X_I^{\alpha I}$$

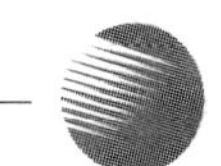

其中，q^* 表示在现有经济要素条件下最大税收产出，即潜在税收；X 表示投入的经济要素；I 表示经济要素的种类；$A,\alpha1,\alpha2,\cdots,\alpha I$ 为模型参数。

（三）变量选取

取 2002—2007 年我省分地区地税收入作为实际税收；使用年鉴中所能获得的经济指标，即选取 2002—2007 年全省分地区 GDP、固定资产投资、平均工资和消费品零售总额，以及住宅投资在固定资产投资中的比重等与地方税收关系密切的面板数据作为经济要素的代理；此外由于厦门为经济特区，享有更多的税收优惠，为了消除地区税制差异对估算结果的影响，设置特区虚拟变量。

（四）结果分析

本文运用计量经济学方法中的极大似然估计方法和 front 软件，对基于生产函数推导出来的随机边界模型，实现我省经济税收产出效率估算，结果见表 1。

表 1　　福建省经济税收产出效率估算

年份	2002	2003	2004	2005	2006	2007	平均	排序
福州	0.88	0.87	0.86	0.85	0.85	0.84	0.86	3
厦门	0.82	0.81	0.80	0.78	0.77	0.76	0.79	4
莆田	0.74	0.72	0.70	0.69	0.67	0.65	0.70	7
三明	0.75	0.74	0.72	0.71	0.69	0.67	0.71	5
泉州	0.96	0.96	0.95	0.95	0.95	0.94	0.95	2
漳州	0.72	0.70	0.68	0.66	0.65	0.63	0.67	8
南平	0.74	0.72	0.71	0.69	0.67	0.65	0.70	6
龙岩	0.97	0.97	0.97	0.97	0.96	0.96	0.97	1
宁德	0.65	0.63	0.61	0.59	0.57	0.55	0.60	9
平均	0.80	0.79	0.78	0.77	0.75	0.74	0.77	

由表 1 横向比较来看，我省经济税收的平均产出效率在七成以上，但近年来单位经济基础支撑的地税收入略有下降。从表纵向比较来看，我省经济税收产出效率可以分为三个梯队，龙岩和泉州经济税收产出效率领先全省，福州和厦门产出效率接近或超过八成，其余地区产出效率较低。

注意，该方法测算的是各区域相对经济含税水平，如龙岩和泉州的 0.97 和 0.96 并不是说明两地的经济税收产出效率近乎完美，而是在各区域比较中两地的相对经济税收产出效率最高。

与税负测算相比，经济税收产出效率的优点在于：一是可以同时建立税收与多个经济指标间的关系，而非单一指标；二是可以通过测算结果，得出潜在税收水平，指明效率改进的方向。根据同业税负理论，相同的行业一般有着近似的税负水平，同样，相同的行业也应存有近似的税收产出效率，可以就此得出推论，目前我省各区域经济税收产出效率不同主要是由于各区域经济结构中各行业的组成比重不同，区域行业结构差异是影响经济税收产出效率的主要原因。

二、区域税收结构比较

（一）各区域经济发展现状

除龙岩外，经济税收产出效率明显呈现沿海中心城市高，内陆山区城市低的特点，这主要是由于我省沿海和内陆地区资源禀赋差异以及所处经济发展阶段不同，区域产业结构存在明显差异。根据发展经济学理论，一般采用人均总量指标（钱纳里标准）、产业结构指标（库兹涅茨标准）来判断地区间工业化水平。应该注意的是西方学者的产业化判别方法是基于本国产业结构特征的实证分析，与我国的产业结构特点可能存在差异，此外我国经济指标的核算也可能与他国存在区别，但这些方法仍可作为研究的参考。钱纳里认为人均生产总值水平是判断工业化程度的主要指标，2007 年全省人均生产总值为 25662 元，按当时 7.3 左右的外汇牌价计算为 3515 美元，处于工业化中期向后期迈进阶段；但各区域差异明显，福州和泉州分别为 4001 美元和 4050 美元，处于工业化中期向后期迈进阶段；厦门为 7753 美元，处于工业化后期向经济发达初期迈进阶段；其余地市处于工业化中期阶段。由库兹涅茨标准看，产业结构变化的核心是农业和工业之间“二元结构”的转化。初级阶段第一产业比重较高，第二产业比重较低，随着工业化的推进，第一产业比重持续下降，第二产业和第三产业比重相应提高，且第二产业比重上升幅度大于第三产业，第一产业在产业结构中的优势地位被第二产业所取代。当第一产业比重降低到 20% 以下时，第二产业比重高于第三产业时工业化就进入到了中期阶段；当第一产业比重再降低到 10% 左右时，第二产业比重上升到最高水平，工业化进入后期阶段。目前我省除南平和宁德外，其余地区第二产业生产总值均已超过第三产业。我省第一产业占地区生产总值的比重为 11%，但第二产业比重水平仍在上升，由此判断，我省处于工业化中期向后期发展阶段。其中厦门和泉州第一

产业比重较低，工业化已基本完成，处于后工业化的产业调整阶段；福州、莆田和龙岩处于工业化中期至后期演化阶段；其余地区仍处于工业化初级阶段。按照发展经济学理论，当处于工业化初级或中期阶段时，经济结构中工业比重仍比较低，工业的快速增长仍是这一阶段的主要任务；当处于工业化后期阶段时，工业发展已具一定规模，高加工度产业开始出现，产业结构趋于优化；当处于后工业化阶段或经济发达初级阶段时，工业化基本完成，技术集约化水平进一步提高，工业比重呈现回落，第三产业比重开始上升，见表2。

表2　　全省分地区经济情况对比

地　区	人均 GDP（美元）	第一产业占 GDP 比重（%）	第二产业占 GDP 比重（%）	第三产业占 GDP 比重（%）
全省	3504	0.11	0.49	0.39
福州	4001	0.11	0.47	0.42
厦门	7753	0.01	0.53	0.45
莆田	2487	0.13	0.56	0.31
三明	2883	0.23	0.43	0.35
泉州	4050	0.05	0.59	0.36
漳州	2496	0.23	0.43	0.34
南平	2252	0.25	0.37	0.38
龙岩	2760	0.19	0.49	0.32
宁德	2113	0.22	0.38	0.40

（二）我省税收结构与其他省份的横向比较

由全国人均 GDP 指标横向比较来看，2007 年福建居全国第十位，与浙江、江苏、广东、山东、内蒙古和辽宁同属于工业化中期向后期发展阶段；上海、北京、天津进入经济发达初期阶段；甘肃、云南和贵州属于工业化初期阶段；其余地区均属于工业化中期阶段。2007 年除内蒙古外，与我省同处工业化中期向后期发展阶段的浙江、江苏、广东等省份地方税收收入水平均高于我省。由税收结构比较来看，处于经济发达初期阶段的北京和上海市税收结构中“三产”税收的比重普遍高于其他省市水平，“二产”比重相对更低；在工业化中期向后期发展阶段的省市中，福建地方税收的“三产”比重相对较高。由占各省市制造业税收 10% 以上的行业来看，北京为通信设备制造业（13%）和专用设备制造业（11%），上海为黑色金属冶炼及压延加工业（23%）和烟草制品业（11%），天津为黑色金属冶炼及压延加工业（32%），辽宁为黑色金属冶炼及压延加工业（27%），广东为通信设备制造业（24%），山东为化学原料和化学制品业（13%），浙江、江苏和福建制造业行业税源较分散。由十省市第三产业税收组成结构来看，我省房地产比重仅次于江苏和辽宁，达36.2%；金融业各省比重均在13%—19%间；租赁和商务服务业比重上海为18%，江苏和广东为16%，浙江、山东和辽宁约在12%，福建为10%；批发零售业比重浙江为13%，上海为10%，福建、广东和山东在9%；居民服务和其他服务业比重北京和上海分别为16%和11%，福建仅为3%；交通运输和仓储邮政业比重天津和山东分别为14%和12%，我省为9%。福建省第三产业结构中房地产比重较大，其余服务业税源发展仍相对薄弱，由国家税务总局测算的全国征收率比对来看，我省经济税收产出效率在东部省份中处于相对低位，见表3。

表3　　　　分省税收结构表

地　区	人均GDP（美元）	地方税收（亿元）	二产比重（%）	二产中制造业比重（%）	二产中建筑业比重（%）	三产比重（%）	三产中房地产比重（%）
北京	7867	1234	15.1	35.9	56.4	84.8	28.5
上海	8969	1586	21.4	58.1	37.4	78.6	26.4
天津	6572	318	31.9	53.2	39.3	68	34.5
浙江	4895	1290	36.9	58	33.6	63.1	35.2
江苏	4518	1365	39.9	57.7	36.4	60.1	38.9
广东	4403	2026	31.1	47.9	36.9	68.8	29.8
山东	3719	947	49.2	46.6	23.8	50.8	31.5
内蒙古	3501	283	51.9	20.3	31.2	47.9	21.9
辽宁	3376	618	41.3	44.7	32.2	58.5	36.6
福建	3504	475	34.8	40.2	43.9	65	36.2

（三）我省各区域地方税收产业结构现状

2007年龙岩第二产业税收贡献占57.7%，高于全省水平22.9个百分点；第三产业税收贡献占42.2%，低于全省平均水平22.8个百分点。第二产业税收中采矿业税收占47.2%，其中黑色金属矿采选业占采矿业税收的67.9%；制造业税收占23.3%，其中烟草制品业占制造业税收的64.2%。第三产业税收中批发零售业税收占19.1%，高于全省平均水平9.7个百分点，其中烟草

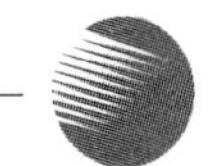

制品批发业和煤炭及制品批发业比重较大；房地产业税收占29.6%，低于全省平均水平6.6个百分点；第三产业其余行业税收比较分散。

泉州第二产业税收贡献占46.1%，高于全省平均水平11.3个百分点；第三产业税收贡献占53.8%，低于全省平均水平11.2个百分点。第二产业中制造业税收占52.4%，高于全省水平12.2个百分点，其中非金属矿物制品业税收占22.6%，纺织服装、鞋帽制造业占13.9%，皮革、毛皮、羽毛（绒）制品业占13.0%，三者合计占约一半；第三产业中房地产税收占35.5%，与全省水平基本一致，其余行业税收分布较分散。

福州第二产业税收贡献占25.0%，低于全省平均水平9.8个百分点；第三产业税收贡献占74.9%，高于全省平均水平9.9个百分点。第二产业中建筑业税收占56.2%，高于全省水平12.3个百分点，其中房屋和土木工程建筑业占67.3%；制造业税收占32.8%，低于全省7.4个百分点，其中纺织业占12.3%，通信设备、计算机及其他电子设备制造业占11.5%。第三产业中房地产业税收占38.8%，金融业和租赁商务服务业税收分别占12.5%和12.1%。

厦门第二产业税收贡献占26.3%，低于全省平均水平8.5个百分点；第三产业税收贡献占73.7%，高于全省平均水平8.7个百分点。第二产业中建筑业税收占50.1%，高于全省水平6.2个百分点；制造业税收占45.5%，高于全省水平5.3个百分点。第三产业中房地产业、租赁商务服务业和金融业税收分别占39.5%、11.8%和9.0%。

三明第二产业税收贡献占44.6%，高于全省水平9.8个百分点；第三产业税收贡献占55.1%，低于全省水平9.9个百分点。第二产业中采矿业税收占22.2%，高于全省平均水平14.1个百分点，仅次于龙岩，其中煤炭开采和选洗业占41.1%；制造业税收占31.4%，比全省水平低8.8个百分点，其中黑色金属冶炼和延压业占29.9%，化学原料和化学制品业占18.5%；建筑业占37.7%，低于全省平均水平6.2个百分点。第三产业中房地产业税收占23.9%，比重居全省末位；批发零售业占18.2%，其中烟草制品批发业占57.2%；金融业税收占15.7%。

南平第二产业税收贡献占39.7%，高于全省水平4.9个百分点；第三产业税收贡献占59.8%，低于全省水平5.2个百分点。第二产业中制造业税收占31.5%，低于全省水平8.7个百分点，其中电气机械及器材制造业占35.1%，化学原料及化学制品业占13.4%，木材加工及木竹藤棕草制品业占12.7%；建筑业税收占56.4%，高于全省平均水平12.5个百分点，其中房屋和土木工程建筑业占68.9%。第三产业中房地产业税收占31.5%，低于全省水平 4.7 个百分点；金融业和批发零售业税收分别占 16.2% 和 12.6%。

莆田第二产业税收贡献占 46.1%，高于全省水平 11.3 个百分点；第三产业税收贡献占 53.8%，低于全省水平 11.2 个百分点。第二产业中制造业税收占 44.9%，其中农副食品加工业占 55.8%；建筑业税收占 46.4%，高于全省水平 2.5 个百分点，其中房屋和土木工程建筑业占 71.2%；此外，2007 年莆田燃气生产和供应业税收占全省的一半。第三产业中房地产业税收占 31.3%，低于全省水平 4.9 个百分点；金融业税收占 17.1%，高于全省水平 3.6 个百分点。

漳州第二产业税收贡献占 40.4%，高于全省平均水平 5.6 个百分点；第三产业税收贡献占 59.5%，比全省平均水平低 5.5 个百分点。第二产业中建筑业税收比重达 52.5%，高于全省水平 8.6 个百分点，其中房屋和土木工程建筑业税收占 66.4%；制造业税收占 36.1%，低于全省水平 4.1 个百分点，其中医药制造业和化学原料及化学制品业税收分别占 12.7% 和 10.4%；交通运输设备制造业税收占 9.5%，主要为汽车制造业；制造业中其余行业税收分布较分散。第三产业中房地产税收占 43.4%，高于全省水平 7.2 个百分点；此外，金融业占 14.3%，其余行业税收占比均在 10% 以下。

宁德第二产业税收贡献占 36.5%，比全省水平高 1.7 个百分点；第三产业税收贡献占 63.4%，比全省水平低 1.6 个百分点。从二、三产税收比重看，宁德第三产业税收占比较高，居全省第三位，仅次于福州和厦门。第二产业中建筑业税收占 62.6%，比全省水平高 18.7 个百分点；制造业税收占 16.7%，比重居全省末位，其中，电气机械及器材制造业税收占 31.5%，交通运输设备制造业税收占 16.2%，主要为摩托车制造；电力、燃气及水的生产和供应业税收占 16.0%，比重居全省首位。第三产业中房地产税收占 40.7%，比全省平均水平高 4.5 个百分点；金融业税收占 16.7%，其余行业税收比重均在 10% 以下。

总体而言，龙岩依托资源优势，形成了以高税赋行业采矿业和烟草制造业为龙头的产业结构，在人均 GDP 仅居全省第五位的经济约束下，实现了较多的地方税收，经济税收产出效率居全省首位。泉州第三产业税收结构并无突出优势，但第二产业形成了陶瓷、轻纺制造业为龙头的特色产业结构，近年来税收收入以两成左右的速度稳步增长，经济税收产出效率居全省前列，与其人均 GDP 水平在全省的位次吻合。福州电子设备制造等新兴产业税源有所发展，但整体而言制造业比重偏小，房地产和建筑业等高税赋行业带来大量地方税收，经济税收产出效率水平较高。由产业阶段划分标准来看，厦门处于较高的

发展阶段，高附加值或技术集约化水平较高的产业相应开始增多，制造业税收比重和第三产业税收比重均高于全省平均水平，经济税收产出效率居全国前列。三明与龙岩有相近的资源型产业结构，但三明房地产业和建筑业等高税赋产业税收比重偏低，使得在人均 GDP 高于龙岩的经济条件下，实际经济税收产出效率较低。南平人均 GDP 仅略高于宁德市，但制造业产业结构具有区域特色，以南缆、南孚、南铝为龙头的制造业有所发展；当地依托石灰矿石资源建立起的水泥产业也初步成型；农副产品加工业和竹木制品加工业也具一定基础，建成了光泽圣龙、长富牛奶等一批企业；且高税赋行业建筑业税收比重较高，提高了该区域的经济税收产出效率。莆田经济结构中二产比重较高，三产比重较低，但由税收结构来看，农副食品加工业为制造业税收的主要来源，人均 GDP 和经济税收产出效率全省排名一致，均居第七位。漳州未形成明显的制造业优势税源行业是影响该地区经济税收产出效率提高的主要原因。从税收产业结构来看宁德近似于福州，都呈现三产比重高，房地产和建筑业税收比重大的特点，但宁德制造业税收比重更低且体量也明显偏小，2007 年宁德入库制造业税收 8759 万元，仅为福州的 9.8%，居全省末位，制造业税源规模偏小是制约当地经济税收产出效率增长的主要原因。

三、加强地方财源建设的对策建议

前文我省经济税收产出效率和区域税收行业结构关系分析表明，由于行业结构不同，相近的经济基础可能导致不同的经济税收产出效率。地方税收是地方财力的主要来源之一，经济税收产出效率的差异也使得相近的经济基础对应着不同的地方财力水平，因此通过分析经济税收产出效率和区域税收行业结构间的关系，进而探寻壮大地方财力的有效途径意义重大。我省“十一五”发展纲要确立到 2010 年，基本形成主导产业、基础产业、新兴产业相互配套、分工协作、具有较强竞争力的现代产业结构，初步建成海峡西岸先进制造业基地、现代服务业中心和海洋经济强省的战略目标。结合“十一五”规划和“海西”发展纲要，针对我省实际，当前我省财源建设应重点从以下几个方面着手：

（一）依托区域比较优势，推动相关产业链形成

福建山林和海洋资源比较充裕，但山海间区域发展差距较大，因此应秉承科学发展观，立足当地资源禀赋，在充分尊重经济发展规律的前提下，探讨当地财源建设的途径。

三明市着重建设金属制品市场，发展资源型经济。目前，龙岩基本形成以黑色金属矿采选业为采矿业核心，以烟草制品业为制造业核心的税源结构，并且烟草制品批发业和煤炭及制品批发业有所发展，经济税收产出水平较高，但该种发展模式对资源禀赋要求较严，不宜盲目推广。与龙岩有相近资源型产业结构的三明可以根据自身特点适度效法，继续推动采矿业税源发展，加大煤炭产品深加工力度；针对制造业税收比重偏低的问题，以三钢闽光等一批重点税源企业为龙头，带动黑色金属冶炼、延压业和化学原料和化学制品业税源发展；促进配套服务业税源增长，推动产业链横向扩展和纵向延伸。

宁德市充分发挥海洋优势，带动闽东经济发展。我省海岸线漫长，具有海洋优势，在沿海城市中，宁德和莆田经济发展处于相对劣势。其中宁德人均GDP水平和经济税收产出效率两项指标均居全省末位，地方财力比较薄弱，制造业税收体量小，但第三产业税收比重较大。针对这一情况，建议宁德可在充分利用核电站落址的优势，结合三都澳等海港开发以及沿海铁路建设，在具备能源和运输条件的情况下，继续发挥现有电气机械及器材制造业等产业优势；利用与浙江的地缘优势，推动相关产业衔接，扶持当地制造业税源壮大；充分利用海洋资源，重点发展以渔产品加工业和船舶制造业为核心的制造业，以物流业、旅游业为核心的服务业等，形成具有区域特色的产业结构。

南平市应继续保护好生态资源环境，加大绿色产业发展力度。近年来南平制造业税源有所发展，未来南平仍应加大相关产业投入力度，推动优势制造业税源壮大。此外，北部地区应以武夷山为龙头重点推动旅游产业发展，提高产业附加值，武夷山的“双世遗”旅游资源得天独厚，茶文化也有着深厚民间基础，但由于目前旅游资源整合不够，税收贡献明显偏低。因此建议：一是整合目前较分散的旅游资源，形成良性竞争体系，以优质服务质量赢取业界口碑。二是由政府或行业机构作为对外宣传的平台，提升武夷品牌的知名度。三是积极推动当地会展业的发展，通过会展中心和星级旅馆的建设，提高旅游服务档次。会展业作为新兴服务行业，有较强的产业联动效应，且会展业能带来大量外来消费，税收产出效率较高。四是制定茶业标准，树立茶叶品牌。目前武夷山茶叶市场遍街大红袍，产品区分度低，市场上鱼目混珠的现象比较突出。由于茶产品主要依靠传统工艺，缺乏比较明晰的质量标准，建议可由权威机构对上市茶业设定分级，且由质检、工商和茶业协会加大市场监控力度，坚决打击以次充好，在保护好大红袍品牌形象的前提下充分发掘品牌潜力。五是发展茶饮料、茶食品等产品深加工产业，通过发展高附加值的产业，增加地方财源。

莆田市地处福泉之间，衔接闽中闽南，但占辖区面积一半，人口1/3的仙游县为农业大县，农副食品加工业占莆田制造业税收的55.8%，产业附加值较低，经济税收产出效率居全省第七位。在现行的税制下，农业虽然税收贡献较少，但推动农业的发展，进而带动农产品深加工产业的发展，对提高广大农民生活水平和增进社会和谐有着积极的意义。莆田的发展应着力依托当地的山海优势，一是通过加强与台湾农业的合作力度，争取相关政策扶持，推动当地家具制造业、食品饮料制造业、农副产业制造业等产业的发展。二是莆田具有湄州岛、南少林、九鲤湖等旅游资源，妈祖文化、禅宗文化、道家文化也深具历史渊源，旅游业发展具备条件。目前我省一北（武夷山）一南（厦门）旅游市场比较成熟，但闽中地区旅游资源开发仍较少，大力推动莆田旅游业的发展既可为当地带来财源，也可衔接我省南北旅游资源，形成有机整体。三是利用当地临海优势，继续加快液化天然气（LNG）项目建设进度。

漳州市目前尚未形成明显的制造业优势税源行业，经济税收的产出效率不高，当地发展应充分利用靠近厦门的优势，打破地域限制，形成有机整体。如可采取构筑同城公交、轮渡等便利的交通网络，降低跨城市间的通信费用等方法加强城市互动；在此基础上大力发展房地产行业，吸引厦门人口移居，推动大学城建设，吸引高素质人才落户，并带动学区周边服务行业发展；此外，由于厦门辖区面积较小，且对环境保护要求较高，不宜发展某些对资源能源索取较多的产业，因此，漳州可通过建设工业园区，吸引相关企业前来落户或在此建立生产制造基地。

（二）优化制造业产业布局，提高产业集中度

目前我省制造业，尤其是化工、机械等产业分布散见各区域的现象比较突出，工业园区遍地开花，但园内企业良莠不齐，有部分企业入园甚至只是为了圈占土地。由规模经济理论，这种产业布局分散的局面使得多数企业未达规模效益，现代制造业是资本、技术、人才的竞争，产业布局分散一定程度上影响我省企业竞争力，造成资源浪费。产生这一现象的主要原因是：现行财政分配体制和政绩考核体制使得部分地区无视自身发展特点和经济发展规律，片面强调招商引资，以土地、税收等优惠条件引进不合资质，甚至会对当地生态环境造成影响的项目，或者是当地资源禀赋不具备发展优势的产业。就我省经济实力而言，制造行业发展面不宜太宽，各区域应因地致宜，集中力量重点突破二到三个具比较优势的行业，产业布局上应全省一盘棋，统筹考虑。具体来看，福州的化纤和通信电子设备制造业，泉州的服装、皮革和非金矿物制品业，漳州的医药制造业，龙岩的烟草制品业和仪器仪表制造业税源具地区优势，因此

相关产业布局可优先向这些区域倾斜。

（三）注重不同经济发展阶段特点，各区域财源建设应有所侧重

由于我省山海差距较大，处于不同的经济发展阶段，因此财源建设不能搞一刀切，应根据区域发展不同特点有所侧重。

中心城市相机发展服务业，实现以现代服务业为中心的产业结构升级。2007年第三产业税收比重最高的分别是厦门（73.7%）、福州（74.9%）和宁德（63.4%），扣除房地产业后，服务业全省税收比重为41.5%，比重居前的依次为厦门（44.5%）、福州（45.9%）、三明（41.9%）和南平（40.9%），其余地市比重均接近或超过三成，最低的为龙岩（29.7%）。从人均GDP指标看，厦门虽已达到中等发达城市标准，但现代服务业比较发达的格局仍未形成，服务业税源比重未呈现明显优势。因此，应高度重视中心城市商务服务业、金融业、交通运输业等行业税源的发展，增强中心城市向内陆的辐射力。

内陆城市重视优先扶持和培育制造业税源，在此基础上推动配套服务业发展。经济税收产出效率处于第三梯队的宁德、南平、三明等多个地区制造业税收比重均低于全省平均水平，我省山区内陆制造业税源规模小或税源产业分散的问题比较突出。就我省山区内陆城市所处的经济发展阶段而言，根据自身特点做大做强相关制造业税源，从而带动配套服务业发展，仍是推动当地财力发展的关键。

（四）适度发展房地产和建筑业，保有一定固定资产投资增长热度

从2007年税收数据来看，高税赋行业房地产和建筑业税源依然是各区域税收的有力支撑，其中福州、厦门、漳州和宁德对房地产和建筑业税收的依赖情况尤为突出。房地产和建筑业含税水平较高，相同的产业增加值，能产生数倍于其他行业的税收，从而大幅提升区域经济税收产出效率。因此，保持房地产市场适度稳定，保障在建工程项目有序进行，是促进地方财力增长的有效途径，此外，房地产业和建筑业的发展也能加快城市化建设的进程。

（五）积极研究新兴产业的税收征管办法

随着我省经济的发展和“海西”建设步伐加快，会展业、动漫业、电子商务、物流、通信、旅游、文化创意、中介、社区服务等新兴产业税源也有所壮大，这些行业的发展给税收征管带来新的难题。如何充分掌握这些新兴产业的经营情况，有效防止跑、冒、滴、漏，将经济发展成果及时体现为地方财政收入增长，需要税务部门会同财政、工商等部门积极研究、制定相应的征管办法。

（六）重新思索当前的财政分配体制和政绩评估体系

当前的财政分配体制和政绩评估体系对充分调动地方经济建设能动性发挥了重要作用，同时该方法设计的激励机制可能导致地方政府短期行为，从而制约全省整体经济竞争力提升，因此，有必要对当前的财政分配体制和政绩评估体系进行重新思索，采取适当财政倾斜鼓励区域特色产业发展。

（执笔：陈　萌）

税源建设与海西发展

“先行先试”研究

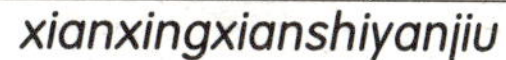

以“海西”对接“两岸共同市场”愿景下的税收协调安排初探

福建省地方税务局科研所课题组

一、以“海西”为切入点是“两岸共同市场”愿景下的最优选择

对于当下国家而言，两岸关系问题一直是海峡两岸人民必须以高度智慧破解的一个珍珑棋局。在 2005 年 4 月，国民党前主席连战在和平之旅中和胡锦涛总书记就两岸关系的和谐共进达成了相关共识，“两岸共同市场”作为一个可行思路第一次在新闻公报中出现，这是一个符合国家和平发展的战略构想，其实施必然能够极大地促进国家的和平统一大业。

“两岸共同市场”的具体构想如下：第一阶段，从降低贸易障碍开始，通过建立互信达成“三通”，推动两岸经贸关系正常化；第二阶段，加强互利事务合作，调和两岸经济制度，促进两岸经贸自由化，建立两岸准自由贸易区安排，签署“两岸共同市场协议”；第三阶段，实现两岸经济全方位整合（包括货币单一化、劳工政策协调一致以及税制合作等），实现“两岸共同市场”；最后，由“经济整合走向政经结合”，直到最终和平统一。应该说，作为一种目标明确、思路清晰、秩序井然的经济合作机制，“两岸共同市场”可以让台湾的资金、技术、市场管理以及经营理念和大陆的人力资源、广大市场相结合，从而实现真正的优势互补，经济双赢，以共同应对全球化的挑战。

作为一项复杂的系统工程，“两岸共同市场”涉及制度格局的方方面面，不可能一蹴而就。一方面，共同市场的建设需要人员无障碍往来，交流无障碍阻隔，但目前两岸尚未完全实现，这样的共同市场建设没有先例，必须不断摸索积累经验；另一方面，从制度层面看，“两岸共同市场”的三阶段构建说明了这是一个漫长的系统工程，机遇与挑战并存，要目标明确更要脚踏实地；同时，国际经验告诉我们，世界上曾经进行过诸多的区域经济整合，但成功的并不多，欧盟算是一个为数不多的成功特例。基于这些原因，虽然“两岸共同市场”作为一种愿景，可以构成国家战略的一部分予以实施，但是目前存在的一些具体障碍必须有待于两岸共同合力进行破解。从历史经验看，先在局部产业、局部领域、局部区域中进行初步的改革试点，通过试行取得经验，在条件成熟稳妥时，再逐步扩大到其他领域、其他区域中无疑是稳妥且可行的办法。

无疑，以“海西”为切入点进行试点是“两岸共同市场”愿景下的最务实又最稳妥的选择。首先，福建与台湾一水相连、同宗同源，具有对台独特的“五缘”优势，在两岸经济整合、人民交往、产业对接、建设共同市场中，具有其他省份无法替代的地位作用和优势条件。其次，福建在两岸经济整合中已具备一些充分的基础条件。福建已拥有相当的两岸经济整合机制和经贸合作基础，如台商投资区、与金马澎直接往来（小三通）、两岸试点直航等等，这些是福建独有的两岸合作机制，可资先行作为的现成基础。第三，今年5月通过的《国务院关于支持福建省加快建设海峡西岸经济区的若干意见》，（国发［2009］24号，以下简称《意见》），这是党中央、国务院把握两岸关系出现积极变化、审时度势、着眼全局作出的重大战略决策；是进一步发挥福建省比较优势，实现又好又快发展的迫切需要；是完善沿海地区经济布局，推动海峡西岸其他地区和台商投资相对集中地区发展的重大举措；也是加强两岸交流合作，推进祖国和平统一大业的战略部署。《意见》的出台，表明海峡西岸经济区发展战略已从区域战略上升为国家战略，标志着海峡西岸经济区建设站在一个新的起点上，海峡西岸经济区在全国发展大局中的战略地位更加突出，在促进祖国统一大业中的重要作用更加凸显，对于把海峡西岸经济区建设成为科学发展的先行区、两岸人民交流合作的先行区，这必将起到极大的推动作用。这种大力度的政策扶持是“海西”作为“两岸共同市场”愿景下试点区域的有力支持。

二、和谐税收是“两岸共同市场”的题中之义

税收是一个国家财政收入的主要来源，与经济密不可分。统计数据显示，台湾地区对大陆出口依存度已经突破40%，而大陆也已经成为台商投资最主要的落地地。区域经济的不断发展必然会带来相应政策的调整与协调，其中税

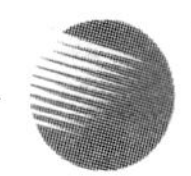

收政策的区域协调与合作成为不可回避的重要问题之一。从宏观经济层面来说，税收与经济密不可分，发展"两岸共同市场"，必然会产生两岸的税收协调问题；从微观层面看，税收是产品成本的一个重要组成部分，两岸税制的差别会直接或间接影响区内厂商的成本，从而最终影响区域内商品、服务以及生产要素的自由流通。因此，能不能合理解决市场自由化过程中出现的各种税收关系问题，能不能为两岸经济纵深合作创造良好的和谐税收环境，加强区域经济税收政策的合作与协调，促进区域经济的共同发展，已经成为"两岸共同市场"愿景能否顺利、协调得以发展的一个重要问题。

目前，两岸之间的经济往来处于区域一体化的低端形态，大陆和台湾之间既没有像国家之间那样签定正式的约束性税收协定，也没有像大陆和香港之间签署的《内地和香港特别行政区关于对所得避免双重征税的安排》一类的文件，两岸对经贸交流所带来的税收关系问题主要是通过双方自行公布的政策来进行处理，这使得两岸税收合作也面临相当的难题，这主要有：

第一，在两岸目前往来制度框架下，一个中国的原则还受到台湾当局逆历史潮流非理性的抵触，这使得国家税收主权受到人为割裂，税权冲突具有不可协调性。

第二，在客观上，两岸目前制度框架及区域经济社会的复杂性约束着税制协调；在主观上，台湾当局对于解决区域市场一体化背景下税收的负外部性问题并没有表现出主动积极改善的意愿。

第三，两岸经济发展不平衡性的叠加和面临全球化共同竞争的压力，共同推动两岸税收竞争政策未来会越来越呈恶性趋势，构成协调的难点。

第四，两岸之间税务管理合作的基础相当脆弱，没有什么较深层次的互动。

这些两岸税收合作存在的问题、难点，直接带来了两岸税收问题的不和谐之音。表现有：一是随着两岸贸易的深入拓展，两岸之间的贸易摩擦必然会日益增多，围绕贸易纠纷产生的税收问题，比如反倾销、反补贴税收的征收等会显现出来；二是由税收管辖权引起的重复征税和企业不正当避税问题日益突出，在两岸税务信息并不畅通的现状下，税务部门无法有效进行两岸税收抵免工作，这使得跨越海峡投资经商的所得，难免不受双重征税的困扰，同时，税务部门无法获得互通关联企业及独立成交价等方面的调查资料，这使得企业不正当避税较难规避；三是由于两岸没有关于税收饶让的措施，使得台商从大陆得到的税收优惠在返汇回台时意义不大，这对台商的影响是相当大的，许多台商宁愿把利润留在大陆，也不愿汇回台湾，而这又反过来加重了台湾当局不必要的疑虑；四是由于没有签订双边税收协定，使得有些台商在大陆就无法享受到大陆与其他国家签订的双边税收协定中的特殊税收优惠条款，这造成了某种程度的税负不公平，显然不利于台商在大陆的投资，不利于两岸的经贸交流。

三、海峡西岸经济区的可为与应对建议

"两岸共同市场"建设是个经济问题，与税收密切相关；同时，福建与台湾隔海相邻，在血缘、亲缘、语缘、人文等方面一脉相承，在扩大两岸交流，促进两岸经贸发展上面大有可为。因此，研究以"海西"对接"两岸共同市场"愿景的税收制度安排，通过小范围实验拓展全局性构建意义非凡，必须站在促进祖国统一大业的国家战略的高度上予以重视。

第一，必须加强宣传提高认识，从国家战略的高度重视研究以"海西"对接"两岸共同市场"愿景的税收制度安排。从战略上讲，福建省只有在社会、经济、制度、社会治理方法等方面表现出与其他省份的不和谐、不一样，并力求与海峡东岸协同，才能达到一种意境：这里就是台湾、台湾就是福建。通过这种协同保证台海稳定、繁荣，由此福建在全国的战略棋盘中分量就重了，就不会被边缘化了。若此，福建的事项就成为国家和谐社会重要的国家级事项，相应的作为"两岸共同市场"试点的福建省，中央就必须要有相对独立的政策输入，包括与台湾高度协同的经济、社会治理的特殊政策、灵活措施。

第二，寻位谋策、试点突破，争取相对独立的税收立法权。我国大陆的税收立法权集中于中央，在资源禀赋更加强调个性以及区域经济的差异化发展下，适当考虑赋予地方相应的税收立法权限已经成为无法回避的问题。海峡两岸经贸合作是全国经济大布局中的一部分，但也必然有地区间的差异，作为台商投资传统偏向地区的福建，其中的税收协调问题有全局性的共性，也有地域性的个性，具有典型性。所以，从推进"两岸共同市场"合作发展的长远大计出发，如能尽快考虑"海西"区相应的地方税收立法权作为试点，不仅能为加深两岸经贸合作、推进"两岸共同市场"打下基础，而且对于我国税收立法实践的完善也是有益的尝试。

第三，协调两岸税制，以福建为试点，凝聚税收合力。国际上按照税收的协调程度，在长期实践中形成并具有发展前景的基本协调模式有三种：税收协定模式、趋同模式和一体化模式。目前两岸税收协调始终是大陆与台湾经贸合作的制约因素，可以争取国家以福建省为试点，在谋求两岸税制统一上先行一

步，先行在福建试点分段与渐进地在达到一体化这个规范化发展的最高阶段。以下几点可以予以前期重点推出：一是建议参考台湾税制中相关税收优惠条款设定福建为相应的大陆试验区税收优惠政策，实现软对接；二是重视经济信息收集整理工作，在福建建立两岸税收情报中心，加强两岸税务部门的信息沟通，制定出促进两岸经贸发展中税收协调问题的实施方案，为两岸处理税收实际问题提供必需条件；三是在一个中国原则基础上，借鉴 WTO 解决争端方式，在福建设立处理两岸税收纠纷问题的专门机构，解决两岸税务争议。

第四，"海西"税务部门应本着服务国家和平统一大业的战略高度，充分利用税收政策促进区域资源优化配置和产业合理布局，以"和谐海西税收"杠杆打好"台球"，在吸引台商投资、促进两岸经贸发展中发挥独特的作用，为"两岸共同市场"添砖加瓦。作为台商在祖国大陆的主要投资地区，可以考虑在以下方面做好服务：一是通过及时兑现税收优惠政策，开辟绿色通道积极帮助新办企业、搬迁企业办妥涉税事项，加快出口退税，缓解企业资金压力，兑现再投资退税，支持企业扩大生产；二是送税法下企业，加强税收政策扶持，开展经常性上门讲解税收政策、辅导企业规范财务管理等一系列措施，为台资企业发展创造了良好的税收环境；三是创新工作方式，以"和谐海西税收"建设为台商提供人性化服务。一方面，苦练内功，在信息化、规范化、人性化管理等方面强化税务系统自身建设；另一方面，不断创新，如建立面向台商的税务协商制度、税务约谈制度、税务信用制度等等，为台商创造健康、和谐、法治的税收环境服务；四是继续优化管理，让税收服务更便捷、更舒心。当前税务机关应全面推行"出口退税远程预审系统"，方便企业预审出口退税申报资料，加快申报速度；开发运用"出口退税远程申报系统"，实现企业在家就可直接申报出口退税，提高办税效率；利用税务机关"三大主体"系统工程的整合，简化企业办理出口退（免）税认定手续，加快增值税专用发票认证稽核信息的传递，加快办理出口退税进度；加强对出口退（免）税业务和有关退税管理软件的培训，全面提高出口退（免）税管理干部和企业办税人员的业务素质。

（执笔：赖勤学）

关于建立税务系统公务员执法类职位问题的思考

福建省地方税务局直征分局课题组

目前，部分省市政府的人事部门在贯彻实施《公务员法》的过程中，对税务系统无论是省市局机关的公务员，还是县（市、区）税务局的基层公务员，统一实行和套用党政部门公务员综合管理类职位、职务和级别，并按照综合管理类行政职务和级别制度确定工资、津贴、奖金和福利，与税务部门公务员管理的现实要求是不相适应的。

一、存在的主要问题

不能满足税务部门公务员实际管理的需要。税务部门既是行政部门又是执法部门，现行只按综合管理类公务员设置行政职位和职务的做法，不能满足税务部门公务员实际管理的需要。税务系统的机构、编制和人员配置的数量呈现下多上少的特征，约70%机构、编制和人员主要集中在县（市）区税务局以及直接负责税收征收和管理的一线的基层单位。同时，由于实行了垂直管理，税务系统的公务员获得交流到政府其他部门任职和升迁的机会相对较少，如果仅按综合管理类设置公务员职位、职务，为数众多的税务分局（所）从事征收管理的公务员只能获得办事员、科员这两种职位和职务，这将影响税务系统公务员队伍的稳定和总体素质的提高，挫伤了基层公务员工作的积极性。实行“阳光工资”以前，为保证税务部门认真履行职责，完成组织收入任务，各级政府部门都有对税务部门给予一定的资金奖励。为稳定基层队伍，在税务机关内部也把这部分奖励经费向基层一线进行倾斜，不断建立和完善基层税务人员依法治税、廉洁从政、完成任务的奖励机制，保证了基层一线工作人员与省市

机关工作人员在收入上相差无几，调动了基层税务工作人员的积极性。此次部分省市按照综合管理类公务员序列职位、职务和级别套改工资福利，取消了税务系统原有奖金和津补贴，致使基层一线公务员收入受到很大影响，不利于税务系统基层公务员队伍的安定稳定。这主要表现在两个方面：一是福建地税系统1996年实行面向社会公开考试录用公务员以来，所录用公务员中大学本科以上学历的应届毕业生占90%以上。这部分公务员如果同时分别分配在上级机关和基层的分局（所）等单位，在若干年后，他们的职业生涯将会形成巨大的职务和收入落差；二是福建地税系统长期以来一直负责任地承担了国家军转干部安置任务，这些军转干部目前占总人数的20%，而他们又有近80%人员在县级以下机关和分局任职，不少部队团职转业军官只担任县级局或分局负责人的职位。为此，对税务门套用单一综合管理类设置职位、职务和级别的做法，不符合税务系统公务员管理的实际，也违背了《公务员法》关于对公务员实行分类管理的原则。

为此，科学合理地建立税务系统执法类职位和公务员管理体系，是解决基层税务部门公务员管理存在问题的现实要求和当务之急。

二、税务部门应依法全面贯彻实施《公务员法》

公务员实行分类管理是国家对公务员管理的重要原则。2006年1月1日起生效实施的《公务员法》第八条规定"国家对公务员实行分类管理，提高管理效能和科学化水平。"公务员实行分类管理是《公务员法》较原《公务员条例》的一项重大改革和进步。早在1987年党的十三大就提出：要改变集中统一管理的现状，建立分类管理体制；改变用党政干部单一管理模式管理所有人员的现状。原《公务员条例》虽然规定"国家行政机关实行职位分类制度"，但实际上并没有根据公务员职位的特点实施分类，而仅仅是对公务员的职务进行了分类，即将公务员分为领导系列和非领导序列。实践证明，这类分类制度存在明显和突出的问题，诸如公务员晋升的渠道单一，缺乏适合各类公务员成长规律的多样化职务序列，为基层公务员提供的晋升台阶太少，难以适应管理的需要以及公务员的权益保障。现行的《公务员法》则把公务员分为三大类，即综合管理类、行政执法类和专业技术类，各大类还将细分组类，为国家实现对公务员管理的现代化、精细化和科学化奠定基础。

行政执法类职位指拥有行政执法权的行政机关直接履行监管、处罚、稽查等现场执法的职位，这是行政执法类职位的本质特征。它与政府机关综合管理类职位不同，具有以下特点：一是纯粹的执行性，只有对法律、法规的执行权，而无解析权；二是现场的强制性，能够依照法律、法规现场直接对管理对象进行监管、处罚和稽查；三是主要集中在具有行政执法权的政府部门的基层单位，如公安、工商、税务、海关、质检、药监等。设置行政执法类职位，有利于为基层执法公务员提供职业发展的空间，激励他们安心基层做好行政执法工作。基层执法队伍，是进行社会管理与市场监督职能的直接履行者，是政府形象的窗口单位，是与老百姓接触最多的特定公务员群体，其稳定与高效，直接关系到相关国家机关的良性运作。

《公务员法》第十四条规定“公务员职位类别按照公务员职位的性质、特点和管理需要，划分综合管理类、专业技术和行政执法等类别。国务院根据本法，对于具有职位特殊性，需要单独管理的，可以增设其他职位类别。”从目前实行公务员制度的国家来看，多数国家把税务部门都作为单独一个公务员类别进行管理。根据税务部门的公务员管理实际需要和解决税务部门公务员的切身利益，国家应该考虑在税务部门同时设置综合管理类、行政执法类职位和专业技术类职位和职务，县市（区）税务基层机关应按照行政执法类设置职位和职务。对组织收入和税收执法提供支撑的计算机信息技术部门，还应设置专业技术类职位和职务。

目前，国家税务总局为贯彻实施《公务员法》，正会同国家有关部委对设置税务执法类、专业技术类公务员职位、职务等有关问题进行调研。在国务院尚未批准税务系统税收执法类职位和职务的设置方案之前，建议对县（市）区局以下税务机关仅按综合管理类职位、职务和级别进行的单一性“阳光工资”的工资套改工作，予以暂停进行。因为该项工作不够全面，有悖于《公务员法》关于公务员实行分类管理的原则，不利于税务部门公务员的科学管理。

三、税收执法类职位设置的可行性

税收执法系统比较健全的岗位职责体系与不断成熟的信息化管理手段，为税务部门行政执法类职位提供了基本条件。1994 年为适应分税制财政体制改革的需要，我国对税收管理体制相应进行了配套改革，为适应税收工作的发展需要，确立了基本适合我国国情和税收工作实际，并得到普遍认同的税收征管模式，即“以申报纳税和优化服务为基础，以计算机网络为依托，集中征收、重点稽查、强化管理”的税收征管模式。围绕这一模式，现已初步建立起较

为完整科学的税收管理组织体系。

完整的税收管理组织体系又为建立和完善岗位责任体系，建立和完善绩效和能级考核机制奠定了扎实的基础。根据科学发展观和依法治税的要求，税务部门不断优化和完善了税收的法制建设，建立了可持续性的税收管理机制，建立了系统的税源管理机制、有效的纳税数据评估机制、全面的税收风险管理机制、科学的稽查定性评价机制等等。通过建立健全可持续性的税收管理机制，大力推进税收管理的科学化、精细化，提升了税收管理效率，初步解决了"疏于管理、淡化责任"的问题，使税收收入保持了合理的增长幅度，符合社会和经济发展的客观要求。

税收执法是税务机关代表国家行使权力、征收税款的活动。为规范税收执法，实现依法治税，国家税务总局分别印发了全国国家和地方税务系统税收执法责任制和工作规范范本，规范了国地税系统各级税务机关在征收、管理和稽查等各执法岗位的执法依据和执行标准，明确了各执法岗位的职责和权限，实行持证上岗。并建立和推行了执法责任制考核，落实了执法责任追究制度，初步建立了较为规范和完善的执法岗责体系。

在落实税收执法岗责体系，推行执法责任制的过程中，部分省市积极探索建立稳定和加强基层税务机关公务员队伍的管理机制，对征收、管理和稽查工作岗位上的税务人员全面实行能级制管理，建立了可以体现其能力和业绩的等级和升迁制度，并实行了相应的奖励和激励机制，消除了原"官本位"单一升迁模式的影响，调动了一线公务员"聚财为国、执法为民"的积极性，提高了依法治税和税收工作的质量。有的省市在实行能级管理的过程中，还引进和运用 ISO9000 国际通用过程控制的先进的管理理念，并通过信息技术对征收、管理和稽查各个税收执法岗位公务员的工作实绩，进行过程控制和监督考核。

四、设立税收行政执法类职位和职务体系的思路

职位是设置公务员职务序列的依据和前提条件。作为税收执法的税务部门，既具有行政执法的共性，又具有税收执法的特殊性，因此，在统一规范的税收岗责体系下，建立以"能级制"为核心的税收职位、职务体系，可适应税收执法工作需要，有利于基层税务部门公务员的管理。

县市（区）局主管税务机关的机构设置按照"集中征收，强化管理、重点稽查"征管要求，设置区域性管理的税务分局（所），和专业从事税收检查

的稽查局。在岗责体系上可分为征管和稽查两大系列，各个分局（所）的岗责为征管系列，主要从事集中征收和强化管理工作，着力解决“疏于管理、淡化责任”问题，目前实行的是税收管理员制度，其工作职责是组织收入，优化纳税服务环境；围绕税源管理要求，认识和熟悉纳税人，了解和掌握纳税人生产经营情况，明了和洞悉税源变化情况；同时，通过“人机结合”和“现场管理”进行税收分析和纳税评估，对纳税人纳税情况进行监控和监督管理。稽查局是专门为从事税收稽查设置的税务机构，税收稽查或者叫做税收检查，包括的内容很多，如日常检查、重点检查、专项检查、专案检查等。《征管法》实施细则在明确稽查局是省以下税务局的外设机构的同时，规定“稽查局专司偷税、逃避追缴欠税、骗税、抗税案件的查处”。因此，税收执法类职位的设置上可按两大岗位序列设置“管理员”和“稽查员”两个职位类别。

职务与级别体系设置是公务员管理的基础，公务员依照职务履行职责，一定的职务不仅蕴涵着一定的职权、义务和职责，也是确定公务员报酬，即工资、津贴、奖金和待遇的根据。两个税收执法类职位可各设置高、中、初 3 种职务和 10 个级别的职务体系，具体为：高级管理员、稽查员设为 1—3 级；中级管理员、稽查员设为 4—8 级；初级管理员、稽查员设为 9—10 级。编制职数参照目前在公安人民警察系统执法岗位实行警衔制的高、中、初级的比例，按高级占 25%、中级占 60%、初级占 15% 的比例结构配备比较合理。

公务员工资制度体现工作职责、工作能力、工作实绩等因素，既贯彻了按劳分配的原则，又体现了职务与级别相结合的要求。税务系统在县市（区）局设置执法类的两大职位、职务序列，其岗责体系比较健全，相应的职责较为明晰，工作实绩可以量化，便于考核和监督，因此要以“能级制”工资为主。因此，高、中、初级管理员和稽查员其工资、津贴等收入可进行如下设计：1 级高级管理员、稽查员的工资收入，可参照相当于机关正处级职务工资和相应级别工资收入来设计；高级 2—3 级管理员和稽查员，可以参照副处级职务工资和相应的级别工资收入分段设计；中级 4—6 级管理员、稽查员，参照主任科员职务工资和相应的级别工资收入分段设计；中级 7—8 级管理员、稽查员，参照副主任科员的职务工资和级别工资收入分段设计；9 级和 10 级管理员、稽查员，则分别参照科员和办事员的职务工资和级别工资收入分段设计。思路和方案是多种的，以上只是其中的一种，目的是为了解决基层税务机关机构规格低，公务员职务发展空间狭小，职务工资福利低的现实问题。

由于在现实的税收征管实际中，征、管、查又是一个不可分割的有机整体，统一在税收征管的过程中。税务工作人员因税收工作和廉政建设的需要，

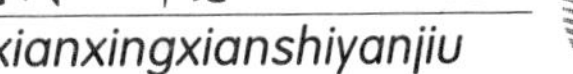
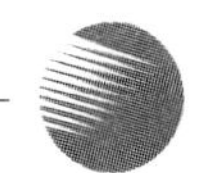

要经常进行交流和轮岗，因此，实行管理员、稽查员能级制管理以后，为促进税务公务员队伍整体素质的提高，高、中级管理员和稽查员可以担任县市（区）局、稽查局的主要领导和分局（所）的负责人，可以向上级或同级税务机关进行交流任职，并转任相应的行政职位，同样也可以在税务机关内部从事与税收有关的行政管理工作，但税务机关的基层事业单位人员和工勤人员不在其中。

贯彻《公务员法》的要求，探索实行"能级制"为核心的税收执法类职位和职务体系，与税务部门原有的管理员和稽查员的能级制管理虽有本质区别，但又是相互联系的。两者的区别在于原有的"能级制"不属于公务员法规的组成部分，各个省市或基层税务机关原实行的办法各不相同，有的具有职位和职务性质，以此享受相应的职务奖金或补贴；有的则以税务工作人员实现的征管和稽查"绩效"为考核目标，以此来确定税务工作人员的奖金系数或级次，用于体现多劳多得，奖勤罚懒。这里探索建立"能级制"为核心的税收执法类职位、职务和级别设置，将是整个税务系统贯彻实施《公务员法》的重要组成部分，在全国税务系统应当是统一实行的，它包括岗位职责、任职条件、管理权限确定和设置，职位、职务和级别的称谓，相应职务、级别和工资、福利制度与执法类职务相对应的考核、任免、交流和奖惩制度等等。而两者的联系在于，后者是在前者的基础之上进行总结，按照公务员法的有关规定进行规范，使之成为国家对税务执法类公务员管理法规的重要组成部分。

（执笔：白屹山）

当前我省地税重点税源管理存在的问题及改进方式探讨

福建省地方税务局直征分局课题组

重点税源管理是税源管理的重点环节。重点税源是指那些上缴税收收入达到一定规模，且占本地区税收比重较大的，对本地区税收收入增减变化起着举足轻重作用的企业。重点税源管理就是税务机关通过各种方式，调查、分析重点税源变化，及时、准确掌握应征税款的规模与分布的一项贯穿税收征管全过程的综合性业务工作。它是以重点税源企业为具体对象，通过采集重点税源信息，建立管理台账、税源数据库，对企业生产经营和税收情况进行跟踪、监控、分析、预测的一种管理方式。通过对重点税源企业数据解读可以推断地方经济发展态势，解释税收增长原因，探寻税收增长点，为税收征收管理决策提供依据，因此，重点税源监控是税收征管工作的重中之重。

本文通过研讨近年来我省地税部门重点税源监管工作的成功经验和存在的普遍性问题，从如何正确认识和解决当前重点税源管理中存在的问题入手，试图对加强重点税源管理工作，为推进我省地税系统税收征管改革的不断深化进行有益的探索和思考。

一、我省地税部门重点税源管理工作现状

1999 年，在海南省海口市召开的全国税收计会统工作会议上，明确提出了包含建立严密、有效的税源监控体系等内容的 21 世纪我国税收计会统工作新的思路和新的管理模式。这次会议召开后，重点税源管理这一概念被各地税务机关广泛接受，被作为加强税收征管工作的有力手段。

我省地税系统的重点税源管理工作开始于 2001 年。2001 年 7 月，省地方

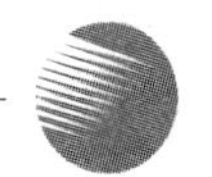

税务局下发《福建省地方税务局关于印发〈重点企业税源监控管理办法〉(暂行)的通知》(闽地税发［2001］77号)文件，标志着我省地税系统重点税源管理工作正式开展。经过几年的探索与实践，我省地税系统根据重点税源企业的特点，从建立数据采集机制、规范重点税源企业认定、加强重点税源数据应用等方面入手，逐步建立起一个比较完整的重点税源管理体系。

(一) 制定重点税源管理办法，明确各项相关制度

1. 提高工作认识。《福建省地方税务局关于印发〈重点企业税源监控管理办法〉(暂行)的通知》(闽地税发［2001］77号)下发后，我省地税部门对重点税源管理工作有了更深的认识，各项工作都有指定专人负责，主要职责包括向企业催报数据，督促报表录入，数据库日常维护、税源数据上报、重点税源分析报告、定期或不定期开展调查研究等。2004年随着TRAS软件，特别是企业版软件的推广应用，企业可以直接上报电子数据，基层重点税源监控工作人员负责审核并逐级上报数据，其工作重点向税源分析转移。对新旧指标体系数据的转化、纳税排行榜数据核实、专题课题调研数据的核实等临时性工作也按此职责划分逐级完成。

2. 明确岗位职责。目前，重点税源报表由企业填报；基层征收部门负责接收、录入工作；管理部门负责数据催报、审核工作；计财部门负责运用、管理、传递工作，通过全省地税行政管理信息系统逐级上报。为明确岗位职责，省局将重点税源管理工作纳入系统内部实行定期考核并纳入机关效能建设考评，综合评比的具体指标包括数据上报时限、监控户数占比、监控税收占比、数据质量、税源分析报告等五项内容。

3. 拓宽数据采集方式。在各基层，我省重点税源数据现行的采集方式有四种：一是企业通过企业端软件填报电子数据并通过电子邮件或U盘报送税务机关。比如省局直征分局从2003年开始就在重点税源企业中逐户安装了重点税源客户端软件，由企业在软件中填报数据，并生成数据信息文件，而后通过电子邮件传到指定邮箱，由重点税源管理人员负责接收、审核、汇总。二是企业报送纸质报表，交基层税务部门管理员录入审核后逐级上报(监控户较少的县局采用，数据录入错误率较高)。三是由基层税务部门直接从征管信息系统提取数据并会企业补充完善后逐级上报(正在尝试中，受征管信息系统基础数据相对薄弱制约，数据提取效果不太理想)。四是纳税人从互联网实现网上直接报送。2007年开始，厦门地方税务局开始采用重点税源网上直报系统采集数据，税务机关第一时间将最新的报表任务发布在互联网上，纳税人直接在线填写重点税源报表，在网上审核通过后直接报送至地方税务局的数据

库，大大缩短了任务修改、发布的时间，方便了纳税人，减少了地税工作人员手工录入与审核的工作量。

4. 严格数据保密制度。我省重点税源管理工作严格执行相关保密制度，多次向各级重点税源管理人员重申数据库数据属机密级，只限于税务机关内部使用，主要服务于税收收入的分析和预测，税收政策分析、税收征管、税务稽查等，未经主管部门同意，不得对外提供和引用。

（二）确定重点税源企业认定标准，实行分级管理机制

我省重点税源管理工作实行三级管理机制。总局监控标准为上年缴纳营业税 100 万元以上的营业税纳税户或上年缴纳企业所得税 500 万元以上的纳税户。省级监控标准为上年入库地方级税收收入 100 万元以上的企业。各市、县、区地方税务局管理的重点税源企业确定的标准在不高于 100 万元的前提下，由各单位根据本地实际自行掌握，可根据税源特点，选取一至两个特色行业扩面监控。从 2001 年到 2008 年，我省重点税源监控户数（不含厦门市）在迅速扩面后逐步精减，在确保总局监控标准的前提下，鼓励有余力的地区选取特色行业扩面监控。从地区分布情况看，福州和泉州两个设区市监控的户数占全省重点税源监控户（不含厦门市）的比重达 5 成以上。

2005 年全省地税工作会议上，省局领导提出了“稳步拓展重点税源监控范围，各直属征收局、各设区市局、建成区局税源监控面达到或超过 50%，其他县级征收单位的税源监控面达到或超过 30%，并逐步实现由重点企业转向全面企业管理”的要求。2005 年，我省（不含厦门市）上半年重点税源管理户数为 1717 户，户数位居各省（直辖市）地方税务局第二位，仅次于山东地税。2007 年，我省（不含厦门市）监控户数为 1803 户，户数位居各省（直辖市）地方税务局第三位，所监控的地方各税占我省（不含厦门市）全年累计入库地方税收的比重始终保持在 30% 以上。

图 1 反映了 2001—2008 年全省重点税源监控户数（含厦门市）情况。

2007 年，我省 1804 户重点税源企业（不含厦门市）缴纳地方税收收入接近 130 亿元，占全省税收收入（不含厦门市）38%，其中企业所得税 37 亿元，占全省企业所得税收入 62%；营业税 49 亿元，占全省营业税收入 35%。从所监控的重点税源企业规模看，税收上缴超亿元的企业 24 户，贡献收入占所有重点税源企业收入总量的 44.2%；500 万元到 5000 万元的企业 678 户，占总监控户数的 37.6%，贡献收入占总量的 36.7%。从这些数字上分析，我省目前监控的重点税源企业规模特点与当前我省大型企业不多、中型企业不少的规模分布特点是相一致的，见表 1。

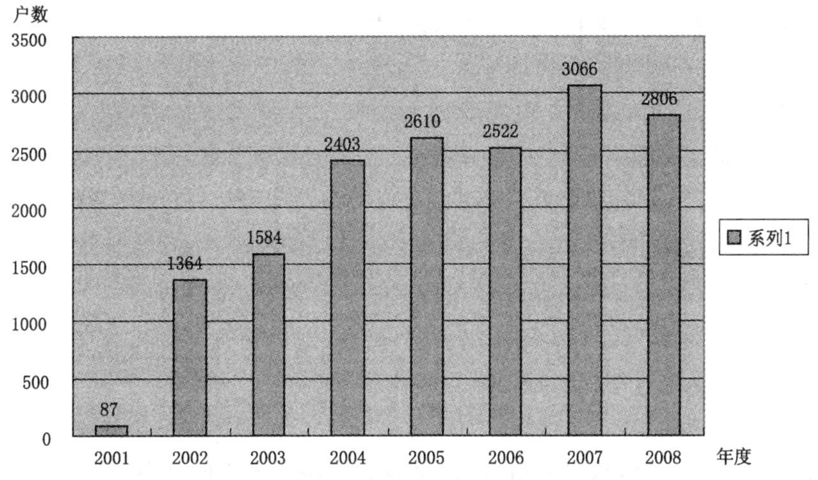

图 1　2001—2008 年重点税源监控户数走势图

表 1　　2007 年重点税源户分规模税收情况表　　单位：万元

规模＼项目	户数	比重（%）	税收收入	比重（%）
合计	1804	100.0	2477975	100.0
10 亿元以上	2	0.1	503267	20.3
1 亿元—10 亿元	22	1.2	592826	23.9
5000 万元—1 亿元	38	2.1	261400	10.5
1000 万元—5000 万元	339	18.8	668025	27.0
500 万元—1000 万元	339	18.8	240311	9.7
500 万元以下	1064	59.0	212146	8.6

注：本表统计范围为全部监控企业（不含厦门市）。

（三）建立重点税源指标体系，开展分析应用工作

1. 逐步完善报表体系。重点税源报表指标体系的建设是一个逐步完善的过程。2004 年，我省地税系统开始使用国家税务总局计统司统一开发的重点税源监控分析业务软件——TRAS（Tax Resource Analysing System），数据报表包括《重点税源企业基本信息表》、《重点税源企业税收信息（月报）表》、《重点税源企业财务信息（季报）表》、《重点税源房地产企业开发经营信息（季报）表》、《重点税源工业企业主要产品与税收信息（月报）表》等，数据来源主要是企业财务报表、纳税申报表和纳税申报附列表等。由 SDMS 软件到 TRAS 软件，重点税源监控工作手段进一步提升，重点税源指标体系日益成

熟。2005 年，总局增加了《填报说明》表，同时《基本信息表》指标从 23 项增加到 30 项。同时，我省还结合实际增加了“企业电脑编码”与“是否国有控股”项，旨在实现重点税源管理系统与征管信息系统的数据比对。2006 年，为摸清监控企业财务电算化程度，改进重点税源系统数据采集方式，我省又在《基本信息表》中增加了“是否实现财务电算化”与“企业财务制度类型”两项备用指标。2007 年，针对房地产行业发展过热的情形，总局又增加了《房地产企业信息表》，并且各表的指标又再进行了补充完善。

2. 开始注重数据分析应用。重点税源监控数据指标体系由企业财务指标、税收指标和其他统计指标组成。利用各指标间内在的逻辑关系，结合同业税负分析原理测算出的各种规律特征，建立起指导税收征管工作的预警分析体系，将科学化、精细化管理思想直接融入税源监控的日常管理工作中，为做好组织税收工作与完善税收征管及时提供数据支持。2005 年《国家税务总局关于加强重点税源监管企业数据常规分析的通知》（国税函［2005］725 号）下发后，我省建立了重点税源常规分析指标体系，各级地税机关通过定期深入重点税源企业，全面了解重点税源企业生产经营情况，掌握税源变化动态，认真分析原因，采取相关措施。并且在定期召开的税收税源分析会上，都能对重点税源情况异常变化较大的行业或企业进行着重分析。同时，利用重点税源监控企业分期、分税种、分行业、分注册类型和分地区的各项数据，将影响税收收入的各种因素从不同角度展开，充分展示税收的各种规律和特征，把科学化、精细化管理理念渗透到税收分析工作的每一个领域和环节。

二、我省重点税源监控存在的问题分析

通过不断规范重点税源管理制度，我们已建立起一个比较完整的重点税源管理体系，在掌握监控范围、反映税源动向、提供管理依据等方面取得了显著的效果。但是，重点税源管理中仍存在一些不可忽视的问题，制约了我省重点税源管理工作效能的充分发挥。

（一）岗位职责落实不到位

1. 职责分配模糊。目前很多基层税务部门的重点税源数据采集、审核、上报和分析工作主要都由基层计统部门负责，还没有具体落实到税源管理部门。由于计统人员与纳税人一般没有直接联系，而基层税收管理员掌握的重点企业税源变化情况上报计统部门没有制度化。因此，造成了重点税源管理工作脱节，税务部门无法及时、准确地掌握税源信息及经营动向，无法全面衡量、

评估重点企业的经营情况，只能进行事后分析，致使重点税源监控工作出现较长的时滞，监控效率低下。

2. 人员素质有待提高。很多基层税务部门的岗位经常轮换变动，加上大部分人员兼职负责重点税源工作，造成基层局税务人员缺乏相应针对性的工作经验，管理手段有限，分析水平普遍不高，影响了重点税源工作的发展。

（二）采集到的数据信息质量得不到有效保证

1. 管理手段有限影响数据质量。重点税源企业具有经营规模大，经营方式多样，经营品种繁杂，财务核算复杂，应税项目广泛等特点，同时各地的重点企业的生产经营和税收收入都是影响和制约该地区经济发展和税收收入增长的关键。但目前我省并没有针对性地建立相应的特殊管理办法，在基层地税部门的实际组织收入过程中，都还只是单纯地注重单个税种收入总量的大小，贡献收入总量的多少，对不同重点税源企业的管理手段缺乏深入研究，没能采取针对性的管理措施，因此采集来的数据信息很多是表面的，比较肤浅的。

2. 数据填报方式单一影响数据质量。虽然现行的重点税源数据采集方式有四种，但由于总局统一的重点税源企业监控软件与我省地税系统目前使用的税收征管系统还未能实现数据共享，企业申报入库指标无法自动提取，企业需重复填报。而且，与其他企业的办税人员相比，各重点企业额外增加了填报重点税源数据的工作负担，因此各重点企业往往也就不可能非常重视，甚至认为税缴得越多税务部门要求的工作量越大，并且一些企业财税人员更换频繁，工作衔接不力，同时税务机关又缺乏相应的制约和评价机制，导致部分重点税源企业填报上来的数据失真。

3. 信息资源共享程度低影响数据质量。基层税务部门对重点税源采集来的数据，缺少比对和印证，加上税务机关与纳税人之间存在占有信息不对称的隔阂，导致采集来的重点税源数据的真实性、有效性难以保证。一方面，在税务机关内部，计统部门与涉及税源管理工作的部门之间没有实现相互间的信息共享。比如流转税和征管部门的纳税评估情况不能及时反馈计统部门，计统部门测算的重点企业税收、税负变化情况也未进行相应的通报。同时各级税务机关间也未实现重点税源信息共享。目前重点税源数据信息采取逐级采集上报的方式，若上级税务机关数据分析结果通报信息反馈不及时，基层税务部门也就无法及时跟踪修正。另一方面，与外部涉税信息缺乏共享，畅通渠道很少，直接影响了重点税源管理的质量。在具体的实践工作中，外部涉税信息主要来源于国税部门、工商管理部门、统计部门、各金融机构以及司法机关等与税源管理密切相关的纳税人信息。目前这些部门与税务部门的信息交流与沟通程度较低，税务部门很难获取相关信息来与自身已掌握的重点税源数据信息进行比对。

4. 报送时限紧影响数据质量。目前重点税源数据的采集、审核、上报和分析等主要工作都集中在基层计统部门。按照总局要求，各省（直辖市）的数据必须每月 18 日前上报总局，各省再根据实际情况逐级要求下级部门按时上报。目前，我省要求各市级税务部门每月 16 日前必须上报，依此类推，各重点税源企业都要在每月 13 日前就填报好数据传到县（区）级税务（分）局，这对很多规模比较大、机构庞杂的重点企业来说时间是很紧的。因此，各重点企业的办税人员为了赶时间，填报数据时就不那么细致，相应地，各基层税务人员也来不及对数据质量严格把关，往往是匆匆应付上报了事。

5. 监控软件（TRAS）自身不足影响数据质量。现行 TRAS 中的数据指标过于庞杂，无法体现监控的重点。每年年初更换 TRAS 工作任务频繁，纳税人及基层税务人员经常疲于应付，却成效不高。并且各地税务部门的 TRAS 配置也都不尽相同，从单机版到网络版都有，而不同版本的功能也都有所变化，比如网络版的分析功能就不同于其他版本，造成目前收集的数据质量一直难以提升。

（三）数据分析应用水平不高

1. 传统的收入任务考核机制影响分析水平。长期以来，各级税务部门都将能否完成收入任务作为最重要的考核指标，这本身无可厚非，但同时也造成了各级税务部门在做收入分析时都把主要精力放在如何能自圆其说当前的收入数字上，因此对采集来的大量数据基本都是停留在就数字论数字的层面上，监控职能和预测职能未能得到深层次的发挥。

2. 未能建立起科学的应用便捷的税收收入分析模型。由于受人员素质和客观物力所限，不能进行建立模型所需的必要的前期调查，以及获取相关的技术支持，到目前都还没能建立起适合本级税务机关的税收收入分析模型，导致税收分析缺乏科学性、预见性。

3. 征管基础数据不实影响分析质量。我省统一税收征管系统后，采集了大量的征管基础数据，但多年来由于纳税人变更不及时、税务人员审核不细致，以及目前征管系统部分基础表设置不合理或与现行的会计核算系统衔接不够等原因，以至于计会人员在做核算分析时造成了误导，做了错误的分析判断。目前最为突出的就是多产业活动单位的认定，以及如何建立产业活动单位与其相应税种的对应关系问题。例如，省局直征分局征管的福建省福泉高速公路有限公司，其在省工商局和税收征管系统中“行业鉴定”都认定为“交通

运输业"，而经税种认定，其缴纳的营业税主要为运营收入的"其他服务业营业税"和房租收入的"租赁业营业税"。该公司每年缴纳的税额很大，如果简单地归按"交通运输业"类收入核算分析，那就将造成很多报表相应的数据不实，比如《重点税源企业基本信息表》就将因国民经济行业类别代码错误而致使税负分析时归类不准确，这就将产生错误的分析结论，影响了相关决策。因此，征管基础数据作为所有税收工作的源头，其数据的真实有效性，严重影响了包括税收分析工作在内的所有工作的准确性和合理性。

三、加强我省重点税源管理工作的思考和建议

加强重点税源监控已经成为各级税务部门的共识，成为税收征管工作的重心。因此，如何解决重点税源管理工作中存在的问题，成为需要深入研究的课题。通过以上调研分析和对进一步加强重点税源监控管理的认真思考，我们认为应着力从以下几个方面入手抓好此项工作。

（一）结合工作实际，完善重点税源管理办法

完善重点税源管理办法，加强管理，除了继续坚持目前一些好的做法外，新的办法应主要侧重于以下几个方面：

1. 设立重点税源专门监控机构。建议在市局和县（区）一级设立重点税源管理机构（为计划统计部门下属机构），由于基层征收单位是重点企业的直接管理者，各县区（处）地方税务局应在税务所和管理科建立重点税源管理责任区，配备专职管理员。各级管理人员设定明确职责范围、考核奖惩到人，同时要按照税源预测分析、税源管理和纳税评估估算的新思路，健全和完善税源监控管理的业务流程和标准，做到既不缺位，也不越位。这样的组织结构有利于重点税源管理监控、日常征收管理与检查三种职责的有效结合。

2. 建立重点税源管理绩效考核标准。加强对税源监控工作的管理、监督和考核。建立综合性评价重点税源管理工作水平的指标体系，并建立相应的考核制度和奖惩制度，使考核办法具有针对性、科学性和可操作性，应结合日常考核、执法检查和年终征管目标考核，加大考核力度。在日常工作中，要求"职责清楚、任务明确"，争取将管理监控工作的每一个环节、每一项要求都能落到实处，充分调动各级监控人员的责任心和工作主动性。

3. 建立与重点税源企业的固定联系机制。对大型重点税源企业，税务机关应与之建立固定的联系机制，与企业进行经常性的联系，并将监控的情况定期以书面形式报告给重点税源管理机构。同时，搞好税企的沟通，管理人员要

把为纳税人服务作为出发点，服务与管理并重，以赢得纳税人对我们工作的支持，从根本上提高纳税人的纳税遵从度，努力为纳税人创建一个公平、公正、公开的纳税服务环境。

（二）针对重点税源企业特点，丰富重点税源管理手段

重点税源企业作为税收收入的最主要来源，起着举足轻重的作用。当前以“属地化”为基本理念的税源管理模式，在一定程度上阻碍了税收工作效率的提高。因此，建议对纳税人实行分类管理，对重点税源企业在较高管理层面上实施相对集中的税务管理，通过实施更具针对性的管理规范和纳税辅导，集中高技术手段形成高水平、高效率的管理方式，有助于提高重点税源管理效率。具体可以在以下两个方面开展尝试：

1. 对重点税源个体化差异进行分类，实施有差别的税务管理方式。这种个体差异不单单反映在数量上和规模上，而且体现在纳税人治理结构和经营模式上。重点税源企业往往机构庞杂，在现实的经营过程中，涉及的交易方式纷繁复杂，针对这一类纳税群体，常规性的税务管理力度明显不足。因此，需要认真研究，不断开辟管理领域，填补非常规性管理的空白。

2. 掌握重点税源的综合信息，实施综合式管理，有效开展专业化税收管理工作。重点税源往往是一个层次结构复杂、经营范围广泛、内部运作紧密的系统，如存在母子公司、关联交易等现象，如果按照以前属地管理模式极易造成信息中断和管理漏洞。因此，必须有计划实行综合性管理，全面取得企业的真实信息。比如，福建省投资开发总公司，注册资本10亿元，总公司及其子公司、分公司共有近10家，目前分散在省局直征分局和福州市地方税务局下面的五六个县（区）局征管，这样很不利于全面掌握其整个公司系列的经营情况。省局数据大集中后，为综合性管理提供了很好的条件。

（三）有效整合信息资源，提高分析应用水平

加强重点税源管理的目的就是要通过对重点税源数据信息的运用与分析，为税收征管和税收政策调整提供参考信息和决策支持。也只有通过提高数据运用与分析水平，发挥其在税源管理和税收征管工作中的作用，才能促使各级税务机关采取措施不断提高重点税源数据质量。

1. 改进监控软件（TRAS），提升数据采集质量。监控软件应针对不同行业设置相应填报的经济指标，体现税收分析不同的侧重点。着手解决TRAS与我省现行的税收征管系统如何接口问题，税收征管系统中已有的数据就不再要求纳税人填报，只有取不到的数据才让纳税人再填报（财务表数据通过网上申报系统已进入税务部门），并且所填的数据指标应与纳税人的行业有密切关

联，能对分析该行业税负有所帮助。同时，建议请总局统一版本功能，并且能实现与国税系统共享资源，特别是统一分析软件。分析软件在设置上要区分固化和个性化设置，可根据不同行业需要进行调整。这样改进后，就能在提高数据质量的同时将采集功能和分析功能有效地结合起来。

2. 充分利用采集来的数据，提高分析水平。重点税源数据运用与分析就是通过对重点企业数据信息的综合运用与分析，及时发现税源管理中存在的问题和不足，科学分析税源发展的内在规律，预测税源发展趋势，采取各项应对措施，推进税源的精细化管理。2001 年以来，随着税收信息化建设的快速发展，重点税源数据库积累了大量的税源数据，到 2007 年仅《企业表》的指标已增加到 118 项。这些数据既客观地反映着企业的生产经营现状，同时也蕴含着企业的发展规律和趋势。我们各级税务部门要通过利用好这些重点税源数据，开展同业税负分析，测算各个行业的税负水平以及各纳税人围绕这一水平所表现出的各种规律和特征，建立行业税负客观标准和征管预警机制，指导基层税务机关的纳税评估工作，以揭示征管漏洞和薄弱环节，为税收征管考核、重点稽查选案等工作提供有效的数据支持。

3. 加强与外部门联系沟通，提高数据信息共享程度。税务部门要加强同其他经济管理职能部门之间的联系，与各级经济、计划、统计、财政、工商行政管理等各部门之间建立密切的信息网络，以掌握经济动态及发展趋势。目前，我省各级地税部门已实现税库行横向联网，纳税人的申报信息已在三方之间共享，建议在这基础上增加共享数据信息的范围，比如增加银行账户变化情况等，并在有条件的基础上拓宽横向联网单位的范围，比如增加财政部门、统计部门、工商部门等单位。另外，税务部门也可以考虑到咨询中介或专门调查机构去采集具有公信力的专业统计数据，以便从多方面来充实数据信息库，使之更加真实有效。

（四）统一税管员平台，提高管理工作效率

当前在我省各地税务部门都有使用不同的税管员工作软件，建议以全省数据大集中为契机，有效解决各地外挂软件参差不齐、功能不一、做法不同等问题，形成全省统一的管理员工作标准和使用一样的工具，方便管理员实施税源管理工作，提高工作效率，为加强税源精细化管理提供信息化支持，全面提升我省各级管理者和基层管理员的工作能力。

1. 税管员平台的功能。统一的税管员工作平台应以细化管理员工作职责为前提，解决“做什么”的问题；以制定管理员工作规程为重点，解决“怎么做”的问题；以测算管理员工作量为标杆，解决“做多少”的问题；以细分评价考核指标为手段，解决“做得怎么样”的问题。通过使用税管员工作平台，实现对管理员职责细化、工作量化、纳税人分类、管理员能级、工作量化核定、工作时间等各要素进行合理配置。管理员每天只要登录《税收管理员工作平台》，就便清楚便捷地看到《平台》自动下达的各项任务以及完成任务时限，他们执行任务后应在《平台》的“工作日志”中进行工作反馈或工作报告。部门主管或局领导可以通过该《平台》随时察看下属的工作情况，可以对从各税源管理部门或各管理员具体工作的进展进行实时监控。

2. 税管员平台要达到的目标。对税收管理员而言，就是要依托现有的征管信息化系统和税管员平台，充分利用各类信息资源，运用宏观和微观方法，对税源的产生、变化和转化过程各个环节，实施精确、细致、深入、严格的预测、分析、监控和管理。对各级管理者而言，就是要实现工作制度化、操作信息化、管理规范化、运行流程化、考核自动化，进而达到计算机信息真实可靠、税收执法程序规范合法、政策法令执行到位、税源监控及时有效、税收服务优质高效、责任落实到人，质量效率明显提高，最终达到依法依率计征和提高征管质量与管理效能的目标。

（五）以数据分析为核心，落实税源管理互动机制

2007 年开始，我省地税系统成立了以计财处牵头各业务处室参加的税源管理互动机制，每年定期召开全省税源分析互动联席分析会，计财处通报近期的税收相关数据总体分析情况，各业务处室、各地税务部门分析各辖管范围内的税收变化情况，并进行综合讨论，研究相应的征管举措。应该说，目前我省的互动机制运行才刚刚起步，各环节的衔接还不够紧密，只是初步实现了各部门的“职责”划分，只关注互动机制下“我该干什么”，还没有形成“其他部门需要我干什么”的工作理念。

1. 围绕数据分析，加强各环节衔接。加强内部相关职能部门和上下级税务机关之间的工作衔接是落实“四位一体”互动机制的内在要求。建议以计财部门的税收数据分析、征管预警信息的发布为链条将各环节的工作紧密连接起来，争取取得比较好的效果。一方面，加强内部相关职能部门之间的横向互动。各业务管理部门根据预警信息，以纳税评估系统为工作平台，运用评估分析方法和模板，对纳税人的疑点问题进行定位，实施评估约谈和实地核查，并将有偷逃税嫌疑的疑点纳税人传递给稽查部门查处，稽查部门针对检查发现的问题提出整改建议反馈给各业务部门，各业务部门据此调整和完善加强税收征管的措施和办法，并且通过定期召开的互动分析会，通报情况，研究制定加强税源监控的措施。另一方面，加强上下级税务机关之间的纵向互动。各地市税

务部门都设立数据处理分析岗位，明确各级的职责分工。其中，省局侧重宏观分析，发布预警标准，选择重点分析，准确指出存在问题的地区和行业；市局根据上级税负分析结果和发布的税负预警标准，将地区税负分析逐级向下转移，找到导致本地税负低的地区和行业，据以筛选企业解剖分析，找到原因，制定并实施有效征管措施；县局和基层分局重点根据预警信息抓好具体纳税人的评估核查，落实疑点问题。这样，以发布数据分析信息为触发器的互动机制将有效地运转起来，达到预期目的。

2. 建立互动机制激励考核办法。为有效地促进互动协作各环节协调运转，发挥各部门的自我作用和协调作用，建议建立相应的激励机制。首先，要对互动机制运行单位进行考核。应将互动机制的实施情况纳入综合目标考核范围，定期对有关部门和基层局互动实施情况开展目标考核。考核的重点包括：是否按时完成税收分析、纳税评估、税务稽查互动实施有关工作，是否及时移送、反馈、上报、发布与查收有关情况信息，是否定期召开工作例会，是否对有关工作开展了监督检查与考核追究等。另外更应该对在互动机制运行中发挥积极作用的个人进行奖励。对那些工作中有实际成效的人不仅要给予精神上的价值肯定和赞誉，更要给予确实有形的奖励和支持，鼓励其多发现问题、解决问题。

（课题指导：杨　红
项目负责人：白屹山　郑孝真
课题组成员：曾永芳　陈　斌
林　易　黄林英　徐玉华
陈　净　林建华　曾一艺
陈　迅　翁晨曦　徐敏峰
执　　笔：曾一艺　陈　迅　翁晨曦）

践行科学发展观，探索纳税人“无过错推定”

厦门市地方税务局课题组

2008年全球的金融危机对世界经济造成了严重的打击，厦门市作为经济外向型程度较高的城市所受影响更为巨大，如何与企业共克时艰，扶持企业尽快走出低谷成为厦门地方税务局的重要课题。时逢全系统掀起学习实践科学发展观的高潮，在科学发展观的指导下，厦门地方税务局选择了为纳税人减负，在纳税人中实行“无过错推定”原则为突破口，不断探索如何服务纳税人、促进厦门经济尽早复苏之路，并在全系统掀起研究探索如何在税收领域实行“无过错推定”原则的高潮，并在全国较早地将“无过错推定”进行制度化，营造了和谐的税收征纳环境。

一、“无过错推定”原则的起源与发展

（一）“无过错推定”原则的理论渊源是刑事司法中“无罪推定”原则

“无罪推定”原则最早是在1764年由意大利法学家贝卡利亚在其著作《论犯罪和刑罚》一书中最早提出的。该原则的基本涵义是：在刑事诉讼中，任何受到刑事追诉的人在未经司法程序最终判决为有罪之前，都应被推定为无罪之人。法院在判决犯罪嫌疑人有罪之前，在法律上应假定其无罪或推定其无罪；由控诉被告人犯罪的机关或人员承担证明被告人被指控犯罪的事实的责任；由法院依照法定程序对被告人是否犯被指控罪行作最后认定。

“无罪推定”既是诉讼原则，也是被告人的诉讼权利，它要求控方承担举证责任，反对被告自证其罪，疑罪从无。其价值在于避免了由于刑事诉讼

中控辩双方地位和诉讼资源掌握程度的不对等性，可能引起公权力滥用而对公民权利造成的侵害，保护被告诉讼权利，体现了现代司法的当事人主义、程序正义和民主人道的精神。经过几个世纪的发展及应用，"无罪推定"原则已成为世界各国普遍承认的国际刑事司法准则和国际公约中确认和保护的基本人权。

在税收行政法律关系中，当事双方一方是税务行政机关，一方是纳税人。较之刑事诉讼法律关系中的控辩双方法律地位，在税收行政法律关系中当事双方在权利义务上也有不对等性。基于税收的无偿性和强制性，双方当事人法律地位平等，而享受承担的权利义务具有不对等性。税务机关享有国家法律赋予的税收行政执法权，特别是税收违法行为检查权、处理权、代位权、撤销权等强制性权利，而纳税人享有的权利更多是事后救济权，如行政复议、行政诉讼、国家赔偿等权利。正是为了平衡在税收行政法律关系中国家公权力与公民（法人）权利，在税收行政执法理念中借鉴了刑事司法中"无罪推定"原则，提出"无过错推定"原则。

（二）"无过错推定"原则的提出及发展

在税收行政执法中应用"无过错推定"原则的观点，早在2002年便见诸报端。该观点提出的背景是：2001年年底，中国正式成为世界贸易组织成员。面对新经济发展形势，如何创新税收行政思维，以适应加入WTO和改善税收管理制度的需要，时任国家税务总局征收管理司司长的王文彦提出："过去税务管理的定位是打击监督，对纳税人采用有罪推定，先设定调整对象为偷税者，然后制订各种措施来防范，这一思路在新税收征管法及实施细则的实施过程中将逐渐转变……对纳税人采用的是无罪推定，要求税务工作向管理服务型转变。"由此，税收行政执法中"无过错推定"原则初见端倪。

虽然这一理念提出时间不短，但是在目前税收行政立法中，未见明文规定；仅作为各地税务机关提高纳税服务水平要求和工作理念创新实践中被提出。如《浙江省地税系统国家公务员公共服务行为准则》（浙地税发［2003］142号）第四章"诚信服务"第十七条规定："为纳税人提供服务应建立在信任纳税人的基础上，坚持无过错推定原则，相信纳税人是诚实、守信、守法的，没有法定证据证明，或没有经过法定程序认定纳税人存在违法行为的，不得主观认定纳税人存在违法行为。"各地税务部门更多是将其作为一种工作指导理念，但如何落实该理念则至今未见有较为具体的指导意见或者是行为规则。

二、对“无过错推定”原则内涵的探索

从上我们可以得知，“无过错推定”并不是一个法律术语，民法的归责原则中没有“无过错推定”原则，行政法原则也未提及此项内容。它只是“无罪推定”在行政法上的一个引申。我们可以认为它是在法学领域内的一种创新。事实上，“无过错推定”理念的推行在行政执法领域正引起一场观念上的革命，它也正逐渐成为现代法治下的服务型政府进行依法行政以及人性化执法的一个重要内涵。

作为一个新生的事物，我们认为，在全面推行它之前，最好对它的概念有个较为准确的把握，以避免信息受众者对之产生较大误解。

过错，在常态上可以指一种主观状态（比如主观过错），也可以一种客观行为（比如过错行为）。无过错推定，如果就只从字面上理解，那就是对行政相对人主观状态的一种推定，因为在法律上一般指主观状态，包括故意与过失；无过错，即无主观故意与过失，因此该概念较易被理解为：行政机关在没有足够的证据证明行政相对人有过错之前，推定其主观没有故意与过失，进而不认定其有行政违法行为并承担法律后果，但这样的字面理解可能会是对这个概念的偏颇把握。对无过错推定概念应重点把握“讲证据”来认定“行政违法行为”，而不应在主观上有无过错进行缠绕。理由如下：

（一）行政违法行为的认定并不一定都以主观过错为要件

一般地说，在民法领域，很多违法行为的认定并不要求主观因素，比如合同法的违约，不管主观有无过错，除非具备法定和约定的理由，否则即是违反合同法，就承担违约的法律责任。同时，在行政法领域，在行政效率原则下，很多规定也是如此，比如《发票管理办法》第三十六条对发票丢失的规定，只要存在发票丢失行为，不论主观上是否存在过错，即认定是一种违法行为。

（二）法律责任的承担也并非一定要求主观上存在过错要素

违法行为确认之后，随之的问题即是法律责任。行政法领域，在行政效率原则下，存在很多只要当事人实施了某种行为，而不论主观状态如何即应负法律责任的情形。比如《税收征管法》第六十条第三款的“纳税人未按照规定使用税务登记证件或者转借、涂改、损毁、买卖、伪造税务登记证件”情形，不论当事人主观上是否有过错，有此行为即应“处二千元以上一万元以下的罚款；情节严重的，处一万元以上五万元以下的罚款”。

（三）从无罪推定到无过错推定：司法领域到行政法领域的推演

而要对无过错推定概念进行准确把握，恰要从刑法中的无罪推定概念来推演。无罪推定的本质意义在于：没有足够的证据来证明犯罪嫌疑人犯有罪行时，法院都要认定其无罪。

推演到行政法领域，"无罪"相对应的即是"无违法行为"了。因此，行政执法上的"无过错推定"，它本质上，既是"无违法行为推定"，又是"无过错行为推定"，它是对当事人是否存在过错行为的推定，而不是对当事人是否存在过错的主观状态的推定。

（四）一个暂且推论出的定义

综上所述，"无过错推定"的内涵大致如下：即在行政执法中，在行政机关没有足够的证据证明行政相对人存在行政违法行为时，都应推定当事人不存在行政违法行为，从而不能对之进行行政处理和处罚。

此概念重点在证据方面进行把握，它更多强调执法者理念的更新。在税收领域上的应用，该概念应包含以下四个方面内涵：

一是善意原则。在主观态度上，税务机关在执法之前或执法之中，应以人格及法律地位平等的姿态进行，在没有确凿证据证明纳税人有过错行为（违法行为）之前，不能认为纳税人存在违法行为；

二是证据原则。只有在税务机关有确凿证据证明纳税人有过错的情况下，才能认定纳税人违法；

三是举证原则。对纳税人过错行为的举证责任在税务机关，而且必须通过合法手段、法定程序取得的证据才是有效证据；

四是救济原则。纳税人没有举证自己有过错的义务，但不能排除其能自证无违法行为的申辩与陈述权利，以及听证、行政复议与行政诉讼权利。

上述内涵我们也可以进一步衍生为：在依法行政的前提下，凡对纳税人有利的情形，在合法合理之中，税务机关都可以相应推行。

三、"无过错推定"原则的价值分析

作为一种税收行政执法理念的创新，"无过错推定"原则的提出有以下几方面理论和实践价值：

（一）"无过错推定"原则是社会主义宪政下依法治税的内在要求

宪政是以宪法为前提，以民主为核心，以法治为基石，以保障人权为目的的政治形态或政治过程。《中华人民共和国宪法》第十三条规定："公民的合法的私有财产不受侵犯。"税收行政执法是国家根据税收实体法的规定将公民合法拥有的财产强制性无偿地收归国有的过程。税收征管权作为行政权利的行使，存在行政权被滥用，纳税人权利受损的可能性。虽然，《税收征收管理法》、《行政复议法》、《行政诉讼法》等行政程序法律制度赋予纳税人提起行政复议、行政诉讼等权利，但以上权利都属于事后救济制度，因此“无过错推定”原则作为一种对税收执法事前、事中自控机制，要求税收行政机关及其工作人员严格依照税收实体法、程序法的要求，审慎行使征管权，避免执法任性随意导致对纳税人纳税权利的侵犯，体现了有限政府和权利保障的宪政核心要求。

（二）“无过错推定”原则体现了税务机关对纳税人权利的尊重和保护

长期以来，在税务机关征管权行使中，有一种“过错推定”的思维定势。在“过错推定”下，征纳关系总是被比喻为猫和老鼠，纳税人的纳税权利被作为征管权的对立面去讨论。因为纳税人是“有问题的”、“想偷税的”；积极的税务管理成效标准便是“有查必要有补”。这种思想的产生，当然有目前纳税人诚信度有待提高的背景，但也体现我们税务机关对税收行政法律关系中行政主体与相对人平等地位和对纳税人合法权利的忽视。这样的“过错推定”中，必将使得征管双方处于紧张的关系中。“无过错推定”原则要求税务机关在思想上正确理解和定位纳税人的法律地位，在税收管理上体现了对纳税人的权利尊重和人格信赖。

（三）“无过错推定”原则有利于促进税收法制的完善和税务机关依法治税水平的提高

相比经济现象的日新月异，税收法制的更新发展具有滞后性；同时税收征管具有的范围普遍性和知识专业性，不可避免的会在征管机关和纳税人之间产生矛盾和争议。在双方的博弈、争辩中适用无过错推定原则，正确对待纳税人的陈述、申辩和异议，将促使税务机关重新审视自己的工作，发现并弥补执法漏洞，理顺执法行为，提高和优化征管水平，从而使未来的执法活动更加顺畅。特别是“无过错推定”原则对税务机关举证责任的严格要求，更有利于提高税务机关依法行政意识和水平。

（四）“无过错推定”原则有利于税务机关管理职能的转变及和谐税收征纳关系的建立

在“无过错推定”原则下，税务机关对纳税人权利的尊重保护，对依法治税的遵从，将促使税务机关加强与纳税人的沟通交流，为双方平等对话创造空间；有利于税务机关行政理念和职能从“管理”向“服务”转变；建立起一种和谐促进的税收征纳关系。

四、"无过错推定"的适用范围

"无过错推定"作为一种理念，以及在这种理念指导下形成的规则，不单适用于稽查部门，也可适用于包括征管部门在内的整个税务机关。但"无过错推定"原则作为一个新生的事物，在理论上还是实践上都需要有一个不断探索完善的过程，为了可操作性考虑，它的推行适用可以先在一些税务权力环节或较小税务事项范围内进行，待成熟后再进行全面推广。

（一）从行政权力环节分析"无过错推定"原则适用范围

从行政权力角度，税务部门的执法权具有如下环节：

1. 征管权，包括对纳税人、扣缴义务人、其他当事人依法进行税源管理、行政审批、纳税评估，要求其报送报表、银行账号等等。对该环节实行"无过错推定"重在依法行政前提下把握善意原则，对其提供的资料及相关行为怀以主观善意。

2. 检查权，包括检查选案、询问调查、责令提供资料以及实施场地检查权等行政行为所行使的权力等。此环节推行"无过错推定"须在坚持执法权前提下，要在主观上以平等法律地位对待纳税人，在未掌握相关证据之前，不可主观臆断其存在过错行为。

3. 定性权，主要指税务部门根据依法收集的证据资料，对税务当事人是否违法的事实进行确定，如果违法事实确定，还须对其触犯什么法律条文、构成何种违法行为以及违法情节的轻重进行全面认定环节所行使的权力。此环节推行"无过错推定"重在证据原则。

4. 处理权，主要指税务处理环节，税务机关依法对认定的违法行为作出是否补税、加收滞纳金的处理。此环节推行"无过错推定"重在证据原则及重视当事人陈述申辩原则。

5. 处罚权，指税务机关对当事人的违法行为依法进行税务行政处罚环节所行使的权力。此环节推行"无过错推定"重在证据原则、当事人陈述申辩原则以及当事人救济原则。

6. 执行权，对当事人依法进行税务处理处罚后，对其确认所欠缴的税款、滞纳金及罚款依法采取催缴通知、税收保全、强制执行等行政行为行使权力的环节，该环节似乎与适用"无过错推定"关联较少。

总体而言，对税务机关上述权力环节，其3、4、5环节即违法行为定性权、处理权、处罚权采取可以先实行"无过错推定"原则，因为可以实施严格的证据制度，具有较强的可操作性。而1、2和6环节即征管权、检查权及执行权，要全面推行“无过错推定”，操作性有待进一步探讨，可以后续观察。

（二）从具体税务行政事项分析“无过错推定”原则适用范围

“无过错推定”原则如果上升到具体的规则推行上，建议下列税务行政事项可重点试行“无过错推定”原则：

1. 办理网络审批环节。对于纳税人网上提交的资料，推定其真实合法有效，只要在形式上满足相关要求，则在网络审批中就须给予通过；而在后来征管中如发现提交资料违法，再以证据证实，予以相应的处理或处罚。

2. 案件实施与审理环节。在检查人员搜集到充分的证据之前，纳税人都应被推定为不存在税收违法行为，税务人员不应对纳税人作任何主观上的偷税臆断与推测，从而对纳税人的平等地位及人格进行充分的保障。

3. 违法行为定性及行政处理处罚环节。首先，在税务人员掌握到确凿充分的证据之后，经过审理环节，才可认定纳税人存在税收违法行为，从而对其过错行为进行定性及处罚。但税务机关在此过程中必须给予纳税人充分的陈述申辩权，并且不得因其他陈述申辩而加重其处罚。其次，如果未能掌握充分证据，则不能简单推定纳税人存在过错行为，而应把握“疑罪从无”的精神，不给予行政处罚。

五、“无过错推定”原则在税收行政执法中的制度设计

理念的提出和发展，最终以立法确认为目标的。“无过错推定”原则作为税务机关行政执法的尝试和探索，目前正在进行制度化方面的探讨与落实。

（一）“无过错推定”原则对税务机关的执法理念的要求

“无过错推定”原则改变了税务机关过去存在的“过错推定”的思维定势，作为一种新的执法理念，它需要税务机关及其工作人员在日常执法过程中，在主客观方面做好以下几方面转变：

1. 加强征收管理、端正征管权力观。“无过错推定”原则对纳税人“过错”认定的严格要求，并不以牺牲严格执法、税收公正为代价。税务机关拥有法律赋予的神圣职责，肩负保障国家财政收入的重要使命，应当时刻端正税收征管权力观，维护税法的权威，秉承对税收工作认真负责的态度，以依法行政为信条，正确看待权力，不得徇私枉法，避免权力寻租；做好日常税源管理和组织收入工作；在税收征管中提高业务水平，对税收违法行为及时产生

"职业敏感性"，根据合理怀疑开展落实税收检查工作。

2. 尊重纳税人的法律地位和纳税权利、做好纳税服务。虽然征纳双方权利义务有不对等性，但是双方拥有平等的法律地位。税务机关做好从"过错推定"向"无过错推定"新思维工作方式的转变准备，应当摒弃"官本位"思想，尊重纳税人，主动维护纳税人权利；将税收管理和服务相结合，真正把服务纳税人摆到重要地位；减少纳税人税收遵从成本，维护和促进经济健康发展；提高遵从税法的纳税人的社会地位和社会评价，使不遵从税法的纳税人受到社会的谴责。

3. 重视与纳税人的对话沟通。法制社会的形成是一种各方理性对话、利益博弈的过程，法治本身就是一种说理的过程。在"过错推定"下，税务行政机关作为具体行政行为实施者和评价者，在执法心理上对纳税人的"过错推定"使得纳税人的话语权受压抑，造成税务机关自身的封闭独语；另一方面，由于税收法律条文具有抽象概括性，在适用于复杂专业的经济现象时，税务机关与纳税人对话沟通机制，保障了行政相对人的陈述权、申辩权，这既是税务机关取证的重要环节，也有利于社会主义民主制度的形成及和谐征纳关系的建立。因此，我们在"无过错推定"原则下，要求强化征纳双方的对话沟通机制，赋予并尊重税收行政相对人陈述、争辩的机会。这样才能使税收执法水平得以在不同观点的交锋中不断得以发展完善，提高行政判断的敏感性、正当性，最终将提高行政机关自身权威，促进决策正当化。

（二）"无过错推定"原则对税务机关举证责任的要求

作为一种判断标准，"过错推定"强化了税收行政管理机关及工作人员对纳税人的涉税法律行为合法性判断的自由心证，弱化了税务机关对税收违法行为判定的证据要求；而"无过错推定"原则则要求税务机关在掌握充分证据及合法性证据审核判断的前提下，作出涉税法律行为违法性判断。这使得强化税务机关举证责任成为税收行政管理中适用"过错推定"原则和"无过错推定"原则的重要区别。那么，当税务机关对某项涉税行为事实产生违法性怀疑时，怎样收集证据，收集什么样的证据，可以成为判定税收违法行为的"确凿"依据？

1. 取证途径及其拓展。涉税法律法规、部门规章赋予税务机关一定的税收检查权，具体体现在《税收征收管理法》第四章规定的税务机关对纳税人、扣缴义务人账簿、记账凭证、报表等有关资料，生产、经营场所和货物存放地等现场的检查权，以及对金融机构、车站、码头、机场、邮政企业及其分支机构等相关单位的检查权等。相比刑事诉讼法律制度赋予侦查公诉机关取证手段途径，税收管理中取证手段和强制力是有限的。那么，对于“无过错推定”原则对举证责任的新要求，就要求税务机关对取证渠道予以拓展，体现在：一方面要加强信息化建设，尽快实现全国税务系统的计算机内外联网，发挥整体优势，提高税收征管的科技含量，做到信息资源共享，从源头上加强对纳税人的监控；另一方面要提高干部依法行政的意识和运用现代化科技管理手段的能力，通过多种渠道采集信息在数据比对、交叉稽核、协查、稽查选案中充分运用各种综合分析方法，并将“无过错推定”的理念贯穿其全过程，依法行政。只有这样，税务机关才能做到有证可举、举证有力。

2. 证据质量要求。“证据三性”，即证据的真实性、关联性和合法性，是诉讼法律制度中证据审核的认定的主要内容和证据质量基本要求。虽然，从行政管理角度看，参照司法领域的证据要求未免严苛，但是首先，“无过错推定”原则本身是行政司法化的一种体现。在税收行政管理中，参照诉讼法律制度的证据要求进行证据的收集与性质判断，可以促使税务机关从强调实体法的“实质正义”向兼顾“程序正义”进行有益尝试。其次，由于行政诉讼法中，对行政机关具体行政行为的证据有着严格规定，即行政机关作出具体行政行为后或者在诉讼程序中自行收集的证据、复议机关在复议程序中收集和补充的证据，作出原具体行政行为的行政机关在复议程序中未向复议机关提交的证据等，均不能成为人民法院认定原具体行政行为合法的依据。因此，在取证过程中，税务机关应当将实体法和程序法放在同等重要的地位，严格执行税收征管法、税务行政执法操作规则等，克服执法中的随意性，做好涉税文书的送达和保管，有错必纠，确保税务机关的举证程序合法，证据真实关联。

3. 对举证责任要求的目标。在掌握确凿证据的基础上，形成证据链，从而对涉嫌税收违法行为进行判断和处理，是税务机关取证过程的目标。

（三）“无过错推定”原则对税务机关执法效率的影响及对策

“无过错推定”原则对要求税收征收管理部门及工作人员在证据收集和认定上提出更高要求，是否会增加税收行政成本，占用有限行政资源而导致税收行政管理效率低下呢？我们认为，“无过错推定”原则的制度化，需要建立在税收行政管理水平及相关制度提高完善的基础上，才能充分发挥其促进税收发展的作用。

1. “无过错推定”原则与行政管理效率公平的关系。效率与公平是行政程序法设计和行政管理的最终目标。税收征管效率是指税收征管成果与征管付出之间的数值比较关系，是税收征管质量与数量的综合反映，一般包括税收行政效率、税收经济效率和税收社会效率。“无过错推定”原则提出的本质在于促

进税收依法公正。它要求税收征收管理部门及工作人员在征收管理中投入更多的人力物力进行违法行为证据举证认定工作，从实践上看，这无疑将影响税收行政管理效率。但从长远发展看，通过"无过错推定"原则促进纳税人税法遵从度的提高和征管机构执法风险的降低，将最终提高税收社会效率，并促进了税收公平。因此，在现阶段加强税收检查专业性的同时，寻找与行政效率的平衡点。

2. "无过错推定"原则下逐步提高税收行政效率的建议。"无过错推定"原则的适用不是一蹴而就的，而是建立在以下相关条件健全的条件下：

首先，应当加强对税收管理干部队伍的培养，提高税收征管水平。推行"无过错推定"意味着税务机关要承担纳税人过错的举证责任，这对税收管理提出了更高要求。因此，税务机关应当加强对税收管理人员依法行政和运用现代化手段管理能力的培养，通过税收业务和法律素养的提高达到在证据收集上有证可举、举证有力，从而在税收管理和涉税违法行为处理上取得主动。

其次，应当加大对税收违法行为的惩处力度，提高税收违法成本。税收法律针对税收违法行为授予税收管理机关一定自由裁量权，在法定自由裁量权下加大对税收违法行为的处罚力度，可以形成对税收违法行为的震慑力，从而提高社会税收遵从度，提高税收行政效率。

第三，税务机关内部建立合理的责任追究和考评机制。行政效率的提高除了自身素质提高和执法环境的改善，还需要在税务机关内部建立合理的责任追究考评制度，作为监督税收管理人员严格执法的内控机制。根据每个执法岗位的职责权限、工作量、认定难易程度和执法风险，科学划分执法责任，将执法责任明确到岗到人；同时加大对执法情况的考核，对执法检查和考核中发现的问题，要严格给予过错追究，从而彻底改变以往税务执法重视对纳税人违法责任追究，而忽视对执法主体违法责任追究的状况。通过在税务机关内部建立合理的责任追究机制和考评机制，在内部管理制度上为实施"过错推定"向"无过错推定"新思维工作方式的转变提供保障。

（课 题 指 导：吴振坤　陈海涛
课题组成员：陈红伟　叶经营
郑光忠　陈萱怡
汤镇国
总　　　纂：汤镇国）

信息化支撑下的税务机构设置研究

莆田市地方税务局课题组

在信息技术日新月异不断前进的今天，强调细节和过程的精细化管理引发了一场新的管理学变革。同样，税务领域也面临着冲击。近年来，随着税务管理信息化的不断应用和推进，税收的管理体制和管理模式也发生变化，而市场经济的发展，使税收的服务范围不断扩大，由此引发了对现行税务机构改革取向的探索与思考。由于税收实现信息化管理是一个质的转变，我们对税务管理信息化的概念、信息化与税收专业化的关系、怎样整合信息化、专业化的业务流程和技术流程并在此基础上科学设置税务机构，还没有完整的认识。所以，有必要对信息化支撑下的税务机构设置加以深入的探讨和研究，以推动我国税务管理信息化建设的健康发展。

一、信息化的概念及税务管理信息化的内涵

（一）信息化的概念

信息化是指将通过文字、数据或信号等形式来表现的，可传递的和可处理的对象转变为信息流。为保障信息流的正常运转，设有一整套规范的程序、框架、模式，引导和制约着信息流的运动。信息流的每个工作节点是将其采集到或从上一个工作节点传递来的信息作为基础素材、基础资料和基础数据，经过一系列的技术处理产生和派生出新的信息，作为下一个工作节点的基础素材、基础资料和基础数据，从而形成不间断地运转，每个工作节点信息加工处理的结果都具有了新的内容、新的含义。信息化是以高科技为依托和载体，将这种形式规范化、特定化、组织化，使信息的收集、加工、处理转化为以信息为主要工作对象，形成大量具有流动性、集约性、共享性、应用性的状态。

（二）税务管理信息化的内涵

税务管理信息化是信息技术应用的系统工程，不仅涉及信息技术的应用，更涉及对税务机构和业务流程的改造，不仅是信息系统的运行，也涉及人的干预和配合，是一个人机结合不断提高的过程。对于税务管理信息化是何物，国家税务总局副局长钱冠林先生曾经给出了鲜明的定义：税务管理信息化 = 业务重组 + 机构重组 + 信息系统建设。这一公式也从一个侧面体现了税务管理信息化过程中对税务机构设置改造的必然性和重要性。

二、税收专业化与税收信息化的关系

税收专业化与信息化是两个不同的事物，由于信息化具有载体性和工具性，所以，它可以与任何具有信息特征及需要进行信息处理的事物相结合，并为其服务，这就有了相互要求、相互满足、相互融合、相互依赖、相互推进的关系。在众多的关系中最主要的是相互促进与推动的关系和支撑、载体与服务的关系。

（一）相互促进与推动的关系

税收信息化以税收专业化为对象，专业化依托信息化。信息化是专业化的载体，同时又是专业化的工具。税收信息化是一种形式和状态，它表示和反映着某种税收信息呈现的模式，没有具体税收信息的存在，也就不可能有税收信息化的存在；另一方面，税收信息化的具体体现形式，还需要一定的科学技术作支撑。经济发展了，社会进步了，所需要的税收信息和所需要处理的税收信息与日俱增，这就需要有先进的技术来处理这些浩瀚复杂的税收信息，促使税收信息处理技术不断改进和提高，满足日益增长的税收专业信息处理的需要和要求。

（二）支撑、载体与服务的关系

专业是社会不同分工部门的业务，按常规是依靠人的自然能力进行业务活动的。随着社会的发展，单靠人的自然能力很难完成越来越复杂、越来越繁重的业务，必须依靠科学技术和科学技术产品辅助和协助来完成。信息化具有普遍性，它可以应用到凡具有信息处理要求的任何一个专业。税务管理要提高信息的处理加工的能力，可以借助信息化技术来完成，达到预期的目的。所以，信息化与专业化是一个支撑与载体的关系，在具体实施信息化后，信息化对专业起到一个服务的作用。税收专业也就是应用了信息化的理论和理念，采用先进的计算机技术，对税收信息进行替代人工的加工处理，借以提高工作效率及其专业工作质量与水平。

三、信息化支撑下税务机构的设计理念

税务机构设置是税务管理信息化建设的基本组织保障。科学设置税务机构既要着眼长远，体现新时期税收工作的前进方向，又要与地方社会经济发展相协调，服务于地方经济发展。特别是信息化支撑下的组织体系架构，无论是设计理念还是具体结构均应不同于传统模式。因此，完善当前税务机构设置必须解决好两个根本性的问题：一是要解决好税务机构设置的目标和方向问题；二是明确税务机构设置的理论支撑和整体规划思路。因此，信息化支撑下税务机构设置应实现以下四个目标：

（一）实现税收管理的专业化、社会化

市场经济和信息化会驱动社会向大社会、小政府不断进化，政府职能及其管理方式会不断作出调整，行政区划对经济活动的边界约束和阻滞作用日渐式微，税收管理也会出现新的特征：一是部分管理职能的社会化，相当一部分原由政府机关管理的事务交由社会中介机构办理；二是按经济区划设置税务机构将逐渐取代按行政区划设置税务机构；三是按纳税人不同的管理特征或经济特征进行税收管理，这较之现在主要按片区进行管理会逐渐显得更为重要。

（二）实现税收管理从前台转向后台

在传统税收管理模式下，税收管理侧重于前台，通过各种行政审批手段，对纳税人采取一种防范式的管理。过去所采用的繁杂的前置审批做法，虽然提高了偷骗税分子的违法成本，但弊端显而易见：一是前置审批往往以纳税人不诚信纳税为假定，从而使大多数合法经营者蒙受了各种审批所带来的困扰和不便；二是伴随审批而产生了大量权钱交易的寻租空间，加大了治理税收环境和队伍管理的困难；三是一旦偷逃税分子的违法行为成为事实，税务机关大量的前置审批往往要承担连带的法律责任和法律纠纷。现代税收征管以“纳税人自我申报为基础”，从法律上讲，纳税人的任何申报、缴税行为是其应尽的法律义务，由其本身承担偷逃税的法律责任。税务机关的法律责任和义务则是为多数合法纳税人提供优质的纳税服务，并严厉打击、查处少数人的偷逃税行为。从这一目标出发，税务机关应逐步减少前置审批，更多地实行核准、备案制，将税收管理的重点从前台转移到后台。将前台审批环节的人力逐步充实到后台，提高人员专业技能，加强对信息的整理分析、评估和判断，强化后台监控，及时发现偷逃税线索，准确进行追踪稽查，从而大大提高查处打击偷逃税行为的主动性和自觉性，大大提高稽查效率。另一方面，信息化使得前、后台

的信息传递在空间和时间上的障碍不复存在。过去上级对下级，后台对前台实行有效控制，需要付出巨大的管理成本问题也迎刃而解。因为，从税收管理的法治性、规范性、统一性、便捷性出发，将前台逐渐演进为服务、受理、采集信息的窗口，而将税收管理处置权集中在后台是一种必然的选择。

（三）实现税收信息化与专业化的有效融合

信息化与专业化结合的初期，就是专业利用信息技术的先进性作为信息的处理工具，信息技术则是简单地模仿专业化的手工操作，但这阶段应该越短越好，最好的做法应该超越这个阶段，一步跨越到中级阶段。也就是信息化给专业化提供一个很好的操作平台，使信息技术与专业业务实现最好的融合，充分发挥信息化的先进技术，促进专业化的发展。当前，税务系统税收管理信息化建设还处在初级阶段，没有将税收的业务和信息化很好结合起来，一方面存在着简单模仿手工操作的现象，没有进行有效的信息技术对专业业务的技术整合和技术处理；另一方面信息技术处于孤军作战的现象，技术方面只求自我技术的可能和技术的发展，不充分考虑专业业务的需求，使得技术与专业形成对立互不融合、互不支持的局面，不能充分利用和发挥信息化的先进性和科学性，也不能促进专业化的发展。因此，税务机构改革应充分考虑税收信息化与专业化的关系，实现两者的有效融合。

（四）实现组织结构的简约化、扁平化

信息化使税务机构内部的信息传递已不成问题，信息能够高度共享。以往设置传统组织结构的一些内部条件已发生变化，而现代化税收管理组织结构设置则主要应取决于以下两个管理要素：一是工作流程的特征性；二是管理对象的特征性。即税务机构应按工作流程和管理对象的不同特征进行归类和设置，这样会使机构的设置简约、扁平，职能划分明确，效率大大提高。例如，现行税收工作流程大体可划分为：纳税服务和窗口受理—税收计划、统计、分析和征收—税收管理—税务稽查—税务审理—税务复议和司法诉讼。管理对象的特征性则主要是指纳税人的特征或不同税种的特征。按流程和管理对象确定组织架构需要信息化为支持条件且牵涉到对既有体制的较大调整，又需要较长时间才能完成。

四、现行税务机构设置存在的缺陷

经过多年的实践和发展，税务管理信息化在优化纳税服务质量、提高税收管理效能等方面都取得了非常明显的成效，一定程度地解决了疏于管理、淡化责任等问题，但在实际运行过程中，我们也发现其在优化资源配置、降低税收管理成本等方面应有的效用并没有充分发挥出来，其成果还有进一步扩大的空间，特别是税务机构设置模式与信息化所要求的组织保障之间存在的不协调、不匹配、不适应是造成这一局面的主要原因。具体表现在：

（一）当前机构设置存在结构性缺陷

1. 组织体系的布局不合理。目前的组织体系形成于 1996 年，由于当时对信息技术进步、社会政治经济发展及税收管理理念的更新预期不足，致使组织体系架构缺乏集约化内涵，在一定程度上制约了征管资源的优化配置。表现在：一是基层分局设置数量过多，使有限而宝贵的税收管理经费靡费于日常的行政运行之中，导致行政运行成本居高不下。二是为了维持每个基层行政机构正常运转所需要的基本人员数量，不得不放弃依据管辖地域的税源状况、经济发展潜力等因素来合理配置人力资源，压缩了资源优化配置空间，使集中起来的征管力量被重新均衡分散配置。例如，当前县级局的中层领导干部都是我们队伍中的骨干力量和生力军，由于基层分局设置过多，为保证各分局基本的领导力量，不得已对优秀干部进行分散配备使用，没有真正形成强强联合的局面，1 +1 >2 的倍数效应尚未显现。三是阻碍了税务管理信息化建设。基层分局数量过多，带来了计算机硬件配置数量和网络线路布局的重复建设，不仅给信息采集、数据传输带来负面影响，降低了涉税信息数据的真实度和传输的可靠性，而且带来资源配置的浪费，加大了信息化建设成本，减缓了信息一体化建设步伐。四是与国家政治体制改革和经济发展方向不适应。在“小政府、大服务”的改革潮流和城市化、城镇化迅猛发展的大环境下，乡镇进一步撤并在很多地方已是一种必然选择或既成事实，也是我们设置或调整基层税务机构中不可回避的现实因素。

2. 组织体系架构设计不够科学。目前的组织体系架构带有明显的计划经济时代的层级指令特征，与现代税收管理内在要求之间存在着较大的不协调、不适应。一是缺乏集约化、专业化管理内涵。“麻雀虽小、五脏俱全”，行政管理机构的设置层层对应，中间管理层次过多、机制过死，使众多的业务骨干冗沉于繁琐的中间管理层，加剧了一线管理人员的紧张状况，并成为滋生官僚主义、形式主义的温床。二是信息管理意识和机制缺位严重。以事权划分的内设机构，将完整的流程割裂为众多的信息片断，并在各部门内部重新形成流向不同的众多子流程，办税程序复杂，办税环节过多，仍侧重于事务的管理，导致了信息共享度低、信息管理能力差、执法随意性空间过大。三是服务意识和信任机制匮乏。过于注重部门权力的分割、注重部门管理的便利，缺乏服务基

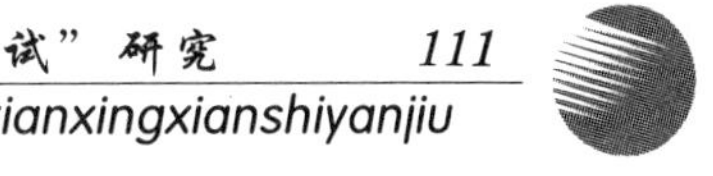

层、服务纳税人意识，税务机关内部上下级和各部门之间以及税务部门与纳税人之间未能建立起应有的信任基础，配合的协调性差，行政管理效率低下，部门间推诿扯皮、官僚主义甚至权力寻租等问题都难以从根本上得到解决。

（二）当前机构设置存在功能性缺陷

1. 现有组织体系缺乏内生的资源规模积聚功能。由于没有相应的组织体系作支撑，虽然进行了岗位的专业化分工并建立了严密的监控体系，但由于基层分局普遍存在人手不足的问题，特别是熟练操作人员匮乏，许多岗位“舍我其谁”的现象非常严重，缺乏必要的操作回旋余地，致使无法通过竞争上岗、双向选择以及轮岗交流等措施建立有效的激励竞争机制，队伍活力不足、动力匮乏等问题仍然无法从根本上得以解决，人力资源团队优势和优化组合受到制约。

2. 单元机构内部封闭的微观环境阻碍了税务管理信息化的发展。过细划分职能和职责范围的组织架构，过于强调内部岗位间的权力制约，形成了较封闭的环境，使人员缺乏必要的交流和综合业务能力的锻炼，不利于税务干部综合业务素质的提高和税收管理信息化的发展。当前综合业务操作技能熟练的人员匮乏已成为信息化发展最大的制约因素。

3. 执法主体被层级机构肢解。机构设置及机构的称谓不完全符合法律规定要求，不利于税务机关正常行使执法责任，影响了税收管理工作的正常开展，影响了征管质量。譬如，目前征管法并没有明确赋予基层管理分局执法主体资格，致使税务机关在税收行政执法方面处于非常被动和不利的地位。

（三）当前机构设置对税务管理信息化的束缚

税务管理信息化的核心在于专业化管理体制的建立。由于目前机构的功能和布局基本体现的是职能导向，强调的是功能完整，而专业化追求的却是链条衔接、过程完整，两者有很大的区别。税务管理信息化就是要建立一个专业化的工作通道，但是目前的组织模式影响了这一通道的紧密衔接。

1. 税收信息化的专业化管理机制没有相应的组织保障。业务线索和内部管理线索不吻合，专业化的工作缺乏专业化的管理，致使建立的专业化分工作业模式无法得到全面落实。

2. 税收信息化与现有岗责体系缺乏整体协调性。税务管理信息化建立的新流程、新机制要求业务处理必须建立在同一工作平台之上，由于受目前组织体系架构的限制，虽然根据税务管理信息化的要求，对岗责体系进行了相应的调整与修改，但仍难以从根本上达到这一目的。

综上所述，加快税收管理向集约化、精细化的转变，实现税收信息、信息技术和信息分析利用的“三位一体”，真正发挥出税务管理信息化的应有效能，必须对目前的机构设置加以改革和完善，以适应税收管理现代化发展的需要。

五、信息化支撑下税务机构设置的基本构想

实现税务管理信息化是税务部门的一次带有根本性的改变，改变了以往的工作方式方法，同时也改变了人们的思维方式和思想理念，使税收工作从原来的“管事”的模式转变到以税收信息为主要工作对象上来。由于实施了税务管理信息化，使税收征收的空间和过程大为缩短和减少，原有的税收管理层次和管理机构显得十分臃肿和没有必要。所以，要尽快对现行税务机构设置进行改革，以适应税务管理信息化简约、集约的特性。

从现代管理科学的发展方向看，推行扁平化管理是当前税务机构设置的主要目标和方向。就扁平化管理理论而言，我们认为税务管理信息化是税务机构设置的前提和基础，机构扁平化又是扁平化管理的核心和关键。完善组织体系建设，首先必须对税务管理信息化和机构扁平化的实质内涵有一个科学的认识和准确的把握。从理论上讲，“宽幅短矩”是扁平化组织的核心特征，压缩、裁减无效或低效的中间管理环节和管理层级，扩大横向管理幅度是机构扁平化的核心内容和目标。就我们税务系统而言，发达的税收信息网络和纳税服务网络是机构扁平化的基石，二者缺一不可。税务机构扁平化的核心在于压缩、裁减中间管理环节和管理层级，以建立“组织层次少、管理跨度大、应变能力强、行政效率高”的组织体系架构，扩大与纳税人的接触面、提高涉税信息采集能力和税源控管能力，要避免对机构扁平化的理解简单化、片面化，甚至将扁平化与撤消基层分局简单划等号，更不能借扁平化之名，向纳税人转嫁不合理的税收管理成本。

按照“以信息流为导向设计业务流程、以业务流程为导向规划税务机构设置”这一思路，完成新组织体系架构的彻底性重塑，使税务机构的整体优化与局部改善相协调，实现资源集约化、管理专业化。具体地讲，信息化支撑下的税务机构改革拟有三种考虑：

（一）以“双职能”为特征的业务扁平化设置

以业务扁平化为核心，适度收缩基层一线征收管理机构，并赋予县（区）级局“双职能”。这一思路的核心内容是围绕中心、适当收缩、突出重点、整合资源、立足当前、着眼未来。考虑地理区域大小、税源状况、纳税人分布态

势及经济发展潜力等各种因素，采取一线机构适度收缩的办法，在地方区域经济发展中心保留适当数量的基层分局。县（区）局的内设科室进行归并整合，全面取消内设的二级科室，赋予县（区）局直接征收管理职能。这一设想的优点在于可以有效加强税源控管，并为偏远纳税人办理时效性强的涉税事宜提供便利；缺点是征管资源的优化配置不够彻底，只得到一定程度的优化。这一模式适用于人员较多、管辖地理区域大、区域经济发展中心和骨干税源的分布相对分散、区域经济发展潜力明显的县（区）局。

（二）以“一级管理”为特征的机构扁平化设置

全面收缩基层一线征收管理机构。其核心内容是：将一线征收管理机构与中间管理层级进行彻底、全面的整合，所有的税收征收管理职能全部由县（区）局科室直接承担，在县（区）局彻底摈弃了导致管理低效的中间管理层级，使业务流程在完全平行的界面上运行。这一做法的优点是业务流程的流水作业特征更明显，上下游衔接更为紧密，征管资源整合优化的空间大，可以有效提高行政运行效率和税收管理效能。这一模式具有较大的局限性，最适合于人员少、管辖地域小且主体税源在县（区）驻地集中度较高的县（区）局。

（三）以完全基于专业化管理的组织体系设置

随着“税银库一体化”和依托信息化的“同城异地办税”等先进管理手段的逐步实现，新的管理技术和管理手段必将为组织体系建设提供新的优化空间。“税银库一体化”实现后可以完全剥离县级局的会统核算和数据处理职能，实现数据处理的再集中；“同城异地办税”全面推开后，现有的办税服务厅可以过渡为单纯的区域受理中心，这样可以按照专业化的服务和专业化的管理两条线设置机构，一方面以方便纳税人为原则设置区域化的专职受理中心；另一方面以强化管理为原则设置依托新流程并以流转环节划分的专业管理机构。这一模式应该是未来税务机构设置优先考虑的方向。

（执笔：骆跃建　林建华）

税源建设研究

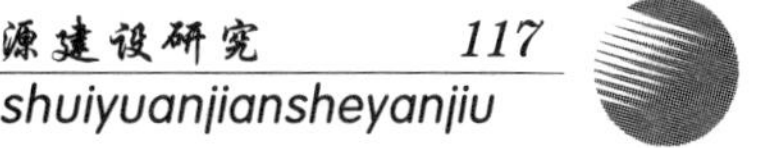

拓展与深化

——以科学发展观统领劳动密集型产业税源建设的思考

福建省地方税务局课题组

一、科学发展观下的劳动密集型产业税源建设研究

随着中国改革开放的大步迈进和经济实力的快步增强，中国经济在实现总体扩大的同时，内部经济发展方式、产业结构也在适应经济发展环境及条件的变化而发生着转型调整。在这个转型过程中，各级政府发挥着强势引导作用，同时他们关于劳动密集型产业的定位一直存在着较大争议，各级政府在意识到产业落后带来的全局性不可持续危机状况下，以各种可能的行政方式力促当地经济向高科技、高附加值产业转移。这种政府主导的经济结构方式转移必须结合各地实际予以综合考察，否则最终造成“高不成、低不就”的失衡状态，不仅无意于经济提升，相反政府行为客观上还会造成对后发产业的挤压，衍生出各种社会问题。

其实，劳动密集型企业和科技创新并不矛盾。以陶瓷业、纺织业、餐饮业、快运业这四个我们一般理解绝对是劳动密集型的低端行业为例，如果各级政府想当然认为他们是末流产业，而在政策上施行不对等歧视，那必然会带来很不好的制约弊病。我们知道，一般的面料是“made in China”，但是高档的面料我们却要从日本进口；地摊的陶瓷是中国的，高端的艺术陶瓷是日本的；四川火锅、沙县小吃是路边的街坊小店，全球连锁的麦当劳、星巴克却已成了美国的招牌特色；就连收发邮件这样绝对是劳动密集型的低端产业，我们这个低成本优势国家却没有叫得响的名牌企业，而美国人却搞出了 DHL、FEDEX 这样的成功企业。可见，对劳动密集型企业不应该简单想当然地认为应该淘汰，更不是让劳动密集型企业简单转型去搞什么高科技，而应该脚踏实地，用科技提升、用现代管理、用先进理念去改善去发展。在这个过程中，凡是经济层面的都应交由市场决定、由效益决定。“市场归市场，‘政府归政府”，政府不应过多地干预市场，实行产业转移更多的要依靠市场的力量，政府在这个过程中，主要作为应该是围绕社会公平、公正作出充分的评估和准备，严格执行环保、城市规划、劳工保护方面的法律，避免在这一过程中出现腐败和环保等一系列的社会问题。

因此，对于当下中国，劳动密集型产业的发展不是简单转型和摒弃问题，特别是我们看到，他们提供了约75%的就业机会、实现利税约40%、占出口总额约60%、占工业总产值约60%左右，可以说，30年的改革开放，没有中国特色劳动密集型产业的发展壮大，就没有今天取得的各种改革成果。目前，对劳动密集型产业的发展主要是要正确定位，实现拓展和提升，发展出一批中国自己的麦当劳、星巴克、DHL、FEDEX，而不是简单“一刀切”以及让其自生自灭。最近，国家决定对纺织服装业的出口退税增加两个百分点，这给整个企业界一个信号，中国还是要支持自己劳动密集型产品的出口的。这是中国国情决定的，可以说，劳动密集型产业大有可为、大有作为，各级政府在发展现代经济的当下，对劳动密集型产业也是大有可为、大有作为的。

二、新形势下劳动密集型产业面临的困境与发生的原因

进入2008年，劳动密集型产业，特别是外向型劳动密集型产业，仿佛突然进入了产业发展的冬季，普遍出现了经营上的困难，表现为：开工不足、产品滞销积压、三角债盛行、资金周转困难，甚至出现不少中小企业倒闭、企业家外逃的严重局面。虽然在市场经济优胜劣汰条件下，企业因为自身规模和经营等问题而倒闭属于正常市场现象，但像2008年这样出现这么大规模同时关门歇业的现象还是较为少见。伴随企业缩产、停产、倒闭，大量工人已经或即将失业，而沿海地区以生态链条形式存在的产业群落也因此面临断裂的威胁，进而可能导致更大规模的企业倒闭，从而引发一系列社会问题。可以说，在我们存在大量待岗和向城市流动农民以期获得更好生活的今天，劳动密集型产业的发展壮大不是简单的自生自灭、关停并转问题，它提供了一个很好的平台，为就业和经济发展、社会稳定打下了良好基础，因此，困境中的劳动密集型产业需要我们用心呵护，良性发展。

追本溯源，只有更好地探究今天劳动密集型产业产生诸多困难的原因，我

们才能更好地有的放矢、标本兼治、某局突变、实现跃升。

直观上，劳动密集型产业，特别是外向型劳动密集型产业，面临诸多困境的原因主要有以下方面：

1. 人民币对美元大幅升值。进入2008年，人民币对美元的升值进入了“6时代”，短短3年升幅高达20%。据测算，人民币每升值1%，服装行业的利润率将下降6%左右，而整个服装业平均利润只有百分之十几。受人民币升值、美元贬值的汇率影响，很多中小企业都不敢接受长期订单，对于结算时无法预测的汇率，甚至半年以上的订单都不敢接。

2. 从紧的货币政策。对企业来说，现金流是企业的血脉，是企业生存与发展的重中之重。而在货币从紧的政策下，央行2007年以来5次加息、16次调高存款准备金率，商业银行更是严守贷款额度，使得融资难“瓶颈”继续加重，不少企业，特别是中小劳动密集型企业资金链紧绷，融资难成了众多企业最为头疼的问题。

3. 一路飙升的原材料价格。这几年，各种企业生产的原材料价格一路飙升，以基础能源的石油为例，2007年1月还在每桶50多美元，不到一年半时间，已经涨到最高147美元，这直接导致国内成品油价、电价上调，原材料价格更是不断高起，3年前，铜的价格是每吨1万多元，现在则已达五六万元，所有的有色金属价格均是翻番再翻番，而对劳动密集型产业来说，原材料是刚性上涨，但是其产品受制于终端价格却涨不上去，直接导致利润率大幅下降，经营困难。

4. 劳动力成本上升。长期以来，我们劳动密集型产业之所以让中国成为“世界工厂”，很大程度上源于我们的低成本劳动力优势。随着新《劳动合同法》的实施，劳动力成本出现了大幅上涨，企业支付工人的薪水和福利大幅提升。据测算，规模以上企业劳动力费用负担平均增长25%以上，和过去比每个工人每年要增加4000—5000元左右的成本。

5. 宏观调控政策。可以说，由于政府对经济结构和产业升级的迫切主导性，每次宏观调控出台，劳动密集型产业往往都是受冲击最大的一个部门。政策的不稳定、不可预期，对投资者心理的打击是致命的。去年以来我国出口退税政策、加工贸易政策的频繁调整，不可避免地导致投资者强烈的不安全感，不少外资企业担心的是，国家接下来还将加大对加工贸易的政策调整力度，将降低退税率的另外2000多个商品税则号也增列为加工贸易限制类，同时研究取消加工贸易国货复进口保税政策和取消加工贸易深加工结转“不征不退”的税收政策。这些举措无疑会直接导致产业外移，被称为“蝗虫经济”的制造业于是就自然飞向下一个洼地寻找利润空间。

除了这些可控或不可控的直观上的原因，导致劳动密集型产业产生诸多困难的深层次原因还是我们有待继续成熟完善的社会主义市场经济制度建设，其表现是外资取代内资、政府挤压民间、国企驱逐民企，其本质是“路径依赖”下二元政经秩序的异化，其核心就是政府与市场的关系构建问题。

我们知道，这几年中国经济一直高速增长，表现为一定程度的过热，仔细分析实质，这种经济过热并不是全方位的过热，农业的一直现位徘徊就是一例，那些过热的都是和地方政府推动 GDP 工程有关的部门表现为过热，比如说 2007 年的建安房地产、钢铁、水泥、政绩工程、形象工程等等。这些部门是过热的，原因很简单，因为这些过热的产业一大特色是他们都是重点税源大户，他们贡献了超过七成的地方财源，同时地方政府推动 GDP 工程导致了它的过热，他们的背后都有政府推动的影子，而对于别的 70%—80% 的部门，也就是民营经济却是基本过冷。这种局部过热、局部过冷的经济现象是全世界绝无仅有的，它导致的结果就是经济在宏观调控的冲击之下，会使得过冷的部门更冷，过热的部门更热，最后在一个临界点，都归于沉寂，然后又复归循环。

在二元政经秩序环境背景下，我们就可以分析劳动密集型产业在上述五个不利因素制约下背后的实质原因。应该说，那五个不利因素一定程度上只是表象。从紧的货币政策、一路飙升的原材料价格、宏观调控政策在一定程度上是连锁反应的，这些政策出台的背景，其实质是二元政经秩序导致的市场破坏，而政府的宏观调控在这种环境下，不仅不能改善经济失衡，往往适得其反。比如说从紧的货币政策，由于国企的特殊性，它的贷款容易度远远高于民企，信贷紧缩的铁腕政策受伤害的基本是数以万计的中小民营企业，特别是劳动密集型产业，其结果是产生了严重的资金逆转现象；比如说一路飙升的原材料价格，在相同困难时期，国企无论在运输、原材料提供等等方面，都会自然而然受到地方政府倾斜支持，其结果是并无益于借助危机完成效率的改善，相反效率更高的民企却有可能因为某个环节的无助最终倒闭；比如说宏观调控政策，以 2004 年以来的政策为例，政府通过行业整治的方式，限制了民营资本在钢铁、水泥、电解铝等领域的投资，这种保护的手段，使得国有背景的产业经济高歌猛进，民营资本却不断被压缩、倒闭、停产以及外迁。

由上可见，二元政经秩序对中国经济良性发展的制约性，其实质就是政府与市场的关系构建问题，是社会主义市场经济如何建设的问题。二元政经秩序的存在，首先就在于政府没有摆正自身位置，过多介入市场的边界。我们知

道，在原初意义上，政府只是守夜人，随着经济复杂性提高，政府功效有了提升，但是政府和市场有永远的界面，政府对市场的介入应以提供公开、公平、公正的市场环境为原则，对弱势群体提供帮助、对垄断领域予以切割，而不是自身陷入经济纠纷的泥潭中，既当运动员，又当裁判员的做法，其结局最终只能失之偏颇，使过热的部门更热，过冷的部门更冷。劳动密集型产业这类偏冷的部门，在这样的经济环境背景下，在政府越位与不到位的管控下，其困境的发生也就有因可循，越发沉重了。

三、以科学发展观统领劳动密集型产业的发展

我国的经济改革一直有“试错”的特征，非到万不得已，即有相关得利部门不会轻易放弃。这种政策上的“试错”，在改革之初，在社会、经济条件较为单纯的初始阶段，其代价较小，其功效却比较直观。但是，随着我国经济市场化程度的提升，各种矛盾错综复杂，“试错”的代价则一次比一次巨大。从 2007 年冬天开始，创造了“中国制造”神话的民营制造工厂成为最大的牺牲者，而它们的失利除了造成商业资源的极大浪费之外，也带来了失业人口增加、区域产业经济空心化以及上游垄断企业利润下降等多种效应。“投资拉动需求—政策紧急刹车—靠危机推进市场化松动”，这样的政策逻辑已到需要反思的时刻了，这样的“试错”发展思路已到了必须纠错的时候了。因此，科学发展观的实时提出应是国家决策部门主动改革、减少变革代价，使得我国未来走可持续发展道路的重要命题。

科学发展观是实现又好又快发展的世界观和方法论。科学发展观科学回答了“中国为什么要发展”、“为谁发展”、“靠谁发展”和“怎样发展”等基本问题，并进一步明确了把发展作为执政兴国第一要务的必要性和重要性，深化了对中国经济社会发展的根本宗旨和基本动力以及基本要求和基本思路等重大问题的认识。科学发展观是解决当前我国经济社会发展诸多矛盾和问题所应遵循的基本原则，它的提出和系统化反映了我们党对社会主义建设规律认识的不断深化，表明了中国在努力创新自己的发展模式，在科学发展观的指导下正在走一条具有中国特色的发展道路，最终保证中国特色社会主义建设事业的不断前进。

对于劳动密集型产业，我们也必须以科学发展观来指导。具体来说，以下几点是必须予以理解的。

首先，针对中国现实国情，摆正劳动密集型产业的发展定位。在我们看

来，宏观经济问题最重要的就是解决就业问题，其他经济现象都可以伴随失业问题的解决得到相应的缓和与释放。特别是对于转型中国，人口众多，大量富余劳动力聚集在城市和农村，尤其是广大农村。劳动密集型产业的发展是解决这些待业人员的一个最重要途径。但我们的目标不在于仅仅满足解决低端就业，让农民工能仅仅满足“混口饭吃”不是我们的最终追求，让广大的“农民工”阶层通过产业劳动，形成真正意义上的产业工人、新兴产业工人阶层，才是我们大力发展劳动密集型产业的终极指向。中国一直号称“制造大国”而不敢称“制造强国”，缺乏稳定的产业工人阶层是一个非常重要的原因。长期来看，支撑中国制造的必然是“新兴产业工人阶层”而不是“农民工”，毕竟我们不可能依靠农民工来长久支撑国家的工业化，没有一个真正意义的产业工人队伍，产业的转型升级就变成一句空话。劳动密集型产业的发展可以说，在训练养成稳定、高素质的产业工人阶层上，起到了重要作用。

其次，选择与提升，拓展劳动密集型产业的大产业格局。单向度的发展劳动密集型产业并不是我们的目的，以领带为例，73 万人口的嵊州现有领带企业 1100 多家，去年领带产量 3.5 亿条，产值超 100 亿元，约占全国 80%、全球 40%，这个产业还有多少增长空间？最多也就再增长 1 倍。但是，如果我们从产业链这个大产业格局角度考察，增长空间就会无限放大。还是以领带为例，嵊州领带出厂价假如是 1 美元，到国外专卖店就是 50 美元，这中间就有 49 美元差价，这 49 美元差价就是领带产业链创造的，它可以包括以下六大块：第一产品设计，第二原料采购，第三仓储运输，第四订单处理，第五批发经营，第六终端零售。这六大块创造了 49 美元的价值，而我们只是制造了 1 美元的价值，可以看到，没有产业链的单向度制造业只是市场食物链的底层。长期以来，嵊州将意大利小城科墨作为比肩对象。后者有 200 多年的领带生产史，引领着全球领带业潮流。但是在国际市场上，我们看到嵊州出口领带在国外零售店售价一般不超过 50 美元/条，而科墨生产的多在 100 美元以上，存在的核心问题就在于，科墨不是单纯生产领带，它有全球知名的设计中心，有完善的产业链流程，有全方位的大物流战略，而嵊州领带基本是仿冒或照搬其设计，没有创新能力，没有独立销售渠道，没有自己品牌战略。更糟糕的是，我们这个产业链的底层由于进入门槛不高，没有定价权，产业主动权不在我们这里，外资一撤，我们不仅随时有产业空心化的风险，而且很大程度上还产生浪费资源、破坏环境、劳资纠纷、群体性事件等等诸多问题。因此，我们曾经大声疾呼的产业升级概念本身是偏执的，因为无论你怎么升，还是在六加一里面的一提升，没有在产业链范围内去寻求突破。一个完整的商业体系需要你去做品牌、做销售、做设计，这对于我们很多习惯了只做加工的企业来说是不容易改变的。我们看到，全世界跨国公司的现状，比如阿迪达斯、麦当劳、肯德基，全都是掌握六加一产业链的，他们都是劳动密集型产业，但由于掌握了产业链，形成了大物流，所以百年基业长盛不衰。

最后，越位与缺位，摆正政府与市场的正确定位。在前面的分析中我们看到，二元政经秩序背景下，由于政府行为的偏差，使得自由竞争下的市场经济发生了扭曲，这种扭曲不仅无意于解决自由竞争环境下的市场自身发展带来的顽疾，而且会传导信息噪音，干扰政府正确的行政选择。对于政府来说，主要还是应该从经济性逐利行为中脱钩，在公共产品提供上下功夫，实现政府作为公共信托责任的自组织功能。目前，对于劳动密集型产业，政府的作为应是两方面的，既要对世界工厂提供实质帮助，也要对世界工厂的工人提供实质帮助，缺一不可。具体来说，目前以下几点可以优先考虑：一是政府对“自主创新”中小企业的扶持，如更多地建立创新基金、促进当地的科研机构和企业之间的联合、对创新产品的推广等。这样，不仅可以促进企业的创新活动，同时也能给予中小企业一定的资金支持和更广阔的发展空间，真正让有质量的企业存活下来。二是社会性问题的解决。安居才能乐业，政府应加大目前住房、教育和其他社会福利保障体系等方面的问题解决力度，让企业的经营者和普通员工更从容地去面对这些问题，促进企业做大做强。三是在政府和企业之前搭建沟通平台，促进行业协会的发展。目前的一些行业协会更多的是民间的一些自发组织，政府在其中做的工作很少。但是，政府出面来做这方面的工作应该是具有很多优势的，如能把各行业的协会组织或企业联盟建立好，将给这些中小企业更好的市场环境，在一定程度上分享技术及市场信息、避免恶性竞争，在必要的情况下，大家可以联合起来进行一定的自我保护，也能更好地面对国际竞争。

四、税收政策对促进劳动密集型产业发展的有为之道

今年经济形势面临很严峻的状况，目前从紧的货币政策有利于稳定物价，却无法在拉动内需刺激经济上有大作用，相应的责任只能落在了财税政策上。对于劳动密集型产业，税收政策在以下几各方面应是大有可为：

1. 针对政府公共定位，节省财政支出，实行结构性减税。近两年以来，我国财政收入一直亮着“红灯”，显示处于过热状态。这种税收收入的过快增长，不仅脱离了经济增长的基础，而且作用也主要是紧缩性的，大大降低了企

业和个人的投资能力和积极性。对劳动密集型企业来讲，结构性减税政策有利于他们的发展，通过出口退税、个人所得税以及小规模纳税人和一般纳税人标准的调整来减轻我国中小企业的纳税负担，可以给出一个信号，实质地支持我国中小企业发展。而对于那种减税可能直接引起国家财政收入骤减的担忧，事实证明，缺乏经验基础，2008 年以来，国家已经适时调整了证券交易印花税，个人所得税起征点也已经调整过一次，企业所得税已经内外资合一，这种调整目前看来国家财政收入并未受影响，而是继续保持了高增长态势，原因就在于减税有利于增加投资和消费，有利于繁荣经济，最终反而有利于税收的增加。

2. 推进税制改革，促进相关企业做大做强。2008 年以来，国家陆续出台了一系列有利于企业参与市场竞争的税收政策，如统一了内外资企业所得税制，为各类企业创造了公平竞争的税收条件。同时，国家还将实行多项税制改革，比如推进增值税转型的改革，在总结东北地区、中部地区部分行业扩大增值税抵扣范围政策试点的基础上，在全国范围内全面实行扩大增值税抵扣范围的政策。这些税制改革都是从有利于企业发展的角度予以考量，对于劳动密集型企业，自然也是受益对象。针对劳动密集型企业具有吸纳较多劳动力就业的独特优势，国家有必要努力消除现行税制中还存在一些影响中小企业、个体经济发展的税收政策因素，在促进工业由大变强、走新型工业化道路的同时，应结合我国人力资源丰富的特点，以解决民生为根本出发点，进一步采取针对性的税收扶持政策，大力发展第三产业、劳动密集型产业，通过完善和简化一些征管制度和办法，降低劳动密集型企业经济活动的交易成本，促进相关劳动密集型企业做大做强。

3. 实施有利于自主创业的税收政策，鼓励各阶层人士创业。自主创业是解决我国劳动力富余的一条必然途径，因此我们应该不再局限于过去解决下岗就业的思想，而应当从促进全面就业方面考虑。国家应该实时出台政策，鼓励下岗失业人员、失地农民、残疾人、复员转业军人和大中专学校毕业生、归国留学生等各类人员创办企业、开发新岗位，促进再就业，实现就业倍增效应。在税收政策上主要侧重考虑以下几方面：一是加大税基式的减免，在税收上为弱势群体创造公平的起点。因为与其耗费大量的征管资源来执行再就业优惠政策，不如在税基上设置合理的起征点，这样可以充分发挥再就业优惠政策的实施效果，更重要的是创造一个公平的税收环境，有利于培植税源，促进经济增长，从而为长远解决就业和再就业问题提供一个有效的途径。二是在税制结构调整中要充分体现促进中小企业发展，创造公平竞争环境的政策意图。如按照国家产业结构调整的要求，制定行业优惠政策，对于符合国家产业发展战略的，要适当延长优惠期限，以减少企业的短期行为；改革和完善所得税制，采取加速折旧、增加费用扣除、再投资退税等间接优惠措施，促进劳动密集型企业技术进步，以未来的就业创造效应抵消短期的就业挤出效应。三是完善社会保障体系，开征社会保障税。这不仅是解决老年化社会养老问题的需要，还可为因产业调整而下岗失业的人员、城镇待业人员、农村剩余劳动力转移提供生存保障，解决劳动力的流动所涉及的养老、医疗、教育等问题，消除人员流动壁垒。

4. 实施有利于提高劳动者技能的税收政策，促进现代产业工人阶层形成。一个现代化的中国不可能由农民工阶层构成，成熟和高质的现代产业工人是国家强盛发展的基础。目前，我国劳动者技能不能适应产业结构调整和市场需求的变化，职业教育培训市场不够发达，为劳动者提供的公共服务不足，是造成劳动力市场中存在结构性矛盾、摩擦性失业的重要原因。因此，从国家和谐发展的战略角度出发，税收政策也应有所为且要有大作为。以实施的新企业所得税法为例，就提高了企业职工教育经费支出的扣除比例，体现了国家对提高劳动者技能的税收支持。这些是一个良好的开端，接下来国家有必要进一步完善相关政策，鼓励企业、社会对劳动者实施岗前培训、在职培训，鼓励发展专业教育培训机构和社会服务机构。通过税收优惠、政策指引，促进相关培训中介机构发展，为现代产业工人阶层的形成尽一份力。

5. 实施有利于形成现代集团产业链的税收政策，促进大物流产业集群的形成。企业做大做强后，其业务范围必然不再拘泥单一，其组织形式也必然发生多样化，要促使企业走出六加一中的一，做大利润空间更大的六，国家的税收政策倾斜必然要有所侧重。比如，目前正在热议的企业集团汇总纳税，从企业发展的角度来说，就是一个很及时的政策，因为现行税收政策，企业在缴纳所得税时，各地分公司均需作为独立纳税人在所在地缴税，将面临多个税务机关，而且各分公司之间不能合并纳税。这使得企业集团内部盈亏无法互补，无疑增加了六加一企业的税收负担，会极大地增加企业的运营成本和管理成本。同时形成了运送网络覆盖面越广，则企业所面临的税负可能越重的局面，使得现代六加一企业竞争的优势无形中成为了税收筹划中的劣势。汇总缴纳后只要面对一个税务机关，有诸多益处，比如企业可以通过人为降低利润额减少当期预缴数，而等到年底才补缴，这样可以获得一个资金的时间价值。因此，从实施有利于形成现代集团产业链的、促进大物流产业集群形成的角度出发，国家应积极调整流转税政策、所得税政策以及完善税收管理措施，大力促进产业链一体化进程，完善税收制度，使企业增长富有更好的预期与可能。

（执笔：赖勤学）

劳动密集型行业税源存在的问题与对策研究

石狮市地方税务局课题组

劳动密集型企业是指生产过程需要大量劳动力的企业，也是产成品成本构成中活劳动消耗占比重较大的企业。劳动密集型企业的资本构成、劳动者占用固定资产的数额相对较低，具有投资较少、吸纳劳动力较多、技术操作规程简便、资金周转较快的特点。在经济分工格局中劳动密集型产业具有比较优势。国际经验表明，凡是人口众多而经济资源稀缺的国家和地区，其产业结构都要经历由资源和劳动密集型向资本和技术密集型演进的过程，日本、韩国、新加坡、泰国、台湾、香港等国家和地区工业化发展初期都是依靠劳动密集型产业起步和崛起的。本文拟从促进石狮经济发展、地方税源建设的角度，对劳动密集型行业的相关税收政策作初浅的探析。

一、劳动密集型行业的基本状况及发展面临的瓶颈

改革开放以来，石狮充分运用综合改革试验区的有利条件，发挥区位、政策、侨资、体制等优势，把握机遇，艰苦创业，优先发展劳动密集型企业，促使以纺织服装为主导的产业集群快速形成和崛起，成为当地经济发展的重要支撑和原动力。目前石狮市大部分企业属劳动密集型、订单加工生产型企业，主要以生产纺织服装、鞋业鞋材、五金机械、体育用品、印刷包装、食品加工等劳动密集型产品为主，劳动密集型产业的产值占全市工业产值的95%以上，比重明显偏高，而且绝大多数为中小型“家族式”企业，经营管理机制不健全，仍然实行家族式管理，弊端较多，其在发展中遇到了诸多瓶颈，主要有：

（一）龙头瓶颈

劳动密集型行业的发展在数量上的延伸达到一定规模后，高水平、高层次的提升成为必然，但是目前石狮市大部分产业集群缺乏科学的规划和合理布局，缺少必要的规模，大多数企业规模偏小，技术整体难以升级，只能生产低档产品，难以形成一定的品牌，如服装的产业集群中，也出现了一些品牌，但具有一定知名度的品牌产品并不多，服装加工大多以小企业为主，石狮有纺织服装企业3000多家，其中大型企业一家也没有，中型企业也仅20家，产值上亿元的纺织服装企业只有8家。

（二）创新瓶颈

创新是推进经济发展的原动力，只有持续创新才能充分显现竞争优势。目前，石狮市企业主要是生产加工型集聚，因此多数产品档次较低，创新能力低；专业化分工和社会化协作不够细密和有效，创新氛围不浓。不少企业还保留着家庭作坊式的经营模式，管理粗放落后，企业的专业化层次较低，技术创新水平不高。由于企业家和从业人员科学文化知识普遍较低，创新能力非常弱，多数企业创牌意识淡薄，没有与科研机构建立良好的合作关系，创新工作任重道远。许多企业停留在仿制阶段，缺乏风险规避能力，对市场的反应能力和抗风险能力不强。

（三）供给瓶颈

目前石狮市劳动密集型行业的发展整体遭遇载体建设落后，工业区建设滞后，没有统一规划，形成各镇、各村自建工业区的局面，形成了工业区面积小、功能不全的现象，在一定程度上制约了产业的聚集和企业的发展、壮大。由于供地紧张，难以进行集群企业大规模引进；市区许多中小企业因生产用地紧张，无法实现扩大再生产，而选择了外迁或在外地设立分厂的方式来拓展企业发展空间，在一定程度上分散了该市企业的竞争力。

（四）竞争瓶颈

石狮市劳动密集型行业企业竞争方式比较单一，主要局限于价格竞争，差异竞争和品牌竞争明显不够，企业核心竞争力水平不高。大多是生产某种产品的企业在地理上的集中，企业之间基本上是竞争多于互补，交流与协作不足。同类产品的市场细分特征还不明显，存在一定程度的过度竞争，大量生产同质产品，简单的价格竞争促使企业低价倾销现象普遍存在。此外，由于开办服装加工厂门槛低，目前在石狮从事服装加工的百人以下的小加工厂有成百上千家之多，这些小加工厂存在“无证经营、分布面广、隐蔽性强、流动性快”的特点，以偷漏税行为作为谋取私利的手段，严重扰乱了正常经济秩序，从而影

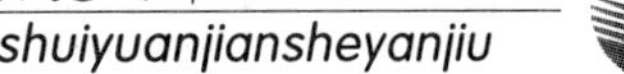

响税收的增长。

（五）出口瓶颈

自2005年7月21日中国人民银行实施汇率改革以来，人民币累计升值幅度超过了10%，而且，预计随着中国经济的持续高速发展，人民币还将继续稳中攀升。人民币升值对于石狮市大量依靠出口的劳动密集型企业而言，已经成为不得不面对的新课题。研究显示，人民币升值1%，将使企业利润下降7.65%。2008年以来受各种内外部环境影响，不论是广交会、华交会，石狮不少出口服装企业都不敢放开手脚接单，1—4月统计数据表明，骨干服装企业出口增幅均较小，并有12家纺织服装企业出口值同比下降，全市93家自营出口企业，出口额超过500万美元的仅有3家，出口额在100万美元以下的高达63家。

（六）用工瓶颈

几年来，石狮市已经培养了一支数量不少的技术工人队伍，但经济主导纺织服装行业并未摆脱劳动密集型的定位。由于企业的利润较薄，员工通常拿的是计件工资，大部分外来务工者的工资水平主要根据工作时间而定。今年，由于物价水平上涨带动原材料及劳动力成本上升，导致企业工人成本增幅较大，工资较同期平均增长了10%—12%。而相对于石狮，中西部省份等内陆地区的工人成本要低得多，导致沿海城市的产业工人也逐步向内陆地区转移。在目前用工难度加大的情况下，靠增员、增量来增加税源已是难以实现。

二、现行劳动密集型行业税收政策和税收负担的分析

1994年税制改革后，我国实行统一税法，集中税权的税收体制，对不同经济成分、产业形态在总体上推行统一税收政策。然而，在改革过程中不断出现新情况和新问题，现行税收政策对劳动密集型行业的激励作用并不明显，相关税收优惠主要着眼于缓解社会就业压力。由于一些税收政策的不合理、税收管理的不到位，使得劳动密集型行业发展受到制约。具体表现在：

（一）税收负担相对较重，削弱了企业的竞争实力

生产要素的构成，决定了劳动密集型产业是低投入、低工资、低效益的增长类型。而目前，把附加值较低的劳动密集型产业等同于一般制造业而适用较高的增值税税率（劳动密集型行业一般纳税人适用税率主要为

17%）。由于劳动工资所占份额普遍存在高于其他行业，纳税人税收负担较为沉重。这一矛盾在必须保留或采用人工作业的服装加工、鞋业鞋材等行业表现得尤为突出。石狮市大部分服装加工业基本是订单加工和来料加工，由于服装加工业的成本主要是工资，而工资无法进入抵扣环节，服装加工企业的税收负担率普遍较高，据测算，服装加工企业国地税总体税收负担率高达10%以上，企业抵触情绪较大，纳税的主动性不强。沉重的税收负担逼迫劳动密集型企业通过减少项目投入和压低工人工资来维持生计，而这样做的直接后果是削弱了企业的竞争实力，加剧了"招工难"的矛盾。

（二）税收管理存在薄弱环节，导致部分企业出现偷漏税现象

现实法治环境尚不理想，部分纳税人依法纳税意识不强，偷逃税案件仍时有发生，有些劳动密集型企业利用建账不规范或通过各种渠道非法获取进项发票达到偷漏税的目的，有些企业为达到不缴或少缴税收的目的，只按开具增值税发票的部分收入入账，对于从事现金交易的部分收入不入账或设置两套账，使得账务无法如实反映其实际经营成果。另一方面，由于大部分劳动密集型企业财务制度较不健全，税务部门除了对规模较大企业实行查账征收方式外，对中小型企业较多采取定期定额征收的方式，即根据实际情况对小规模纳税人核定每台平车的月最低申报数，但是仍有少数企业以少报平车台数或虚报停歇业的手段少缴或不缴税款。此外，还存在一些漏征漏管户，这些企业不少是"三合一"作坊式企业，以极不规范的形式与骨干企业争原料、争水电、争劳力、争市场，并且拒不办理税务登记缴纳税收，成为税收征管的薄弱环节，也拖了整个行业进一步发展的后腿。

（三）税收优惠政策不够明确，弱化了激励效应

劳动密集型加工企业吸纳就业容量大，是解决就业问题的主渠道。目前，国家有关政策只是对劳动密集型的商贸、服务型企业给予优惠。如这类企业吸纳下岗人员占30%的，给予部分免税优惠等，对加工型劳动密集企业却没有明确的优惠政策。虽然，财税［2003］192号文件规定：对街道社区小型加工企业吸纳并签订1年以上劳动合同的，按实际吸纳下岗失业人员的人数，每人每年2000元的标准，扣减应纳企业所得税。但劳动密集型产业市场竞争比较激烈，企业利润微薄甚至亏损经营，很难用足现行的优惠政策，最终弱化了税收优惠政策的激励效应。今年开始实施的新企业所得税法也并非"雪中送炭"，虽然增加了小型微利企业减按20%的税率征收企业所得税的税收优惠项目，但其"从业人数不超过100人"的界定条件显然把大部分劳动密集型企

业拒之门外。

三、促进劳动密集型行业发展的税收政策建议与税收管理取向

总的来看，在石狮市的经济结构中，劳动密集型产业在较长时期内将占据主导地位。如果人为超越这一阶段，片面追求资本密集和技术密集，就可能出现高技术产业竞争力尚未形成、劳动密集型产业的优势又过早丧失的被动局面。对此，应该借鉴周边国家和地区的成功经验，遵照税收政策原则和经济发展方向，积极化解产业发展的瓶颈问题，进一步提升劳动密集型产业素质，为促进资本和技术密集型产业的发展奠定坚实的基础。我们认为，税收政策与税收管理需要在以下几个方面进行改进：

（一）强化政府对劳动密集型中小企业的帮助与扶持，营造宽松的税收政策环境

在税收政策的制定和实施过程中，一方面，应采取税收优惠措施鼓励和发展企业的科技创新能力，有选择地发展高新技术产业，提高关键产业、骨干企业的资本和技术密集度；另一方面，也不应忽视对以制造业为骨干的传统产业的政策扶持，通过制定有利于中小企业发展的税收政策，大力发展劳动密集型中小企业、资本技术型产业中的劳动密集型加工环节。为此，可考虑：

1. 创立税收补偿基金。从劳动密集型企业缴纳的税收中拿出一部分创立税收弱势补偿基金，针对企业经营情况不同，制定多层次税收补偿标准，以扶持企业壮大。税收补偿基金还可以从非政府组织吸取或是吸引民间基金。

2. 对中小企业实行税收优惠政策。包括降低增值税小规模纳税人的征收率（去年小规模纳税人的增值税征收率已统一调降到3%）；在统一内外资企业所得税的基础上，设置一档低税率以体现对中小企业的照顾，允许中小企业享受加速折旧、再投资退税等优惠。对向中小企业提供信用担保等的机构给予营业税优惠，对向中小企业发展基金提供捐赠的企业和个人实施所得税优惠等。

3. 对劳动密集型企业和项目给予更多的税收优惠。在企业新增加的岗位中安置失地农民或“农民工”、与其签订一年以上劳动合同并依法缴纳社会保险费的，可按照安置人数每人每年4000元定额分别扣减营业税、城市维护建设税、教育费附加和企业所得税或抵减企业所得税。

4. 调整企业所得税政策。将优惠政策的着眼点从单一的促进就业转向增加就业、提高经济运行质量以及充分发挥比较优势等多措并举。对劳动密集型企业用税后利润转增资本再投资的，按一定比例退还再投资部分已缴纳的所得税税款。为了提高劳动者的素质，国家应该允许这类企业税前全额扣除职工的教育经费支出等。

（二）强化税务部门对劳动密集型企业的管理与服务，营造良好的税收执法环境

随着劳动密集型企业的进一步发展壮大，各级税务部门在原有的服务举措上，要更加紧密与企业的沟通联系，提升服务水平，从而降低企业的涉税成本，同时要针对产业本身的特点，就发展过程中的疑点与难点，从税收管理角度考虑如何加以解决，为纳税人主动纳税创造条件。具体可从以下几方面着手：

1. 公正平等地执行税收政策。税务部门应公正平等地执行税收政策，即对纳税人平等执法、平等服务。平等执法就是税务部门对劳动密集型企业的税收征管应严格执行税收政策，不能出现此高彼低、此松彼紧的现象。平等服务就是在宣传税收政策、提供纳税咨询、为纳税人服务等方面应平等地对待不同经济类型、不同产业形态的纳税人，不能因为劳动密集型企业缴纳税收收入少而忽略对其服务。要真正提高纳税服务质量，创造一个良好的公平公正的纳税环境；要认真执行税收优惠政策，充分发挥税收优惠政策的作用，促进劳动密集型企业的发展。

2. 适时调整税收征收方式。针对当前对劳动密集型企业税收征管普遍存在“核定征收”的问题，要认真贯彻国家税务总局禁止违规扩大企业所得税核定征收范围的通知精神，进一步规范对服装鞋帽企业的税收征管，主动帮助服装鞋帽企业建立健全财务制度，严格限制“核定征收”的适用范围，逐步推广对劳动密集型企业的查账征收，从而把更多的劳动密集型企业纳入查账征收的范围。同时，为防止个别效益较好的企业人为选择适用应税所得率的方式，要加强应税所得率管理，以引导企业主动健全财务核算，自觉要求查账征收。

3. 加大涉税违法行为的惩处力度。针对那些“不缴纳税费”的小作坊企业，不应听任其自由发展，而应加以限制。各级税务部门应加强对偷漏欠税者给予严厉的打击，联合公安、安监、工商等有关部门进行统一协调，制定管理办法加大稽查工作的力度。特别是利用公安机关的执法，对严重的偷漏欠税的行为给予追究法律责任，绳之以法，把该收的税足额、及时地征缴入库，确保

税负公平。在市场竞争机制中为优势企业做强做精创造良好环境，使劳动密集型行业健康有序地发展。

（课题组成员：陈晓生　陈成立
执　　　笔：陈晓生
后 期 修 改：吴俊仁）

山区县域经济税源建设探析

清流县地方税务局课题组

一、山区县域经济中税源建设存在的问题

（一）经济总体规模较弱，地方税源总量偏小

地区生产总值小，特别是工业企业规模偏小，创税能力不大是县域经济的重要特征。2007 年，以清流县为例，全县实现地区生产总值 19.4 亿元、地方一般预算收入为 0.63 亿元；规模以上工业企业仅 52 家，共计实现产值 13.8 亿元，实现地方税收 0.11 亿元，占全部地方税收的 14%。整个三明地区仅有永安、尤溪和沙县 3 个县的地区生产总值超过 50 亿元。从全省范围来看，以山区县域经济为主体的三明、南平、宁德、龙岩四个市的地区生产总共为 2050 亿元，仅占全省（9075 亿元）的 22.5%；其中工业总产值为 1971.23 亿元，仅占全省（12506.09 亿元）的 15.8%；而四市的地方一般预算收入共计 108.22 亿元，仅占全省（700.03 亿元）的 15%。

（二）行业税源结构差异较大，不少地方单个行业的税收比重过高

税源过于集中导致了税收增长重心倚重，稳定性较差，如果个别重点行业或企业生产经营或投资出现变化，其税收收入很可能就会因此出现大的波动。就清流县而言，目前其主体税源主要分布在采矿业、建筑业、烟草种植业，其占地税总收入的比重高达 63.6%；而上杭、长汀、龙岩直属局等单位税收收入则偏重于某一行业或企业，如上杭采矿业、建筑业税收占总量的比重超过 70%，龙岩直属局制造业（卷烟）税收占总量的比重达 45%，长汀建筑业税收占总量的比重在 30% 以上。

（三）各地经济发展不平衡，税收收入规模差异较大

由于各地区间在生态环境、资源条件等方面存在差异，导致区域发展不够均衡。从同一个地区来比较，三明的永安 2007 年度实现地区生产总值 107.73

亿元，实现地方税收5亿多元，而清流县仅实现地区生产总值19.4元，实现地方税收0.78亿元；从不同地区比较来看，县域经济发展存在的不均衡现象更加明显，如同样属山区县域，安溪县2007年度实现地区生产总值194.39亿元，是清流县的10倍，实现地方税收7.27亿元，是清流县的9.3倍。

（四）县域经济的产业结构层次不高，第三产业税源的比重低

从全省范围来看，山区县域经济的第三产业升级缓慢。以清流县为例，详见表1。

表1　　2005—2007年清流县三大产业地方税收收入结构表　　（单位：万元）

年份 产业	2005		2006		2007	
合计	4065	比重	5875	比重	7789	比重
第一产业	107	2.6%	123	2.1%	157	2.01%
第二产业	3486	85.8%	5196	88.4%	6949	89.2%
第三产业	472	11.6%	556	9.5%	683	8.8%

由表1可知，2007年第三产业税源所占的比例很小，仅占地方税收的9%；第二产业税源所占比例非常大，达89%，为当地的主导产业。第三产业税收占地税收入的比重偏低，2005—2007年第三产业税收的比重分别为12%、10%、9%。沿海发达地区第三产业的税收一般占地税总收入的60%—70%，而目前清流县仅占10%左右，差距较大。

（五）特色化与资源经济容易产生矛盾，从而影响税源建设的持续性

有的地方谈到发展县域经济，往往等同于直接开采地方特色资源。无疑，资源开采工业是县域经济发展中阻力最小的可行选择，也是短期内最容易见成效的现实选择。然而，自然资源的直接开采往往以牺牲环境和破坏生态为代价。这类资源工业的发展如果控制不好，很可能污染环境和破坏生态，甚至毁掉整个自然及人文历史景观，从而影响到税源的可持续发展。

此外，土地资源匮乏、中小民营企业融资困难、县域信用环境、市场环境、服务环境相对较差、劳动力的文化素质普遍不高、科研基础薄弱等因素也制约了县域经济发展，进而影响了当地的税源建设。

二、山区县域经济税源建设策略建议

在税源培植中，政府应发挥主导作用：要运用科学的产业规划引导税源培

植；要加快骨干培育，做强支柱产业，培植好主体税源；要发展中小企业，培植新的经济增长点。

（一）利用资源优势发展特色工业产业，培植多元化税源结构

积极把握建设海峡西岸经济区的战略机遇，发挥比较优势，大力发展产业集群和循环经济，逐步建立和形成“一县一产业一特色”相互协作的产业集群，不断优化经济税源结构。如清流县提出的“做强产业”：突出资源优势，全力主攻煤及煤化工、林产工业等资源深加工产业，使工业经济发展方式从资源开采型向资源加工型转变，形成若干个具有较强支撑作用、在全省甚至全国占有一定位置的产业集群。尤其要突出建设以特色产业为主导的绿色农业。坚持以工业化理念谋划农业，延伸绿色农业产业链条。依托现有的苗木花卉、豆腐皮、优质水果、畜牧水产等产业和资源优势，围绕其主导产品及其上下游产品开发项目，强化产业链项目招商，缝合产业链断层，促进特色农业产业集群的加快形成，努力向高技术含量、高附加值农产品加工领域进军，实现资源效益在县内最大转化。

（二）大力发展第三产业，优化税源经济结构

目前我省县域经济的三大产业结构为 11.3：49.2：39.5。第二产业、第三产业虽已成为主体，但不少山区县域经济的结构仍然不合理，第三产业比重偏低。发展第三产业既可直接创造税源，又可改善第一、第二产业，特别是第二产业的发展环境，有利于间接创造税源。如清流县提出围绕“一湖”（九龙湖）、“一洞”（九龙洞）、“二泉”（温泉、冷泉）、“三山”（大丰山、灵台山、北斗山）、“四景”（毛泽东旧居、景秀园林、玄武岩、赖坊古民居）的温泉生态旅游体系，加快旅游景区建设、完善配套设施、突出地方特色，全力打造全省乃至全国一流的“旅游名县”。

（三）做大做强县城经济，以县城经济带动县域经济发展

我省县市资金、土地等资源有限，如分散使用势必造成资源配置效率低下，很难做成大事。县城是县域经济发展的中心，突出建设县域经济中心，提高资源配置效率，把县城做大做强，能有效的带动县域经济的发展壮大。例如清流县提出的“三大工作重点”中首先就是“做大城区”：坚持高起点、高品位，把城区控制面积从 18 平方公里调整为 30 平方公里，建成城区面积从现在的 3.2 平方公里逐步扩大到 8 平方公里以上，并力争“十一五”期间完成建筑面积 30 万平方米以上，实现“一年打基础，三年出形象，五年大变样”的目标，努力把县城建设成为闽西北最佳人居地和休闲、度假、旅游目的地。

（四）实施项目带动战略，促进地方税源建设

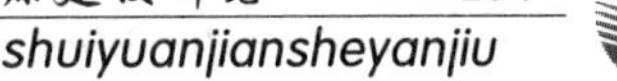

项目投资保持一定的规模和增长速度，才能更好地促进国民经济的持续、快速、健康发展，才能更好地促进地方税收持续稳步增长。例如龙岩市通过开展“三个一百”重大项目建设和“双百”竞赛活动，深入实施项目带动战略，积极培育和发展“10+3”产业，促进了经济结构的调整、转型和升级，对优化税收结构、培育税基、增加地方税收入起到了积极的作用。又如尤溪县紧紧围绕“环境谁优我更优，服务谁好我更好”的建园宗旨，精心打造“您带项目资金来，剩下的事我们办”这一招商品牌，已吸引入驻企业73家，总投资18.6亿元，并且初步形成了林产工业和轻纺工业两大产业集群，仅目前入驻的73家企业全部达产后，开发区即可形成年工业产值26亿元、利税1.8亿元的规模。

（五）强化税源监控，掌握税源管理主动权

一是细化税源调研分析。充分利用税收调研这个平台，深入分析当前税源的分布点及增长点。二是预测好税源发展变化。利用信息化手段，将税收收入与经济发展紧密结合，预测税源变化趋势。三是制定好税收指导计划。精心编制内容包括税源的形成、分布、培植、增长趋势和组织收入的计划，预测好下期的税收收入，指导好组织收入。四是强化税源管理监控。形成分县局、管理分局、税管员的三级管理模式：县局以行业为重点，实行动态管理；管理分局以类别为重点，实行精细化管理；税管员以企业为重点，实行户籍式管理。

（六）以人为本，做优税收服务

一是规范简化程序。规范办税服务大厅的设置，为纳税人办理涉税事宜提供一个舒适的环境；规范办税程序，明确办理各项涉税事项的具体程序；规范窗口设置，简化办税流程，加强内部运作。二是坚持以人为本。实施更加透明、便民的服务措施，开启多元化申报服务方式。三是持续提升服务。积极主动服务，对重点项目、重点纳税人实行上门服务、限时办结。加强效能建设，提高行政效能，为“海西”经济发展创造优良的服务环境。

此外，还要从转型县域产业组织方式，建成县域产业集群的核心；大力发展民营经济，培育县域经济发展的核心动力；倡导生态循环经济，保护税源发展持续性等方面促进县域经济的发展，从而促进县域地方税源的培植建设。

（执笔：孙宝荣）

晋江模式对税源的影响及走势分析

晋江市地方税务局课题组

一、晋江模式发展过程及面临的困境

“晋江模式”是时任国务院农村发展研究中心特约研究员的罗涵先在《乡镇经济比较模式》一文中第一次提出的。其最初内涵，被概括为“以联户集资的股份合作制为主要形式，以侨资为依托，以市场为导向，以国产小洋货为特征，以股份合作制为主，多种经济成分共同发展的经济发展道路”。① 其特征被概括为以“市场经济为主、外向型经济为主、股份合作制为主、多种经济成份共同发展”（简称“三为主，一共同”）。②

（一）晋江模式发展历程

晋江经济发展主要经历四个阶段：

1. 传统工业探索阶段。1978 年，晋江的 GDP 为 1.45 亿元人民币，人均 154 元；农民人均纯收入 107 元，仅为当时全国农民人均纯收入的 80%；财政收入 1488 万元，是一个严重入不敷出的穷地方。③ 十一届三中全会后，当时的陈埭镇利用侨乡闲散的资金、房屋、劳力等“三闲”起步，联户办企业，做“三来一补”（来料加工、来样加工、来件装配和补偿贸易）业务，走上了一条乡村工业化的发展路子，“三资”企业也迅速发展起来。1984 年，陈埭镇成为我省第一个亿元镇，被时任福建省委书记的项南同志誉为“乡镇企业一枝花”。随后，全县各乡镇纷纷仿效创办，各种县乡办、村办、联户办、个体企业迅猛发展，到 1985 年，全县参加联户集资办企业的群众达 3.46 万户，占

① “1986 年晋江关键词：晋江模式”，《世纪商业评论》，2004 年 12 月 3 日。

② 1994 年 12 月在中国农村发展道路（晋江）研讨会上作出的概括。

③ 林永传：“侨乡晋江连续 14 年位居福建十强县（市）之首”，中国新闻网，2007 年 12 月 5 日。

全县总户数的16%以上。这些企业依托侨乡优势，在创办乡镇企业的同时，开始与外商签订“三来一补”合同，承接来料加工、来样加工、来件装配和补偿贸易，为下一步发展打下了良好基础。

2. 工业化大步推进阶段。1992年，晋江撤县设市，同时被确定为福建省综合改革试验区，到了1994年中国农村发展道路研讨会在晋江召开、“晋江模式”得到普遍认可的时候，晋江已经跃居中国百强县的第15位，成为福建经济实力“十强”县之首。而晋江人生产的种种小商品，从鞋、小食品、日用陶瓷、玩具到卫生巾，早就在不知不觉中进入了中国百姓的日常生活。这一阶段，晋江市委、市政府开始探讨发展市场化道路，着力构建市场体系和经济运行机制，打牢经济发展的市场基础，“四个集中”（耕地向规模经营集中、企业向工业园区集中、民宅向居住新区集中、人口向城镇和市区集中）、“三个提高”（提高经济质量、提高全民素质、提高城市品位）、“四大创新”（制度创新、技术创新、管理创新、市场创新）等一系列发展思路相继提出，大大提高了晋江的工业化水平。

3. 多产业集群共同发展阶段。东南亚金融危机后，晋江企业面临内销不振外销难的局面，晋江市政府于1998年提出“品牌立市”战略，并在全省率先为鼓励企业创新创牌设立了高额奖金，获得中国驰名商标的企业奖励100万元。品牌战略取得了良好的成效，产生了中国驰名商标27枚、中国名牌产品18项、中国出口名牌产品2件，国家免检产品及生产企业45项，连续多次被评为“全国质量兴市先进市”。七匹狼、劲霸、柒牌、361°、德尔惠、金莱克、九牧王等7个品牌入选2005年“中国500个最具价值品牌”。① 晋江市委、市政府及时引导条件成熟的企业转变家庭式的经营方式、建立现代企业制度，创名牌、拓市场，做大做强企业，有力地促进了经济和社会发展。

4. 新型工业化发展阶段。经过近30年的奋斗，晋江已从一个贫困的农业大县转变成为基本实现工业化、城市化、现代化的先进地区，其大部分经济社会发展指标已经达到或超过现代化标准。这被称为是“新晋江模式”。其内涵即在工业化、城市化、社会事业现代化三个领域实现了县域现代化的成功探索。② 专家认为，新晋江模式可概括为：内发外向、一镇一品（指以本土化企业为主，积极吸纳外部资源要素，突出产业集群优势，各镇形成自身的产业优势）；城乡联动、珠链布局（指将晋江作为城市来建设，坚持工贸结合、转型

① 蔡小伟、赵鹏：“晋江：如何成为‘品牌之都’”，《人民日报》，2005年10月31日。

② 林永传：“‘新晋江模式’折射中国县域现代化发展的希望”，中新社，2007年12月5日。

外向、城乡协调发展方向，努力建设青阳、安海、晋南三个经济区，形成三足鼎立、辐射力强的侨乡新城）；关注民生、共建共享；通过工业化、城市化和社会事业现代化，推进城乡协调发展，经济社会协调发展，基本实现县域现代化，即“三化促两协调”。①

（二）晋江模式遭遇的发展瓶颈

晋江经过高速发展后，出现几个比较根本的问题：家族企业做大达到几个亿的销售额后，传统的明星加广告轰炸的营销套路效果不彰，发展后劲明显不足；企业家素质低和高级管理人才的匮乏造成一些企业模仿能力强创新能力不足，扩张意识强发展能力不足；劳动密集型产业受到缺工、缺地、出口配额限制和人民币升值等因素困扰，利润不断下降。中小出口企业由于受到本币不断升值而纷纷倒闭；品牌规模企业受制于闽南的商业环境和长、珠三角巨大市场的吸引，有外迁的动向。从规模以上工业企业实现利润总额就可以看出：2003年1039家规模以上工业企业实现利润32.06亿，2004年晋江1216家规模以上工业企业实现利润总额39.7亿，在全市工业总产值增长16.9%的环境下，作为全市工业骨干的规模以上企业的平均利润仅增长5.8%。② 高产出带来的不是高利润，而规模企业决定一个城市的发展潜力。因此，如何转变传统粗放式的高能耗、高投入、低产出生产经营方式，进入集约式的知识化、技术化经营时代，这些面临的问题，已经成为晋江二次创业的“瓶颈”。如果要实现在2010年“111662”目标工程，即到2010年，实现地区生产总值比2005年翻一番，财政总收入达到100亿元，农民人均纯收入突破1万元；市区建成面积60平方公里，市区人口达60万人。以2006年的生产总值492.5亿为基点，年平均生产总值年增幅要达到近20%，比“九五”和“十五”期间平均增幅13.5%和近15%要高好几个百分点，如果没有转变这种粗放发展模式，或者没有规模较大的投资刺激，难度很大。

二、晋江模式对税源的影响分析

（一）从纵向分析呈现“三高”

1. 外向型经济占税收比重高。晋江港澳台侨胞多，与东南亚其他国家也有浓厚的缘亲关系，正是依托这种优势，晋江模式从一开始就凸显“外向型

---

① 张金贵：“‘晋江模式’演绎新涵义”，《侨乡科技报》，2007年11月22日。

② 2003年、2004年晋江市国民经济和社会发展统计公报。

经济导向”这一特征。其最初体现是民间自发性地承接“三来一补”业务，20世纪90年代后，市政府高度重视借助外资推动力发展晋江经济，也由于外资企业享受的税收优惠，“外资”性质受到普遍青睐，外资企业户数猛增，截至2008年5月，晋江外资企业户数达1750户，占企业总户数的20%。下面就内外资企业入库的所得税进行分析（见表1）。

表1　　晋江近几年涉外企业所得税及内资企业所得税比较　　（单位：万元）

年　份	项目	涉外企业所得税	企业所得税	合　计
2003	入库税收	18589	17313	35902
	比重	51.78%	48.22%	—
2004	入库税收	25129	28631	53760
	比重	46.74%	53.26%	—
2005	入库税收	33006	35003	68009
	比重	48.53%	51.47%	—
2006	入库税收	42247	41104	83351
	比重	50.69%	49.31%	—
2007	入库税收	46557	56857	103414
	比重	45.02%	54.98%	—

注：上面数据从国、地税征管系统查出。

从表1中可以看出，近5年，晋江外资企业入库的涉外企业所得税占入库所得税总额的比例都达到45%以上。2006年，外商及港澳台投资企业规模以上总产值为610.74亿元，占规模以上工业总产值的68.03%①；2007年，外商及港澳台投资企业规模以上总产值为760.36亿元，占规模以上工业总产值的67.54%②。

从另一个角度可以看出，外向型经济为主的晋江企业导致国地税税收收入差距大：2006年，地税税收入库数为19.86亿元，国税税收入库数为30.35亿元；2007年，地税税收入库数为25.6亿元，国税税收入库数为37.3亿元，国税税收入库数平均为地税的1.46倍。然而，仅从地方税源上分析，外资企业的贡献率却不大，2008年1—5月份，纺织服装工业产值前十位的核心企业，除福建七匹狼实业股份有限公司、晋江市浩沙制衣有限公司和福建鑫华股

① 晋江统计月报，2006年12月。

② 晋江统计月报，2007年12月。

份有限公司外，其他7家均为外资公司，上半年入库的正常税收约850万元，三家内资公司入库税收1946万元；制鞋、化纤以及纸制品行业也存在类似情形，如福建恒安集团有限公司及其12家子公司1—5月收入实现16.45亿元，缴纳地方税费1299.29万元，地方税费负担仅占销售收入的0.79%。

2. 民营企业占税收比重高（见表2、图1）。

表2　晋江近几年各种类型企业入库地方税收情况　（单位：万元）

项目＼年份	2004		2005		2006		2007	
	入库税收	比重	入库税收	比重	入库税收	比重	入库税收	比重
企业所得税	28631	—	35003	—	41104	—	56857	—
国有企业	3958	13.82%	5838	16.68%	5806	14.13%	5768	10.14%
集体企业	4748	16.58%	3235	9.24%	2896	7.05%	2682	4.72%
民营企业	19925	69.59%	25930	74.08%	32402	78.83%	48407	85.14%

注：上表数据从地税征管系统查出。

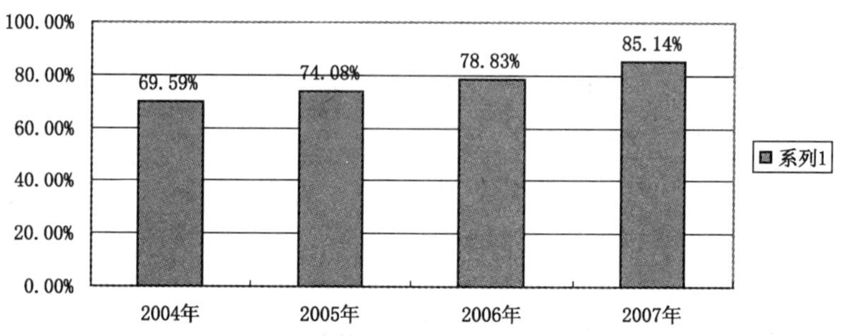

图1　民营企业占地方税收比重

晋江企业中民营企业(含港澳台和外商投资企业)占74%①,家族式民营企业尤其盛行,这与晋江经济的发展有内在根源性。纺织服装、陶瓷建材、制鞋业、塑料玩具、食品饮料是晋江的五大传统产业,而家族制的管理具有代理链短、管理成本低、机制灵活等诸多优势,尤其适合这些传统产业的早期发展。

晋江民营企业从一开始就在晋江模式发展史上扮演至关重要的角色，对税收的贡献也是无可厚非。从上面两表可以看出，近四年，民营企业占地方税收的比重都在高位运行，且每年都呈上涨趋势，平均上涨百分比为5.18%，2007年较2006年上涨幅度更达6.31%，上涨势头强劲。从国税收入来看，2007年，民营经济稳固支撑国税收入，累计入库35亿多元，占国税当年各项

① 从地税征管系统中查询,数据截止到2008年6月。

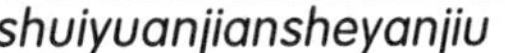

税收收入 37.3 亿元的 93.8%。

3. 传统产业占税收比重高。晋江的产业集群大都是劳动密集型产业，从入库增值税来看，2006 年，晋江五大传统产业也是晋江的主导产业，即纺织服装、制鞋、陶瓷石材、食品、轻工玩具业累计实现工业增值税 18.58 亿元，占入库增值税总额 24.3 亿元的 76.5%，3/4 强；2007 年，该五大传统产业累计实现工业增值税 23.9 亿元，占入库增值税总额 30.13 亿元的 79.6%，约为 4/5,份额较 2006 年又有增长。可见晋江的劳动密集型产业依然占据绝对主导位置。近年新兴五大比较具有技术含量的产业：车辆机械、精细化工、生物制药、纸制品、新型材料，2006 年实现工业增值税 2.42 亿元，占 9.96%；2007 年实现工业增值税 3.31 亿元，占 11%，属于晋江培育的先导产业。2006 年、2007 年这十个产业累计共占当年增值税的 86.5%、90.6%，其余的大都是规模小的非支柱的劳动型产业。

（二）从横向分析凸显“两低”（与“苏南模式”的差距比较）

苏南模式是中国县域经济发展模式的重要典型，主要特征是：农民依靠自己的力量发展乡镇企业；乡镇企业的所有制结构以集体经济为主；乡镇政府主导乡镇企业的发展。其麾下的昆山、江阴、常熟、张家港等市在国家统计局公布的 2005 年全国综合经济实力百强县中占据 6 位，显示其强大的生命力，江阴市更是在第五届中国县域经济基本竞争力评价中名列第一，其他还有多个县市名列前十，显示其潜力巨大。晋江模式下的税源同苏南模式存在以下差距：

1. 财政收入占 GDP 的比重低。表 3 为江阴市、昆山市和晋江市近几年 GDP 和财政收入比较。

表 3　　江阴市和晋江市最近四年 GDP 和财政收入比较

年　份	项　　目	江阴	晋江	昆山
2003	GDP（亿）	508.02	380.02（未重估）	430.37
	财政收入（亿）	68.61	27.02	66.25
	GDP 增幅（%）	21.1	15.8	31.5
	财政占 GDP 比重（%）	13.51	7.11	15.4
2004	GDP（亿）	638.26	438.87（未重估）	570
	财政收入（亿）	92.14	33.11	85.83
	GDP 增幅（%）	25.64	13.5	24.5
	财政占 GDP 比重（%）	14.44	7.54	15.1

续表

年　份	项　　目	江阴	晋江	昆山
2005	GDP（亿）	788	422.75	730
	财政收入（亿）	108.38	38.65	116.82
	GDP 增幅（%）	23.46	—	24.1
	财政占 GDP 比重（%）	13.75	9.14	16.0
2006	GDP（亿）	980	492.5	932.01
	财政收入（亿）	140	48.59	151.38
	GDP 增幅（%）	22.8	14.8	24.9
	财政占 GDP 比重（%）	14.29	9.87	16.24

注：①按照国家统计局要求，从 2004 年 1 月起，地区 GDP 的中文名称更改为“地区生产总值”，特定地区的 GDP 可用行政区名字作定语，如晋江市 GDP 中文名称改为“晋江市生产总值”。

②一地区的生产总值由上一级统计机关发布，主要是为了防止生产总值产生水份。

③晋江 2003 年、2004 年的生产总值为按当年价格计算得出的数据，而 GDP 增幅比例按可比价格计算，数据来源于晋江市统计局发布的《年度国民经济和社会发展统计公报》。晋江市统计局没有公布 2005 年度统计公报，数据来源 2006 年 10 月 31 日《人民日报》。2005 年度的生产总值重新评估后缩水 15.5%，导致以前年度的 GDP 统计数据也要相应缩水。

④因晋江市统计局没有重新估算 2003 年和 2004 年统计数据，本文仍取原数据，故前后不一致。

⑤晋江市 2006 年数据来源于晋江市统计局发布的《年度国民经济和社会发展统计公报》。

⑥江阴和昆山的数据来源：当地统计局公布的各个年度统计公报。

从表 3 可以看出江阴经济的几个特点：①GDP 增长率为 25%，较晋江的 15% 增幅高出一个层次，即三年可翻番，速度够快；②税收占 GDP 比重高，平均为 14%，而晋江市平均仅为 7.46%，“亩产”为晋江的近两倍，经济增长带来充足税收；政府用于市政建设和重点工程的投资拉动作用更大；③GDP 增长和税收收入步入良性大循环，比晋江市的小循环作用更明显。

为什么晋江市的财政收入占 GDP 的比重那么低，特别是 2003 年和 2004 年 GDP 未重估的比例更低，只有 7.11%，是江阴市的一半。也就是说，同样的产出，所贡献的税收是人家的一半（可能 GDP 高估）。即使是 2005 年 GDP 重估后升到 9.14%，也低于同年全省的比例 12%（786.83 亿元/6560 亿元），[①] 更不用与江阴的 13.75% 和昆山的 16% 相比，同期全国的比例更是高达 16.93%（30866 亿元/182321 亿元）。为何税收“亩产”这么低？如果是因

① 《2005 年福建省国民经济和社会发展统计公报》。

为外资减免税政策优惠导致，那么苏南的昆山，外资所占比重比晋江更高，2004 年昆山工业总产值 1633.31 亿元，其中外商港澳台投资工业总产值 1387.22 亿元，占 85%；[①] 同年，晋江工业总产值 757.14 亿元，其中外商及港澳台商投资工业产值 407.71 亿元，占 54%，[②] 昆山外资占国民经济的比例比晋江高了 31 个百分点，但其税收占 GDP 比例依然是晋江的近两倍。因此，外资众多对税收收入有一定的影响，但最主要原因不是外资税收优惠政策。那是不是税务部门征收管理不力？从税收征管的角度来讲，晋江的税务部门的征管力度逐年加强，在实际中，漏征漏管户已经很少了，连只有几人的小加工户也纳入征管。这几年晋江税收的年增幅 2003 年 34.9%、2004 年 22.6%、2005 年 16.7%（受虚开增值税发票案影响）、2006 年 25.7%，[③] 年增幅平均 25%，超过 GDP 增幅 10 个百分点，更证实除了经济增长导致税收增收外，税务部门“向管理要税收”也成绩不俗，而不是征管力度不够。究其原因，这主要在于：企业纳税申报的销售额与统计部门 GDP 的统计口径存在出入，一方面是企业纳税申报的销售额存在“短缺”，另一方面统计部门在统计 GDP 时存在水份。这种现象屡见不鲜，某晋江企业为争取上市，在上市辅导期内自觉补缴申报销售额及所得税，其补缴的企业所得税达几百万，可以推测其平时少申报的销售额有多少。2005 年，某晋江品牌企业在申报中国名牌时上报的销售额达 10 亿元，而向税务部门申报的销售额只有 2 亿元。此外，统计部门在统计 GDP 时是很多根据一般纳税人企业自行申报的销售额加上适当估算小规模企业产品价值得出的，这种统计手段很容易导致计算出的数额存在水份。

2. 规模企业利税贡献率低。苏南的江阴主要靠资本运营、其他苏南模式，主要是靠招商引资。在资本市场上，“江阴板块”拥有各类上市公司 19 家，基本上是规模超大的乡镇企业。2005 年，华西集团营业收入突破 300 亿元，9 家企业跻身“中国企业 500 强”，23 家企业入围全国大型工业企业。相比拥有“中国驰名商标 20 枚、中国名牌产品 18 项、国家免检产品 45 件，福建省著名商标、省名牌产品 187 项，7 个品牌入选 2005 年中国 500 个最具价值品牌”的“品牌之都”晋江，品牌规模企业没有真正实现规模化。2005 年晋江最大的民营企业恒安集团销售额才 20 亿元，而江阴 2005 年销售超过 20 亿元的企业就达 19 家，其中最高销售额的华西村 2006 年销售超过 400 亿元，为国家贡

---

① 《2004 年昆山市国民经济和社会发展统计公报》。

② 《2004 年晋江市国民经济和社会发展统计公报》。

③ 2003 年、2004 年、2005 年、2006 年晋江市《国民经济和社会发展统计公报》。

献税收超 7 亿元。[①] 2004 年江阴规模企业工业总产值占全市工业总产值 87.22%，比晋江同期高出 11 个百分点。其规模工业产值总量是晋江的 2.87 倍，88 家骨干企业平均利税水平 1.34 亿元。[②] 到了 2005 年出现税收超亿元企业 2 家。[③] 到了 2006 年 8 家企业年营业收入超百亿元，新增税金超亿元企业 3 家，9 家企业跻身中国企业 500 强。[④] 而晋江 2006 年三十几家“国字号”的企业（也是晋江的骨干企业，晋江国字号企业总共 69 家，但一些司法认定的中国驰名商标企业规模和入库税收均太小，因此“国字号”的含金量也打折）平均纳税 1100 万，虽然 2006 恒安集团 12 家所属子公司国税纳税 22788.5 万元。[⑤] 但只是“一花独秀”，其他“国字号”企业实力不在同一平台，不能形成一个超大规模企业集团来提高税收贡献水平。跟“大树成荫”的江阴相比，晋江的企业规模差距无疑巨大。

三、晋江模式对税源走势分析

针对晋江模式发展遭遇的瓶颈问题，晋江市政府正积极引导企业谋求突破，2007 年，市政府精心组织了如何提升晋江产业发展水平、提升晋江外向型经济发展水平两个重点课题的调研。市委杨益民书记在接受记者采访时也表明了现阶段晋江的发展思路，即首先要正确处理好传统产业与新兴产业的关系，加快产业升级，增强自主创新能力。一方面引导企业深化资本运营和品牌经营，另一方面发展总部经济、会展经济和物流经济等现代第三产业，以电子信息、新型材料、装备制造等产业的生产，加快国家体育产业基地建设。其次，正确处理好经济发展与生态文明的关系，创新发展观念，增强环境承载力。[⑥]

在未来几年中，处于产业整型阶段的晋江模式，在税源方面将体现以下几个特点：

（一）税源增长速度整体趋缓

传统产业比重大决定了近阶段税收增速整体趋缓。前面提到过，晋江的五

① 《华西村建村 45 周年　今年销售收入超 400 亿元》，新华网，2006 年 12 月 23 日。

② 《2004 年江阴市国民经济和社会发展统计公报》。

③ 《2005 年江阴市政府工作报告》。

④ 《2006 年江阴市政府工作报告》。

⑤ 陈少恭：“去年晋江增值税入库 24.3 亿元五大新兴产业猛增 41.35%”，《晋江经济报》，2007 年 1 月 26 日。

⑥ 邵芳卿：“解读县域现代化之‘晋江模式新发展’”，《第一财经日报》，2007 年 12 月 12 日。

大传统产业，即纺织鞋服、建材陶瓷、食品加工、电子玩具，2006 年入库增值税约占晋江国税局全年增值税收入总额的 3/4，2007 年约占 4/5，五个传统产业就占到这么高的比例，足以看出晋江经济以劳动密集型产业为主导。同时，我们还应该清楚地认识到，虽然在大型品牌企业，新材料、新技术、新管理模式已逐步应用于现实生产，但由于创新意识的普遍缺乏，研发、技术、管理上的投入少，产品款式、品牌形象、营销渠道等“克隆”、“复制”现象严重，没有形成自有的核心技术和拳头产品，因此，晋江企业产品的核心价值和比较优势相对欠缺，很容易被其他地区的企业赶超和替代。诸多因素决定晋江传统产业仍停留于粗放式的高能耗、高投入、低产出的经营方式，产品附加值小、技术含量低。

近年来，受到许多不利影响，缺工、缺地、缺能源导致企业开工严重不足，人民币升值、反倾销调查、出口配额限制大大降低了企业的利润。随着工人工资的逐渐提高，原本中国具有的廉价劳动力优势正在逐步转移至东南亚，晋江也是如此。特别是 2007—2008 年，晋江传统行业更是经历了前所未有的寒冬。人民币持续升值、出口退税率下降、原材料和煤油价格日益攀高、货币政策从紧、劳资价格上涨等一系列的不利因素铺天盖地地袭来，许多传统行业的企业纷纷倒闭。据估算，近两年来，晋江处于倒闭、停工半停工状态的中小型企业达近千家，而这种负面效应还要在更长一段时间内消化。2008 年上半年，地方税收收入增幅为 18.4%，相比去年同期增幅（27.03%）下降了 8.63 个百分点；同期，国税收入增幅为 14.4%，相比去年同期增幅（25.2%）下降 10.8 个百分点，经济增速放缓导致税收收入上涨速度明显减慢。

从全球角度看，东南亚、非洲国家的传统制造业正异军突起，他们以更为廉价的优势欲以取代我国的传统出口商品。近年中央部委接连作出的一系列宏观政策调整，表明中国已下定决心，坚决引导产业结构向集约式的技术化、知识化转型，力图在新一轮的国际经济中保持竞争优势。不管是迫于宏观政策压力还是整个经济发展环境使然，如果不及时促进产业结构优化和升级，那么晋江经济可能陷入衰退阶段。这些原本是“晋江模式”崛起的产业优势，就会成为妨碍晋江二次创业的劣势。

晋江传统企业完成转型的过程并不是一蹴而就的，这其中必定有企业要经历倒闭的惨痛，也要经历重建的艰难。凤凰涅槃，是为了重生后的辉煌，下阶段，晋江传统企业应痛定思痛，理清思路，追求历史的跨越。在我国今年确定放缓经济发展速度，下调 GDP 增幅目标的大环境下，晋江经济要保持高速增长是不太可能的，因此，晋江税收在传统产业顺利转型前要强劲增长的可能性也不大，税收收入形势不容乐观。

（二）新兴产业税收增长后势强劲

2006 年，五大新兴产业入库增值税 2.42 亿元，2007 年入库增值税 3.31 亿元，分别占当年增值税的 9.96% 和 11%，五大新兴产业已呈现良好的增长势头。为突破传统产业发展所不可避免的瓶颈期，适时引进高新技术产业，晋江市政府开始着力在新兴产业项目上招商引资，并先后成立了工业科技园区和出口加工区，截止到 2007 年上半年，晋江工业科技园区就现有规模以上企业 85 家（其中外资企业 54 家），平均投资规模都在千万元以上。近一两年来，又有金保利太阳能、冠科光电、晶蓝电子、太古复合材料、金鹰印刷等一批高新技术项目相继在晋江落地，仅“金保利能源”和“冠科光电”两大高新项目，5 年时间项目及配套企业所形成的产值就将超过千亿元。下一步，市政府将进一步提升招商园区的国际化、专业化水平，谋划建立科技信息、生物工程、机械制造、环保能源等专业园，新兴产业将成为晋江县域经济和税源的重要增长点。

（三）上市企业担当税源生力军

2007 年，晋江市共有 10 家企业在境内外上市，其中风竹纺织、七匹狼、SBS（浔兴股份）、梅花伞业在国内上市，恒安、安踏在香港上市，其余如福兴拉链、蜡笔小新、福联织造、野力体育等在新加坡上市。2008 年上半年，又有鳄莱特在新加坡上市。企业上市对晋江企业加大融资力度、规范经营管理、增加科技投入、引进高端人才等方面，都有显著的促进效应。不仅如此，企业改制上市在创收创利的同时也成为晋江税收的重要增长源，2007 年前 8 个月，安踏公司的入库增值税就达到了 9042.7 万元，同比增长 2.07 倍，2007 年，10 家上市公司总纳税额达 6.227 亿元，平均每家 6227 万元，同比增长 45.72%。为加快打造证券市场上的“晋江板块”，晋江市政府在综合考察企业规模实力、上市意愿和发展潜力等基础上，划分近期、中长期、远期三个类别，选择条件相对成熟的上市后备企业作为重点对象倾斜扶持、强化指导、促成改制。这些企业也为增加税收作出了积极贡献，2007 年，原 37 家上市后备企业总纳税额 4.56 亿元，平均每家 1232.4 万元，同比增长 66.57%，均高于财政收入平均增长水平 24.1%。2007 年，仅这 10 家上市企业及 37 家上市后备企业纳税总额达 10.787 亿元，占晋江市财政收入总量的 17.89%，占财政收入增量的 32.25%①。上市后企业的改变和提升让晋江市的决策者和企业家

① 《上海证券报》，2008 年 5 月 30 日。

更加坚定了打造股市“晋江板块”的决心和信心，预计到2010年，全市上市企业将达20家以上。上市企业在经过规范运作，充分利用资本优势后，将保持可持续发展的强大后劲，进一步做大做强，并成为晋江税源的生力军。

（四）现代服务业呈现税源新亮点

发展第三产业是加快工业化、现代化的必然要求，对于促进国民经济协调发展、提高经济效益、加快城市化进程都有重大作用。2006年，晋江第三产业完成地区生产总值（GDP）157.41亿元，2005年完成GDP153.3亿元，比增13.4%，均占两年三次产业总量的32%。2006年，第三产业贡献地方税收7.22亿元，同比增长36%，扣除房地产因素后同比增长24.7%；2007年，第三产业缴纳地方税收9.73亿元，同比增长34.8%，扣除房地产因素后同比增长26%。第三产业显示出强劲的增长势头。而现代服务业则是发展第三产业的关键，也是符合晋江实际，总部经济、会展经济和物流经济等现代服务业发展规划已纳入市政议程。目前，晋江已具备公路、空港、海港交通优势，未来福厦铁路和泉三高速公路、围头港5万吨舶位落成后，更是有利于运输、仓储和代理等物流企业的发展。近期，晋江又和美旗集团签订了国际采购中心（海峡西岸国际采购与区域物流配送中心）项目合同，该项目用地总面积约3000亩，总投资达12亿美元，建成后每年将举办各类会展30—40次，年交易额预计达人民币500亿元，计划为地方年创税收20亿元。现代服务业已向我们展现出广阔的发展空间，只要我们牢牢把握机遇，将服务业与制造业联动发展，做强商贸物流业、发展现代城市经济，晋江现代服务业的发展一定前程光明，其对地方税收的贡献必将水涨船高。

（课题组成员：童欲晓　王志前
陈玉林　郭琦琦）

推进“海西”新农村建设税收职能建设研究

——透过“圣农现象”看新农村建设税收问题

南平市地方税务局课题组

一、福建圣农集团产业化发展及其对新农村建设的成果

（一）圣农集团基本情况介绍

圣农集团目前占地6000余亩，60个生产基地，员工5200人。福建圣农实业有限公司为母公司，下辖福建圣农发展股份有限公司、福建圣农食品有限公司、福建圣农餐饮发展有限公司、光泽县富明纸业有限公司、福建省光泽县兴瑞液化气有限公司5个子公司和福建圣农有机肥厂1个子工厂。目前年肉鸡饲养能力4500万只，占据全国同行业第二位；年肉鸡加工能力1.2亿只，为全国第一。2005—2010年，圣农将累计完成饲养加工建设投资12亿元，实现年饲养加工1.2亿只肉鸡的产量目标，日宰杀量由目前的15万只达到2010年的40万只，年宰杀量1.2亿只。成为中国乃至亚洲最强、最大的以肉鸡生产、加工、销售、餐饮零售为主导，配套设施齐全的现代肉鸡产业集群。

圣农实业有限公司自1983年创立以来，经过近25年的农业产业化实践，目前已经发展成为了一个集饲料加工、种鸡饲养、苗鸡孵化、肉鸡饲养、屠宰加工、食品深加工、产品销售为一体并具有国际标准水平的现代肉鸡生产加工国家级农业产业化龙头企业。作为中国南方规模最大的白羽肉鸡生产养殖、屠宰和加工联合企业，“圣农集团”也成为了肯德基公司中国五大核心鸡肉供应商之一和麦当劳、德克士的主要鸡肉供应商。

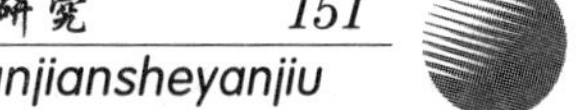

尤为重要的是，“圣农集团”以其近25年的农业产业化创新和实践，成功地探索出了一个在我国传统农区发展现代畜牧业具有多方面启示意义的重要模式，即通过实行肉鸡业的一体化、规模化、标准化、品牌化和生态化经营，坚持走资源循环利用的可持续发展道路，从根本上解决了肉鸡生产和加工的质量安全问题，在市场上稳固地树立了“圣农”品牌，极大地提高了企业的核心竞争力，最终实现了经济效益、社会效益和生态效益三者的有机结合，并且对解决我国农村经济社会发展中的一些重大难题，例如，如何构建我国现代畜牧业？如何保证食品安全与生物安全？如何壮大县域经济，提高农民收入？如何保持生态平衡实现可持续发展等，贡献了有益的实践经验和理论探索，并在加快“海西”新农村建设中形成了特有的“圣农模式”。

（二）“圣农模式”的运作方式和效果

1. “圣农模式”主要运作方式。“圣农模式”是圣农集团近25年来肉鸡业产业化实践的历程和结果，从实证研究的角度，我们按照“圣农模式”实际运行的轨迹，将其主要内容和做法归纳成以下几个方面：

（1）确定了生物安全产地，形成肉鸡业发展的绿色屏障。肉鸡养殖是一个高度环境依存型产业，良好的产地条件和选址对肉鸡养殖的质量安全有很大的影响。圣农的肉鸡产业选择了闽江源头，武夷山腹地的福建省南平市光泽县。光泽县位于福建省西北部，武夷山西南麓，是鹰厦铁路入闽门户，316国道横贯县境，县城距武夷山机场仅百公里。光泽县土地总面积2232平方公里，全县耕地面积19万亩，是久负盛名的全国商品粮生产基地，南方重点林区，森林覆盖率达76%，国家级武夷山自然保护区有28万亩在光泽境内。光泽县素有“绿色金库”之称，境内溪流纵横，拥有丰富和优质的水资源，全县年平均气温17℃—22℃，气候宜人，无工业污染，方圆500公里范围内无其他工业化肉鸡饲养企业，拥有沿海和城市地区无可比拟的自然和生态优势。这一比较理想的生物安全产地，天然屏蔽了养禽生产中的一些疫病。“圣农”肉鸡产业在光泽县起步、发展、成长、壮大，一直都具有这一得天独厚的生态环境。圣农的种鸡场、肉鸡场，都是选择在青山环抱中的平缓地中建设，具有天然的绿色屏障，加上绿色饲料、新鲜空气、天然水源、为圣农集团规模化优质肉鸡的生产创造了很好的先天条件。

（2）构建了相对完整的循环经济现代化肉鸡产业链条。圣农集团从事的肉鸡产业同我国其他肉鸡企业一样，需要收购或自主养殖肉鸡，对肉鸡进行加工和深加工，最终通过生产肉鸡及其加工产品，在市场上实现其经营目标。但是圣农集团不同于一般肉鸡企业的特色则在于其产业链条从“上游”延伸到饲料生产和饲料加工产业，从“下游”一直发展到通过食品深加工，生产冷冻鸡和熟制品，并且成立了圣农集团美其乐食品餐饮连锁公司，其触角一直深入到全国各地的20多个连锁店。更为重要的是，圣农集团在打造其肉鸡生产加工主业链条的同时，按照可持续发展的指导思想，尊重生态规律，引入循环经济模式，创造性地构建形成了一个相对完整的循环经济现代化肉鸡生产经营链条。

圣农循环经济产业链实际上是以肉鸡饲养加工为核心的循环体系，即在进行优质、高产、高效肉鸡生产、加工和销售的同时，围绕肉鸡生产各个环节产生的废料，进行相应的处理，变废为宝，甚至使其成为企业新的经济增长点。这样最大限度地节约了生产资料，最大限度地利用原料，最大限度地阻止了环境污染，从而形成一个典型的循环经济模式。

圣农集团在公司的经营中，以肉鸡生产、加工、销售一体化为主业，同时经营两类副业，形成“一主三副”产业链，即以种鸡饲养、苗鸡孵化、饲料加工、肉鸡饲养、肉鸡加工、深加工的肉鸡主业链；以鸡粪生产生物有机肥、以生物质（鸡粪）发电的两条副业链；以鸡的废弃物（鸡毛、鸡肠、鸡血）和屠宰下脚料（鸡壳、鸡油、鸡骨架）开发利用的第三条副业链。“圣农”集团形成的“一主三副”循环经济产业链条如下：

以饲料生产→种鸡饲养→苗鸡孵化→肉鸡饲养→肉鸡屠宰→肉鸡深加工的肉鸡主业链；

以肉鸡屠宰→下脚料开发利用（鸡肠、鸡羽毛等下脚料生产高蛋白饲料）为主的生物工程副业链；

以肉鸡饲养→鸡粪生产生物有机肥副业链；

以肉（种）鸡饲养→鸡粪→建设鸡粪发电厂→电能→满足自身（当地）生产电能需求的再生能源副业链（现已投入2.5亿元，建立起全国第一座鸡粪发电厂，也是亚洲第一大鸡粪发电厂）；

这几条产业链中，肉鸡生产加工主业中的利润保证了副业链的启动和正常运作；同时市场化操作和企业化管理也使得副业生产链逐步走向盈利。

（3）养殖自主化，企业建立自主的现代化肉鸡养殖场和规模化自动控制鸡舍。从2005年开始，圣农集团自身建立了现代化的肉鸡生产场和自动制控鸡舍，确保加工鸡肉的优质、足量和稳定的供应。圣农集团通过将原有养殖农户转为企业产业工人的做法初步完成了肉鸡养殖从“公司+农户”和“公司+基地+农户”经营方式向企业自主现代化养殖的转变。企业通过将养殖农户转为产业工人的方法，避免了原有养殖农户的失业问题，保障了农民的利

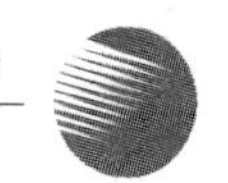

益。目前圣农集团已经吸收当地农民5000多人，进行培训后，成为产业工人，带动当地农民就业和农民增收。

（4）实行科学饲养、封闭式管理和标准化生产。科学饲养肉鸡，确保优质健康，是圣农集团保证产品质量安全的基础。圣农集团通过多年的生产实践，探索了一整套规范的科学饲养方法。目前公司在肉鸡产业链中已全面推广实施了ISO9001管理体系，“鸡源追踪”管理体系和HACCP管理体系等，有效地保障了肉鸡生产体系的安全运行。

（5）做到防止环境污染，保护生态环境，实现可持续生产经营。“圣农”循环经济现代化肉鸡产业链的形成（前面所述一主三副的循环经济产业链），实现了资源的综合、高效利用，做到变废为宝，化害为利，真正形成了清洁生产、再生利用的可持续循环经济发展模式。“圣农模式”通过可持续性的经营方式，不仅是保护了生态环境，对于养殖业来说更重要的是保护了防疫环境；同时变废为宝，鸡粪和羽毛本身就可以使产业增值，加工成有机肥和动物饲料之后，附加值更高。另外降低了企业生产成本，使企业具备了竞争力和可持续发展的能力。

2. “圣农模式”的运作效果。圣农集团经过近25年的肉鸡产业化探索和实践，不断成长、壮大，特别是在2005年以来，循环经济现代化肉鸡产业模式比较成熟的运营以后，企业进入了又好又快的发展阶段，实现了企业增效、农民增收、环境优化和县域经济增强的多重优化目标，取得了较大的经济效益、社会效益和生态效益。

（1）经济效益。

①总资产及增长速度。截止到2008年，圣农集团总资产达19亿元，与2001年同比，翻了近三番。公司现已发展成为中国南方规模最大的联合型肉鸡生产加工企业和新兴现代化食品加工企业，公司自1994年以来一直保持着肯德基公司长期核心冻鸡供应商的地位，圣农肉鸡综合标准体系被作为福建省肉鸡生产统一标准推广。

②盈利能力及水平。ISO9001国际质量体系认证、ISO14001质量管理体系、HACCP国际食品卫生安全体系三大认证在公司的实施与应用，“一主三副”产业链规模的不断扩大与完善，全面增强了企业抗风险的能力，提高了企业的管理水平，保障了鸡肉的优良品质，从而从整体上全面提高了企业的盈利水平。2006年圣农集团实现总产值15亿元，新增产值4.3亿元。实现销售额5.8亿元，纯利润5000万元。2007年企业纯利润将在2006年的基础上大幅度提高，达到1亿多元，2008年达到2.3亿元。

(2) 对新农村建设的促进效果。圣农集团产业化的发展为社会诸多方面带来效应，为带动光泽县当地农民就业和推动当地县域经济的发展、为当地新农村建设作出了一定的贡献。

①产业链贡献。圣农集团经过近25年的发展壮大，现已成功地在偏远欠发达的光泽县建立了一个现代化白羽肉鸡饲养、生产加工基地，打造了一条“一主三副”产业链，拉动了电力、运输等相关产业的发展，形成了一个产业集群。就电力而言，拉动了全县约40%的电力消费，2006年公司使用电力4157万度，缴交电费2555多万元。2008年使用电力5800万度，缴交电费达到4200万元。

②解决就业、提高劳动者素质和技能的贡献。长期以来，圣农集团发展肉鸡产业，带动农民解决就业，为实现农业增效、农民增收和提高劳动者素质技能作出了贡献。截止到2008年底，圣农员工总数达6300人，2008全年发放工资福利报酬7000多万元。随着公司规模不断的扩大，必将解决更多农民的就业问题。同时，农业产业化的过程，也大大提高了劳动者的素质，促进了农村经济的发展，支持了社会主义新农村的建设。

③税收贡献。2006年圣农集团实现5.8亿元销售收入，各项税收1100多万元，2008年为光泽地区缴纳各种税收近1300万元，间接带动了运输、电力、餐饮等相关的产业发展，间接增加了政府税收收入2200万元，为壮大当地县域经济作出了积极贡献。

④资金引入的贡献。圣农集团现代化、标准化、规模化产业的扩建过程，也是企业引资和资本运作的过程，通过一大批项目的建设，为当地经济引入了大量的资金，据不完全统计，从1997年到2008年公司就引入资金近10亿元，公司上市后，预计到2012年公司产业扩建将要继续投资8亿元，将进一步促进域外资金向光泽县的流入。

⑤促进农民增加收入。圣农集团向农民租用各种项目的建设用地，资金为每亩500公斤干稻谷，使偏远山区的土地得到合理、高效的利用，提高了土地的使用价值，使光泽县部分农民获得了较高的经济利益，2008年圣农员工的人均年收入达到22000元左右，接近我省人均GDP 3000美元。

⑥社会捐献和赞助。圣农集团在发展壮大企业、推动农业产业化建设的同时，坚持履行现代企业的社会责任，公司积极地参与了各种社会公益事业，如资助失学儿童、建希望小学、赠送消防车等大大小小的捐献、赞助活动。仅2008年，圣农集团就向社会各界捐款达1000多万元。

⑦保持生态稳定。“圣农模式”构造的“高效能、无污染、零废弃”的良

性生态循环系统，通过资源综合利用，变废为宝，不仅没有破坏光泽县的生态环境，而且在一定程度上改善和促进了当地生态农业产业化的发展。福建省的综合生态条件位居全国前列，南平市的综合生态条件又位居全省前列，保持并发展了盛世发展时期新农耕文明的发展方式。

（3）税收贡献与免税促进。自圣农集团2004年资产优化组合，核心资产准备组团上市开始，2005年至2008年分别缴纳税收480万元、670万元、960万元、1300万元，鸡舍基建项目建设拉动地方税收分别为820万元、750万元、1360万元和2100万元，年平均税收环比增长率为43%，充分展示了农业产业化发展的杰出优势，为区域财政作出积极贡献。2005—2008年圣农集团其核心子公司圣农发展有限公司，享受农业种养殖业、农产初加工业企业所得税税收减免分别为2900万元、3200万元、5900万元和4800万元，享受农产品初加工增值税减免分别为1400万元、1360万元、1920万元和2200万元。税收优惠政策的落实，对缓解企业资金压力、增强企业发展后劲，推动企业产业化发展功不可没，并通过企业的发展在带动区域发展，促进新农村建设等方面都发挥着积极的税收职能作用。

二、“圣农模式”的基本启示和问题

（一）农业产业化发展的基本启示

“圣农模式”的发源地光泽县，是一个经济基础不甚发达，传统生产方式仍占主导地位的传统农区。圣农集团在这样的传统农区，尊重市场规律，自然规律和生态规律，勇于探索、勇于创新，在25年的农业产业化实践中，改革传统的经营模式，构建了独具特色的“一主三副”循环经济肉鸡产业链，打造了一个国内一流的现代肉鸡生产加工集团公司。这足以证明在社会主义市场经济体制下，在我国农村改革开放和加快发展的宏大背景下，在社会主义新农村的建设中，我国传统农区完全有可能在农业产业化经营的某一行业或某一企业率先实现现代化，并可以有力地促进当地县域经济的繁荣，在拉动就业、辐射相关产业、活跃区域经济、增强区域居民消费能力、保持地方稳定等方面具有举足轻重的影响。

（二）农业产业化建设所面临的突出问题

农业产业化创新发展，作为单个产业化企业而言，具有产品种类、生产模式上的个性差别，但其发展过程中具有规模化、系统化、标准化等共性。从圣农集团的产业化创新发展现象看，农业产业化经营具有传统农业在国内国际市场竞争力、生产效率、创利水平、社会效益等方面所不可比拟的比较甚至是绝对优势。我国这些年农业产业化创新发展成功经验及世界各国尤其是发达国家农业产业创新发展经验表明，我国农业按不同区域特征实行特色农业产业化经营，进而提升农业生产水平、增加农民收入、建设新农村，这是一条农业创新发展必由之路。但是，我们应该看到我国农业发展国情，充分认识农业产业化创新发展进程中不利因素，更好地为发展好农业问题提出解决办法。我们认为，我国当前农业产业创新发展并在促进新农村建设进程中，主要存在以下制约因素：

1. 体制因素。实现农业产业化经营，要求在较大范围内实现生产要素的流动，按市场原则在农业与加工业、商业，运输业与不同行业之间的配置，按产业组织形式进行经营，要求建立全国统一、开放的市场体系，为农业产业化经营提供市场信息，提供交通服务，要求建立各种服务组织，包括各类中介组织，提供农业社会化服务等等。凡此种种都涉及到体制问题。目前由于处于新旧体制过渡时期，各方面的关系还未理顺，相关体制直接或间接地影响了农业产业化创新发展的推进。农业产业化经营是一种规模经营，农户承包的土地要由零碎走向集中连片发展，原各不相关的行业、部门要由分散、无序走向联合，但目前存在的条块分割、垄断割据的体制，严重肢解了农村经济的完整肌体，这无疑增加了规模经营的难度。受到行政区划的限制和束缚，有的地方很难形成跨县市乃至跨省的农产品生产基地、生产区、生产带，发挥农业的区位优势。由此看来，要实现农业产业化经营，深化农业市场经济体制改革实属当务之急。

2. 利益因素。农业产业化经营的组织形式实质上是各经济主体出自对自身经济利益的关心和追求，以利益为纽带在自觉、平等、互利的前提下形成的利益共同体。大量事实证明，能否按照经济规律把各产业部门组织起来，并处理好共同体内部错综复杂的利益关系，使实行产业化经营的各经济主体都能各得其所，各得其利，这直接关系到农业产业化形成进程，关系到农业产业化经营的生命力。由于各经济主体参与产业经营的直接目的是获得最大的自身利益，往往对自身局部利益考虑得多，他人利益考虑得少；对眼前利益考虑多，长远利益考虑少，不少地方推进产业化经营的步伐慢，难以形成联合体，其中计较利益得失往往是其主要原因。在已经形成的产业联合作中，有的经营效果不尽如人意，症结在于分配机制不完善，诸多利益矛盾关系未妥善处理好。这里有龙头企业与基地之间的利益矛盾、农户与龙头企业之间的矛盾、加工者与销售者之间矛盾。它们之间既有共同利益又有客观存在的各自独立的个体利

益，由于各自利益的实现条件、实现方式、实现程度等方式存在的差异，带来了利益结构的扭曲和失衡，特别是有些地方农民利益得不到应有的实现，这是影响农业产业化经营的一个深层次原因，也是农业产业经营中的一个内部裂痕。

3. 国情因素。推进农业产业创新发展的进程和效果也取决于我国的国情。从我国的情况看，以下三个方面的问题影响、阻碍了农业产业化经营的发展：(1) 技术进步问题。农业产业化是以技术进步为先导的，客观上要求技术进步贯穿于种、养、加和储备、运输等各个方面，以达到节约消耗、提高单产、提高农业效益的目的。但我国科学技术比较落后，特别是农业科技资源奇缺，目前全国近半数地区依靠传统技术维系，导致在国际上价格很低，且没有竞争力。(2) 农民素质问题。农业产业化经营的主体是农民，农民的素质直接关系到农业产业化的效果，目前我国农村的广大农民文化水平较低，缺乏科学、熟练的劳动力，管理人员更是严重缺乏，这对实施农业产业化经营显然是十分不利的。(3) 资金问题。实现农业产业经营必须有一定量的资金投入，小规模分散的农户不可能有较多的资金积累，总是在简单再生产之间徘徊，没有更多的投入以扩大农业再生产。

4. 国际竞争压力。随着中国加入 WTO 进入“入世后过渡期”，到 2008 年底，中国农产品的进口关税水平将降至 16% 左右，成为世界上农产品关税最低的国家之一（而目前世界农产品关税平均水平为 38%），由于我国关税的减让，国外农产品大量进入中国，2007 年我国农产品进出口逆差充分说明了挑战的到来，据统计，2007 年我国农产品出口不进反退，逆差达到 55 亿美元，我国已从农产品净出口国转变成为农产品净进口国，大量进口农产品进入国内市场，已极大地削弱了我国农业产业的竞争力。

三、发挥税收职能作用，支持农业产业化创新发展，促进新农村建设的思路

根据税收制度设计原理，借鉴世界其他国家税收支持农业产业化创新发展的经验，我们认为可以从以下几方面调整税收政策，发挥税收职能作用，支持农业产业化发展，推动新农村建设。

（一）关于生产用地、生产用房税收政策问题

农业产业化经营生产用地（不含行政管理办公用地）面积大，不能比照一般工业、商业用地征收土地使用税，生产场（厂）房等具有房屋结构性质

的房产不能比照工业、商业经营用房产征收房产税，应该给予一定期限的免税或减税照顾，尤其是在刚起步阶段，更要给予照顾。由于生产用地基本属于原农业（林业）用地，对生产用地属于租赁方式取得的，免征出租者与租金有关的所有税收，对占用土地应予免除或减除耕地占用税。国家政策应允许并协调农户的农业用地折价参股，对参股分红，减半征收个人所得税。

（二）农业科技投入增值税问题

对涉农企业科技投入，对农业投入物（尤其是农业科技投入品）的进项税额实行加计50%抵扣，以促进涉农企业科技投资，增强技术改造和成果的应用能力，促进农业科技开发和高新技术应用。

（三）进一步扩大企业所得税的优惠力度

允许企业将购买的特许权使用费、技术转让费等支出比照自主研发支出加计50%扣除。实行退税制度，企业将所得税税后利润直接再投资于农业高新技术企业，增加注册资本，或者投资研发高新技术项目的，经审查批准允许退还再投资部分已缴纳的部分所得税。

（四）扩大技术转让收入营业税的免税范围

按现行税法规定，科学研究单位取得的技术转让收入（指有偿转让专利和非专利技术的所有权的行为）免征营业税。可比照科研机构的做法，将企业与个人有关的技术咨询、技术服务、技术培训的收入纳入营业税的免税范围。此外，对向农业高新技术企业和高新技术项目转让房产、土地的单位可以给予免征营业税优惠，促进资源流向农业高新技术领域。

（五）关于借（贷）款合同印花税政策问题

由于农业产业化经营所需大量资金，有赖于借款。因此，为扶持幼稚的企业发展，对其向银行或其他单位借款所订立的借款合同，免征印花税。

（六）关于税后利润分配税收政策问题

对企业形成的利润，如果过分地以红利、佣金等形式流向投资者及高级管理人员个人，使生产资金转化为消费资金，则税收优惠政策无异于“竹篮打水”，违背政策本来意图。因此对农业产业化经营税后利润分配给投资者个人，应加强个人所得税监管，防止资金过度转换，公平收入分配。

（七）农产品进出口税收政策问题

在不违反WTO规则的前提下，应尽可能提高出口到我国且属国内弱势农产品的进口环节关税，保护弱势农业产业发展。加大对下游企业生产产品的出口退税力度，提高出口退税率，进而提升农产品国际竞争力，拓展农产品国际市场。

（八）关于农业剩余劳动力从业税收政策问题

农业产业化的推进，增强了农业劳动生产效率。但是也必将导致一个问题，就是农民因单位生产效率的提高，将失去其赖以生存的劳动对象——土地。解决这部分富余农业劳动力问题，成为经济发展乃至社会稳定的棘手问题。因此，我们认为，对农业富余劳动力可以比照适用现行下岗再就业税收优惠政策。同时国家应及时开征社会保障税，规定被雇佣的农业富余劳动力必须是征税对象，并按社会保障制度规定，对失业和退休人员给予生活保障。

（课 题 指 导：邹世明
课题负责人：欧仕林
课题组成员：杜耀华　童福霖
梁端应　梁丽萍）

关于三明地方经济税源结构和发展趋向的分析思考

三明市地方税务局课题组

一、三明近五年地方财力发展的基本情况

随着公共财政体制的深入建设和逐步完善，税收收入已成为各级政府财力的主要来源。作为地方政府最主要、最直接收入来源的地方税收，其可持续发展已成为三明经济社会健康协调发展的重要推动力量。

2003—2007 年三明市财政总收入累计完成 196.64 亿元，年均增长 15.8%，地方一般预算收入累计完成 101.4 亿元，年均增长 15.1%，比“九五”期间 GDP 高出 5%，比“十五”期间 GDP 高出 6%，其中地税部门征收 54.8 亿元（含教育费附加），占地方一般预算收入的 54%。

2003—2007 年全市地税累计组织各项收入 99.9 亿元，年均增长 18.6%，其中：税收收入 69.9 亿元，年均增长 20.8%。分级次看，中央级收入 14.4 亿元、年均增长 27.9%；省级收入 4.1 亿元、年均增长 21.3%；地方级收入 51.4 亿元、年均增长 19.1%。地税部门组织的地方级财政收入占全市地方级一般预算收入的比重从 2003 年的 49.6% 上升到 2007 年的 57%。

二、地方税收构成对三明财力贡献的结构分析

（一）从分税种看

主体税种全面发展，其他税种增势强劲。营业税、企业所得税、个人所得税这三大主体税种在 2003—2007 这五年间累计收入 32.7 亿元（地方级部分），占全部地方级收入的 63.6%，占地方财力的 32.2%。其中营业税收入 23.1 亿

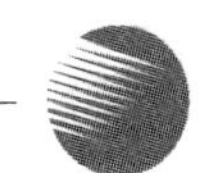

元（地方级部分），年均增长18%，占地方财力的22.8%，是地方财力的主要来源；企业所得税收入4.2亿元（地方级部分），年均增长27.4%，是主体税种中增幅最快的，占地方财力的4.1%；个人所得税收入5.4亿元（地方级部分），年均增长20.7%，占地方财力的5.3%。而由于近几年政策性因素及加强征管双重效应的影响，其他地方税种增势强劲，占税收比重由2003年的25.4%上升到2007年的27.4%，占地方财力比重也由2003年的15.7%上升到2007年的20.3%。

（二）从分产业看

第一产业税收收入所占比重小，第二、第三产业几乎涵盖全部税收收入。第二产业税收收入占总税收收入比重由2003年的42.5%上升到2007年的44.6%，提高了2.1个百分点，其中工业税收占比由2003年的25.8%上升到2007年的29.8%，上升了4%；第三产业税收收入比重由2003年的55.3%下降到2007年的55.1%。第二产业的税收占比虽略低于第三产业，但呈上升发展态势。

（三）从分经济类型看（详见表1）

各种经济性质的企业协调发展，为税收收入的稳定增长奠定了坚实的基础。国有股份经济比重不断提高，2003—2007年国有企业税收高速增长，比重由21%上升到31.6%，股份企业稳中有升，且比重每年均达到三成以上，两种经济类型占总税收比重达57.7%，是税收增长的主要来源；集体企业经济税源逐渐萎缩，比重由10.4%下降为6.1%；私营经济逐年攀升，比重由3.9%上升为10.2%；其他经济规模日益缩小，比重由34.6%下降为20.9%。

表1　　2003—2007年我市地税收入分经济类型完成情况　　单位：万元

经济类型	2003年	比重	2004年	比重	2005年	比重	2006年	比重	2007年	比重
国有	19615	21%	26370	23.3%	26637	20.7%	43576	27.2%	64392	31.6%
集体	9734	10.4%	9547	8.4%	11788	9.2%	12825	8%	12518	6.1%
股份	28087	30.1%	36968	32.6%	46413	36.1%	55353	34.6%	63557	31.2%
私营	3653	3.9%	5007	4.4%	7673	6%	10612	6.6%	20827	10.2%
其他	32250	34.6%	35424	31.3%	35929	28%	37656	23.5%	42702	20.9%

三、近五年三明地方税收增长的主要因素分析

（一）经济因素

1. 地方经济增长带动税收收入的增长。税收的高速增长归根结底来源于经济的持续、健康发展。只有经济活跃、经济总量不断扩大，才能不断壮大税源税基，促使地税收入稳步增长。近五年我市经济活力明显增强，宏观调控取得显著成效，国民经济实现了持续快速增长，为税收收入增长奠定了坚实的税源基础。GDP 从 2003 年的 295.21 亿元增长到 2007 年的 551.32 亿元，年均增长 15.7%（按现价），有力地推动了地税收入的增长。

2. 经济结构和运行质量进一步优化。三次产业结构比由 2003 年的 26.1：35.6：38.3 调整为 2007 年的 22.7：42.8：34.5，第一、第三产业的比重有所下降，第二产业比重提高了 7.2 个百分点，2003—2007 年全市地方税收中第二产业年均增长 24.9%，我市作为工业城市，五年来规模以上工业总产值年均增长 26.4%，工业企业效益提升，相应带动了工业税收以年均 24.5% 的速度增长。

3. 固定资产投资增长直接拉动了相关税收收入的增长。2003 年，全市全社会固定资产投资首次突破百亿元大关，完成 100.52 亿元，增长 37.9%，增幅位居全省第二位；仅用 3 年时间，2006 年越过第二个百亿元关口，达 241.29 亿元，增长 46.6%，增幅仍位居全省第三位；2007 年，完成投资 363.14 亿元，增长 50.5%，增速再次位居全省第二位，是“九五”以来最高的年份。固定资产投资增长直接拉动了相关的税收收入大幅增长，五年间全市房地产行业共入库地方税收收入 8.1 亿元，年均增长 29.8%，占地方税收收入总额的 11.5%；建筑行业共入库地方各税收入 12.3 亿元，年均增长 23.3%，占地方税收收入总额的 17.5%，房地产行业和建筑行业税收占地方税收收入总额的近三成。

（二）管理因素

我市地税收入大幅度增长在得益于经济快速发展的同时，还得利于各级地税部门强化征管而转化出来的物质力量，五年间通过加强税收征管增收税款 6.8 亿元，占税收总增收额的 61%。主要有：一是规范税收征管。调整煤炭业计税价格和所得税征收率，对房地产开发、不动产销售和建安税收实施规范征管。二是加强“七小”税管理。通过制定落实单项税种征管办法，按月分析公布“七小”税增减变化情况，指导基层征管，减少征管漏洞，增加地方税收收入。三是加大财源培植力度、拓宽聚财思路。通过《三明地税调研》这个平台充分调动税务干部深入调查、挖掘税源潜力、壮大地方税收收入总量、增强地方可支配财力的积极性和主动性。四是在市区推行“四位一体”税源管理体系，对税源的征收、管理、检查，包括税源分析等全过程从“强化管

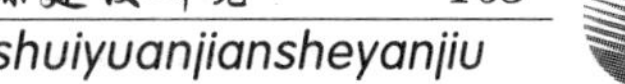
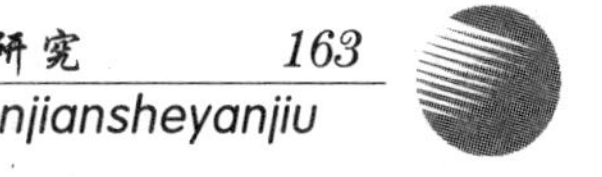

理”这个角度来开展，按照科学化、精细化管理要求，全面提高税收征管的质量和效率。五是加强纳税评估工作，实现多项指标数据动态管理，做到“重点税源逐户评估，一般税源分行业评估，零散税源按区域评估”。注重计算机评估与人工评估相结合、预警指标与管理经验评估相结合、纳税评估与日常检查相结合。

（三）政策因素

近几年，我市地税部门充分履行税收职责，发挥税收职能作用，利用税收政策挖掘税源，筹集地方财税收入，促进了我市地方税收快速增长。如对房地产企业全面征收土地增值税并依法进行清算、提高车船税税额标准等。在认真执行国家税收政策的基础上，结合我市实际情况，我局积极拓展税收政策作为空间，对出台相关涉税政策出谋献策。2005 年，我局向省局建议提高煤炭资源税税额标准，由原来的 0.5 元/吨提高到 2 元/吨，经省局转报总局予以采纳，仅 2006 年我市资源税就增收了 1000 万元；2006 年，针对三明市区建设发展和规划的实际情况，向市政府提请建议重新统一调整土地使用税土地等级及征税范围，得到市政府支持，2006—2007 年增收土地使用税 2700 万元；2007 年，针对我市二手房计价金额偏低，制定了《三明市区二手房交易地方税收管理办法》，建立了房产交易指导价格管理制度，对申报交易价格低于房产交易指导价格的按房产交易指导价格征收税费，同时建议市政府取消个人联建房用地审批，当年房地产税收同比增长近三成。这些税收政策的调整大大提高了我市地方税种的占比，充分发挥了政策调整对税收增长的促进作用。

四、制约三明地方实际财力发展的主要因素分析

三明作为福建省的一个重要的工业城市，近年来经济取得了明显的发展，地方财力也大幅提高，但与我省其他一些经济发达地区比较仍有差距，剖析其原因：

（一）地方经济运行质量的影响

近年来三明经济虽然取得了较快的发展，但从全省来看仍低于平均水平。“十五”期间，我市 GDP 年平均增长幅度为 9.1%，低全省平均增幅 1.6 个百分点，我市第二、第三产业年平均增幅分别为 12.3% 和 9.7%。分别低全省第二、第三产业平均增幅 1.2 个百分点和 0.6 个百分点，经济总量、增长速度及效益与沿海和周边快速发展地区相比还存在差距，使得地方财力的增长受到一定限制。企业利润和税收收入的增长必然使得各级财政收入相应增加，三明作

为福建的老工业基地，生产水平和效率相对落后，影响了工商业经济效益的提高。作为全省经济欠发达地区，三明的流动资金本来就较少，投入产出率低和投入产出周期较长更影响资金使用效率，进而影响经济效益和地方财力的发展。

（二）对重点企业过于倚重的影响

三明规模以上工业实现税利很重要的是依靠三钢闽光、三钢集团、三明烟草等企业，而其他大部分规模以上工业企业效益普遍不高，年纳税额有的只有近万元。此外 48 户市本级企业 2007 年形成地方财力虽仍保持增长态势，但出现减收的企业有 22 户，其中 4 户减收额均在 100 万元以上，税收为零的注销企业有 4 户，这在很大程度上影响了三明地方财力尤其是市本级财力的发展。

（三）区域局限制约的影响

改革开放以来，国家对经济特区、沿海开放城市、沿海开发区、中西部地区给予了许多优惠政策特别是税收优惠政策。利用区域优惠已经成为这些地区经济迅速崛起最重要的外部条件之一，而三明作为一个内地山区，区域受限制约了我市经济发展及地方财力的快速增长。2007 年我市实现地区生产总值 551.32 亿元，全省排名第六，而同期全省排名前三的泉州、福州、厦门分别实现地区生产总值 2286.6 亿元、1974.59 亿元和 1375.26 亿元，再加上与省会城市、沿海地区相比处于“被剥削”地位，进一步拉大了我市与经济发达地区的差距。

（四）产业链相对较短的影响

我市资源丰富，森林覆盖率高，矿产业、林业等主导产业发展较为迅速，大大增加了地方经济总量，但大项目、好项目不多，带动力强的企业不多，主导产业集群尚未形成，对经济发展的支撑力有待增强。矿产品、林产品大部分属于初级产品、粗加工产品，初加工企业较多，产品附加值较低，市场竞争力有限，产业链短，产业、产品结构不够合理，同一行业间的企业多为小规模企业，且各自为战，存在重复建设、雷同开发、低层次竞争，众多企业尚无法在产业链条的延伸上下功夫，彼此之间内在联系较少，缺乏应有的专业化分工协作，而且其生产的产品品种单一，没有较高知名度的商标品牌和知名产品，不能结成有效集群共赴市场提高竞争力。

五、三明与龙岩地方税源、财力状况的比较分析

三明与龙岩均属福建西北山区，经过 30 年改革开放，两地区在产业集群

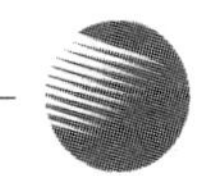

和经济发展方向上有各自的优势，但由于区位优势，加上对重点行业的资金、政策扶持，龙岩近几年的税源、财力相对于我市有较快的发展。为此，比较分析我市与龙岩地方税源、财力增长的同异性及存在的不足，对准确把握税收规律，服务于地方经济建设具有一定借鉴意义。

（一）龙岩重点骨干税源贡献较大，带动财政收入快速增长

近年来，龙岩加快发展工业，力求突破工业，突出做大做强龙头企业，有力促进了产业集聚，重点骨干税源发展较快，拉动财政收入快速增长，“10 + 3”产业2007年形成地方财力占地方级一般预算收入约四成。而三明在近年来加快“4 + 1”产业集群的发展，着力培育新的财税经济增长点，目前“4 + 1”产业已形成一定规模，但“十五”期间和“十一五”初期“3 + 1”产业及采矿业产业结构相对集中且处于初级产品阶段，产业链延伸不够，产业内龙头企业不多，带动能力较弱，采矿业、机械加工业及生物医药规模较小，财税贡献率相对较低，2007年五大产业形成地方财力仅占全市地方级一般预算收入的23.5%。

（二）龙岩新兴财源发展加快，后续财源培植成效显现

龙岩原是个“烟财政”，财政收入中烟厂税收贡献占据主导地位。近几年来，龙岩市通过调整优化产业结构，大力发展工业，提高经济发展的财税贡献，加快培育“10 + 3”产业集群，形成了以中国龙工、龙净环保、紫金矿业、棉花滩水电站、坑口火电为代表的新兴财源，非烟经济亮点突出，税收增势强劲，后续财源建设成效显著。据统计，2006年龙岩烟厂税收占全市总税收收入比重比上年下降了2.2个百分点，而非烟新兴产业税收占全市总税收收入的比重比上年上升了5.2个百分点。相比之下三明后续财源相对较弱，三明作为老工业基地，大部分工业企业增长方式转变滞后，一些企业尚处于粗放式经营阶段，企业自主创新能力不强，品牌效应不明显，在市场竞争中无法做大做强，经济效益不理想，能够提供财政收入的财源逐渐萎缩，财政增收的难度越来越大。

（三）龙岩矿产资源优势突出，市场景气回升有效带动了财政增收

龙岩境内矿产资源丰富，2006年以来大部分有色金属和非金属矿价格的大幅上涨，资源型企业开始景气回升，这些行业的转暖给财政带来了量的增收。我市同样具有丰富的矿产资源，但由于缺少规划和政策引导，大多数企业规模较小，只生产初级产品，财税贡献仍然较低，资源优势尚未能有效形成产业优势进而形成税源优势。

六、"十一五"三明地税收入预测

科学发展观是关于发展的本质、目的、内涵和要求的总体看法和根本观点，我们在组织收入中要牢固树立"没有经济的可持续发展就没有税收的可持续发展"和"在经济发展过程中税收大有可为"的理念，不断促进税收与经济同步协调发展。根据"从经济到税收"的思路，我们选取"十五"以来对税收收入能力影响较大的宏观经济指标作为标准税基（详见表2），确定税收与经济的数量关系，以此来测算"十一五"地税收入的总体规模。下面我们将以一元线性回归法和税收负担率法对我市"十一五"地税收入总量进行测算：

表2　　"十五"以来三明市经济及税收情况　　单位：万元（%）

年　　份	2001	2002	2003	2004	2005	2006	2007	平均增长
GDP 及增长	2458687	2655363	2952172	3444700	3928434	4535752	5513200	
	7.9	8.2	9.4	9.9	10.1	13.1	15.4	10.57
地税税收收入及	73060	79325	93341	113317	128442	160022	203997	
增长	15.1	8.6	17.7	21.4	13.3	16.5	27.5	18.67
税收负担率	2.97	2.99	3.16	3.29	3.27	3.53	3.7	3.34

（一）一元线性回归法

我们采用三明市2001—2007年的GDP统计数据作为税基变量，建立一元线性回归模型：

$$R_i = \alpha + \beta G_i$$

式中：R_i——表示各年度实际税收收入；

G_i——表示各年度GDP，即法定税基；

α、β——表示未知参数。

使用2001—2007年的GDP与税收收入的数据，采用最小二乘法计算上式中的参数α和β，其公式如下：

$$\beta = \frac{n\sum_{i=1}^{n} G_i R_i - \sum_{i=1}^{n} G_i \sum_{i=1}^{n} R_i}{n\sum_{i=1}^{n}(G_i)^2 - (\sum_{i=1}^{n} G_i)^2}$$

$$\alpha = \overline{R} - \beta\,\overline{G}$$

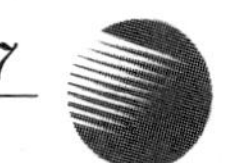

式中：$\overline{G}$——表示 GDP 税基的平均值；

$\overline{R}$——表示税收收入的平均值。

1. 将附表中有关数据代入公式，确定回归模型，得：

$$\beta = \frac{7 \times 3411242385519 - 21703396215232}{7 \times 100078386171182 - 649653844702864}$$

$$= \frac{2175300483401}{50894858495410}$$

$$= 0.042741066$$

$$\alpha = 121643 - 0.042741066 \times 3641187$$

$$= 121643 - 155628$$

$$= -33985$$

回归模型为：$\hat{R} = \alpha + \beta \hat{G} = -33985 + 0.042741066 \times G$

2. 计算模型中的相关系数 R：$R = 0.997$

由于 0.997 接近于 1，说明 $\hat{R}$ 与 $\hat{G}$ 线性关系显著，相关程度高。

3. “十一五”后期税收收入预测。“十一五”期间全市国民经济将继续保持较快的增长，地区生产总值年均增长 9% 以上，2010 年地区生产总值突破 660 亿元，人均地区生产总值超过 25000 元；财政收入增长与地区生产总值增长同步，全市财政总收入将有较大的增长；全社会固定资产投资年均增长 10%，全社会消费品零售总额年均增长 9.5%；5 年累计实际利用外资 7.5 亿美元以上（按可比口径），外贸进出口总额年均增长 12%，其中出口年均增长 10%；三次产业比重调整为 15 : 50 : 35；单位生产总值能源消耗下降到 1.15 吨标准煤/万元；其他各项经济指标也将保持较快增长。

我们已知“十一五”前期的 2006 年、2007 年两年经济运行良好，GDP 分别增长 13.1% 和 15.4%，如果“十一五”后期以 GDP 年均增长 10% 计算，代入得到的回归模型：R = -33985 + 0.042741066 × GDP，则 2008—2010 年的全市地税税收收入分别为 225219 万元、251139 万元、279652 万元，这样“十一五”期间税收收入总量合计 1120029 万元，年均增长 16.84%，税收增幅高于 GDP 增幅约 5 个百分点以上，税收收入将实现超经济增长的目标。

（二）GDP 税收负担率法

我们假定“十一五”后期 GDP 计划以年均增长 10%，以 2007 年 GDP 快报数 551.32 亿元为基数，推算 2008—2010 年三明市的国内生产总值计划数为 606.45 亿元、667.1 亿元、733.81 亿元。根据全市 2001—2007 年的 GDP 与税收收入的数据，现测算如下：

1. 年均 GDP 税收负担率 =（851504/25488308）×100% =3.34%

2. 2001—2007 年 GDP 税收负担率年均增长 0.037%，以 2007 年 GDP 税收负担率为基数，则 2008—2010 年的 GDP 税收负担率分别为 3.777%、3.814%、3.851%。

3. 在不考虑 GDP 偏差、财政任务安排、特殊因素等影响，则按 GDP 税收负担率测算的 2008—2010 年的税收收入总量分别为 228632 万元、254432 万元、282590 万元。加上 2006、2007 年收入，“十一五”期间税收收入总量合计 1129673 万元，年均增长 17.08%，这样与一元线性回归法测算的 1120029 万元基本相当，仅相差 0.86%。

综上所述，我们预测全市“十一五”期间地税收入的总体规模为 112 亿元—113 亿元之间。

七、提高地方税收对地方财力贡献率的对策和建议

近年来，我市地税部门围绕壮大地方税收总量、增强地方可支配财力，不断加强地方税源精细化、科学化管理，连年实现地方税收占地方财力比重随经济发展而持续增长。但在综合分析我市地方税收主要特征、发展趋势和影响因素的基础上，“十一五”后期三明地方税收稳定增长仍然面临一些困难与挑战，如何依从三明经济与地方税收发展规律，想方设法继续提高地方税收对地方财力贡献率，已成为三明经济社会发展过程中亟待解决的重要课题。

（一）突出工业、提升工业，提高工业税收贡献

1. 提升产业发展水平，巩固支柱、主轴税源。工业不仅是经济的支柱，就业的主渠道，更是财源的支柱。2007 年，我市工业对地方税收的贡献率高达 27.8%，在各行业中位居第一。当前，一要立足特色进行产业聚集，支持以三钢为龙头的“4 +1”产业集群产品升级、技术进步、持续增效，在已形成一定规模基础上，进一步提升主导产业税收贡献。2007 年三明市“4 +1”产业实现总产值 417 亿元，占全市规模以上工业总产值 65.6%，其中：冶金压延实现产值 186 亿元、林产加工 110 亿元、机械和采矿各 55 亿元、生物医药 11 亿元；2007 年实现地方财力 6.5 亿元，占全市地方级一般预算收入的 23.5%，比上年提高 9.5 个百分点。二要充分发挥“永安—三明—沙县”的区位优势（三个县、市、区生产总值、工业总产值、财政总收入、人口分别占全市 53.7%、54.1%、66.9%、31.5%），提高区域核心竞争力和强化主轴的财税实力。

2. 加快工业园区发展，推进工业化进程。苏州等先进地区的实践表明，工业项目的园区化发展是工业化的基础，具有较高水平软硬环境的工业园区，已成为新一轮先进技术、产业转移的重点地区。工业载体园区化，是推进新型工业化的必然选择，是产业资源合理配置和产生聚集效应的必然前提。当前，要加快永安埔岭汽车工业园、尼葛工业园及沙县金沙园的发展，并以此带动其他省级工业开发区发展。以开发区、工业园区和专业园区"块状"推进加快工业化进程，以工业化推进城市建设，是一条适合三明市情和现状的发展道路，更是一条适合最大限度提高工业对地方税收贡献率的有效途径。

3. 围绕资源、产品发展产业，进一步延伸产业链。利用大田、尤溪等地的资源优势发展矿产深加工产业，实施"四大整合"即资源整合、行业整合、产业整合、资本整合，实现"三大转变"，即由浅入深，完成初级产品向深加工转变；由小到大，完成由零散、小规模开发向整合资源、大规模开发转变；由初至高，完成由初级、简单的产品经营向产品经营和资本经营并举的转变。

4. 提高规模以上工业效益，带动相关产业发展。利用现有企业的扩张改造来做大做强经济，通过退城入园、技术创新增强三重、双轮化机等企业的发展后劲，同时大力支持新兴产业、电子产业的发展，促进工业提速增效，提高规模以上工业增加值。与此同时，依托规模工业带动相关生产性服务产业发展。如围绕冶金和机械两大产业，加快三明"海西"金属材料制品市场的建设，形成以钢材及其他金属材料制品交易为主，集加工、配送、物流、仓储、废旧材料回收、信息发布、银行金融服务为一体的大型综合市场，促进相关服务业的税收增长，进一步提高生产性服务业地方税收对三明财力的贡献率。

5. 加快推进产业聚集，发挥产业经济效应。产业聚集区的发展成为近年来城市经济发展中的一个突出现象，产业聚集区形成相关产业的聚集，可以发挥产业自我发展的功能和辐射功能，形成强力支撑县域发展的高速增长区域。如加快永安埔岭汽车工业园发展，永安作为我省发展载货汽车及零部件的生产基地，已列入福建省国民经济和社会发展"十一五"规划纲要。汽车工业作为集资本密集型、技术密集型与劳动力密集型为一体的制造行业，其协作加工、装配和创造的岗位就业机会以及税收贡献率较高于一般行业。2007 年，园区全年生产载货车 12030 辆，实现产值 10.87 亿元、税收 2765 万元。到 2010 年，永安埔岭汽车工业园区载货车和专用车的生产能力总规模将达到 5.5

万辆，产值达到60亿元，税收将达8000万元。

（二）提升三明城市价值，增强经济发展后劲

未来的竞争是城市与城市的竞争，通过经营城市，完善城市功能，塑造城市形象，提升城市价值，建设有特色、有影响力、有文化内涵、有竞争力的三明城市群，促进城市经济健康发展和可持续发展，带动地方税收的持续增长，从而提高地方税收对地方财力的贡献。就三明市区而言，随三明城市“控制中心、拓展两翼、开发西江滨沿线”的发展思路以及部分市区工业企业“退城入园”的发展规划的逐步实施，应大力推进软硬设施建设，加强城市的规划、建设和管理，不断改进生产生活条件，解决好就业难、就学难、就医难等关乎民生的问题，以创优活动打造城市品牌，以争创全国文明城市为抓手，在原有基础上逐步完善其城市功能，沿沙溪河一河两岸合理布局，建成部分健身俱乐部、星级酒店及娱乐场所，利用三明丰富的旅游资源及品牌效应形成集文化、娱乐、餐饮、休闲为一体的多功能体系来聚集人口，提升城市的品位。就房地产业而言，应当优化房地产业市场要素培育，做到长期经营、健康协调、温而不火。在土地供应上，加强政府对土地一级市场调控，集约利用土地资源；在项目开发上，做到有序、适度、递次；在企业发展上，注重滚动培育龙头企业；在税收征管上，坚持规范、统一、有度的原则，继续保持和维护房地产市场的良好发展势头。

（三）加快理顺财税体制，拓展税收聚财途径

1. 进一步理顺现有市本级存量企业。近年来，市属企业中的有些关联企业如三钢煤化工有限公司、三明市三钢矿山有限公司、三明市三钢冶金建设有限公司等依托主业的不断扩张和效益的大幅度提高，发展势头良好，税收增幅较大，在合适的情况下对这些企业的财税管理关系进行适当的调整可以充实市级固定企业。而对一些关闭、停产和注销的企业进行整合，实现市级固定企业的动态管理，进一步提高市本级企业对地方财力的贡献率。

2. 进一步调动市县共享企业财税管理积极性。认真落实市县共建园区和飞地项目地方税收征管及财税分成试行办法，包括金沙园和永安埔岭汽车工业园地方税收管理机构问题、市级重大项目财税分成问题、市区搬迁企业税收管理问题，进一步完善收益分配机制，促进多赢共惠、共同发展，壮大市本级财政收入，增强区域经济实力。

3. 进一步做大做强重点税源经济总量。对大中型、骨干企业实行产业带动，拓展市场空间。借助三钢集团、三重集团、双轮化机等龙头企业，

积极引进高新技术企业，提高企业自主创新能力，促进传统企业向优势高效行业集聚，延伸开发区的产业产品链条，培植出一批具有科学技术优势、产业前景广阔、经济效益良好的企业，让潜在的优势转化为现实的生产力。

（四）建立政策激励机制，培植壮大地方税源

1. 发挥财政宏观调控功能。针对物价上涨、经济增长放缓、部分企业和行业经营困难等状况，我市财政应充分落实稳健财政政策。如：建立居民收入稳定增长的机制；清理和完善有关行政收费与财税优惠政策；综合运用财政补贴、贴息、税收优惠等多种政策工具，建立多元化的资源节约和环境保护资金投入及高效使用机制；建立合理的资源等要素价格形成机制等等。

2. 努力探索资本运营空间。通过兼并、收购、重组等方式不断优化资本结构来盘活三化、重组三农，促进传统优势产业良性发展；加强分类指导，实行梯度推进，加快永安智胜化工等4家企业上市步伐，积极策划其他46家上市后备企业相关准备工作，提高资本运作效率，实现资本效益最大化，促进工业企业持续健康发展。

3. 完善总部经济扶持政策。总部经济可以为区域经济带来多种经济效应，是推动三明产业升级、品位提升的动力引擎。当前，在培育和保有在明企业总部的基础上，要进一步完善支持总部企业落地三明发展的政策体系，对营造环境、土地供应、财税返还、金融服务、户籍落地和子女入学等方面制定具体操作办法，从而吸引跨国公司和国内大企业集团来明设立职能型总部，吸引行业中处于领先地位的省内外民营企业来明设立总部，促进三明的产业结构升级和城市经济转型。

（五）加强数据分析处理，促进经济良性发展

基于目前地税系统信息化程度较高，具备分析、处理所掌握经济基础数据的能力，在全省全面推进“两个先行区”建设的新形势下，我们要加快建立并运行市局数字信息处理中心，充分运用税收数据分析处理结果，为党委、政府经济决策提供信息支持。首先，要加速推进税收信息化集中和整合。进一步加快征管系统、税源监控分析软件、一户式存储系统的数据集中和整合，从而促进各系统间信息资源的共享和比对。其次，要建立区域、行业宏观税负参数指标体系。以GDP地方总税负率、社会零售总额地方税负率等平均值为基准，评估地区地税总体税源管理水平，对比分析本地区相关经济、社会事业的发展情况。第三，要完善经济税源分析的税收负担、弹性、动态和关联等指标体

系。既要有反映重要经济运行、税收管理基础性内容的常态指标，又要有反映经济运行热点、各阶段税收中心工作的动态指标。通过及时掌握了解各类经济指标异常变动情况，理性分析三明经济与税收发展的有利和不利因素，为市委、市政府决策提供针对性强、有实用价值的意见和建议，提高服务经济发展的能力和水平。

（课 题 指 导：黄小平
课 题 负 责：张茂林　符夷杰
课题组成员：刘两传　林传增
黄子艳
课 题 执 笔：黄子艳）

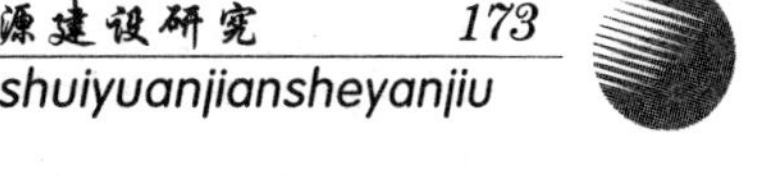

厦门市服务业税源发展状况调查

厦门市地方税务局课题组

服务业是指国民经济各个行业大类中除农业、工业、建筑业以外的其他行业。主要包括交通运输、邮电通讯、商贸流通餐饮、金融保险证券、旅游、房地产、社会服务、教育、文化、卫生等在内的提供服务的行业。服务业的发展水平和现代化程度，是衡量一国或地区社会经济发展水平的重要标志。2007年厦门服务业实现增加值622.46亿元，比2006年增长15.2%。服务业总体规模不断扩大，在国民经济中的地位和作用进一步提高，已成为我市国民经济的重要组成部分，并带来丰富的税源。2007年，厦门市地税局共组织来自服务业的税收98.31亿元，比2006增长35.69%。税收总量不断壮大，服务业成为支柱税源产业。

一、厦门市服务业税收现状

截至2007年年底，厦门市服务业纳税户达到67054户，占全市纳税户的79.73%，同比增长20.55%，为2001年的5.44倍。随着服务业纳税户剧增，服务业税收总量也呈现持续快速增长势头。2007年厦门市地税局共组织来自服务业的税收98.31亿元，同比增长35.69%，为2001年的3.14倍。税收总量和增收贡献率两项指标均在七成以上，服务业对税收的影响日益重要。但服务业内部各行业发展不平衡，税收增长差异显著。以2007年为例，税收总量、增量和增幅最大的房地产业，入库各税38.85亿元，同比增收15.39亿元，增长65.57%；增长最慢的是交通运输、仓储及邮政业，入库各税8.54亿元，同比仅增长4.89%。由于服务业中房地产业为高税赋行业且比重较大，服务业的税负水平高于其他产业。

二、厦门市服务业税源分析

近年来，厦门市服务业快速发展、总体规模不断扩大，占 GDP 的比重逐年提高，成为地税部门税收的主要来源，服务业的发展规模、结构变化对税收有着至关重要的影响。从发展现状看，我市传统服务行业如批发零售贸易、餐饮业、交通运输业等发展稳定，房地产业、旅游业、社会服务业等现代服务业发展速度加快，文化体育、会展和中介服务成为服务业中极具增长潜力的新兴行业。

（一）批发零售贸易业保持稳定的发展态势

批发零售贸易业是与百姓关系最为密切的传统服务业。近年来，厦门市商贸流通业稳步发展，消费领域不断拓展，消费水平逐步提高，贸易网点快速增长，商品流通规模不断扩大，超级市场、仓储商场、连锁店、专卖店等各种经营方式迅速崛起，市场呈现繁荣景象。2007 年实现社会消费品零售总额 362.05 亿元，比 2006 年增长 15%。2007 年末全市批发零售贸易业纳税户 37882 户，比 2006 年增长 20.70%。全年向地税部门缴纳税收 7.85 亿元，比 2006 年增长 45.10%。华联百货、天虹商场、新华都等大型商场分别入库地方税收 578 万元、442 万元、394 万元，分别增长 88.19%、158.36%、96.38%，增收态势强劲。此外，交易活跃的江头建材市场，销售火爆的二手车市场也是我市批发零售税收的主要增长点。

（二）交通运输邮电通信业飞速发展

随着我市海陆空立体交通体系综合服务功能的不断增强，运输结构趋向合理，服务领域不断拓宽，运输仓储业飞速发展。2007 年末全市交通运输、仓储及邮电通信业纳税户 2266 户，比 2006 年增长 17.23%；全年完成增加值 96.50 亿元，比 2006 年增长 15.6%，占服务业增加值的 15.50%。2007 年厦门空港旅客吞吐量 845.68 万人次，比 2006 年增长 15.9%，其中，国际航线旅客吞吐量 85.89 万人次，增长 8.7%；空港货邮吞吐量 19.36 万吨，增长 10.6%。市纳税大户厦门航空有限公司本年度实际实现税收 17146 万元，同比增收 2519 万元，增长 17.22%。

邮电通信业实现跨越式发展，新兴业务不断涌现，通信网络实现了由人工向自动、模拟向数字、小容量向大容量、单一业务向多种业务的转变，光纤、数字微波、卫星、程控交换、移动通信、数据与多媒体等覆盖全市并连接全省、全国及世界各地。2007 年完成邮电业务总量 48.12 亿元，比上年增长

13.2%。厦门市邮政局2007年向市地税缴纳税款2252万元，同比增长15%；中国电信股份有限公司厦门分公司2007年向市地税缴纳税款9162万元，同比增长36.36%；中国移动通信集团福建有限公司厦门分公司2007年向市地税缴纳税款7114万元，同比增长37.13%。

（三）房地产业发展迅速

自国家取消无偿分配住房制度后，我市住宅建设步伐明显加快，商品房个人消费不断扩大，有力地促进了房地产业的发展。2007年完成房地产投资345.74亿元，比2006年增长61.6%；商品房销售面积497.7万平方米，增长14.9%；商品房销售金额410.59亿元，增长49.5%。2007年末全市房地产业纳税户2271户，比2006年末增长19.53%。全年实现税收38.85亿元，比2006年增长65.57%，占市地税税收总量的29.11%，税收增长贡献率达到43.15%。红红火火的房地产市场也带动相关行业的发展，房地产经纪、代理、评估、咨询、物业管理等行业一片生机勃勃。

（四）旅游业全面发展，显示出旺盛的活力

随着我市经济的发展、环境的改善、旅游景观的开发和整治，知名度日益提高，越来越多的境内外游客来厦旅游，旅游客源市场发展活跃。各种会展旅游和节庆活动对厦门市旅游经济的拉动作用明显，而2007年10月2日开始的从厦门口岸出发经金门赴澎湖旅游，进一步丰富了我市的旅游生活。2007年全市共接待海内外游客2058.8万人次，比2006年增长10.9%；实现旅游总收入293.8亿元，同比增长16.2%。

（五）金融保险业服务功能不断增强

2007年末，我市本外币存款余额2466.97亿元，比年初增长20.09%。本外币贷款余额1801.11亿元，比年初增长31.5%。全年实现税收8.68亿元，同比增长35.68%。全市拥有财产保险公司11家、人身保险公司11家、保险专业中介机构25家，全年累计实现保费收入36.26亿元，比上年增长30.57%。但各保险公司业务发展有相当差距。太平洋人寿与财产险公司2007年纳税1949万元，同比增幅高达1.25倍；中国人寿和财产险公司2007年纳税5726万元，同比增长71.23%；平安财产和人寿公司2007年纳税2018万元，同比下降了4.09%。

（六）文体活动精彩纷呈

文体活动频繁，如厦门国际马拉松赛、第四届世界合唱比赛、各类大型文艺晚会等，丰富了我市的文体生活，并带动旅游、娱乐、餐饮、商贸等相关行业的发展。影视行业也蓬勃发展，厦门世通华纳文化传媒有限公司的车载移动电视已发展到包括厦门在内的北京、济南、大连、武汉、广州、深圳、重庆等20个大中城市，形成了覆盖全国的“世通华纳车载移动电视联播网”，2007年纳税404万元，同比增长3.23倍。

（七）中介咨询业、会展业异军突起

在鹭江道、环筼筜湖地带汇集了众多境内外咨询、事务所、船务公司，出现了国正税务师事务所、天健华天会计师事务所、维思信息产业等一批规模较大、涉及领域较新、发展潜力较大的中介咨询服务企业。2007年税收收入超百万的税务师、会计师、律师事务所已达7家。以每年“9·8”投资贸易洽谈会为依托，办会、办展力度不断增强，会展平台搭建初见成效，在前埔已形成相当规模，具有一定影响力。我市目前与会展服务相关的企业57家，部分企业已经产生良好的税收效益，如厦门国际会展集团有限公司2007年纳税229万元，同比增长36.71%。

（八）软件业稳步向前

2007年，我市通过认定的软件企业累计达297家，已登记的软件产品1012个，实现产值突破110亿元，同比增长34.6%，是2002年产值的7倍多。税收收入上百万的信息软件业企业共计20户，入库税收2.0948亿元，占本行业税收总收入83.58%。数字内容、IC设计、服务外包等产业快速发展，并日渐形成特色，一些主导的软件产品达到国内领先的技术水平。软件园二期成为软件与信息服务业发展的推进器，形成台资软件企业集聚和动漫游开发两大特色。目前入园企业已达230多家，企业员工人数1万余人。实现产值30亿元，税收突破1.2亿元。

三、当前服务业发展中存在的问题

（一）服务业在产业结构中的比重偏低

2001—2007年服务业占GDP的比重分别为：45.34%、43.42%、42.07%、41.97%、43.05%、44.40%和45.26%。厦门人均GDP水平达到中等发达城市标准，就这一标准而言，服务业的发展水平明显偏低，尽管近年来我市致力于加快服务业的发展，尤其是房地产市场持续高位运行，但服务业占GDP的比重一直在40%左右，不仅远低于发达国家70%以上的水平，也低于低收入国家平均46%—50%以上的水平。

（二）行业结构不尽合理

传统服务业占主导地位，现代服务业发展相对滞后。现代服务业中房地产业比重偏大，新兴产业占比偏小。社会服务业和其他服务业，如娱乐服务业、信息咨询服务业、计算机应用服务业等，由于起步晚、水平低、基数小，产业增加值占全市服务业增加值的比重更小。教育、体育、卫生、文化艺术等行业近年来虽然有所发展，但增长速度低于全市国民经济发展的平均水平，其增加值在服务业中所占比重也略有下降。现代服务业中房地产是推动我市经济发展的主导力量。

（三）地域分布不平衡

厦门本岛是服务业的主要聚集区，全市服务业单位数、人员数和实现的增加值约3/4以上集中在岛内，岛外同安、翔安、集美、海沧的服务业发展明显落后于岛内，地域发展差别较大。因此岛内、外各区服务业税收规模差异较大。2007年服务业税收总量和增量最大的是思明区，翔安增长幅度最大，但税收总量仅是思明的5.19%，是湖里的14.79%（详见表1）。

表1　　厦门市地方税务局各区局2007年服务业税收　　单位：万元

	2007年	2006年	同比增幅
思明地方税务局	221380	160502	37.93%
湖里地方税务局	77619	74946	3.57%
海沧地方税务局	68281	48991	39.37%
集美地方税务局	31305	27765	12.75%
同安地方税务局	36889	22384	64.80%
翔安地方税务局	11483	6540	75.58%
火炬地方税务局	10980	13304	-17.47%
象屿地方税务局	12629	9934	27.13%

（四）服务业市场化、产业化程度较低

我市服务业除批发零售贸易餐饮业、交通运输业和部分社会服务业等传统行业市场化程度较高外，众多服务业领域市场化程度都比较低，特别是一些发展潜力较大的行业，如金融保险、邮电通信、教育、文化、卫生等行业，一直由国家实行垄断或限制经营，全方位竞争格局尚未形成，产业化水平较低，竞争能力较弱，技术创新和自我发展能力较差。

（五）税收政策对服务业发展的扶持和调控作用相对滞后

现行税制对服务业中的新兴产业的扶持和调控力度不足，如：国家对技术密集的高科技行业发展给予了较为明确的税收优惠政策，而对于更高的知识密集型信息咨询产业则缺乏相应的措施。又如：IT服务方面的相关政策界限不清，存在很多不合理因素，未充分考虑软件开发企业售后服务。许多软件开发企业由于属于混合销售，服务性收入也须全额缴纳增值税，造成企业税负较高。而有些专门从事 IT 服务的公司因只缴纳 3% 营业税，自然占有了价格上的优势。税收政策落后于经济的发展，对市场的调控能力降低，在一定程度上影响了新兴产业的发展速度。

四、推动服务业税源发展的对策建议

2007 年，厦门服务业税收占地方税收的七成以上，服务行业不仅是地方税收的重要来源，并且对经济发展有着积极的正反馈作用。首先，服务业能提供大量就业岗位，居民收入的稳定提高又能促使消费水平的持续增长，从而有效地解决当前经济发展中所面临的需求不足的瓶颈问题，进而推动经济繁荣发展。其次，服务业中的邮电通讯、商贸流通、金融、会展等行业的发展能便捷企业经营、生产和销售各环节，为当地制造业构筑良好的发展平台。此外，教育、文化、卫生、旅游等行业的发展能丰富人民精神生活，营造良好的城市形象，从而使厦门在对人才、投资等经济要素的吸引上具有比较优势。服务业以其较强的产业关联度和社会影响力，尤其当厦门经济进入中等发达城市发展阶段，有着更加重要的现实意义。厦门市服务业的发展，当务之急是壮大规模、优化结构、提升水平、优化传统服务业，运用现代经营方式和服务技术，提高技术水平和经营效率；重点发展以信息、科技、金融、会计、咨询、中介、法律为代表的现代服务业，提高服务业整体水准；积极发展新兴服务业，如需求潜力大的房地产、物业管理、旅游、社区服务、教育培训、文化体育等，形成新的经济税源增长点。

（一）壮大厦门市服务业经济总量

厦门市正加快推进海湾型城市建设步伐，为服务业的发展壮大提供了广阔的空间。按照“优化岛内、拓展海湾、扩充腹地、联动发展”的总体思路，分别在岛内实施“退二进三”和岛外实施“以二带三”战略，提高服务业占经济总量的比重。岛内面积较小、人口密集，政府应有目的地引导产业发展方向，提高岛内服务业的发展规模和层次。在加快岛内现有工业企业外迁步伐的同时，将腾出的空间按区域规划重点用于与中心城区相配套的服务业发展，提升城市内涵、优化服务体系。岛外区域实施“以二带三”的战略，在发展和改造一、二产业的同时，积极发展服务业，完善区域服务设施，提高配套水平，以改变岛外区域服务业发展严重滞后的局面。

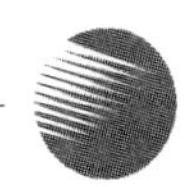

（二）优化结构，促进现代服务业良性发展

一是大力发展现代物流业。物流业作为一种服务产业，其发展与整个经济发展密切相关。厦门应充分发挥区位优势，以现代物流理念为指导，整合现有物流资源，加快传统物流向现代物流转变。目前，厦门在建四大物流园区：东渡—象屿物流园区、海沧物流园区、航空港物流园区、浏五店物流园区。物流园区的建设将使我市物流业向港口辐射型支柱产业发展，成为未来经济发展的重要增长点。

二是开拓性发展旅游会展业。要在传统旅游项目中找突破，努力挖掘和丰富旅游内容，提升旅游文化内涵，依托“闽南风情”和“山、海、台、侨”等独特优势，争取吸引更多的国内外旅客来我市度假消费，增强该产业的含金量和辐射效应。要大力培育和创建高星级宾馆酒店，通过旅游业发展来拉动相关产业的较快进步。近年来我市一批新开业的星级酒店（如厦门富春东方大酒店有限公司喜来登酒店、国际大酒店有限公司等）贡献的税收发展势头喜人。“会展经济”能有力带动餐饮、旅游、购物、交通、通信等相关的发展，厦门市应以“9·8”贸洽会、台交会、医博会为热点，努力打造会展业的城市品牌，拓展营销信息渠道，延长会展产业链条，发挥带动效应，培育消费热点，进一步丰富和提升会展经济内涵。

三是做大做强金融业。金融业既是地方经济发展的有力支撑，也是我市长期较为稳定的税收资源，其发展壮大，意义重大。2007 年度，我市外资银行发展势头良好，单营业税一项入库 5669 万元，同比增加 2179 万元，增长 62.44%，有效带动其他涉外税收大幅增长；国有商业银行累计实现营业税 48848 万元，同比增加 19625 万元，增长 67.16%。因此，要着力引进一批在国内外有影响的银行、证券、保险、期货、基金等金融机构及其他中介机构入驻厦门，努力建设海峡西岸区域性金融中心，不断提升金融业的税收行业贡献率。

四是壮大软件业规模。随着社会生活信息化步伐的加快，软件业的市场空间将进一步扩大。根据厦门市“十一五”规划纲要确定的目标，我市要进一步整合和完善厦门软件园，打造厦门软件产业基地。政府应在基础设施建设、企业生存环境上大力扶持软件产业，实行系列优惠政策，吸引软件企业向软件基地集中，显现软件基地的群体优势和规模效应；要支持好项目和好技术，促进软件业人力资源和技术资源的联合兼并，增强企业的竞争力，提升潜力，促进软件业持续健康发展。

五是提升文体娱乐业发展水平。近年来我市经济向好，居民收入增长，消费结构升级，居民人文体娱乐消费同比逐年增长，文化体育娱乐业成为服务业中最具活力的行业之一。但由于文化体育中有相当一部分是属于事业或其他类型单位，基本上是无税或微税单位，因此，2007 年我市地税征收的文化体育娱乐业税收 1.65 亿元，仅占服务业税收的 1.68%。可通过积极发展报刊、图书、电影、音像等传统文化行业，举办书市、花市等富有特色的文化活动项目，规范技艺培训，引导汽车驾驶、电脑操作、花卉栽培、投资理财、古董鉴赏、书法篆刻、体育、舞蹈、烹调等技艺培训市场的健康发展；兴建和改造体育健身场地和设施，合理引导健身休闲消费等途径进一步提升文体娱乐业发展水平，促进文化体育娱乐业的快速发展和税收份额的增加，促使娱乐企业良性运作和规模化发展，在满足个性化需求方面提高营造能力，用丰富多彩的消费方式来创造消费、引导消费。

六是做强做优房地产业。鉴于当前房地产业对地方经济与税收发展有着举足轻重的影响，因此，当前国家宏观调控的大背景下，主动采取切实可行因应措施，努力保持房地产市场的开发力度，尽力维持我市房地产买方市场的景气度，着力培育一批跻身于全国房地产开发、建筑承包、装饰装修、物业管理等的知名企业，引导企业在建筑设计、工程质量、物业管理、商业诚信、文化内涵等多方面树立品牌，增强房地产企业抵抗风险的能力，以有效降低当前房地产市场理性回归给我市地方税收收入稳健增长带来的负面影响。

七是全面拓展商务服务业。该行业近年来贡献的地方税收不断增长，目前创造的税收收入占服务业税收的比重达 12% 左右，仍存在较大的发展空间，尤其是在发展服务外包与对台经济合作方面有着巨大潜力，应加以重点培植。一方面，要加快推进五缘湾、观音山、杏林湾和环东海域等商务营运中心的建设，大力引进国内外知名企业来厦设立营销中心、研发中心和结算中心，设立中介服务机构。另一方面，要充分发挥厦门在对台工作中的独特优势和作用，拓展厦台之间交流合作的领域和范围，提升层次和水平，增强承接台湾先进现代服务业转移的载体功能，吸引更多的台湾大财团、大企业和上市公司落户厦门，使厦门成为新一轮台商投资的聚集地，凝聚“才气”与“财气”。

（三）整合税收资源，提升纳税服务，为服务业的发展营造良好的税收环境

服务业的健康发展离不开公平、法治、规范的税收环境，税务部门应树立和落实科学发展观，坚持“经济决定税源、管理增加税收”的治税理念，在推进依法治税、强化税收征管的同时，全面贯彻落实各项税收优惠政策，积极为厦门市服务业的健康发展营造良好的税收环境。

一是依法治税，规范管理。规范税收执法，强化执法监督，严格按照法定权限和程序行使权力，严厉打击偷逃税行为，进一步整顿和规范税收秩序，确实做到依法治税、依法征管，为服务业的发展营造公平有序的税收环境。

二是全面落实各项税收优惠政策。在国家出台或调整服务业税收政策之前，我市税务部门应用足用好现有的税收优惠政策，扶持服务业发展。如高新技术企业所得税“两免三减半”政策、新办企业1—2年免征所得税政策、技改项目所得税抵免政策、再就业减免税政策等。在符合国家税收政策允许的条件下，给予服务业企业尤其是新兴行业一些扶持，以促进服务业的繁荣发展。

三是优化纳税服务。全面落实纳税服务承诺制，进一步整合办税流程，简化办税程序，对重点发展的现代服务业，努力做到手续从简、审批从快、期限从宽、优惠从高，切实提高服务效能。

四是加快税收信息化建设步伐。要进一步完善厦门地税网上办税系统，打造信息化支撑的、无时空界限的立体式纳税服务体系。要提高税源管理的科技含量，提高数据处理、分析和应用能力，扎实推进税收科学化精细化管理进程，为提高税收征管和服务水平提供科技支持。

五是加强调研，为完善服务业税收政策建言献策。为更好地促进服务业的发展，税收政策上有必要进行适当的调整，应当对高新技术企业、信息咨询、旅游会展等服务行业制定更有针对性、更符合行业发展方向的税收优惠政策。应加强对服务业发展情况和税收政策落实情况的调查研究，针对服务业发展中出现的新情况、新问题，以改革和发展的眼光去研究分析，提出具有前瞻性的政策建议，为决策部门完善服务业税收政策提供及时准确的信息。

（课题负责人：吴开盛
课题组成员：庄丽蓉　卫星亮
朱碧玲　杨丽斌
执　　笔：朱碧玲）

福建省重点税源行业营业税税负及征收力度分析

福建省地方税务局税收科研所课题组

一、各设区市营业税重点税源行业总体征管力度分析(详见表1)

表1　　2001—2006 年各设区市营业税重点行业的征收力度值

设区市	2001 年		2002 年		2003 年		2004 年		2005 年		2006 年		2001—2006年	
	总体平均		总体平均		总体平均		总体平均		总体平均		总体平均		总体平均	
	平均	排序	平均	排序	平均	排序	平均	排序	平均	排序	平均	排序	平均	排序
合计	1		1		1		1		1				1	
福州	1.12	1	0.99	4	1.1	1	1.03	2	1.1	4	1.25	1	1.07	1
龙岩	0.98	7	1.2	1	1.04	3	0.98	3	1.22	1	0.99	5	1.06	2
南平	1.05	3	0.94	7	0.9	8	0.91	7	1.1	3	0.82	8	0.95	8
宁德	1.03	5	1	3	0.96	6	0.81	8	1.14	2	0.93	6	0.97	6
莆田	1.06	2	0.91	8	1.05	5	0.97	5	1.08	5	1.1	2	1.01	3
泉州	0.91	8	1.05	2	1.03	4	1.05	1	0.86	8	0.89	7	0.97	6
三明	1	6	0.97	5	0.95	7	0.94	6	1.07	6	1.07	3	0.98	4
漳州	1.04	4	0.96	6	0.98	5	0.97	4	0.96	7	1.01	4	0.98	4

根据征收力度值测算模型，我省 8 个设区市（厦门除外）的营业税重点行业的征收力度值（通过实际税负同全省平均水平比较的相对值来考察各个设区市的征管力度情况）均有所变化，但设区市间的总体综合征收力度值相差不大（见图 1）。从纵向比较看，福州各年度的征收力度值排序都比较靠前，漳州稳在中后位次，三明则从中后位向较前位发展，其余地市位次波动较大；从横向比较看，六年的征收力度值最大的是福州，为 1.07；龙岩次之，为

1.06；最小的是南平，为0.95，与最大值差距0.12%；莆田的总体征收力度值与全省平均值接近，为1.01；而泉州、宁德、漳州和三明四设区市的征收力度值较为接近且均低于1，分别为0.97、0.97、0.98和0.98。

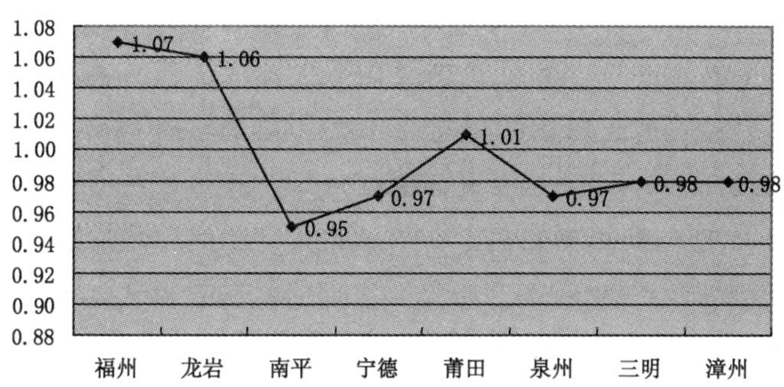

图1　各设区市营业税重点行业六年平均综合征收力度值

二、各设区市重点行业营业税税负及征收力度值水平

（一）建筑业（包含房屋工程建筑、建筑安装和建筑装饰业），详见表2。

表2

设区市	2001年		2002年		2003年		2004年		2005年		2006年		2001—2006年	
	实际税负	比值	实际税负	比值	实际税负	比值	实际税负	比值	实际税负	比值	实际税负	比值	平均税负	比值
合计	3.66	1	3.08	1	3	1	3.19	1	3.02	1	3	1	3.16	1
福州	3.84	1.05	3.04	0.99	2.96	0.99	3.25	1.02	2.95	0.98	3.08	1.03	3.19	1.01
龙岩	3.23	0.88	2.96	0.96	3.13	1.04	3.16	0.99	3.2	1.06	2.96	0.99	3.11	0.98
南平	3.52	0.96	3.13	1.02	2.9	0.97	3.05	0.96	3.15	1.04	3.02	1.01	3.13	0.99
宁德	3.19	0.87	3.26	1.06	3.02	1	2.67	0.84	3.41	1.13	3.22	1.07	3.13	0.99
莆田	3.06	0.84	3	0.97	3.06	1.02	2.88	0.9	3.03	1	3.02	1.01	3	0.95
泉州	3.57	0.97	3.11	1.01	2.95	0.98	3.11	0.97	3.07	1.02	3.02	1.01	3.14	0.99
三明	3.32	0.91	3.45	1.12	4.62	1.54	3.05	0.96	3.56	1.18	2.6	0.87	3.43	1.09
漳州	3.85	1.05	3.4	1.11	2.89	0.96	3.11	0.97	2.75	0.91	3.05	1.02	3.18	1.01

从实际税负看，2001—2006年全省建筑业的平均实际税负为3.16%，略高于法定税率。分年份看，2001年和2004年的实际税负高于法定税率，其余年份实际税负与法定税率基本持平。分设区市看，除莆田的平均税负与法定税

率持平外，其余设区市均高于法定税率，其中三明最高，为3.43%，其后依次为福州、漳州、泉州、南平、宁德、龙岩。

从征收力度值看，除三明的征收力度值略大、莆田的征收力度值偏小外，其余设区市的征收力度值较为均衡。分年度看，2001年，征收力度值在全省平均水平以上的有福州和漳州，均为1.05；其余6个设区市的征收力度值均低于平均水平，最低的是莆田，仅为0.84。2002年，大部分设区市均高于平均水平，三明最高，为1.12；福州、龙岩、莆田的征收力度值低于平均水平，其中龙岩最低，为0.96。2003年，三明的征收力度值远远高于其他设区市，高达1.54；漳州最低，为0.96。2004年，除了福州为1.02，略高于平均水平外，其余设区市的征收力度值都低于平均水平，宁德最低，仅为0.84。2005年的情况则和2001年的情况正好相反，福州和漳州的征收力度值水平在省平均水平之下，分别为0.98和0.91，其他六个设区市的征收力度值均高于平均水平，其中三明最高，达1.18。2006年，宁德的征收力度值最高，为1.07；三明最低，为0.87；其余设区市的征收力度值较为均衡且接近平均水平。

（二）保险业（包含人寿保险和非人寿保险），详见表3。

表3

设区市	2001年		2002年		2003年		2004年		2005年		2006年		2001—2006年	
	实际税负	比值	实际税负	比值	实际税负	比值	实际税负	比值	实际税负	比值	实际税负	比值	平均税负	比值
合计	4.9	1	5.91	1	4.8	1	4.46	1	3.96	1	2.5	1	4.42	1
福州	4.78	0.98	5.68	0.96	5.79	1.21	5.2	1.17	5.54	1.4	4.91	1.96	5.32	1.2
龙岩	5.05	1.03	6.82	1.15	5.25	1.1	3.67	0.82	7.63	1.93	2.27	0.91	5.12	1.16
南平	4	0.82	4.62	0.78	2.79	0.58	3.2	0.72	5.68	1.43	1	0.4	3.55	0.8
宁德	6	1.22	4.76	0.81	5.69	1.19	3.25	0.73	5.61	1.42	1.67	0.67	4.5	1.02
莆田	5.21	1.06	6.23	1.05	5.78	1.2	3.79	0.85	4.98	1.26	3.35	1.34	4.89	1.11
泉州	4.11	0.84	7.54	1.28	5.98	1.25	5.55	1.24	1.77	0.45	1.68	0.67	4.44	1
三明	6.34	1.29	4.42	0.75	2.75	0.57	4.27	0.96	3.68	0.93	2.39	1.17	3.97	0.9
漳州	3.97	0.81	4.85	0.82	4.91	1.02	3.34	0.75	3.3	0.83	2.71	1.08	3.84	0.87

从实际税负看，六年间保险业在全省的平均税负为4.42%，低于法定税率。从各设区市看，除福州和龙岩高于法定税率外，其余设区市均低于法定税率，南平最低，仅为3.55%。从时间纵向看，漳州税负较低，各年度均低于法定税率；三明、泉州、龙岩实际税负波动较大，波动均超过4个百分点。

从征收力度值看，南平、漳州和三明的征收力度值较小，分别为 0.8、0.87 和 0.9，福州、龙岩和莆田的征收力度值较大，分别为 1.2、1.16 和 1.11。分年度看，2001 年，各设区市的征收力度值差别较大，从漳州的 0.81 到三明的 1.29，高低之间相差约 0.5 个单位值；南平、泉州和漳州的征收力度值较弱。2002 年，虽然全省实际税负提高至 5.9%，但由于同期泉州的实际税负超出全省水平较多，其征收力度值达到了 1.28，而三明和宁德的征收力度值则从 2001 年的 1.29、1.22 分别下降到 0.75 和 0.81，征收力度值大幅减少。2003 年，各设区市的征收力度值出现较大的变化，三明和南平的征收力度值分别跌至 0.57 和 0.58，其余设区市的征收力度值都高于全省平均水平且设区市间差距不大。2004 年，只有福州和泉州的征收力度值高于平均水平，分别为 1.17 和 1.24；其余设区市的征收力度值均偏低。2005 年，除了三明和漳州的征收力度值较平稳外，其余设区市的征收力度值均有较大波动，尤其是龙岩、南平和宁德的征收力度值大幅度上升，而泉州的征收力度值则从上年的 1.24 下降至 0.45。2006 年，各设区市间的征收力度值相差较大，福州为 1.96，南平则仅为 0.4，二者相差 1.56 个单位值。

（三）商业银行业（见表4）。

表 4

设区市	2001 年		2002 年		2003 年		2004 年		2005 年		2006 年		2001—2006年	
	实际税负	比值	实际税负	比值	实际税负	比值	实际税负	比值	实际税负	比值	实际税负	比值	平均税负	比值
合计	5.53	1	5.37	1	5.66	1	4.64	1	4.69	1	4.47	1	5.06	1
福州	6.27	1.13	5.38	1	6.76	1.19	4.2	0.91	4.8	1.02	4.93	1.1	5.39	1.07
龙岩	6.21	1.12	5.61	1.04	4.79	0.85	4.66	1	4.73	1	4.5	1.01	5.08	1
南平	6.51	1.18	5.6	1.04	4.98	0.88	4.71	1.02	4.51	0.96	4.33	0.97	5.11	1.01
宁德	6.39	1.16	5.47	1.02	4.84	0.86	4.7	1.02	4.88	1.04	4.62	1.03	5.15	1.02
莆田	6.22	1.12	5.29	0.99	4.82	0.85	4.7	1.02	4.67	1	4.57	1.02	5.05	1
泉州	4.11	0.74	5.25	0.98	4.91	0.87	4.5	0.97	4.39	0.94	4.27	0.96	4.57	0.9
三明	3.96	0.72	5.06	0.94	4.38	0.77	4.49	0.97	4.54	0.97	4.15	0.93	4.43	0.88
漳州	6.38	1.15	5.57	1.04	4.91	0.87	5.04	1.09	4.88	1.04	4.38	0.98	5.2	1.03

从实际税负看，六年间商业银行在全省的实际税负水平为 5.06%，与法定税率基本持平。从各设区市平均税负水平看，只有泉州和三明的实际税负低于法定税率，这两个设区市的实际税负都只在 2002 年高于法定税率，其余年

度均低于法定税率，其中三明市2001年度的实际税负为最低，仅为3.96%，低于法定税率1.04个百分点。

从各年度各设区市的征收力度值看，2001年，泉州和三明两个设区市的征收力度值明显偏小，分别为0.74和0.72，其余设区市的征收力度值相对较强，征收力度值均在1.12—1.18之间，较为接近。2002年，各设区市的征收力度值相对均衡，都在1左右。2003年，除福州的征收力度值（1.19）较大之外，其余设区市的征收力度值明显偏小且相对均衡，除三明（为0.77）外，均在0.85—0.88之间。2004年、2005年和2006年，各设区市的征收力度值相对均衡，每年除个别设区市的征收力度值较高或较低外，大多数设区市均在1左右。综合来看，近年来，泉州、三明的征收力度值处于较低水平，分别为0.9和0.88，而且从时间纵向看，这两个设区市在六年间均没有征收力度值超过1的年份，与上述实际税负分析结合来看，说明近年来这两个设区市对商业银行业的征管力度较弱；除泉州、三明外，其余设区市的征收力度值相对均衡。

（四）房地产业（房地产开发与经营业），见表5。

表5

设区市	2001年		2002年		2003年		2004年		2005年		2006年		2001—2006年	
	实际税负	比值	实际税负	比值	实际税负	比值	实际税负	比值	实际税负	比值	实际税负	比值	平均税负	比值
合计	4.08	1	5.31	1	5.02	1	5.37	1	5.18	1	5.13	1	5.11	1
福州	5.3	1.3	5.31	1	4.95	0.99	5.44	1.01	5.1	0.98	4.65	0.91	5.13	1
龙岩	3.66	0.9	8.84	1.66	5.8	1.16	5.85	1.09	4.65	0.9	5.31	1.04	5.69	1.11
南平	5	1.23	4.88	0.92	5.76	1.15	4.97	0.93	5	0.97	4.67	0.91	5.05	0.99
宁德	3.58	0.88	5.83	1.1	3.87	0.77	3.44	0.64	4.91	0.95	4.88	0.95	4.42	0.86
莆田	4.93	1.21	3.37	0.63	5.62	1.12	5.84	1.09	5.39	1.04	5.2	1.01	5.06	0.99
泉州	4.75	1.16	4.9	0.92	5.16	1.03	5.4	1	5.32	1.03	4.78	0.93	5.06	0.99
三明	4.52	1.1	5.55	1.05	4.51	0.9	4.62	0.86	6.23	1.2	6.68	1.3	5.36	1.05
漳州	4.59	1.13	4.54	0.85	5.43	1.08	5.67	1.06	5.46	1.05	4.9	0.96	5.1	1

从实际税负看，房地产业全省实际税负水平只有2001年低于法定税率，为4.08%。从各设区市的平均税负水平看，只有宁德低于法定税率，为4.42%，南平、莆田和泉州的平均税负与法定税率基本持平，其余四个设区市均高于法定税率。其中龙岩最高，达5.69%。从时间纵向看，宁德的实际税

负普遍偏低，除2002年为5.83%外，其余年份均低于法定税率5%，其中3个年份低于4%；而龙岩的实际税负波动落差达5.2个单位值，较不平稳。

从征收力度值看，除龙岩设区市征收力度值偏高、宁德设区市征收力度值偏低外，其余设区市的征收力度值相差不大。分年度看，2001年，龙岩和宁德的征收力度值最低，分别为0.9和0.88，其余设区市均高于1，尤以福州最高，达1.3。2002年，南平、莆田、泉州和漳州的征收力度值都低于1，其中莆田最低，仅为0.63，比最高的龙岩1.66低1.03个单位值，差距明显。2003年和2004年，除宁德和三明的征收力度值偏低外，其余设区市的征收力度值较为接近，两个年份的最高征收力度值均落在龙岩市，分别为1.16和1.09。2005年，除龙岩较低（0.9）、三明较高（1.2）外，其余设区市的征收力度值都在1左右。2006年，除三明的征收力度值较高外，其余设区市的征收力度值较为均衡，都在1左右。

三、结论与对策

综合本文的分析结果，可以得出以下几点结论：

1. 大部分设区市的重点行业营业税实际税负水平和全省实际税负水平相差不大，行业实际税负和全省平均税负水平相比得到的征管力度值大致呈正态分布。

2. 近年来，建筑业、房地产业和银行业平均实际税负均高于法定税率，这与各设区市加强征管力度密切相关。而保险业平均实际税负低于法定税率，可能尚存一定征收空间。

3. 从税负水平看，全省建筑业税负区域差距不明显；漳州、南平和三明三个设区市的保险业税负明显低于全省平均水平，福州该项指标超出平均水平较多；三明和泉州商业银行税负明显偏低；房地产行业税负，宁德明显偏低，龙岩却偏高近0.6个单位值。

4. 从征管力度看，各设区市对营业税重点行业的总体综合征收力度相差不大。其中，福州对营业税重点行业的征管效果明显，各年度的征收力度值排序都比较靠前；三明和漳州的排位都是居中偏后，说明这两个设区市对营业税重点行业的征管力度居于中等偏弱；龙岩的征管力度是初期较弱，2002年开始征管力度大为加强，持续到2006年又有所回落；莆田的征管力度则是由强到弱到有所加强的走势；泉州、南平和宁德的征管力度不稳定，波动较大。

在既定的税收制度下，税收收入的多少取决于三大重要因素：经济发展水平、征管力度和税收政策的变化情况。同业税负测算结果是否具有可比性是建立在三个假设前提上，其中一个很重要的假设前提就是认为同一行业的适用税收政策相同，在假设满足的基础上，可以排除税收负担中经济结构的影响、税收政策的影响，使得影响税收负担的因素集中于税收征管。本书通过对近年来重点税源行业营业税税负和征收力度的比较分析，旨在查找各地目前行业征管中存在的问题，提高税源管理水平。对于实际税负远低于法定税率的行业和设区市，征管、稽查等部门应组织力量开展分析，有针对性地查找原因，探究差异产生的根源，加强整改，堵塞漏洞，防止税源流失；对于实际税负高于法定税率的行业和设区市，则要分析其中原因，看是否存在收“过头税”的现象。

附：【征收力度测算模型】

1. 设区市总体税负测算：$TB_{it}=\dfrac{TAX_{it}}{CR_{it}}\times 100\%$，公式中，$TB$ 为设区市的总体税负，TAX 为税收总量，CR 为应税营业税收入，i 为设区市，t 为时期。

2. 同业税负的计算：$TB_{ijt}=\dfrac{TAX_{ijt}}{CR_{ijt}}\times 100\%$，公式中，$TB$ 为设区市的总体税负，TAX 为税收，CR 为应税营业税收入，i 为设区市，j 为行业，t 为时期。

3. 税负相对值：$T\hat{B}_{ijt}=\dfrac{TB_{ijt}}{T\bar{B}_{jt}}$，$T\bar{B}_{jt}$ 为 t 时期 j 行业税负水平。

4. 综合征收力度：$CT\hat{B}_{ijt}=\dfrac{\sum T\hat{B}_{ijt}}{n_{it}}$，$n_{it}$ 为 t 时期 i 设区市涉税行业数量（反映在表格中即为平均那一栏的值，排序是根据平均值的高低从高到低依次从 1 列到 8）。

（执笔：王爱华）

税源建设与海西发展

产业发展研究

着眼于两岸三通的福建省物流业发展调查研究

福州市地方税务局计财处课题组

物流解释为：“物品从供应地向接收地的实体流动过程。根据实际需要，将运输、储存、装卸、搬运、包装、流通加工、配送、信息处理等基本功能实施有机结合。”显然，物流的构成要素既包括使物品的空间移动和时间移动成为可能的运输和储存，也包括保障物品顺利转移或流动的各种相关活动，其核心是将供应商、制造商、仓储和零售作为一个整体来考虑，注重提高整体运行的组织化和集约化程度，最大限度地降低经营成本。现代物流业有三个重要特征：第一，实施的是一种供应链管理；第二，以社会化运作的“第三方物流”为主；第三，将现代信息、网络技术运用到全过程。可见，物流业是一个知识密集型产业，也是一个资本密集与劳动密集型产业。

三通即通邮、通商、通航。1979 年 1 月 1 日，全国人民代表大会常务委员会发表了《告台湾同胞书》，建议台湾和大陆之间尽快实现通航、通邮，以利两地同胞的直接交往。1980 年 2 月 15 日，全国政协发出致台湾同胞春节慰问信，希望台湾各界人士敦促国民党当局接受中国共产党关于和平解决台湾问题的主张，首先实现通邮、通商、通航。至此，“三通”说法形成。

一、福建省物流业发展现状

福建省物流业从 20 世纪 90 年代末开始起步，总体规模较小，但凭借着巨大的市场潜力和发展物流业得天独厚的区域优势发展较为迅速。

（一）基础设施现状

目前，福建省已初步形成海洋运输为龙头，以空港快捷运输为窗口，以铁路运输为骨干，以公路运输为网络和各大型场站为集疏枢纽的综合运输体系。2006年末，铁路有鹰厦、梅坎、横南、赣龙4条出省大通道，境内营业里程为1648公里。在建的温福、福厦、龙厦、向莆、厦深五条快速铁路在建里程规模达1143公里，2007年完成投资97亿元；公路方面有7条国道和15条省道并辅以密集的县道和乡镇公路，公路通车总里程达6559.72公里，高速公路建设加快，2007年度投资162.6亿元，新增高速公路通车里程136公里，全省通车里程达1365公里，港口建设方面，福建2007年完成投资近50亿元，建成3个10万吨级集装箱泊位，合计新增5万吨级以上泊位9个，新增港口吞吐能力3000万吨，使福建累计吞吐能力达1.75亿吨。目前全省已开辟近50多条国际航线，与160多个国家和地区建立了经贸关系。航空运输：目前福建拥有厦门、福州两个干线国际机场，晋江、武夷山、连城三个支线机场。开辟100多条国内外航线。信息网络方面，省会到市县（区）的光缆干线网已建成，已形成高速度、大容量，具有视频、语音、图像、数据等综合信息的传输能力。

（二）物流企业不断壮大

这几年福建省物流基础设施、物流园区和物流中心建设捷报频传，伯灵顿、UPS、TNT、DHL等国际知名物流企业和沃尔玛、麦德龙、家乐福、百安居等跨国连锁零售企业等纷纷进驻；国内一些具有较大影响力的物流企业，如中远物流、中邮物流、中外运、中海物流、中储物流、中铁物流、招商局物流等，也都在闽设有分公司或子公司。通过私营物流企业发展壮大、国有物流企业整合优化和外资企业的先进经营理念的示范带动，福建物流业竞争能力得到有效的提升。在中国百强物流企业评定中，厦门市外运裕利集团有限公司、厦门晋联物流有限公司、厦门建发物流有限公司、厦门速传物流发展股份有限公司、福建省宏捷物流有限公司、厦门弘信股份有限公司、厦门华商纵横物流投资有限公司、福建盛辉物流有限公司等8家企业荣获这一称号；福建省汽车运输总公司在“中国道路货物运输企业50强”中位居第25名；厦门晋联物流有限公司、福建省宏捷物流有限公司、厦门弘信股份有限公司还荣获“中国民营物流企业前30名”称号。

（三）港口优势日益突出

全省生产性泊位542个，港口吞吐能力1.43亿吨，集装箱通过能力571万TEU（标准箱）；其中，福州、厦门、泉州港口吞吐能力和集装箱通过能力分别为0.38亿吨、0.53亿吨、0.32亿吨；71万TEU、392万TEU、101万TEU。“十一五”期间海峡西岸沿海港口发展目标：港口投资297亿元，重点

加快建设厦门、福州（江阴、可门、罗源湾）和湄洲湾（南、北岸）主枢纽港，建设宁德、漳州古雷等港；建设万吨级以上泊位156个，新增万吨级以上泊位90个，新增港口通过能力1.9亿吨，其中集装箱通过能力790万标箱；到“十一五”末，基本形成福州、厦门两个亿吨大港，全省港口年设计吞吐能力达3.1亿吨，其中集装箱吞吐能力达1300万标箱。福建港口经济优势日益突出，特别是福州港、厦门港已列入交通部公布的全国沿海主要港口名录，其中厦门港2006年进入世界百强港口20位的坚实基础，集箱吞吐量超过400万标箱，正逐步成为大型化、规模化、集约化的综合性现代港口。

（四）福建省物流业存在的主要问题

1. 福建省物流业的发展水平仍然滞后。反映物流业发展程度的最重要指标是社会物流总费用占GDP的比重，比重越低，表明社会物流成本越低，物流业越发达。2005年，福建省这一比重仅比全国低0.1个百分点；社会物流需求系数为2.21，低于全国的2.64。该系数反映的是生产总值对物流的依赖性，系数越高物流业越发达。

2. 物流业基础设施还需进一步完善。（1）沿海港口运力不足和铁路基础设施相对滞后，如2006年全省港口年综合通货能力1.43亿吨，而主要港口货物吞吐量达2.37亿吨，超负荷运输状况较为严重；特别是福州、厦门、泉州三个港口实际吞吐量与通货能力相差较多。（2）通港铁路专线建设滞后，目前福建境内只有厦门港东渡码头和马尾港有铁路专用线，其他港口均无铁路专用线，港口与铁路货物运输承接不够。（3）港口结构不合理，缺乏大型深水泊位和深水航道；港口竞争力不强，无法吸引周边的物流。

3. 现代物流理念尚未真正树立。（1）许多中小民营物流企业都是从车队、运输队或仓库摇身一变就成了“物流公司”，“散、小、弱、差”现象较普遍存在；（2）是物流管理体制滞后，缺乏统筹规划和协调，没有形成完整的物流供应链，只能提供各段的物流服务，物流产业中商业、外贸、仓储、运输、铁路、公路、河运、港口、民航各管一摊的部门分割现象严重阻碍了物流业的发展。

4. 物流企业的经营管理水平、服务质量有待提高。首先，服务方式和手段比较原始和单一，目前多数从事物流服务的企业只能简单地提供运输（送货）和仓储服务，而在流通加工、物流信息服务、库存管理、物流成本控制等物流增值服务方面，尤其在物流方案设计以及全程物流服务等更高层次的物流服务方面还没有展开。其次，物流企业经营管理水平较低，物流服务质量有待进一步提高，多数从事物流服务的企业缺乏必要的服务规范和内部管理规

程，经营管理粗放，很难提供规范化的物流服务。在物流过程中，部份企业难以做到在预定时间送货，并经常出现断货、对客户的响应不及时等问题，严重影响了物流行业的整体发展。在争取货源方面不是以服务质量进行竞争，而是单纯依靠打价格战，为此大部分物流企业效益不佳，盈利能力低。第三，大部分公路、水路运输企业普遍存在车、船型结构单一，老旧的状况，难于满足差异性服务的需求。

二、两岸三通，福建物流业的发展预测及税源分析

第一，两岸三通的进程的不断推进将逐步推动福建物流业的发展。两岸节日包机、专案包机顺利实施，实现了福建沿海与澎湖的货运直航，“小三通”客运量大增，成为两岸人民往来的便捷通道，两岸电信业务量也继续大幅上升，两岸经贸合作的不断发展，台湾产业大规模向大陆转移，据商务部统计，2007 年，大陆批准台资项目 3299 项，实际利用台资 11.7 亿美元；全年两岸贸易额为 1244.8 亿美元，同比增长 15.4%。其中，大陆对台湾出口 234.6 亿美元，同比增长 13.1%；大陆自台湾进口 1010.2 亿美元，同比增长 16%。大陆是台湾地区最大的贸易伙伴、最大的出口市场和最大的贸易顺差来源地，台湾是大陆第二大进口市场。在贸易的推动下，两岸货物往来规模不断扩大。台湾从大陆进口货物主要为机电设备及零件、机械用具及零件、钢铁、矿物燃料、光学产品及零件、有机化学品、塑料及其制品、石料石灰及水泥、铝及其制品、车辆及其制品等项目，约占从大陆进口金额的 80%。台湾对大陆出口产品结构变化不大，仍以机电、电子、光电、石化等产品为大宗。原材料和商品的运输规模不断扩大，对台物流需求量日益增加，需要高效的物流体系作为经济发展的支撑和保障，为两岸物流合作提供了广阔的空间。第二，随着海峡西岸经济区效应的进一步显现，周边的浙南地区、粤东地区、中部的江西和湖南等省，也将带来较大规模的物流市场需求。

随着福建省服务于港口经济的交通新网络的形成，以及闽台经贸合作的进一步发展，福建将成为东南沿海重要的物流中心，进而带动新一轮区域经济跃升和税收持续增收。2004 年，福建省货运量为 3.72 亿吨，货物周转量为 1402.96 亿吨，预计到 2010 年将分别增加到 5.32 亿吨和 2227 亿吨公里，港口货物吞吐量将达到 3 亿吨；预计到 2010 年，全省物流服务供应能力和服务质量有较大提高，物流运作初步与国际接轨，基本实现全省物流的社会化、专业化、住处化和规模化，全社会物流费用占 GDP 的比重将降低至 17%，能够初

步建立起能基本适应我省入周边地区经济社会发展的现代物流服务体系，物流业收入将大幅度的增长，同时有力地带动物流业税收的同步增长。2004 年我省物流业税收收入为 71157 万元，2005 年入库 90508 万元，比上年增长 22.1%，2006 年入库 116016 万元，比上年增长 28.2%，2007 年入库 133813 万元，比上年增长 15.3%，物流业近三年的税收平均增长率近 21%，其中铁路运输收入、水上运输收入道路运输收入 2004 年较 2007 年均翻了一翻，以此预计，2010 年物流业税收收入将达到 230000 万元。

三、立足两岸三通，促进福建物流业的发展

（一）加快基础设施建设

1. 着眼于两岸“三通”后的商机，大力加强港口建设。港口作为运输的枢纽、贸易的结点，是所在城市和腹地区域经济繁荣发展的重要战略组成部分，又是物流的载体，它对促进国民经济发展和扩大对外经贸往来有着长足的影响和积极作用。有关资料表明，世界贸易的 90% 以上是通过海运和港口来完成的。福建省面对台湾，海岸线长，地理位置重要，港口众多，港口优势不发挥，福建将与内陆省份无异，所以福建省应加大对省内六大深水港深水泊位投入营运工作，重点加快建设厦门、福州和湄洲湾（南、北岸）主枢纽港，建设宁德、漳州古雷等港万吨级以上泊位，增加港口通过能力，加大集装箱吞吐能力。

2. 构建省内“二纵三横”铁路环网和福州、厦门两个现代化铁路枢纽，逐步实现全省主要港区、重要工业基地通铁路。

3. 大力推进通道建设，以沿海港口为龙头，与高速公路、铁路线一起构成伸往内陆的经济脉络，拓宽福建港口群的经济腹地，扩大福建港口的货物生成量。

4. 以选择交通便利、通讯网络发达、相关公用综合服务设施比较先进齐全、物流作业集中的地方，有重点地推进物流园区建设。合理规划出相配套的物流仓储用地，避免大型物流企业因仓储用地局促、零星分割而影响物流企业管理水平和服务质量的现象。

（二）加快闽台物流合作实质性步伐，共荣共赢

1. 是重点鼓励台商与福建本土企业合作投资现代化物流业。首先，台湾在便利店与量贩店的共同配送方面积累了丰富的经验，引进具有丰富的集货能力、有强大国际网络的台商物流企业来闽以多种方式从事社会共同配送业务，

提供第三方物流的服务，这些物流企业，相较国内物流企业而言，具备有专业、熟练的物流技术、区域性配送能力，以及广布全省配送网络等优势。通过引进这些物流企业，完善福建省的物流配送体系，提升福建省的物流业整体服务水平，做大福建省的物流规模。其次，重点要在航海运输、航空运输等领域引进台湾实力强的航运企业，吸引较可观资本规模的大型航空、海运或陆运运输者，如大荣货运、新竹货运、东源储运、永通交通等。第三，重点引进高科技物流业者，满足高科技业者对运输高标准要求，配合光电产业发展的物流的需要。鼓励以两岸合资经营航运公司、码头企业、港口服务企业的形式，加强港口的招商引资工作，设置台商投资装卸作业区、物流园区，提高台资在福建港口和航运业参与度。第四，在货物代理服务、金融服务、货物保险、信息服务和航运业派生的各种服务业等领域也可引进相关的台湾物流企业，以提供完整一体化的物流服务，提供物流资讯、库存管理、物流方案设计等增值服务以及完整的物流解决方案的现代物流服务。

2. 加强闽台物流合作，将福建省营造为东南沿海重要的物流中心。首先，积极开展海上航运物流合作，扩大两岸直航货物规模，尽早促成闽台两地直航的实现。吸引长荣、阳明等台湾实力强、规模大、国际航线多的航商在闽开辟国际航线，共同开拓腹地和开发国际航线，利用这些公司长期以来形成的航运渠道，做大集装箱吞吐量，扩大中转规模。其次，加强对台航空物流合作。厦门国际航空货运量居全国第四位，要以此为基础，加强对台航空物流合作，充分利用厦门开放“第五航权”试点的有利条件，吸引台湾华航、长荣等台湾货运航空公司在厦门设点开展货运业务，设立货物中转基地，以货运站合作为基础，发展产品供应链。第三，扩大台湾农产品在内地销售，使福建成为台湾农产品进入大陆市场的物流集散基地。目前“两门”、“两马”航线可保证台湾水果以最快的速度、最低的成本和最小的保鲜损耗运抵福建。再通过福州作为台湾农产品进入祖国大陆市场的集散地和中转站，使国内老百姓更方便、快捷、经济享受到原汁原味的台湾农产品，让福建省真正成为海峡西岸经济区台湾农产品的物流集散基地。

3. 根据未来两岸三通发展的需要，跟踪两岸货运直航的政策动态，抓紧准备，制定“两马”、“两门”货运直航的试点方案，对开展直航的基础设施、通关、检验检疫、货站、货物集散等软硬环境进行统筹考虑，争取使福州和厦门成为首批的两岸货运直航试点城市。

4. 合作培养现代物流人才。(1) 开设现代物流专业，建议引进、吸收台湾物流师资与教材，在福建高等院校开设现代物流专业课程，培养现代物流高

等人才；（2）建立现代物流人才合作培训中心，台湾现代物流业已拥有一支较高水平的人才队伍，福建可邀请台湾物流人才到大陆举办讲座和培训班；（3）举办闽台物流理论与实践研讨会通过召开“闽台现代物流合作对策专题研讨会”，汇集两岸同行精英，针对性地研讨闽台物流合作的具体细节，解决一些存在的实际问题；（4）做好物流人才队伍梯队建设，注重培养好三层次的物流人员，即优秀物流企业家、称职的物流经纪人队伍和量大面广的物流管理人员。

（三）建立政策保障体系

1. 宣传大陆物流投资开放政策，进一步发挥保税区的作用，优质高效地服务闽台贸易，强化其为台商提供物流服务的功能；

2. 出台一些物流企业发展的利好政策，例如：增加现代物流业发展专项资金、加大银行对物流业的授信和贷款力度、优先物流项目用地等政策。

（四）强化日常税收征管工作，为福建物流业的发展创造一个公平税收环境

1. 加强税法宣传和纳税辅导。一是有针对性地宣传好有关物流行业的税法知识，把税法宣传工作做到经常化、精细化，让物流行业的业户读懂税法，提高物流业纳税人的主动纳税意识。二是帮助企业建立健全账证，加强对企业办税人员的培训工作，促其提高会计核算水平，按规定如实建账和对不同应税项目收入分开核算，以真实反映经营情况和避免误用税率现象的发生。

2. 加强自开票资格认定和征收管理。一是严格按照《国家税务总局关于货物运输业若干税收问题的通知》的有关规定，把好自开票企业认定、年审关，做好发票管理、税款征收、数据传递、数据比对等的日常税收征管工作；二是加强对物流企业拥有车船以及财务核算情况准确性、真实性的审核；三是密切国地税征管与稽查部门的信息沟通，及时发现纳税人虚列运费抵扣的情况，有效排除假发票、“大头小尾”票等问题，从源头上防止和杜绝物流企业盗用假发票及虚开运输业发票的违法犯罪行为；四是研发电子计量衡防伪税控装置以票控税，最大程度地杜绝物流企业现金或体外循环行为的发生，实现对该行业涉税业务的全额征管。

3. 强化地税队伍建设，提升服务水平。要培养一支政治过硬、业务精通、作风优良的税务干部队伍，充分发挥地方税收职能作用，用足用活物流行业税收优惠政策，继续做好税收服务工作，扶持企业发展，涵养地方税源，不断培植新的税收增长点。

4. 利用财税政策杠杆促进物流业发展方面。例如天津市财政适当返还部

分物流企业地方性税收，进一步推进物流企业营业税差额纳税试点工作，将国税发［2005］208 号文件关于仓储业务营业税政策推广到所有仓储企业，即规定：仓储企业将承揽的仓储业务分给其他单位并由其统一收取价款的，应以该企业取得的全部收入减去付给其他仓储合作方的仓储费后的余额为营业额计算征收营业税等。

总之，加快两岸三通的基础软硬件建设及两岸物的港口建设发展，加快货物流通速度，促进区域经济增长，为加速建设海峡西岸经济区而服务，进一步带动内陆省市与港台地区及国外的货物流通、贸易促进，促进两岸进一步交流与合作，构筑两岸和谐经济，为海峡西岸经济区的发展插上腾飞的翅膀！

（课题成员：陈小玉　马　力
黄　河　翁丽华
黄仕俊　李　燕）

东南汽车城产业发展与税收关系调研报告

福州市地方税务局课题组

一、东南汽车城汽车及零部件产业发展现状与税收贡献情况

（一）东南汽车城汽车及零部件产业发展现状

东南（福建）汽车工业有限公司成立于1995年11月23日，厂址设在福州市青口投资区，它是由福建省汽车工业集团和台湾裕隆企业集团所属的中华汽车公司合资组建，是海峡西岸最大的合资汽车生产企业。几十家台湾中华汽车公司的优秀配套零部件企业（配套厂）也跨海来到福州青口投资区安家落户，同步建设形成了占地2993亩，累计投资30多亿元的东南汽车城。东南汽车城汽车及零部件产业可分为东南主厂、一级配套厂、其他配套厂三个级次。

东南汽车1996年正式投产得利卡，1998年生产整车达5000台，1999年达18000台，2000年达30000台，当时轻卡产量跃居全国第二；2000年3月推出功能RV车——富利卡；2003年9月东南汽车通过二期工程建设，将整体产能扩展到年产15万台；同年开始生产菱帅轿车，当年实现销售3万余台；2004年1月东南汽车累计第20万台成车下线，同年6月东南菱绅上市；2005年5月东南新富利卡菱动SUV上市，同年12月东南菱利上市；2006年3月东南汽车累计第30万台成车下线，同年5月国产三菱蓝瑟、三菱菱绅上市，同年11月三菱戈蓝上市；至此，东南汽车已推出“东南得利卡”、“东南富利卡”、“东南菱帅”、“东南菱利”、“三菱菱绅”、“三菱蓝瑟”、“三菱戈蓝”等七大系列车型。2004—2006年连续三年销售额都在40亿元以上，并且开始开拓国际市场，分别销往朝鲜、叙利亚等国；2006年投资1亿元建成东南汽车研发中心，同年三菱汽车正式入股东南汽车，东南汽车已形成了三菱、东南

两大品牌，跨商用、乘用两大区隔，东南汽车城成为三菱汽车在中国最重要的整车生产基地，宣告了东南汽车正式从闽台合作走向国际合作，并推出中高档驾车“戈蓝”，当年实现产销两旺。

经过十年的建设，东南汽车城的汽车及零部件产业已颇具规模。截止到2006年12月31日，累计实现汽车产销36万辆，销售收入358亿元，利润19.15亿元；上缴税金25.58亿元，2004—2006年平均增长幅度分别为14.34%、83.35%、16.22%。东南汽车在国内汽车界已具有一定的知名度，2006年由全球五大品牌价值评估机构之一的世界品牌实验室（WBL）和世界经济论坛（WEF）共同编制的2006年《中国500强最具价值品牌》排行榜中，“东南”品牌价值66.11亿元，名列第80位，在全国汽车行业排名第8位。

（二）东南汽车城汽车及零部件产业地方税收情况分析

1. 税务登记情况。从2004—2006年，东南汽车城从事汽车及零部件产业的企业从2004年年初的46家增长到2006年年末的109家，增长了136.96%，见表1。

表1　　2004—2006年税务登记情况表

年度	登记户数	其中：外资企业	比重	比上年增减数	内资企业	比重	比上年增减数
2004	76	71	93.42%	28	5	6.58%	2
2005	94	84	89.36%	13	10	10.64%	5
2006	109	98	89.91%	14	11	10.09%	1

从表1我们可以看出，随着东南汽车城汽车及零部件产业的不断发展壮大，从事该产业的企业正不断增加，产业规模正不断扩张。

2. 贡献税费情况。东南汽车城的建成、发展，为当地税收收入和规费收入的增长奠定了坚实基础，2004—2006年税收收入（包括营业税、个人所得税、印花税、房产税及城市房地产税、地方教育费附加）贡献率均在30%以上，2004年和2005年更是达到53%以上；2004—2006年规费收入（包括基本养老保险费、失业保险费、江海堤防工程维护管理费、残疾人就业保障金）贡献率均在50%左右，不包括东南主厂社保费。从表2可以看出，东南主厂及其配套厂的税收收入贡献率在下降，但是规费收入贡献率却在不断上升，2006年达到了53.82%。

表 2　　　　2004—2006 年地方税收贡献一览表　　　　单位：万元

年度	当地税收收入	当地规费收入	税收收入及贡献率						规费收入及贡献率					
			东南主厂		一级配套厂		其他配套厂		东南主厂		一级配套厂		其他配套厂	
			金额	贡献	金额	贡献	金额	贡献	金额	贡献	金额	贡献	金额	贡献
2004	5300.70	2092.56	1554.09	29.32%	1161.46	21.91%	134.67	2.54%	0	0	909.56	43.47%	89.81	4.29%
2005	5999.52	2319.65	1757.74	29.30%	1318.69	21.98%	159.43	2.66%	5.35	0.23%	1105.84	47.67%	121.18	5.22%
2006	8951.44	3147.86	1315.07	14.69%	1259.44	14.07%	176.22	1.97%	18.85	0.60%	1480.28	47.02%	195.11	6.20%
合计	20251.66	7560.07	4626.90	22.85%	3739.59	18.47%	470.32	2.32%	24.20	0.32%	3495.68	46.24%	406.10	5.37%

说明：由于东南（福建）汽车工业有限公司社保费不在当地缴纳，在计算规费收入贡献时不予统计，规费收入只包括江海堤防工程维护管理费、残疾人就业保障金，其中 2004—2006 年分别缴纳社保费 652.18 万元、845.19 万元、588.70 万元。

3. 东南汽车城汽车及其零部件产业税费负担结构（见表 3）。

表 3　　　　2004—2006 年地方税费负担结构表　　　　单位：万元

年度	销售收入	税费收入	税费负担	税收收入	税收负担	规费收入	规费负担
2004	772987.82	4501.77	0.58%	2850.22	0.37%	1651.55	0.21%
2005	720995.85	5313.42	0.74%	3235.86	0.45%	2077.56	0.29%
2006	636334.89	5033.67	0.79%	2750.73	0.43%	2282.94	0.36%
合计	2130318.56	14848.86	0.70%	8836.81	0.41%	6012.05	0.29%

从表 3 可以看出，2004—2006 年东南汽车城汽车及零部件产业税费收入负担、税收收入负担、规费收入负担三项指标总体上均呈上升趋势，且规费收入负担率增长比税收收入负担率更快，年均达到近 20%。

4. 东南汽车城汽车及其零部件产业税收结构，见表 4、表 5。

表 4　　　　2004—2006 年地方税收税种结构表　　　　单位：万元

年度	税收收入	营业税	比重	个人所得税	比重	印花税	比重	房产税及城市房产税	比重	其他各税	比重
2004	2850.22	282.80	9.92%	998.16	35.02%	296.82	10.41%	841.50	29.52%	430.94	15.22%
2005	3235.86	260.88	8.06%	1247.09	38.54%	276.86	8.56%	1018.62	31.48%	432.41	13.36%
2006	2750.73	128.32	4.66%	963.38	35.02%	244.35	8.88%	960.25	34.91%	454.43	16.52%
合计	8836.81	672.00	7.60%	3208.63	36.31%	818.03	9.26%	2820.37	31.91%	1317.78	14.91%

表 5　2004—2006 年东南汽车主厂及配套厂税费收入结构表　单位：万元

年度	销售收入	销售收入及比重						税费收入	税费收入及比重					
		东南主厂		一级配套厂		其他配套厂			东南主厂		一级配套厂		其他配套厂	
		金额	比重	金额	比重	金额	比重		金额	比重	金额	比重	金额	比重
2004	772987.82	549684	71%	181397.54	23%	41906.28	6%	4501.77	2206.27	49%	2071.01	46%	224.48	5%
2005	720995.85	489736	68%	205143.68	28%	26116.17	4%	5313.42	2608.28	49%	2424.54	46%	280.61	5%
2006	636334.89	400223	63%	199573.62	31%	36538.27	6%	5033.67	1922.62	38%	2739.72	54%	371.33	8%
合计	2130318.56	1439643	68%	586114.84	28%	104560.72	4%	14848.86	6737.17	45%	7235.27	49%	876.42	6%

目前，地方税收中个人所得税占主要地位，其次是房产税和城市房地产税，再次是营业税和印花税。总体上，一级配套厂和其他配套厂与东南主厂的发展紧密相关，随着东南主厂销售收入的下降，一级配套厂和其他配套厂的销售收入基本也是呈下降趋势，但是由于一级配套厂和其他配套厂外销比例的逐年提高，也对冲了东南主厂销售收入下降的影响。

5. 税收前景展望。2007 年 6 月，福建戴姆勒·克莱斯勒汽车工业有限公司也正式在东南汽车城落户，将成为汽车城又一重要成员，该公司由福建省汽车工业集团、戴姆勒—克莱斯勒集团和台湾裕隆企业集团所属的中华汽车公司共同出资成立的合资企业，注册资本 1.6 亿欧元，总投资额约为 2 亿欧元，将在 2008 年生产梅塞德斯—奔驰牌轻型客车，年产能将达 4 万辆，最初计划投入生产奔驰威霆、唯雅诺和凌特厢式汽车等产品。这些车型国产后，将成为国内最高端的轻型商用车，该项目首期基建占地 500 亩，建成后将成为福州市青口投资区第二个龙头企业。届时，福州市青口投资区将形成以东南汽车、戴克汽车为双龙头、一级配套厂和其他配套厂及其他相关行业蓬勃发展的局面，从而必将有力地促进当地地方税收收入的稳步增长。

二、东南汽车城汽车及零部件产业存在的困难和问题

（一）人力资源

福建省有 3488 万人，人均工资在 1000 元左右，相对国内其他主要汽车生产基地而言，东南汽车城具有较低的劳动力成本优势，但劳动力素质普遍较低，高层次人才匮乏，特备是汽车制造、营销方面的人才更是匮乏。目前东南汽车的管理人员和技术人员主要来自台湾，国内特别是本地培养的管理、技术人才缺乏。由于福建省汽车工业起步晚，福建省特别是福州市当地

高校培养的汽车人才较少，东南汽车城每年不得不花费大成本到国内其他重点高校招聘汽车制造人才。

（二）物质资源

东南汽车产业是在上个世纪末才发展起来的，相对于国内其他老牌汽车企业来讲，其制造装备较为先进，又因福建汽车产业基本上是在市场经济的激烈竞争中发展起来的，故其资产利用率、装备开工率高于国内其他汽车制造企业。但在资产数量上远远小于国内七大汽车集团，东南汽车城所有企业总投资额只有33亿元，而一汽集团为253亿元，上汽集团为292亿元，就连民营的浙江吉利集团也有39亿元。另外，由于东南汽车城选址在福州市闽侯县青口镇，汽车城在各项基础设施、生活服务等方面还有待完善，给汽车城员工的日常生活造成诸多不便。

（三）知识资源

福州发展汽车产业的知识和技术支撑力与国内外其他重要汽车集团对比相去甚远，主要表现在技术开发能力与国内、国外其他的制造商差别很大。东南汽车以前的车型主要来自台湾中华和日本三菱，对外依赖程度很高，虽然2005年投资1亿元建造自己的研发中心，但技术创新是一个长期的过程，目前各方面的技术仍依靠引进。近几年东南汽车每年都不断推出新车型，销售收入也在逐年提高，但我们不难看出，无论是以前的得利卡、菱帅、菱绅，还是后来生产的蓝瑟、戈蓝，以及将要投产的奔驰，其技术都完全依赖国外，更令人担忧的是，挂“鹰头”的东南汽车标志的车型产销量日益萎缩，现在东南汽车主要生产销售的是挂“三菱”商标的蓝瑟和戈蓝汽车，本地品牌影响力日益减弱。

（四）政策因素

东南汽车城进驻的企业主要为台资企业，在大力引进外资企业的大背景下，国家给予外资企业相当大的优惠政策。在这些年中，东南汽车城各主要厂商都享受了国家和地方给予的优惠政策，但随着新的《企业所得税法》的出台，国家和地方给予东南汽车城各外资企业的优惠政策也将逐渐消失，以前东南汽车城对国内其他内资汽车企业的比较优势也将随之消失，这也在一定程度上加大东南汽车城汽车产业发展的难度。

（五）协调因素

东南汽车城建立初期引进的30余家配套厂主要是为配合东南汽车主厂，为主厂提供汽车零部件，呈现出“众星拱月，航母编队”的发展态势。东南汽车城的同步建成提高了东南汽车产品的国产化率和生产效率，降低了产品成本，提高了产品品质，有力地增强了东南汽车的竞争实力和发展潜力。在东南汽车城投产初期确实产生了很好的“群聚效应”，各配套厂家生产的零部件不用包装、库存和长途运输，直接通过拖车送往主厂生产线，有效地节约了成本，但随着市场竞争的日益激烈，这种“拴在一条绳子上”的格局日益成为各汽车配套厂发展的制约因素。东南汽车主厂所需配件数量是固定搭配的，要求所有配套厂必须同步发展、协调发展，但各配套厂是各自独立的经营主体，在市场经济下，不可能发展步调一致，同时东南汽车主厂产销量的下滑也严重影响到各配套厂的效益，极易因主厂景气情况变动，发生机构型不景气。

（六）市场因素

目前国内各大汽车厂商都在迅猛发展，汽车产量屡创新高，在中国汽车工业版图上一向有“北长春、南广州、东上海、西重庆、中武汉”之说，几大汽车制造商的生产能力越来越强、车型也越来越丰富，汽车价格也在逐年下降，东南汽车位于东南沿海，周边各省都有自己的汽车产业，竞争激烈，此时东南汽车显得“单薄孤立”。国际因素上，随着我国加入世贸组织，汽车进口关税现在已降至最低点，国外汽车大量涌入，国内高档汽车几乎被进口汽车所垄断，给东南汽车城汽车产业的发展增加了一定的外部压力。

三、促进汽车及零部件产业发展建议

在经济全球化日益加深的背景下，汽车关税逐年降低、零部件全球采购趋势增强，中外汽车整车和零部件的市场之争、品牌之争、服务之争、价格之争将随着市场的扩大而愈演愈烈。面对如此激烈的竞争格局，必须采取积极的应对措施，除了企业自身必须积极参与竞争外，政府也应予以必要的税收政策扶持。

（一）顺应产业发展形势，提高产业竞争能力

总体而言，福州市汽车及零部件产业总体竞争力水平较低，现在应谋求的是国内竞争力的提高，而后才是国际竞争力的提高。汽车及零部件产业作为一个产业关联度高、对经济贡献率高的产业，对福州市经济的持续稳定地增长是至关重要的。所以，福州市必须充分认识自己的优势和劣势，努力转化劣势，抓住机遇，正确发挥政府的作用，才能不断提高福州汽车产业的竞争力。

1. 扩大对外合作，改进投融资体制。巩固和扩大现有的对外合作，积极发展以东南汽车、戴克汽车为主的汽车产业群。采取更灵活的方式引进外方资金、外方技术，改进投融资政策，引导社会资本、民间资本向汽车及零部件产业流动。

2. 培育和增强技术开发能力，发展和培育汽车产业的技术知识支撑力。福州汽车及零部件产业技术开发能力薄弱，没有国家级层次的机械专业产品研究院所，机械基础研究、专业技术和关键技术研究能力薄弱，技术开发人员少（省内高校、院所相关专业人才培养能力很弱）。故政府部门和汽车产业界应创造条件改变和提高省内高校院所相关专业人才培养的模式和吸引留住人才的方式。同时，吸引国内其他省份高校以及海外归国人员来榕加盟汽车技术研究开发，以期增强福州汽车及零部件产业的研究开发能力，培育和提高汽车产业技术和知识支撑力，增强发展后劲。

3. 大力发展零部件及相关产业。强大的零部件生产能力，是支持汽车业发展的关键，因此汽车零部件必须采取与整车同步跟进战略，改变福州汽车及零部件规模效益较低、自主研发能力较差、零部件产业严重滞后、生产和营销方式落后的局面。充分发挥现有的基础作用，充分利用“地利”和“采购半径”的优势，主动寻求配套的机遇，努力“切入”东南的“配套”圈，扩大产业规模。扶持一批重点零部件生产骨干企业，通过企业间的联合、收购和重组，整合零部件行业资源，进行产品的合理分工，形成以几家大型汽车零部件企业为龙头的“宝塔式”的零部件产业布局；鼓励零部件企业积极参与国际分工和竞争，面向国际市场、积极发展规模经济，强化精益管理降低成本；加强汽车产业链的发展，加强汽车产业上游产业和下游产业的开发，加强上游的汽车加工业和下游的服务业发展是未来的方向，而且这方面的市场潜力很大，且具体操作性很强。

4. 建立本地整车厂商与零部件厂商的合作共同体，加强合作，形成战略联盟。一方面，整车厂商吸收零部件厂商介入新车型开发，及时地了解新车型对零部件性能质量的要求；另一方面，整车厂商对零部件厂商的产品开发、产品质量、产品品种、技术改造、生产制造、管理方式、人员培训等实行导向扶植、协调和监督，使整车厂商与零部件厂商从设计开发到生产的整个环节，都保持面对面的合作，共同解决在技术、质量、成本和交货期等方面的问题，形成紧密依存、协调作战的伙伴关系和群体优势。这对加快福州零部件高水平、高质量同步和超前发展，确保整车上水平、上质量、上品种、上竞争力具有重要作用。

5. 发展产业集群，构筑汽车产业集群创新体系，提高集群竞争力。大力支持现有零部件企业发挥自身产业优势，建立汽车零部件产业基地，吸纳国内外知名零部件生产企业入园，形成产业聚集效应。集群创新是以产业关联为基础的，以地理上的比邻为特征，以设施配套、完善的支持机构为条件，以文化融合和非正式交流为纽带的本地化的区域创新网络，地方网络性是其最重要的一个特征。主要表现在：企业、创业中心、科研机构、金融机构、服务咨询机构、负责基础设施建设的政府机构、培训机构等的健全和配套；各种机构存在密切的互动和依存关系；各种机构有着强烈的社区意识，聚集在一起的企业可以边干边学，竞争就成为一个不断演进的相互作用、自我激励的动态过程。通过区域内企业的互相学习和交流，形成浓厚的本地企业文化氛围，提高汽车产业群的竞争力。

（二）加大税收政策扶持力度，促进产业自主创新

可采取的税收政策工具包括：（1）改变资源配置，引导企业生产环保、低能耗的汽车而实施的税收政策；（2）激励企业进行研究与开发的税收政策；（3）增强企业出口能力而实施的税收政策；（4）鼓励政府部门购买具有自主知识产权的汽车而实施的税收政策。

1. 利用税收政策引导企业开发环保、低能耗的汽车技术。对低污染排放汽车的减税政策并不是中国一家独有的，国外也有各种各样的减税政策。虽然这种政策规定、执行程序等存在诸多不一致的方面，但各国制订该政策的初衷都是一样的。即通过税收政策对汽车制造商进行鼓励与惩罚，促使汽车制造商对低污染排放汽车的技术开发，降低汽车尾气污染，限制有害气体排放，保护生态环境。

《中华人民共和国企业所得税法》第二十七条规定，企业从事符合条件的环境保护、节能节水项目的所得，可以免征、减征企业所得税。第三十四条还规定，企业购置用于环境保护、节能节水、安全生产等专用设备的投资额，可以按一定比例实行税额抵免。由此可见，此次规定将节能环保投资和所得列入税收减免，对节能环保企业是一个信号，汽车产业是典型的新税法优惠产业，很多汽车项目只要加大技术改进力度，就能够清洁环境、减少污染，对汽车企业是一大好消息。

2. 利用税收政策激励企业进行技术研究与开发。据了解，通用汽车公司一年的研发费用支出的强度为其销售收入的4%，我国汽车业投入的研发费用普遍偏低，即使三大汽车集团的研发投入总和也不到通用汽车公司的1/10。近几年来，我国政府和理论界越来越重视税收对研发投入的激励作

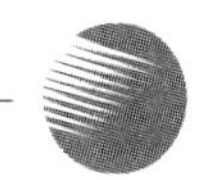

用。从鼓励技术研究与开发投入的优惠措施看，我国税收优惠措施以所得税为主，在流转税为主体税收收入的情况下，所得税优惠对技术研究与开发支出的影响有限。

作为国家最高的具有指导意义的《汽车产业发展政策》，在技术政策方面，多次提到将采用税收政策来激励自主创新。例如，第七条规定："坚持引进技术和自主开发相结合的原则……国家在税收政策上对符合技术政策的研发活动给予支持。"第二十七条规定："企业自主开发产品的科研设施建设投资凡符合国家促进企业技术进步有关税收规定的，可在所得税税前列支。国家将尽快出台鼓励企业自主开发的政策。"目前，针对汽车产业的税收政策尚未出台，不过，借鉴经济发达国家的有益经验，政府应采取以下的财税政策。（1）在所得税方面，企业自主开发产品的科研设施建设投资凡符合国家促进企业技术进步有关税收规定的，可在所得税税前列支；对一般性生产设备可进行加速折旧。（2）在增值税方面，对符合自主创新条件的汽车企业提前实行消费型增值税政策，允许其新购设备中所含增值税用于抵扣。（3）参照外商企业再投资的税收优惠政策，凡企业把未分配利润转为投资，用于技术研究与开发项目，这部分利润应允许抵免企业所得税；高科技企业中的科技人员把奖金分红收入再投资高新技术，企业进行高科技研究与开发，对这部分奖金或分红收入征收的个人所得税，应予以返还；对科技人员取得的技术转让收入，可以免征营业税和个人所得税；对科技人员以技术入股而获得的股权收益，可以免征个人所得税。

3. 利用税收政策激励自主创新，促进企业做大做强。著名经济学家熊彼特曾经说过："大企业是技术创新的发动机"。原因在于，现代的技术开发需要大量的资金投入，而大企业有较强的资金支持能力，同时，技术积累也有一个过程，需要时间，因此，税收政策应激励企业做大做强。由于汽车产业产能过剩，竞争十分激烈，税收政策应有助于增强自主创新，提高企业的竞争能力。根据韩国的经验，首先，应鼓励公众购买具有自主知识产权的汽车，政府应带头购买，同时，根据我国购置汽车时必须交纳10%的车辆购置税政策，在汽车购置税上予以一定的税率优惠；其次，调高汽车产品出口退税率，鼓励我国汽车走出国门，到海外寻找市场。

4. 加快费改税步伐，为纳税人创造良好的税收环境。从当前东南汽车城汽车及零部件产业地方税费缴纳情况来看，缴纳规费金额上升幅度远高于税收金额，2004年规费收入占该产业税费收入的比例为36.69%，2006年该比例达到了45.35%，增加了8.39个百分点；而同期该产业的销售收入却是呈下降趋势。因此，建议全面梳理地税部门受托代征的各项规费，切实减轻纳税人的非税负担，为汽车及零部件产业提供良好的税收环境，与纳税人共同建设和谐的征纳关系。

（课 题 指 导：李跃年
课 题 负 责：李福新
课题组成员：李　郴　黄润钦
徐双斌　林　啸）

德化县陶瓷产业发展与税收分析

德化县地方税务局课题组

一、德化陶瓷产业发展现状

千年不熄的窑火造就了中国瓷都德化，勤劳聪慧的德化人赋予瓷泥以生命，早在新石器时代，德化就有硬陶、印纹陶的制作；唐代后期，德化的制瓷业已比较发达；宋元时代，由于航海业的兴盛，德化瓷也随之飘洋过海；至明代，德化陶瓷制作工艺从造型到釉色都登上了新的境界，以当时民间艺人何朝宗为代表制作的德化瓷雕，则享有“东方艺术精品”和“天下共宝之”的盛誉；如今，德化这颗瓷坛明珠旧貌换新颜，使传统的行业优势和资源优势，迅速转化为现实的生产力，重新焕发出璀璨的光彩，是全国最大的工艺瓷生产和出口基地、中国十大主要陶瓷产区之一和福建省重点出口县，1996 年被命名为“中国陶瓷之乡”、2003 年又被评为“中国瓷都”、“中国民间（陶瓷）艺术之乡”。2006 年，“德化陶瓷烧制技艺”被列入我国首批非物质文化遗产名录。改革开放以来，德化紧紧围绕建设“现代化绿色瓷都”这一目标，充分发挥资源优势和传统产业优势，走“传统瓷雕精品化，工艺陶瓷日用化，日用陶瓷工艺化”的发展路子，促进陶瓷产业优化升级，成功地走出一条独具特色的陶瓷经济发展路子，相继开发出红壤陶、釉下彩精陶、轻质陶瓷、稀土生态陶瓷、精密陶瓷等新产品，形成了传统瓷雕、西洋工艺瓷、日用瓷等齐头并进的陶瓷产业格局，德化县现有陶瓷企业 1100 多家，从业人员 8 万多人。德化县陶瓷产品荣获中国驰名商标 1 个，中国名牌 2 个，中国陶瓷行业名牌 6 个，中国出口名牌商品 2 个，国家免检产品 3 家，福建省著名商标 13 枚，福建名牌产品 5 个，德化白瓷被列为国家地理标志保护产品；63 家陶瓷企业获得 ISO9000、ISO9001 质量体系认证，36 家陶瓷企业通过 ISO14000 环境管理体系认证，40 家陶瓷企业获得输美产品质量认证，1 家陶瓷企业通过 SA8000 社会责任体系认证，4 家陶瓷企业获福建省质量管理奖。2007 年陶瓷产值 58.81 亿元，占德化县工业产值的 59.53%；陶瓷出口交货值 47.83 亿元，出口值居全国第二位。陶瓷业纳税 2.34 亿元，占德化县纳税额的 40.48%；其中缴纳地方税收 0.8 亿元，占德化县地方税收总额的 28.11%。

二、目前德化陶瓷产业发展面临的问题

德化县陶瓷业面临“四升四降”的压力。“四升”：一是燃料价格持续上升，德化陶瓷业的燃料基本分天然气、柴油、电三种，其中采用天然气的已达 110 多家，多为大中型陶瓷企业，日消耗天然气 16 万立方米，较小型的陶瓷企业则大多以柴油为燃料，以电为燃料的则几乎是传统雕塑业，这部分大多是家庭作坊。除电力价格较稳定外，天然气价格已从 2007 年初的 3.4 元/立方米涨到目前的 5.2 元/立方米左右，同比上涨 52.94%，德化陶瓷企业每日就需为天然气多付费 28.8 万元，全年多付 1 亿元以上。而柴油价格亦呈不断上涨趋势，截至 2008 年年初，柴油价格同比上涨了 22%，以某中型企业月耗柴油 30 吨为例，月即增加燃料成本支出 2 万多元。二是原材料价格大幅上升，特别是树脂，从 2005 年价格突然翻番后，一直处于高位运行态势，德化县树脂生产已濒临消亡的边缘，而受国家对矿山开采加强管理等政策的影响，德化县陶瓷业的主要原料瓷土价格也一路攀升，其他辅助材料纸箱、保丽绒等也处于上升通道。特别是今年开春以来，随着股市、楼市的低迷，大量游资转而炒纸板、钢材等生产原料，导致这些生产资料大幅上涨，如陶瓷包装用纸箱集体上涨 40%，且供应商都不与陶瓷企业签订长期供应合同，一般都只签订一个月用量以内的短期合同，对陶瓷生产成本造成巨大压力。三是人民币汇率上升，2007 年 8 月，人民币汇率中间价突破 7.56 元关口，而进入 2008 年，即突破 7.10 元，预计人民币汇率仍处于不断上升的通道之间，且上升速度不断加快，而德化县出口陶瓷以西洋小工艺瓷为主，绝大多数以美元结算，在国外的售价大多是以整数为单位，即 1 美元、1 欧元或 100 日元（类似于国内的 1 元店），据企业反映，个别企业提出以欧元结算即遭外商冷遇，因而，短期内难以改变以美元结算的格局，对德化陶瓷企业相当不利。四是工价上升压力增大，今年因 CPI 高位运行，特别是各类生活要素如粮油、肉菜等及房租等大幅上涨，工人要求加薪的呼声日益高涨，加上用工环境的日益规范和社会保障体系的日益健全，企业的社保支出也势必增加。“四降”：一是出口退税率下降，作为陶瓷出口大县的德化，在 2006 年和 2007 年两次出口退税率调整中，德化陶瓷业

接连受到巨大冲击：2006 年 9 月，国家对部分陶瓷产品出口取消退税，部分出口退税率从 13% 降至 8%；2007 年 7 月 1 日起，陶瓷色釉料出口退税从 13% 调整为零，意味着陶瓷色釉料取消出口退税，陶瓷制品出口退税率又由 8% 下降到 5%。据统计，退税率每下降一个百分点，德化相关企业一年就要损失 2000 万元，此次下调德化陶瓷企业将减少退税款 6000 多万元，这 6000 多万元就是出口企业的纯利润，也就是通常所讲的“钱心”，本次退税率调整影响之大可见一斑。据分析，德化陶瓷企业目前平均利润率只有 8% 左右，一些中小企业甚至低于 5%，而很多企业的主要利润来源就是出口退税，政策的改变，无疑对出口企业造成了不可估量的影响。二是外来工人下降。随着劳动力供求关系的变化，劳动力市场上提供的岗位增多，可选择的空间扩大，外出务工人员对工资待遇和工作环境提出了较高的要求，在选择工作单位时，除了要求有一定的工资待遇外，更多地考虑“工资是否按时足额发放”和工作环境优劣。然而，许多企业未能适应宏观环境的变化，存在工资待遇不高、劳动强度大、工作和生活环境较差、超时劳动等问题，甚至有的企业存在未能按月足额发放工资，随意克扣工资和压低工价、扣押员工身份证等问题。用工环境欠佳，务工人员合法权益得不到很好的保障，在一定程度上影响了外来务工人员的吸引力。三是资金流量下降，2007 年来央行 10 次上调存款准备金率，紧缩银根效应明显。随着金融改革的深化，一些国有商业银行的县支行工作重心转移到组织存款、盘活存量及收贷收息上，信贷资金管理体制发生改变。国有商业银行的县支行存款逐年增长，贷款却呈现逐年下降趋势。由于国有商业银行“信贷集中”和“贷款权限”上收，个别国有商业银行的县级支行实际上成了上级市分行的“储蓄所”，没有自主发放贷款的权利，也降低县支行发放贷款的积极性，加上近年来德化县房地产市场火爆，资金大量流向房地产市场，导致流向陶瓷企业的资金下降。四是企业效益下降，周边国家特别是越南凭借土地、劳动力低廉等优势，大打价格战，抢占国际市场，德化县陶瓷产品面临价格和国际市场份额的双重压力，企业效益下降，影响了企业扩大再生产的信心。

三、陶瓷行业税收负担典型调查分析

根据德化县统计局公布的数据，2007 年德化县陶瓷产值 58.81 亿元，占全县工业产值的 59.53%；陶瓷出口交货值 47.64 亿元，居全国第二位，其中自营出口 1.33 亿美元（海关口径）。陶瓷业共缴纳税收收入 2.67 亿元，占德化县税收收入总额的39.79%。

（一）2004—2007年，德化陶瓷业进行相对平稳的发展期，由于德化县近年大力将矿产、水力等资源优势转化为产业优势和经济优势，第二产业中的采矿业（冶炼）、水电业发展迅猛，带动了以房地产业为代表的第三产业快速发展，体现为税收的优势，提供的税源越来越多，贡献越来越大，陶瓷业税收收入虽仍呈平稳增长态势，但增长速度速低于税收收入的总体增速，占税收收入的比例逐年下降（详见表1）。

表1　　4年来陶瓷税收变动表　　单位：亿元

年度	税收收入	增长速度	陶瓷业税收收入	增长速度	陶瓷业占税收收入比例
2004	4.36	13.02%	1.93	14.88%	44.27%
2005	5.05	15.82%	2.2	13.99%	43.56%
2006	5.78	14.46%	2.34	6.36%	40.48%
2007	6.71	16.09%	2.67	14.1%	39.79%

（二）2004—2007年度，德化县地方税收、工业地方税收总量都呈稳步增长态势，工业地方税收总量虽稳步增长，但占比变动较大，主要是因为近年德化县第三产业获得较快发展，特别是德化县加快了“小县大城关”的建设步伐，农民纷纷进城置业、生活县城房地产业火爆，撑大了地方税收总量。但陶瓷地方税收则徘徊不前，占地方税收的比例逐年下降，占工业地方税收的比例也呈下降趋势，这一方面是陶瓷行业发展步入调整期，另一方面是国地税征管范围调整的影响，2002年后新办企业所得税归国税征收，按经济发展规律，老企业总会有优胜劣汰，而新企业总会不断增加，德化县每年新设立的陶瓷企业在50家左右，对地税的收入影响越来越大（详见表2）。

表2　　4年来工业、陶瓷业地方税收变动表　　单位：亿元

年度	地方税收收入	工业地方税收收入	工业地方税收占比	陶瓷地方税收收入	陶瓷业占地方税收比率	陶瓷业占工业地方税收比率
2004	2	1.38	69%	0.71	35.30%	51.45%
2005	2.27	1.61	71.09%	0.68	29.78%	42.24%
2006	2.59	1.72	66.57%	0.73	28.11%	42.44%
2007	2.96	1.96	66.15%	0.80	27.06%	40.9%

（三）在这次专题调研中，我们选择了50户具有典型代表意义的陶瓷生

产企业（其中“三资”企业20户，内资企业30户），对其2004—2007年进行典型业户实际税费负担分析。

1. 税收负担分析。2004—2007年，德化县50户陶瓷典型业户销售额、税收收入都呈不同程度的增长态势，但税收负担却呈逐年下降趋势（详见表3）。而税收负担的下降，主要体现在地方税收负担率的下降，不论是整个陶瓷行业，还是分内、外资性质的陶瓷企业，其税收负担率总体均呈下降趋势（详见表4、表5），目前，地税机关对内资陶瓷生产企业征收的主体税种是企业所得税和个人所得税。近年来，国家出台的减免税政策基本集中体现在地方税收，如提高企业所得税税前工资扣除标准、提高工资薪金所得个人所得税起征点、提高个体工商户和个人独资、合伙企业费用扣除标准等政策，造成了地方税收负担的政策性下降；汇改以来，人民币汇率持续走高，国家多次调低陶瓷出口退税率，以及连续调高金融机构存款准备金率和贷款利息，造成企业融资难，加大了融资成本，对企业效益造成较大影响，进而影响企业所得税和个人所得税收入。而内资企业税收负担总体要比“三资”企业高3个百分点左右，但随着“三资企业”设立年限的延长，享受企业所得税减免税逐年减少，其税收负担越来越趋近于内资企业。2008年新《企业所得税法》正式施行后，预计陶瓷企业税收负担将进一步降低，且内外资陶瓷企业税负将基本趋于一致。

表3　　4年来50户陶瓷企业税收负担表　　单位：亿元

年度	销售额	税收收入	税收负担率	其中：地方税收	地方税收负担率
2004	9.5	1.11	11.68%	0.34	3.60%
2005	11.5	1.13	9.83%	0.33	2.87%
2006	13.05	1.21	9.27%	0.33	2.53%
2007	14.36	1.32	9.19%	0.34	2.37%

表4　　4年来30户内资陶瓷企业税收负担表　　单位：亿元

年度	销售额	税收收入	税收负担率	其中：地方税收	地方税收负担率
2004	6.77	0.86	12.70%	0.29	4.28%
2005	7.54	0.82	10.88%	0.3	3.98%
2006	8.42	0.86	10.21%	0.3	3.57%
2007	9.26	0.91	9.83%	0.3	3.24%

表5　　4年来20户“三资”陶瓷企业地方税费负担表　　单位：亿元

年度	销售额	税收收入	税收负担率	其中：地方税收	地方税收负担率
2004	2.73	0.25	9.16%	0.05	1.83%
2005	3.96	0.31	7.83%	0.04	1.01%
2006	4.63	0.35	9.27%	0.04	0.86%
2007	5.1	0.41	8.04%	0.04	0.78%

2. 地税征收（含代征）费金负担分析。除税收负担外，陶瓷企业还必须负担政府各类费金，我们仅就地税征收（或受托征收）的费金进行调查分析，除“三资”企业不缴纳教育费附加外，内、外资企业应缴纳的其他费金的种类、标准都基本一致，因而内、外资企业的费负担率则基本趋于一致。但2004—2007年费金负担率都呈现较快增长的态势，主要是近年地税机关受托征收的费金种类有所增加，以及适应建设和谐社会的要求，对职工权益性的支出如工会经费、残疾人就业保障金及社保“五险”（养老、失业、医疗、工伤、生育）必然增加（详见表6、表7、表8）。随着科学发展观、建设和谐社会的逐步深入，新《劳动合同法》的正式施行，可以预见到将来一段时间社会保障体系将进一步健全，社保覆盖面扩大、覆盖人数增多、缴费基数提高将成为大势所趋，企业的费金（主要是社保费金）支出将逐年增长，费金负担率将会逐年提高。

表6　　4年来50户陶瓷企业费金负担表　　单位：万元

年度	销售额	费金合计	费金负担率
2004	95002.37	258.22	0.27%
2005	114970.29	599.22	0.52%
2006	130517.55	724.91	0.56%
2007	143619.3	860.60	0.6

表7　　4年来30户内资陶瓷企业费金负担表　　单位：万元

年度	销售额	费款合计	费负担率
2004	67651.92	192.58	0.28%
2005	75413.19	401.73	0.53%
2006	84156.39	491.1	0.58%
2007	92552.03	559.3	0.6%

表 8　　4 年来 20 户“三资”陶瓷企业费金负担表　　单位：万元

年度	销售额	费款合计	费负担率
2004	27350.45	65.64	0.24%
2005	39557.1	195.5	0.49%
2006	46361.16	233.81	0.50%
2007	51067.27	301.3	0.59%

四、德化陶瓷产业的发展前景

（一）科技兴瓷，发展循环经济，走可持续发展道路

德化县针对制约产业技术水平提升的共性、关键性问题，投入 2000 多万元支持“福建省陶瓷产业技术开发基地”、“福建省陶瓷产品质量检测中心”、“国家火炬计划德化陶瓷产业基地”和“中国民营科技促进会德化陶瓷园区”建设。初步建立了以质量检验、信息服务、技术开发管理、培训为主要内容的科技公共服务平台，为企业提供技术支撑，促进陶瓷产业转型升级。德化县已创办民营陶瓷科技研究所 248 家，其中福建省高新技术企业 10 家。率先在国内进行陶瓷窑炉技术改革，引导陶瓷企业研究建成电热窑、油窑、液化气窑等新型窑炉，结束了用木柴烧瓷的历史，解决了经济发展与环境保护之间的矛盾。德化陶瓷生产的破损率在 3% 到 5% 之间，德化陶瓷企业开始了废瓷利用的攻关，并很快取得成功，目前德化县废瓷土、废石膏、包装制品、保温材料回收利用再生率已达 90% 以上，废水回收率达 80% 以上，从事资源再生利用的经济产值达 7 亿元，约占工业总产值的 7%，解决了经济发展与环境保护之间的矛盾，使陶瓷业走上了可持续发展之路。此外，德化陶瓷企业加强陶瓷材料应用研究，力促产品多样性。不拘泥于传统产业，在新材料应用、研究上多作文章，加大特种陶瓷、精密陶瓷、电子陶瓷等现代陶瓷的研究开发力度，提高陶瓷产品的科技含量和产品附加值，扩大产品在国内外市场的占有量。

（二）政府搭台，实施品牌战略，开拓国内外市场

我国国内经济持续增长，居民生活水平不断提高，家居摆设日益讲究，给德化陶瓷带来了广阔的国内市场。德化陶瓷企业把握国内外市场要求，注重产品开发，对当今世界上的流行款式、流行品种和各国的风俗习惯，进行研究和比较，在继承传统瓷雕技艺的基础上，重视依靠先进技术，在瓷土配方、外观造型上加以研究开发，提高工艺水平，增加艺术内涵，推出“日用陶瓷工艺化、工艺陶瓷日用化”的符合当今世界环保要求的新产品，如纳米陶瓷、稀

土陶瓷、可分解陶瓷等，提高产品质量和档次，增强产品市场竞争力。德化县政府重视引导陶瓷企业调整产品结构，培育国内市场，内外销并重，坚持“两条腿”走路，成立了“中国瓷都·德化”品牌宣传领导小组，不仅组织企业到国内各大城市举办陶瓷展洽会，甚至在一些大城市设立“德化陶瓷品牌专卖店”等形式开拓国内市场去年年底，德化“富贵红陶瓷”营销中心在厦门文园路设立，打响“中国瓷都·德化”总体品牌和企业品牌，其中冠福公司在深交所成功上市，其产品荣获“中国名牌”、“中国驰名商标”，佳美、顺美、龙鹏、冠福、创意、协发光洋6家企业产品荣获“中国陶瓷行业名牌”称号，协发光洋等4家陶瓷企业获福建省质量管理奖。

（三）培养人才，优化用工环境，实行人性化管理

德化县采用公办民助的形式，以政府投资为主，辅以企业资本，投入上亿元创办了德化陶瓷职业技术学院。该学院是全国唯一一所由县级财政支撑办学的全日制高等职业技术学校，担负着培养高层次陶瓷专业技术人才和管理人才的重任。另一方面，把优秀人才输送到厦门大学、景德镇陶瓷学院、集美轻工学校学习，与清华大学工艺美术学院联合举办“陶瓷雕塑进修班”，培养高级工艺美术人才。德化县十分重视化解“招工难”问题，降低农民进城门槛，抓好户籍管理制度改革，取消户口性质划分和对农民进城的不合理限制，解决进城农民就业、子女入学、社会保障等问题，从制度上打破城乡分割的格局。德化县城关建成区从1978年的不足1平方公里，1995年的2.73平方公里扩大到现在的8.2平方公里；城区人口达17.7万人（不包括外来流动人口），占全县人口总数的59%，比1995年增长三倍多；城区经济总量占全县的65.5%，成为带动全县经济发展的“火车头”。一方面，大城关战略的实施，使陶瓷企业在城关地区得以率先发展起来，带动了城区经济的繁荣，为广大进城务工人员提供了巨大的就业空间；另一方面，大城关的快速发展，促进城区形成人口集聚效应，吸引越来越多的本地和外地务工人员向城关聚集，为推动陶瓷企业进一步发展提供了充足的人力资源。

五、加快德化陶瓷产业发展的税收支持可行性建议

（一）提升税收服务水平，促进产业集群发展

德化县税务部门为发展德化县陶瓷产业集群做了大量的工作，积极为县政府就相关税收政策进行研究、筹划、宣传；经常与企业就税收政策及税收管理中的问题进行沟通，构建了和谐的征纳关系。随着德化陶瓷产业集群的进一步

发展壮大，建议在原有的服务举措上，更加紧密与企业的沟通联系，提升服务水平；针对产业本身的特点，就发展过程中的疑点与难点，从税收政策、税收管理角度考虑如何加以解决出谋献策。要进一步优化对纳税人的涉税服务，从而降低企业的涉税成本，优化资源配置，为纳税人主动纳税创造条件。要充分利用税收政策，鼓励陶瓷企业通过兼并、股份合作、松散联营等多种形式，利用大企业的品牌、资金、技术、信息和市场优势，盘活中小企业的土地、厂房、人力等生产要素，使规模企业能够以最小的成本、最短的时间赢取最快的扩张，在德化形成一批“领航旗舰”，进一步优化资源配置，提高生产经营的效益。要以国家鼓励发展现代物流业和“海西”经济区建设为契机，着力研究解决好如何陶瓷业集、散等两大课题，发展陶瓷大商贸，繁荣陶瓷大流通，扩大市场规模，增强“吞吐”能力。要按照发展现代商贸流通的要求，发展商旅、运输、金融等配套产业，融合人流、物流、资金流，让德化陶瓷产品源源不断地流向国内外市场。

（二）完善税收政策，支持引导发展循环经济和高新技术

要降低一般纳税人的认定标准，积极引导民营中小企业建立健全财务制度，鼓励中小民营企业申请增值税一般纳税人资格，使更多中小民营企业取得开具增值税专业发票的权利，从而获得更多的商业机会和参与市场竞争的机会。对循环经济和高新技术，由于符合国家发展高新技术的战略和节能减排战略，税务部门要主动替企业奔走呼号，建议上级出台鼓励性税收优惠政策，引导德化陶瓷企业走向低耗能和高技术。要充分利用新《企业所得税法》和《企业所得税实施条例》，积极引导陶瓷企业开展技术创新，对其开发新产品、新技术、新工艺等的技术开发费，在按规定实行100%扣除基础上，允许再按当年实际发生额的50%在企业所得税税前加计扣除，提高陶瓷产品的科技含量和附加值；对投资于符合国家产业政策的技术改造项目的陶瓷企业，其项目所需国产设备投资的40%可从企业技术改造项目设备购置当年比前一年新增的企业所得税中抵免，加快企业设备、产品的升级换代；对陶瓷企业用于环境保护、节能减排和循环经济的设备，允许其按设备投资额的10%抵免企业所得税，降低企业生产成本，促进陶瓷产业可持续发展。

（三）改进税收征管，还原所得税本来面目

由于民营企业财务制度较不健全，目前德化县税务机关除对规模较大陶瓷企业实行查账征收方式外，对中小陶瓷企业较多采用核定应税所得率征收的方式，这样虽有利提高征管效率、降低征管成本，但却使企业“利多利少税一样”，失去了所得税的本来面目，《企业所得税法》和《企业所得税实施条例》

所规定的许多税收优惠政策也无法得到落实，也不利于陶瓷企业改进财务管理，强化成本费用核算，充分挖掘财务利益。针对当前对中小陶瓷企业税收征管存在滥用“核定征收”的问题，税收部门要进一步规范对陶瓷企业的税收征管，主动帮助陶瓷企业建立健全财务制度，严格限制“核定征收”的适用范围，逐步推广对陶瓷企业的查账征收，从而把更多的陶瓷企业纳入查账征收的范围。同时，为防止个别效益较好的企业人为选择适用应税所得率的方式，要加强应税所得率管理，一般要将应税所得率定在高于行业平均利润率 2%，以引导企业主动健全财务核算，自觉要求查账征收。

（四）建议细分陶瓷产品种类

目前圣诞饰品的出口退税率仍为 11%，而德化县出口的工艺瓷中，有 70% 以上是圣诞饰品，由于东西方的文化差异和对产品的理解不同，德化出口的圣诞陶瓷饰品被归入陶瓷商品，而非圣诞饰品，不能享受圣诞饰品的退税率，对德化陶瓷业来说显然不公。建议把圣诞饰品、工业用陶瓷配件和高附加值日用陶瓷区别于普通陶瓷产品，列入重点扶持和鼓励发展的产业，享受国家税收优惠政策。税务、外管、外经贸部门要加强协调，简化手续，尽快办理出口退税，提高出口企业资金周转率。但从另一方面来说，出口退税率的调整将使陶瓷行业迎来 1 至 2 年调整期，陶瓷业格局由此可能重新“洗牌”。从长远看，这正是企业进行产品结构调整的好时机，税务部门要加强引导，促使陶瓷企业加快改变以量取胜、打价格战的竞争模式，对调整企业产品结构、促进行业升级起到积极的推动作用。

（课题指导：李填生
课题成员：林国涵　林文瑞
黄章源
执　　笔：黄章源）

福安市电机电器产业地方税收支持研究

福安市地方税务局课题组

一、概况

福安市位于福建省东北沿海，面积1880平方公里，海岸线长102公里，人口61万，水陆交通便捷，人口占宁德市的1/5左右，GDP占宁德市的1/4左右，工业总量占宁德市的1/3左右，是宁德市的经济中心城市和闽东北工业重镇。现有电机电器企业700多家，上亿元的企业23家（其中5亿元的1家，2亿元的2家），上5000万元以上的50家，上1000万元以上的100多家。产品有电动机、发电机、水泵、汽油柴油动力机组、电热电器、电子医疗保健器械、家用电器等门类200多个系列1000多个品种。福安电机电器产业至今已走过了半个世纪的发展历程。近年来的发展尤为迅速，“十五”期间，产值年均递增22%，出口年均递增43%，2007年产值首次突破百亿元大关，占全市工业总产值的比重达到76%，电机电器产业已成为福安经济发展的第一支柱产业和福建省重点培育的产业集群。如何在加强行业税收征管的同时，促进该产业的持续快速健康发展，是摆在我们面前的一项重要任务。

二、福安电机电器行业发展的基本情况

福安市现有大小各类电机电器企业730多家，从业人员5万多人；拥有企业集团6家，产值上亿元的企业23家，5000万元以上的企业30多家，1000万元以上的企业上百家。2006年完成集群工业产值80亿元，增长23%；2007年，完成集群产值102亿元，增长27.5%。整个产业呈现出以下特点：

（一）形成了一个比较典型的产业集群

福安电机电器行业产值约占全省电机电器行业产值的20%，生产的中小

型电机及出口量约占全国同类产品产量的1/3。同时，福安电机电器产业也是我省机电产品出口的重要基地，其出口量约占全省中小型电机出口量的80%以上。

（二）在福安经济中的地位突出

电机电器集群工业产值约占全市工业总产值的76%，上缴税收占全市财政总收入的25%以上，同时该产业的发展还极大地带动了全市其他产业特别是第三产业的发展。据测算，电机电器产值每增加1亿元，第三产业增加值就可增加4000万元，第三产业生产税收净额就能增加650万元。

（三）产业、产品结构比较齐全

全市电机电器企业中，电机、水泵整机企业占200家左右，电子医疗保健器械企业40家，配件及贸易企业500家左右，生产分工协作社会化程度较高。产品结构中电动机约占30%，发电机约占30%，水泵约占15%，汽油柴油发电机组占15%，电热电器、电子医疗保健器械、家用电器占10%，主要产品有200多个系列1000多个品种。

（四）占有稳定的国际国内市场

有70家企业通过ISO9001、ISO9002质量管理体系认证，70多家企业通过欧共体国家CE、GS、TUV认证，8家企业通过美国UL认证，上百家电机电器企业获得进出口自营权和出口质量许可证，12家企业成为国家机电产品出口基地企业，70%的产品销往欧洲、美洲、非洲、东南亚、中东等120多个国家和地区。2007年，全市电机电器产业规模企业完成出口交货值超过40亿元，其中企业自营出口超过3亿美元。

（五）拥有一批知名品牌

全行业拥有“中国驰名商标”2个，福建省级品牌产品23个，福建省著名商标12个，泰格动力机械有限公司的“tiger”商标是闽东工业首个中国驰名商标，今年安波电机“ABLE”商标又被国家工商总局认定为中国驰名商标，安波电机还获得了国家产品质量免检资格和企业出口免验资格，凯捷利电机获国家质量免检资格，泰格发电机组、凯捷利电机、安波电机、亚南发电机、港发电机、东方神按摩器等产品在国内外均有一定的知名度，泰格、亚南、新永隆、东大4家企业成为联合国采购供应商。

（六）技术进步成为产业发展新动力

“十五”以来，电机电器企业投入技术改造、技术研发资金15亿多元，建立了一批电机流水生产线、自动喷漆烘干生产线、数控模具加工生产线等，开发新产品150多项。骨干企业装备技术水平、产品科技含量逐年提高。技术

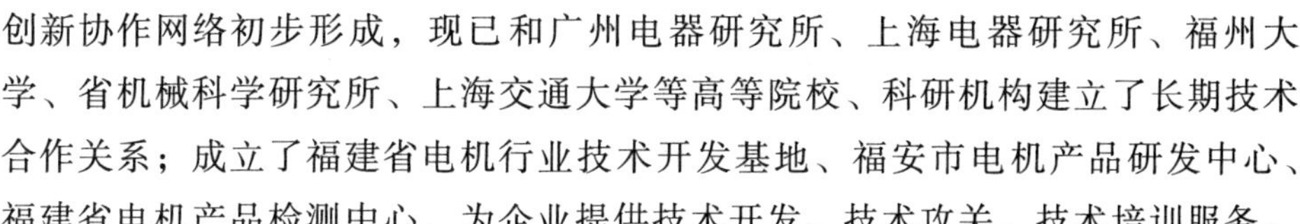

创新协作网络初步形成，现已和广州电器研究所、上海电器研究所、福州大学、省机械科学研究所、上海交通大学等高等院校、科研机构建立了长期技术合作关系；成立了福建省电机行业技术开发基地、福安市电机产品研发中心、福建省电机产品检测中心，为企业提供技术开发、技术攻关、技术培训服务。

（七）产业集聚步伐加快

秦溪洋工业园区已建成投产，甘棠工贸园区2000亩电机电器工业区、铁湖1660亩电机电器配套小区全面启动，畲族经济开发区1300亩机电配套小区、医疗保健器材工业小区完成详细规划，大洋电机电器工业小区正在规划中，一批与电机电器产业相配套的硅钢、漆包线等配套项目相继建成投产和进入实施；一批龙头企业正在着手征用大面积土地建设企业工业园；一批企业扩大生产规模技改项目陆续上马建设，产业规模不断壮大。特别是世界第三大电机制造企业台湾东元集团今年落户福安，是福安电机产业集群与行业领军企业强强联合的开始，将给福安电机电器产业发展提供极好的契机。

三、福安电机电器产业发展存在的主要问题

福安电机电器产业在产业配套、市场营销、人才供给、技术保障、资本积累、业主生成等方面都有了丰厚的积攒，在市场占有率、生产成本、劳动生产率、快速适应客户需求等方面也形成了很强的竞争力，用经济学术语说，这就是“洼地效应”。但与此同时，福安电机电器产业也存在着不少不容忽视的问题，主要有：

（一）整个行业产品品牌不够响亮

多年来福安机电产品以贴牌为主、自主品牌不多。虽然机电企业近年来加大了品牌建设力度，一部分企业陆续获得了“中国驰名商标”、省级著名商标、省级名牌产品称号，一些企业还获得了出口免验资格、产品免检资格，同时还拥有“福安电机”这一区域品牌，但福安机电企业品牌相对于全国乃至全世界先进国家百年企业而言，品牌建设还远远不够，总体处于国内中等水平。

（二）企业尚未成为技术创新的真正主体

福安电机电器企业尚未成为技术创新的真正主体。产学研联合开发不够积极，80%以上的电机电器企业没有自己的技术开发机构，60%以上的企业没有专职人员从事研发活动；一些企业迫于生计，创新投入严重不足，无力顾及科技成果转化。企业自主创新能力较弱，许多企业的核心技术和装备基本上依赖别人，缺乏自主知识产权的核心技术。

（三）产业链亟待完善

目前福安电机电器业正加快培育一批“专、精、特、新”的配套企业，发展电机电器上游产品，在漆包线、模具加工中高速冲片中心、精密铸造、铝合金压铸等方面取得较大进展。但福安电机的原材料如矽钢片、轴承、电容器等主要靠外省采购，福安漆包线生产仍不能满足企业生产需要，降低生产成本空间有限。产业链不完整已经束缚了产业的整体发展，福安市电机电器产业要想有更大发展，必须尽快解决产业链不完整问题。

（四）人才尤显不足

随着福安机电企业不断壮大和技术不断提升，人才问题成为产业发展的瓶颈问题，它困扰着福安电机电器产业发展和产业优化升级进程，存在着企业人才引进难、留人难等问题。受到福安市地域条件的影响，很难吸引到高素质的科技和管理人才。企业普遍反映高精尖技术人才、企业高层管理人才、国际贸易人才、熟练技术工人不能满足企业发展需要。

（五）产业总体质量不高，企业自有资金薄弱

整个机电行业虽然产值达 100 亿元，可年产值超过亿元的企业只有 20 多家，产值超过 5 亿元的仅有 3 家。产业质量不高、自有资金的不足以及企业用地的限制，使得福安机电企业规模普遍较小，抗风险的能力较低，制约了电机电器企业的做大做强，资金问题成为福安电机电器业实现大跨跃发展的一大瓶颈。

四、福安电机电器行业税收政策及征管情况

（一）征收的税种及现行税收政策

对电机电器企业征收的税种有增值税、企业所得税、个人所得税、房产税（城市房地产税）、城镇土地使用税、印花税、城建税以及地方教育附加、教育费附加；其他部门委托地税部门代征的有基本养老保险费、失业保险费、防洪护堤费、残疾人就业保障金、工会经费等。

1. 增值税政策。（1）对于出口电机企业实行免、抵、退税的增值税政策及同部分国家签定的税收优惠协议，有利于提高我市电机企业在国际市场上的竞争能力，从而使得我市产值较大的电机企业均为出口企业，但其对地方税收的贡献并没有内销企业大。（2）现行增值税的预警值政策，在对我市的小型电机的实际征收时变成了带征率，这种不按实际抵扣的高负担率，影响了我市小型电机企业的发展壮大。（3）从紧的一般纳税人审批政策，也造成小规模

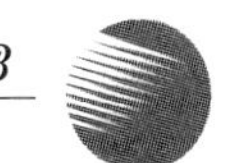

纳税的税收负担过重，不利于这些企业产品的公平竞争，在一定程度上打压这些企业。(4) 现行的增值税政策是生产型的，对很大一部分生产消耗包括劳动力是没有给予抵扣的，这对于劳动密集型的电机生产企业来说是一个很重的负担，成本高也不利于电机产品在国际市场上的竞争优势。

2. 所得税政策。为了做大做强电机电器行业，我市对该行业企业所得税采取 A、B、C 管理模式：对电机集团采取 A 类管理模式，即实行查账按照实际预缴，年终汇算清缴；对规模较大的企业采用 B 类管理模式，即查账征收按照收入一定的比例预缴，年终汇算多退少补；对规模较小的采用 C 类管理模式，采用核定所得率征收。对个人所得税股息、红利所得的，采用按一定比例预扣的方式征收。

3. 房产税、城镇土地使用税。如果企业是自有房产，则以房屋的计税余值为计税依据征收房产税；如果企业是租用房产，则以租金收入为计税依据征收房产税；对三资企业则征收城市房地产税。城镇土地使用税以企业实际占用的土地面积为计税标准征收，从 2008 年 1 月 1 日起，福安市城镇土地使用税土地等级范围分为一至四等区分别按照 9 元/平方米、6 元/平方米、4 元/平方米、2 元/平方米执行。

4. 印花税、城建税以及地方教育附加、教育费附加。印花税是对企业经济活动和经济交往中书立、领受的凭证征收的税种，共有购销合同、借款合同等 13 个税目。城建税是对缴纳增值税、营业税、消费税的企业征收的附加税，纳税人所在地在市区的，税率为 7%；在镇的，税率为 5%；不在市区、镇的，税率为 1%。地方教育附加、教育费附加与印花税的计税依据相同。

5. 地税部门代征的费种。基本养老保险费、失业保险费、防洪护堤费、残疾人就业保障金、工会经费等按照企业的工资发放额或销售额计算缴纳。

（二）电机电器行业税负分析（详见表 1）

表 1　　2001—2007 年福安电机电器业产值和税收情况

项目 \ 指标 \ 年度	2001	2002	2003	2004	2005	2006	2007
产值（亿元）	30.2	37	47	58	65	80	102
占福安市工业产值比重（%）	39.3	55.6	62.3	68.8	65	75	76.5
税收（万元）	3300	4200	7000	9000	10000	12000	11450
占国、地税税收收入总量比重（%）	22.6	24.8	28	30	31	30	29

续表

项目 \ 指标 \ 年度	2001	2002	2003	2004	2005	2006	2007
其中：地税税收收入	1260	1450	1960	2300	2800	3000	3450
占电机电器产业税收比重（%）	38.2	34.5	28.0	22.2	28.0	25.0	30.13
占地税税收比重（%）	12.5	13.5	16.7	16.6	18.25	16.2	14.7
行业税负（%）	1.09	1.13	1.49	1.55	1.54	1.5	1.12

福安市电机电器业年产值从2001年的30.2亿元，发展到2007年的102亿元，且年增长幅度均保持在两位数以上（平均每年增幅为25.30%），从1997年开始增长幅度都高于工业总产值的增幅，是工业总产值增长的主要动力，增加值占福安市GDP比重由2001年的39.3%，提高到2007年的76.5%，电机电器业的产值、增加值占GDP的比重呈逐年增长趋势。而2001年该行业税收收入3300万元，2007年为11450万元，7年增长近3.5倍，年均增幅37.63%，增幅高于产业的增幅。该行业税收收入占福安市国地税税收收入的比重稳定在28%左右。

该行业地税税收收入呈逐年平稳增长态势，从2001年的1260万元增加到2007年的3450万元，增长2.74倍，平均增幅16.5%，略低于行业产值增幅和国税税收增幅。地税电机电器业税收收入占全市电机电器产业税收比重最高为38.2%（2001年），最低为22.2%（2004年），平均为28.5%，占地税税收总收入的比重平均为15.5%。具体情况参见表2。

表2　　2007年福安部分电机电器企业产值和税收情况　　单位：万元

企业名称	经济性质	销售收入	国税收入	地税收入	税收合计	税收负担率
福建万达电机有限公司	私营有限公司	15325	422	209	631	4.12%
福建银嘉电机有限公司	私营有限公司	10289		189.86	189.86	1.85%
福建惠丰电机有限公司	私营有限公司	10153	145	96.27	241.27	2.38%
福建大地电机有限公司	私营有限公司	7491	201	79.5	280.7	3.75%
福建一华电机有限公司	私营有限公司	7226	129.23	56.41	185.64	2.56%
福建天工电机有限公司	私营有限公司	7950	153.4	78.86	232.3	2.92%
福建新永隆电机有限公司	中外合资	10237	55.56	5.9	61.46	0.6%
福建远东华美电机公司	中外合资	11368	145.96	42.1	394.1	1.65%
福建亚南电机有限公司	中外合资	22109	41.37	70.58	111.95	0.51%

行业税负最高为 1.55% （2004 年），最低为 1.09% （2001 年），平均值为 1.30%，远低于其他行业税负。造成税负较低的主要原因有：

1. 福安电机电器行业由于产品结构不太合理，技术含量低，产品的附加值不高，主要依靠低廉的工资、较高的劳动生产率和良好的配套环境来维持企业微利经营，所以行业应税所得率不高、所得税税负偏低。

2. 内外资企业所得税率的不同及优惠政策的影响，既使今年开始实施新的所得税法，“两税合并”政策有一定过渡期，在过渡期内外资企业的所得税税负和地方税收负担水平低于内资企业。

从表 2 可以看出，内外资企业的税负差别在加大。造成税负不均的原因有很多，其中行业的税收管征工作存在着许多亟待解决的问题。

1. 内外资企业税负差别较大，不利于企业平等竞争。福安市万达电机有限公司是一家私营企业，2001 年实现产值 4369 万元，国地税累计入库税款 213 万元，税负为 6.07%，该企业发展到 2007 年实现产值 15325 万元，国地税税收入库 631 万元，税负为 4.12%，平均税负为 4.59%。而亚南电机有限公司是中外合资企业，2001 年产值 1726.8 万元，当年国税无增值税入库，地税缴纳税收 8.76 万元，税负为 0.5%，2007 年产值 22109 万元，国地税税收入库 111.9 万元，税负为 0.51%，平均税负为 0.31%。

从以上两户企业对比数据可以看出：2001 年万达公司的产值是亚南公司的 2.53 倍，但当年缴纳税收是亚南公司的 24.3 倍，税负是亚南公司的 12.14 倍；2007 年产值是亚南公司的 0.69 倍，而缴纳税收是亚南公司的 5.64 倍，税负是亚南公司的 8.08 倍。

内资改三资源于利益驱动。福安市永隆电机有限公司，2001 年是内资企业，当年销售收入为 1231.9 万元，上交国税 85.6 万元，入库地方税费 16.5 万元，合计 102.1 万元。2002 年改为合资企业后，原班人马不变，只迁了厂房，改名为福安市新永隆电机有限公司，由福安市永隆电机集团（外资）投资，2001 年销售收入 2325.23 万元，国税入库增值税 12.5 万元，地税入库税费 5.62 万元，国地税合计为 18.12 万元。销售收入增加近一倍，税费收入却减少 6 倍，而到 2007 年销售收入 10237 万元，而国税无增值税收入，地税收入为 8.65 万元，销售收入比 2001 年增加了近 8.3 倍，税收收入却减少近 10 倍。如此大的税负差异的确使人触目惊心，在如此大的利益驱动下有条件的企业无不纷纷改“资”。以福建远东华美电机公司实际财务数据为例：1999 年该公司共实现销售收入 1585.32 万元，入库地方税费 21.6 万元；2000 年 9 月该公司已改为“三资”企业，而 2001 年该公司的产品销售收入也为 1858.4 万元，估算其入库地方税费仅为4万多元，此而损失地方税收达17万元之多。2007年产品销售收入也为11368万元，国税增值税入库145.96万元，地税税收收入42.1万元。

2. 出口企业实行免、抵、退政策是直接收入减少的主要原因。2007年电机电器行业中有自营出口权的企业108户，其中正常经营并有开展出口业务的有80户，总收入为283398.57万元，其中：内销收入105329.09万元，自营出口收入178069.48万元，出口额占有自营出口权的企业收入的62.83%。以福建省银象电器有限公司为例，2007年总销售收入7856万元，其中内销1563.8万元，自营出口3237.43万元，内销额占总收入的20%，销项税额235.36万元，进项税额836.75万元，实际应纳税款0万元。如果销售总量、进项不变，出口退税率按13%税率计算，进项税额要按自营出口额的4%转出，进项税额转出后剩下可抵扣的进项税额为522.51万元，则内销收入提高到3073万元以上时才会形成直接收入，即内销比例要提高到38.7%，还要考虑到上期留抵和13个月退税的政策，从2007年的80户有自营出口权的企业中只有25户可形成直接收入613.5万元。电机电器企业外向型高，退税多，税负越低。

（三）电机电器行业地税税收收入构成分析

2007年福安市电机电器行业地税收入构成的主体税种有：企业所得税、个人所得税、城建税，其中：企业所得税入库1425万元，同比增收189万元，增幅为15.29%，比重41.2%；个人所得税入库642万元，同比增收73万元，增幅为12.83%，比重为18.6%；城建税入库630万元，同比增收86万元，比增15.81%，比重18.23%，见表3。

表3　福安市地税局2007年电机电器业税收收入分税种情况　单位：万元

税　种	2006年	2007年	增收	增幅%	占行业税收比例%
营业税	144.6	215	70.4	48.69	6.22
企业所得税	1236	1425	189	15.29	41.2
个人所得税	569	642	73	12.83	18.6
房产税	135	130	-5	-3.70	3.76
印花税	184	239	55	29.89	6.9
土地使用税	169	159	-10	-5.92	4.6
城建税	544	630	86	15.81	18.23
城市房地产税	18.4	15	-3.4	-18.48	0.43
合计	3000	3455	455	15.17	

以上三大税种累计收入 2697 万元，占行业税收收入总量 3455 万元的 78.06%，比上年同期提高 3.2 个百分点。其他税种如营业税、房产税、土地使用税、印花税等累计入库 758 万元，占行业税收收入总量的 21.04%。

近年来，该行业发展形势较好，特别是整机出口订单增幅较快，单从印花税增幅达 29.89%来看其销售额也有达到此增幅，企业利润率较往年有较大提升，今后其税收收入结构还是以所得税为主，所占比例还有提升空间，其他税种如印花税、土地使用税、房产税等税种的贡献率会逐渐增大。

电机电器业虽是福安市的最大支柱产业，但是，从收入结构来看，其税收收入对地方所提供的财力还是占较小比重，与其产值和第一支柱产业的位置不相一致。以 2006—2007 年度税收收入来看，2006 年入库 3000 万元，其中福安市本级 1917 万元，所占比例为 63.9%，2007 年入库 3450 万元，其中福安市本级 2215 万元，所占比例为 64.1%，2007 年比上一年提高 0.2 个百分点，与当年全市市本级比重占 70%低 5.9 个百分点，也低于其他行业所提供的地方级税收收入比重。

（四）税收政策及征管存在的主要问题

1. 老企业转换成新企业，对地税收入造成冲击。“三资”企业免征城建税和 3%的教育费附加，现阶段按 0.6%预征率征收的内资企业所得税，按 0.3%征收的外资企业所得税，其税负是“三资”企业的两倍，按 2%的预征率征收其税负是同规模“三资”企业的 6 倍多，由于税负不平衡，国地税部门征管力度的不同，近年来有些企业纷纷改头换面，造成地税收入下降，地税部门为留住企业，不敢采取过强的征管办法。如果加大征管力度，会促使企业改变成新办企业，由于新办企业所得税由国税征收，税负比原由地税管理要轻。

2. 福安市电机电器行业的出口产值达 30 亿元人民币，其中自营出口仅 17 亿多元，委托出口 13 亿元，按照市政府测算的 2006 年全市电机电器行业产值 80 亿元，扣除配件企业产值 30 亿元计算，内销部分产值也有近 20 亿元，国税局能够征收入库也只是整机出口部分税收，因为出口企业审核严格，发票控制较为完善，一般来说，年度内出口和内销产值相当，而内销企业只有少部分企业使用发票，对不使用发票的内销部分国地税均未找到有效的征管办法，尤其是地税对这部分企业没有发票控管权，真正的“以票管税”的有效手段无从下手，而且许多内销部分账证不健全，有的根本无账可查，给日常的税收管理带来较大困难。

3. 在增值税管理中，将纳税人分为一般纳税人和小规模纳税人，并规定了不同的征管措施。福安市中小电机电器企业能达到一般纳税人标准的较少，在这种征管措施下，小企业税收负担相对较高，而且不能开具增值税专用发票，影响了企业之间的经济联系，削弱了产业分工，降低了经济效率，也限制了产业的发展。

4. 福安市电机电器业发展至今，面临着浙江、广东等地同行业的激烈竞争，现阶段主要依靠价格战来促销。另外，目前企业生产原料和用工成本加大，生产成本节节飚升，全行业进入微利时期，有的出口主要是靠退税获利，有的为了维持生产甚至亏本出口，内销市场量大，但货款回笼慢，利润也不高。因此，行业中对要求减轻税负呼声高，但从分析情况看，此行业现阶段实际销售百万元税负为1.66万元，其中地方税收0.5万元，实际税负与其他行业比较已相当低。

5. 行业税收管理难度大。有相当部分的“三无”企业（无营业执照，无银行开户许可证，无账证）仍游离于地税的控管之外。据不完全统计，这部分企业有百家之多，规模是几万元，几十万元到上百万元不等，基本上是家庭作坊式企业，由于其规模小，经营场所隐蔽，“打一枪，换一个地方”，它们不办理工商营业执照，也不到银行开设结算账户，更多的是有一个甚至多个的私人存折户头及信用卡户头，更不用说到税务局办理税务登记申报缴纳税款，据估计这类企业一年流失的地方税款大约在500万元左右。目前，相关职能部门还没有更有效积极的办法去管理这类企业。

五、完善行业税收政策及加强税收管理建议

（一）完善税源管理模式，加强行业集中管理

可把福安市主体税源集中为电机电器行业税源，建立行业管理体系，全面掌握行业信息，探索行业规律，通过对行业信息的加工，建立和运用统一的评估模型，实现对整个电机电器行业的统一管理。

（二）全面掌握数据信息，制定相应的税收控管办法

要在企业自行申报的基础上，全方位采集其行业信息和产业链信息，以及行业主管部门、工商、税务、经贸等职能部门获得的第三方信息，以全面掌握企业的生产经营变化和行业动态。针对不同类型的机电企业制定相应的税收控管办法，做到政策清、税源清、财务清、责任清。

（三）以纳税评估为依托，加强税源监控分析

建立税源监控分析体系，针对税源总量和税负变化情况，制定科学合理的

税负预警指标，对机电企业的生产经营、纳税申报、税源变化以及税收征管和税收政策执行情况等进行综合分析评估。

（四）严厉打击“假三资”现象

近年来，国内市场一遍“打假”之声，那么“假三资”利用国家政策的空子，猖獗地偷逃国家税款，也应在“打假”之列，这需要福安当地政府及工商行政管理部门严格把关，杜绝“假三资”企业的产生，减少国家及地方税款的流失，对已产生的“假三资”的偷税行为严格查处。

（五）健全协护税网络

首先，针对“三无”企业的特点，以国地税联合办公为基础，联合公安、工商进行清理，减少征管漏洞，主要是建立国地税联合办公制度，定期研究和处理对共同纳税人的征管问题；其次，建立国地税、工商、信息传递交流制度，确保漏征漏管户管理到位；第三，对国地税共同纳税人联合行动，同步稽查，以提高效力，降低稽查成本；第四，建立共同的税法宣传机构，维护税法的统一性，提高宣传教育的声势和力度，使得这部分企业从游离于管征之外到自觉申报纳税；第五，将企业纳税情况纳入银行征信系统。

（六）加强单项税种管理

第一，全面实施新的企业所得税法及其实施条例。对电机电器企业实行企业所得税分类管理，针对不同纳税人分别采取依账征收、应税所得率征收和定额征收。第二，加强个人所得税管理。福安电机电器企业均为私营企业，加强个人独资及合伙企业和私营有限责任公司的个人所得税管理显得尤为必要：(1) 对恶意注销或“改头换面”的企业要求进行个人所得税清算并追缴，能起到有效抑制作用；(2) 对国税管理的私营有限责任公司的股东列入高收入个人监控名单；(3) 进一步完善现有私营有限责任公司的税后利润个人所得税的管征；(4) 把目前个人所得税法采用预征率改为超级累计税率征收，避免存在个别企业在销售额上弄虚作假，以享用较低的预征率减少税负。第三，辅导纳税人建账建证，对账证健全的一般纳税人实行依账征收；对未建账建证的业户，采用核定最低应税所得率的办法征收；经营业主户租用厂房的，统一按一定标准的租金计征营业税、个人所得税、房产税等相关税费；对未达起征点的按规定免予征收，经营业主的城镇土地使用税统一按全市最低税额标准征收。

六、运用税收政策支持产业发展的思路

鼓励企业进行研发投入，对电机电器产业实行包括税收政策在内的各种政策支持，营造有利于技术创新、发展高科技、实现产业化的政策环境，建立促进企业技术创新的激励机制。

（一）完善产业链，关注产业的税源开发，提高产业对当地财政收入的贡献

一方面电机电器配套企业大部分税源流失在外；另一方面，原辅材料约占产品成本的60%，一年采购原辅材料金额达36亿元左右，25%的增值税（地方财政分成部分）是在异地缴纳，福安财政得到实惠并不多。采取对策：加速延伸福安电机电器产业的产业链，大力鼓励发展上游产业，一方面可增加财政收入，同时又可降低企业原辅材料成本。

再者，有的厂家转移到经济发达地区投资办厂，这些产值统计在福安，税收却不由当地征管。应从多方面创造条件鼓励企业在福安当地生根发芽发展壮大，为福安的社会经济发展贡献力量。

（二）积极引导企业向高新技术企业方向发展

我们还从税务部门了解到，企业技术开发费税前扣除、技术改造国产设备投资抵免企业所得税两项税收优惠政策，截至目前福安全市竟没有一家电机电器企业提出针对上述税收优惠的税收减免申请。造成这种“捧着金饭碗讨饭吃”的原因除了税务部门政策宣传不到位外，更主要的原因还在于企业在高新技术发展方向上还存在一些问题。应积极引导激励企业向高新技术企业方向发展，促进技术创新、加速科技成果转化，加大企业研究开发投入的税前扣除等激励政策的力度，大力组织实施促进高新技术企业发展的税收优惠政策。

（三）鼓励组建大型企业集团，促进产业集聚，提高国际竞争力

鼓励企业联合，实现规模经营，扶持一批骨干企业走集团化规模发展，鼓励民营企业改制上市。通过优惠的财税政策吸引大量国内外资本，促进电机电器产业集聚在福安市，形成规模经济。

（四）鼓励引导支持担保机构发展，应对中小企业融资难题

福安电机要做大做强，必须要有大的资金投入，尤其是银行资金的大力支持。国家对中小企业信用担保机构免税政策已经作出规定，要引导信用担保机构向符合免税的条件发展，争取使信用担保机构都进入免税的范围。同时积极争取银行金融机构加大对电机电器行业的支持力度。

（五）提高政策的透明度，进一步改善企业发展软环境

其一，做好税收政策的解释、辅导和服务，使已有的税收政策真正为企业所用，发挥最大的政策效应。最大限度地取消和调整行政审批项目，下放审批权限，减少审批环节。其二，坚持管理与服务的和谐统一。正确处理好严格执法与优化服务的关系，规范税收执法行为，维护纳税人合法权益，创造公平、公正的税收环境。其三，改进纳税服务方式，建立服务质量考核评价体系。积极推广网上申报等多元化申报方式和银行卡、电子结算等缴税方式，依托12366 纳税服务热线，向纳税人提供政策法规咨询服务。其四，建立重点企业服务窗口，帮助企业解决出口退税等问题，提高电机电器产业整体的国际竞争力。

（课题指导：林青云
课题成员：陈玉成　李景清
赵飞锦
课题执笔：赵飞锦）

龙岩市环保产业发展问题探讨

龙岩市地方税务局课题组

一、龙岩环保产业发展现状

龙岩市环保产业始于20世纪70年代。随着经济的飞速发展，我国逐年加大环保的综合整治力度，也使得龙岩市的环保产业得以快速发展，并成为全国环保设备研究制造最集聚的地方之一。目前，龙岩市环保行业已有企事业单位80余家，其中企业60多家，科研院所等事业单位16家，从业人员近万人。60多家企业中有2家上市公司，龙净环保股份有限公司、龙岩卓越新能源发展有限公司分别在深圳、英国伦敦证券交易所上市。龙岩市的环保产业已从单一的电除尘产品发展到包括大气污染防治设备制造与安装、环卫系列产品制造及资源的综合利用等三大产业群体。2006年龙岩市环保行业实现产值27.50亿元，其中大气污染防治设备制造业19.50亿元，环卫产品制造业1.40亿元，资源综合利用产业6.60亿元。

（一）大气污染防治设备制造业的基本情况

大气污染防治设备制造业是龙岩市的优势产业之一，在龙岩市高新技术产业中占有重要地位。目前，该产业的企业数有20多家，从业人员3000多人，2006年实现产值19.5亿元，主导产品包括各种系列的电除尘器、除尘脱硫装置、袋式除尘器、气力输灰系统、高压脉冲电源及其他配套电控设备等，广泛应用于燃煤电站、冶金、建材水泥、化工等工业领域的烟气净化，在国内市场的占有率约为30%。作为龙岩市高新技术产业的支柱，龙岩大气污染防治设备制造业具有较强的科技创新能力。目前，该产业有高新技术企业3家，设有国家认定企业技术中心1个，博士后科研工作站1个，企业与高校联合创办的研发机构1个，大专学历以上的员工1200多人，其中具有中高级专业技术职称的科研人员近300人；在整个产业中，产品的研发设计均采用CAD技术，

同时数控设备也广泛应用于骨干企业的生产过程中。通过引进、消化吸收和再创新，龙净环保股份有限公司等骨干企业掌握了一批大气污染防治的关键技术，在除尘、干法脱硫等方面的技术居国内领先地位。其产品行销全国34个省市自治区，出口到日本、巴西、中国台湾等国家和地区，被广泛应用到电力、冶金、建材、化工等多个行业的烟气净化和原材料回收中。

（二）环卫产品制造业的基本情况

龙岩市环卫产品制造业近年来发展较快，目前已有5家企业专业从事环卫产品的研发生产（其中高新技术企业1家），从业人员800多人，2006年实现产值1.4亿元，主导产品有环卫专用车辆、环卫专用设备等。

（三）资源综合利用产业的基本情况

资源综合利用是发展循环经济、实现清洁生产的主要形式。目前龙岩市资源综合利用产业主要包括矿产资源的综合利用、金属回收利用、废弃物的综合利用及养殖业粪便的综合利用等，主要企业包括紫金矿业集团股份有限公司（金矿低品位物料综合利用）、高岭土公司（高岭土尾砂综合利用）、龙岩卓越新能源发展有限公司（利用废动植物油生产生物柴油）、龙岩豪迪化工有限公司（利用废动植物油、废涤纶生产涂料）及一些有机肥生产企业（养殖业粪便综合利用），2006年该产业实现产值6.6亿元。该产业现有高新技术企业3家，设有国家认定企业技术中心1个，博士后科研工作站1个，自主开发能力较强。其中紫金矿业集团股份有限公司在金矿低品位物料的开发、铜矿的生物冶金技术及难选冶金矿开发等方面居国内领先地位；而龙岩卓越新能源发展有限公司是目前国内唯一一家利用废动植物油规模化生产生物柴油的企业。

二、龙岩市环保产业发展前景

（一）龙岩市环保产业发展面临的机遇

1. 可持续发展战略的继续实施，将为龙岩的环保产业发展提供根本保证。环保产业是环境保护的重要物质基础和技术保障，加快发展环保产业是实施可持续发展战略的重要措施。“十一五”期间，我国将坚定不移地实施可持续发展战略，按照科学发展观的要求全面建设小康社会。坚持不懈地实施可持续发展战略，大力发展循环经济，将为龙岩环保产业的发展提供根本的、长期的保证。

2. 污染治理和生态保护力度的加大，将增加对环保产业的需求。随着经济和人口的增长，工业化、城市化进程的加快，环境压力进一步加大。“十一

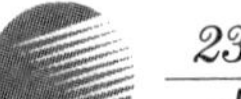

五”期间，为了实现改善环境质量的目标，我国将进一步加大污染治理和生态保护的投入。“十一五”期间全国环境保护投资预计每年达到 GDP 的 1.5%以上，约 18000 亿元，全国在大气污染防治设备领域投资将达到 350 亿—430 亿元，在固体废弃物处理设备和资源综合利用设备领域（包括环卫设备）的投资将超过 100 亿元，这无疑为龙岩市环保产业的发展提供了更加广阔的空间。

3. 初具规模的产业，为加快龙岩市环保产业发展奠定了坚实的基础。经过近几年的快速发展，龙岩市环保产业已初具规模，已基本形成以大气污染防治设备和环卫设备制造业为主的产业群体，并形成一定的配套协作关系，同时龙岩市在除尘、干法脱硫、生物柴油等方面的生产技术居国内领先地位，成功地开发出一系列具有国际水平的拳头产品，这为加快龙岩市环保产业的发展打下了良好的基础。

（二）龙岩市环保产业发展的目标与重点领域

1. 发展目标。龙岩市环保产业发展的目标就是建成全国重要的环保设备研发和生产基地。具体目标是：

（1）环保产业进一步做大做强。到 2010 年，全市环保产业总产值达 45 亿元以上，其中环保机械设备产值 32 亿元，环卫设备产值 3 亿元，资源综合利用产值 10 亿元以上。

（2）研究开发一批具有国际先进水平、适应中国国情的拥有自主知识产权的环保技术和产品。

（3）建成 2 个以上面向产业集群的公共技术支撑平台。

2. 发展重点。龙岩环保产业发展重点包括三个方面：

（1）大气污染防治技术及设备制造方面。包括：①电除尘器：重点发展 600MW 及以上机组配套电除尘器、能满足 50mg/Nm^3 排放要求的电除尘器，以及特殊应用的电除尘器。产品应节能、节材、高效，如电袋复合型除尘器。②燃煤电站袋式除尘器：优化结构设计和工程设计，提高滤料耐高温、抗氧化、耐磨、耐腐蚀等性能和使用寿命，开发具有自动清尘、检测、报警、超温保护的燃煤电站袋式除尘器，满足电站需求。③燃煤烟气脱硫成套设备：继续完善 300MW 燃煤机组干法脱硫成套设备的关键技术，进一步提高设备的质量和可靠性，在此基础上开展 600MW 及以上机组干法脱硫成套设备的研发；同时大力推动湿法脱硫工艺技术自主化，为实现脱硫成套设备国产化创造条件。④燃煤电厂烟气脱氮成套设备：通过技术引进、消化吸收和再创新，发展 SCR（选择性催化还原工艺）烟气脱氮成套技术与设备，重点开发专用催化和关键设备。

（2）环卫产品生产方面。包括：①环卫专用车辆：通过引进消化或联合开发，大力发展高性能的大、中、小型扫路车、清洗车、压缩式垃圾车及洒水车等系列产品。②垃圾处理设备：重点发展城市垃圾分选技术和成套设备、垃圾压实中转设备。③危险废弃物处理设备：重点发展包括医疗垃圾在内的危险废弃物高效、安全处理技术及成套设备。

（3）资源综合利用方面。包括：①矿产资源综合利用：针对龙岩市优势的矿产品，如金铜矿、煤、铁、石灰石、高岭土等，重点发展低品位矿石及矿渣综合利用技术，同时积极开展矿产品的深度加工技术，进一步提高矿产资源的综合利用率。②生物柴油产业：继续优化废动植物油生产生物柴油的工艺技术，扩大生产规模（到2010年生物柴油的产能争取到10万吨以上）；开展脂肪酸酯化产品的深度加工，进一步提高产业的经济效益；引进利用转基因技术选育的高产油料树种，并进行大面积种植，为做大生物柴油产业提供廉价的原料。③养殖业粪便综合利用：龙岩市是福建省重要的养殖业生产基地，针对养殖业的污染日趋严重，应重点发展养殖业粪便生产有机肥的技术和企业。④其他方面：针对塑料、涤纶等废弃物污染日趋严重的问题，重点发展塑料、废涤纶等石化产品的降解与裂化技术，对塑料、涤纶等废弃物进行再次利用，如生产涂料等。

三、目前龙岩市环保产业发展中存在的问题

（一）管理体制不畅

环保产业缺乏统一的归口管理部门，没有形成一个完整的、相对独立的管理体系，而是分别隶属于机械、化工、能源等众多部门。没有专门机构制定环保产业发展整体规划和方针政策，环保产业发展有较大的自发性，缺乏有效的宏观指导和激励机制，政府激励环保产业市场成长发育的良性机制不够完善，吸引人才、技术、资本投入环保产业市场的配套政策有待进一步优化。另外，没有专门的为环保产业服务的信息部门，只有少数单位在提供部分的、重复的信息。由于环保产业信息的缺乏，很多环保企业不了解我国环境保护的整体发展规划和当前的重点环境问题，也不了解我国环保产业发展的趋势和国外环保技术、市场的发展状况等，制约环保企业的发展战略、技术研究、市场开发。

（二）环保产业技术水平偏低

目前世界上普遍将环保产业视为高新技术产业之一，而龙岩市在环保产品

生产、环保技术开发等领域，仍以常规技术占主导地位。能自己解决投资、自己完成技术开发并占领市场的很少。龙岩市环保企业绝大部分为中小企业，环保设备的技术水平偏低，产品技术研发人员、产品研发经费不足，具有高新技术水平的设备开发能力较为薄弱，影响龙岩市环保产业发展。

（三）环保建设投入不足

研究表明，生态建设和污染防治的投入应占 GDP 的 1.5%，龙岩市在这方面的投入还有一定差距。目前，龙岩市城市生活污水、生活垃圾处理设施几乎全靠财政投资进行建设和运行维护，处理水平和规模滞后，投入不足、投资渠道狭窄，在很大程度上制约了龙岩市环保产业的发展。另外，环境标准不完善、执法监督机制不健全使企业环境治理资金得不到保证。

（四）环保产业缺乏足够的市场竞争与管理经验

我国环保产业的兴起只有 30 年的历史，且历来被看成是由政府主办的公益事业，缺乏足够的市场竞争意识和能力。加入 WTO 后，国外环保企业将在更大范围内更深程度地参与市场竞争，龙岩市环保企业将面临更加严峻的发展环境。

（五）促进环保产业发展的扶持政策不力

由于环保产业投资一般具有投资大、周期长、高风险、专业化强的特点，目前龙岩市促进环保产业发展的优惠政策比较缺乏，难以激活资本市场投向环保产业。因此，在投融资、信贷、财税、科技等方面，出台一整套支持环保产业发展的优惠政策显得十分重要和紧迫。

（六）环保产业发展的外部市场环境不够成熟

国内环保产业和企业缺乏公平竞争的市场环境，如不正当的市场竞争、地区保护主义的存在、环保工程和设备招投标制度的不规范影响龙岩市环保产业和企业的健康发展。

四、加快推进龙岩市环保产业发展的税收政策支持建议

（一）国外环保税收政策借鉴

世界各国特别是西方工业发达的国家已逐渐形成较为完善的环保税制，并利用税收对经济的宏观调控作用，促进环保产业的快速健康发展，其税收政策主要包括以下几方面：

1. 对各种污染环境的行为征收高税率的污染税。一是征收水污染税，如德国和法国征收的水污染税、荷兰开征的地表水污染税；二是征收空气污染

税，如日本、澳大利亚、希腊、比利时等国针对汽车尾气对汽车征收的消费税、碳化合物税、氧化物税等；三是征收垃圾税，如瑞典、比利时、丹麦、美国等对一次性消费品征收的环保税、荷兰开征的垃圾收集税等；四是噪音税，美国、荷兰、日本、德国均对飞机噪音征收噪音（治理）税。

2. 对节能环保企业及环保产业实行税收减免优惠政策。一是将环保税直接用于治理污染、保护环境。如瑞典不仅将征收的环保税专项用于治理污染，还对其进行重新分配，奖优罚劣，以提高企业节能环保的积极性。二是利用直接税收减免和投资税收抵免等税收优惠政策来促进企业重视节能与环保。如美国规定对企业研究控制污染的新技术和生产污染替代品给予减免所得税的优惠、对企业综合利用资源所得减免所得税、对循环投资给予税收抵免扣除、对循环利用设备免征销售税。

（二）我国扶持环保产业发展的宏观政策环境

近几年，国家制定和颁布一系列鼓励环保产业发展的政策措施，其中包括《当前国家重点鼓励发展的产业、产品和技术目录（2000 年修订）》、《当前优先发展的高技术产业化重点领域指南》、《当前国家鼓励发展的环保产业设备（产品）目录》（第一批）等政策措施。利用国债资金集中安排了一批环境建设、污染治理和环保产业项目。上述举措有力地拉动了环保市场需求，促进了我国环保产业的发展。2007 年 8 月 26 日，国家发改委主任马凯在第十届全国人大常委会第二十九次会议所作的国务院关于节约能源、保护环境工作情况的报告中说，2008 年下半年，国家有关部门将抓紧研究完善能源节约、资源综合利用和环境保护等重点领域的税收支持政策，建立健全促进节能减排的税收政策体系。具体政策包括抓紧出台资源税改革方案，改进计征方式，提高税负水平，实行鼓励先进节能环保技术设备进口的税收优惠政策等。马凯说，目前我国关于节能减排方面的激励政策仍不完善，特别是鼓励研发、生产和使用节能环保产品以及抑制高耗能、高排放产品的财税政策还不完善，影响了节能环保技术、设备、产品的研发和推广。

（三）我国现有与环保相关的税收优惠政策

我国现行的有关可持续发展的税收优惠在实践中已发挥了一定的作用，但仍有不足。现有与环保产业有关的税收优惠政策主要有以下几点：（1）对企业利用废水、废气、废渣等废弃物为原料进行生产的，可在 5 年内减征或免征所得税；（2）技术开发费扣除；（3）国产设备投资抵免；（4）新颁布的《中华人民共和国企业所得税法》第二十七条规定，企业从事符合条件的环境保护、节能节水项目的所得，可以免征、减征企业所得税。第三十四条还规定，企业购置用于环境保护、节能节水、安全生产等专用设备的投资额，可以按一定比例实行税额抵免。

（四）以财税政策促进环保产业发展的思路

总的思路是：既要为环保产业创造良好的外部宏观生存环境；又要制订具体可行的税收优惠政策，为环保产业提供良好的税收环境。

1. 借鉴国际经验，建立环保税制框架，拉动环保市场的需求。环保税制是指环境保护的专用税种及非环境专用税种中有关环境税收条款规定的总称，其基本内容由两部分构成：一是以保护环境为目的，专门针对污染、破坏环境的行为或产品征税之规定；二是在其他税种中为保护环境而采取的各种税收调节措施，包括为保护环境对排污主体所采取的税收措施。我国环保法规定，对污染企业征收排污费，但现行排污费的征收存在诸多问题：一是征收制度缺乏刚性。现行排污费立法基础较薄弱，权威性差，征收工作乏力，受地方保护主义思想的影响，征收阻力大，拖欠、拒缴现象严重。二是收费标准偏低，征收范围狭窄，收费项目多而杂，随意性较大。上述问题的存在使得征收排污费难以对企业起到引导作用，企业缺乏投资购买环保产品和技术的压力与动力，无法产生对环保产品的市场需求。而在环保产业发展的起步阶段，强制性的环保市场培育手段是十分必要的。因此，我国可以借鉴发达国家的经验，将排污费改为环保税并开征新的环保税，引导企业走可持续发展之路。征税项目可以包括大气污染税、水污染税、垃圾税、噪音税等，对这些危害环境的行为课以较重的税收，促使企业在权衡缴纳环保税与投资购买环保设备之间进行权衡选择，从而刺激环保设备的需求，达到扶持环保产业的目的。另外，可以为治理污染效果显著的企业给予一定的税收优惠待遇，对企业在生产经营过程中使用的无污染或能减少污染的机器设备，实行加速折旧制度，或允许其作为增值税进项进行抵扣，也可以起到刺激企业投资治污设备的效果。

2. 开拓创新，为环保产业提供更多税收优惠。由于环保产业在社会效益、行业特征、技术含量上与高新技术产业有较多的相似和吻合之处，因此，总体思路是可以参照高新技术产业来设置税收优惠政策。

（1）增值税方面，应当将环保产业的增值税由现行的生产型逐步向消费型过渡。具体可以分两步走：第一步，在增值税仍实行“生产型”征收的情况下，可考虑先对资本有机构成高的高科技环保企业逐个认定并进行试点，允许其固定资产的进项税额纳入抵扣范围。第二步，在条件成熟的时候，对整个环保产业允许其新增用于生产环保设备所需的机器、设备、交通运输工具等固定资产分期分批抵扣增值税，以鼓励企业更新设备，加大科技投入。

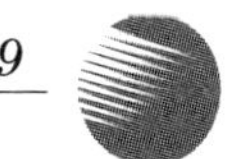

（2）企业所得税方面，制定多方面的税收优惠政策，减轻行业税收负担。一是对新办环保企业给予3—5年免征企业所得税政策，在企业起步阶段进行大力扶持，确保其快速完成资本积累发展壮大。二是对企业的研发技术支出实行企业所得税税前加计扣除政策，鼓励企业开展环境领域里的科技研究与开发。三是可以对环保企业的固定资产采取加速折旧等税收优惠政策。加速折旧提高设备的折旧率以加速企业收回投资，从而提高资金的利用率，对促进环保企业的发展与推动产业进步有着极大的影响。

（3）其他地方税收优惠，如对环保产业用地减征或免征房产税、土地使用税等。

（4）通过财政补贴、贴息的方式促进我国大型环保设备的生产。我国大型环保设备以进口为主，需要在引进、消化、吸收的基础上，开发生产具有自主产权的大型设备和装备，加快有关设备国产化的步伐。同时引进和吸收国外先进的管理理念和经验，通过国际合作开展共同研究，提高环保产业的技术水平和支撑能力。

（课题指导：吴汉文　赵州生
课题负责：范福全
课题执笔：兰权昌　赖健书　曹世昆）

闽东造船业产业集群的地方税收支持研究

——以福安市船舶业为例

福安市地方税务局课题组

一、目前福安市船舶业发展状况

福安市海域岸线长达104公里，可直接用于船舶修造的岸线达21.4公里，现已使用近13公里。目前，福安全市共有42户船舶修造企业和10户船舶运输企业，其中私营企业49户，军企1户，国有控股企业2户，这些企业中一般纳税人19户，小规模纳税人23户，拥有1000吨—100000吨干船坞16座，总坞容量是38.5万吨，拥有船台66座，船台总容量84.7万吨，所建的船舶大多在5000吨至20000吨之间，船上动力设备和装饰品基本依赖国外进口，也有部分是利用旧货设备。总体而言，福安造船业正处于起步阶段，技术水平相对不高，与沿海造船先进地区相比大型规模化造船企业所占比重还不够大。该行业发展壮大面临五个问题亟待解决：一是可利用岸线资源不足，制约产业进一步发展。早期企业布局混乱，重复布点造成岸线资源浪费，目前可用岸线资源不足9公里，制约产业进一步发展壮大。二是企业规模小，装备技术落后。行业整体仍处于粗放型经济，侧重于生产设计，尚不具备产品开发能力，配套严重不足，带动行业发展的骨干、龙头企业形象尚未真正树立。2007年，应税产值500万元以上的企业5户，其中应税产值亿元以上的仅中国海军4807工厂1户。三是管理粗放，产品档次低。施工工艺落后，与马尾造船厂、厦门重工存在较大差距，主要以生产沿海和近海船舶为主，集装箱船舶以改造为主，难以承接完成技术难度高、附加值高的船舶修造项目。四是技术、管理人才紧缺。目前从业人员约7600人，其中技术、管理人员比例不足13%，相当部分从事拆、改、修造的作业人员未通过正规培训取得相应的技术等级证书

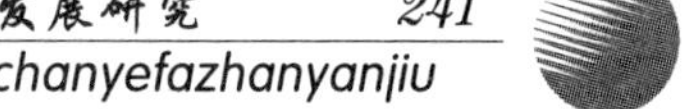

和上岗证书，产品质量得不到有效控制和保障。五是产业链配套不完整，服务体系不健全。产业上游材料、轮机、电控设备、甲板机械长期依靠外地供应，采购成本高；缺乏与大规模生产相配套的资金规模以及技术创新、产品检测等社会化服务体系。

但从总体上看，福安市船舶业近年来的发展形势相当好。福安市船舶修造业的产值从2004年的15.8亿元增加到2007年的40.15亿元。船舶修造企业规模化、集约化、公司化趋势加快，龙头企业引进技术、人才的步伐加快，其中闽东丛贸船舶实业有限公司近期将从江南造船厂引进技术和人才，计划引进技术人员40多人、工人1000多人，还创办了船舶技术学院。船舶出口、外轮修配发展势头强劲，国外定单日渐增多，实现内外并进的转变，已有五家船舶修造企业与香港、德国、英国、希腊、巴拿马及东南亚国家签订了25艘，价值达6.196亿美元的建造、修理、改造船舶的合同，其中仅闽东丛贸船舶实业有限公司就与西欧客商签订了8艘外轮，合同金额达2.9亿美元。

二、税收征管存在的问题及成因分析

船舶业的发展也给我们福安地税提供了一定的税源，福安有关船舶修造业的地方税收收入也从2004年的365万元上升到2007年647万元，参见图1。2008年上半年地税征收量高达531万元，但与船舶业产值的增长很不成比例，远落后于产值的增长幅度。

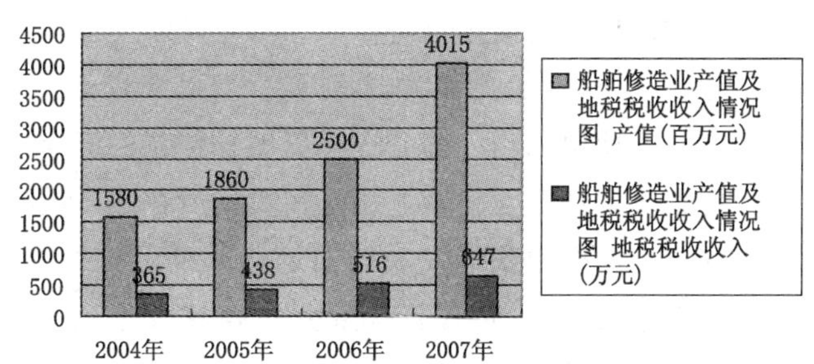

图1 船舶修造业产值及地税税收收入情况图

对于福安市船舶业产值长期以来都存在着统计数据偏大问题，2007年船舶行业协会统计的产值居然高达40.15亿元，占福建省船舶业产值的40%左右。为此我们走访了相关部门，大家一致认为产值统计有一定的水分，原因有：一是各乡镇为了扩大政府政绩，人为地造大产值。我们深入很多企业调查，大部分企业都说有虚报成分，统计表的数字大都是乡镇企业站自填的，他们只负责盖个章，数字有水分。而且船舶业作为福安市支柱产业之一，其产值增长不仅对福安市政府乃至对宁德市政府都产生至关重要的影响。二是统计方法不科学。目前，各船厂承接的船舶订单大都为来料加工，而统计产值往往把整艘船的价值全部计入其中。如一艘5000吨的船总造价为1600万元，作为来料加工，其可作为企业收入的加工费只有230多万元，其余构成船舶主体的钢板和机舱设备都是船东购置装入，而企业在统计产值时却按1600万元计算。三是产值的统计存在重复现象。如某船厂购入一艘船在进行改修时按总价统计一次产值，而后将这艘出售时又按总价再统计一次产值。另外，有关部门在统计船舶业产值时将乡镇企业站和行业办的两项数据简单的相加，而这两个单位的统计数字本身都来自船厂，存在着严重的重复统计问题。

船舶业地税税收收入的增幅与产值增幅的差距除了产值统计方面的原因外，我们在税收管理方面也的确存在一定的漏洞。根据我市船舶经营的现状和特点，船舶行业可分为船舶出租、船舶运输、船舶修造、船舶买卖、船舶拆解和船坞船台经营等六大类。目前对这六大类船舶业的管理基本上是采取定期定额征收方式，由于在核定计税依据时，缺乏科学、合理、统一、有效的办法，核定办法和标准五花八门，各不相同，加之人为因素，致使在税收管理方面存在不足。

1. 船舶出租。此类经营的情况较少，而且出租经营的船舶大都是一些经营管理不善或资金困难等原因无法维持正常经营，才不得已出租船舶，这种经营情况的隐蔽性极强，税款的征收除了纳税人需开具发票外其余的均无法征收，但此类经营并不构成税收征管重点。

2. 船舶运输。我市从事运输的船舶比较多，但由于本地区运力、船检、税收负担等方面的原因，使得相当一部分运输船舶外挂在上海、武汉等地的运输机构，而按现行税收政策规定运输营业税是在机构所在地申报缴纳，使得我们缺乏征管的法律依据。调查中我们发现船舶运输业税源流失情况非常严重，必须引起重视。2007年，福建正远海运有限公司在赛岐地税分局的引导下，从南京引回一艘6000吨的外挂船舶，就运输营业税一项为地方增收税款43万元。目前，整个福安外挂的船舶达25万吨，年营业额可达3.12亿元左右，年流失地方税收1000万元左右。此类经营税源流失严重，有关部门不能再放任自流，必须加以引导。

3. 船舶修造与船舶买卖。这两类船舶经营是构成我市船舶业的主要成分，而且这两类经营中存在着很必然的联系，大部分船舶是通过修造、加工加长后再销售，但对这两类的税收征管难度很大。（1）船舶修造进出坞时间以海水

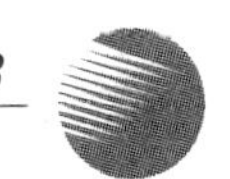

的涨退为准，有时是正午，有时是子夜，大都不是上班时间，税务人员无法控管。(2) 船舶的修造没有统一的标准，同样吨位的船舶在同样的船坞中修造，有的工程量多达500多万元，有的只有几十万元，其工程量的大小没有固定的标准，而且税务人员无法掌握第一手材料和证据，与纳税人讨价还价显然不是有效征管办法。(3) 一部分船舶名义上是出租、出借、外出运输等，暗中搞买卖交易，并提供假合同，“来有影去无踪”，待到船舶外出无归时，税务人员几乎束手无策。(4) 船舶的修造和船舶的买卖大都是采取现金交易方式，这些纳税人没有设立银行账户，也没有固定的办公场所，以前大都以吆喝和翻箱倒柜来对纳税人施压，这种征管办法在21世纪的文明时代已无法适用。(5) 船舶经过修造后面目将焕然一新，而且可随时移动，有时停在长岐，有时却在下白石，使得税务人员难以辨认和跟踪。船舶属大宗物品，我们无法对此采取税收保全措施和强制执行措施。下白石曾有一艘“海上乐园”号的船舶欠地税机关3.48万元税款未交（多次催缴），地税人员在得知该船即将离港，立刻登船想实施强制执行措施，却无法实施，船舶上仪器的安装和拆解都得请专业人员指导进行，否则损坏物件性能，最终还是以船主看到我们地税人员一直等在船上，连午饭也轮流吃，无离开之意才通过东明船舶修造有限公司担保解决。

4. 船舶的拆解。这一类船舶虽然属于没有环保手续的违法经营，但其产值也较大。这些船舶零星分散，价格税务人员无法掌握，只能目测，有时同样吨位的船舶，由于钢板的厚度、船舶里的机器等不同造成价格天差地别，加之，税务人员不够了解情况，且船上人员一问三不知，地税人员要前往通知七八次才肯前来申报，而且申报的计税额仅为实际收入的10%—20%左右，税款征收明显不到位。

5. 船坞船台经营。船坞船台的经营由于有固定的办公场所和经营地点，而且坞费台费收取的标准在某一时段内都是相对固定的，但这种行业大都隐瞒收入，账证不健全。我们地税人员对全市42户船坞船台企业的账务情况进行了调查，除了福建长兴造船有限公司、东海造船有限公司、圣龙造船有限公司、福宁重工等少数船舶企业账证比较健全外，其余的账证均不健全，且申报计税额只占实际收入额20%—30%，相同规模的船坞船台企业2007年度申报缴纳的税款有的多达20多万元，有的只有3万多元，税收负担明显不公。

上述这些经营是地下经济和地上经济同在，规范经营和不规范经营并存，其原因是多方面的，有市场因素、有企业自身原因、有政府部门管理力度和扶持深度、也有政策方面的制约因素。从税收政策与管理角度而言，税收管理存在问题的原因具体表现为：

（1）船舶登记管理不到位，有的船进船坞，有的船上滩涂，有的停在江面修理，线长面广，水路交通不便，而我们税务机关管理工具跟不上。

（2）船舶税款征收执行不够到位，有的船坞企业纳税意识不强，对其他修造业主进坞修理的船舶，他们只收取船坞费，不向税务机关通报详情，使税务机关不能及时掌握修造业主的情况。有的在改造前就与买方订立假合同，欺骗税务机关，达到偷税目的。因此造成船舶税收漏收。

（3）地方保护主义。政府部门为本地的发展及某种需要，不积极配合税务机关行使职权，单靠税务机关一个部门进行管理，难度巨大；部门之间协调，信息共享未形成；政府未能将各管理部门间协调，形成有制约的规章制度。（船舶办理航证需由海事局办理，船舶进出港口需边防站办理船舶户籍，船舶所有权变更需交通局办理。）

（4）由于船舶修理、建造、改装、地点的临时性和灵活性，使得税务机关即使找到船只，也找不到实际纳税人，法律文书无法送达。他们和税务机关玩起了猫捉老鼠的游戏，等修建一完工，一走了之，无法征税。

（5）税务机关对临时户船舶税款征收，目前尚未制定统一认可的征收标准，地区间差异极大，造同样船舶在浙江乐清、安徽芜湖等地征收的税款只相当于本地税负的1/5，地区间税收负担的不平衡也使纳税人误解了税法严肃性，能走为安。

三、税收征管的建议及对策

扶持我市船舶行业的健康有序发展，加强和规范船舶行业的税收征管。在船舶业面临着进一步规范发展和壮大的时刻，作为地税部门应当积极地配合政府规范行业征管，引导企业发展，扶持地方税源，促进经济发展，让福安船舶行业迈向规模化、市场化、集约化、国际化。我们认为船舶业要发展壮大必须：一要构建技术创新平台。加大宣传力度，引导企业走产学研协作的路子，并扶持建立技术中心，借助大专院校、科研机构科技人才优势进行自主创新，或以引进、委培等形式，培养技术骨干，发展科技含量高、附加值高的船舶建造项目和装备更新项目。二要构建质量保障平台。省船检机构和海事部门予以支持，落地船舶检验机构，提升检测级别，并从长远规划着手，协助企业采用国际标准和国外先进标准，建立质量管理体系以及质量、环境影响预警制度，形成质检通报反馈体系，服务地方经济发展的同时，夯实企业基础管理和专业

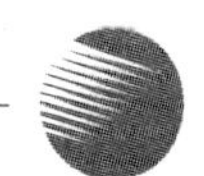

管理。三要构建产业集聚平台。地方政府出台鼓励性政策，培养产业龙头形象，提高集聚能力，支持企业向多品种、大系列、高档次发展。可借鉴浙江等地的经验，大力发展码头、货运、仓储等物流配送业，形成传播物资交易、物流配送、整船交易、期货定购一体化的船舶交易平台。并引进与船舶修造产业配套的钢板材、管材、型材及轮机船用电机等生产性和物流配送项目，为远期工业发展提供空间。四要构建部门合作框架。政府牵头，协调边防、海事、港监等相关部门加强合作，开展专项整治，整合岸线资源，提高利用效率；规范市场秩序，促进产业公平竞争。五是争取税收优惠扶持。力争将船舶产业列入国家今后重点扶持的行业范围，实现区域性税收优惠向产业性优惠转变。同时严格落实国家已经出台的扶持企业技术创新的税收政策，支持船舶企业实施高新成果转化项目、技术创新项目；严格贯彻落实免抵退税制度，促进企业资金良性运作，实现向外销转型。

我们地税人员在扶持船舶业发展的同时，也需规范对这个行业的税收征管，堵塞征管漏洞。

（一）扩大宣传，积极引导，科学公证

首先，宣传有关税收政策，提高船舶经营业主的纳税意识。我们地税在宣传船舶税收征管工作的同时，建议政府相关部门也对我市船舶行业税收征管多做些宣传，使税收知识做到家喻户晓，了解税收与产值的关系，了解税收与企业发展的关系。其次，积极引导船舶企业健全账证管理，让企业逐步走上规范发展的道路，帮助企业向自开票纳税人方向发展，实行财政奖励，将外挂运输船舶引回本地，鼓励他们为地方经济的发展多做贡献，不使税源外流。第三，积极推行科技加管理的征管新办法，运用科学信息技术来加强和规范六类船舶定额核定和征管。根据本区的行业类型，对各种情况进行实地调查，信息地采集、加工，对各项定额标准进行量化、细化，使各项定额依据明确，科学合理，促进税负公平、公正、公平。

（二）健全机制，勤征细管，增强监控

在分局内设立船舶专职管理员，集中管理力量，合理安排人力资源，为实施项目化管理提供便利，并对船舶行业税收征管考核单列，做重点考核，重奖重罚，收入任务单独考核，让管理者有任务压力，产生征管动力，接受企业等各方面的监督。同时，各船舶管理分局要搞好配合，营造一个优质服务、注重宣传、严厉打击的良性氛围，促进船舶行业税收的征管。船舶管理员必须经常深入船舶修、造、改场地进行摸底，及时做好船舶登记和文书地发放，尤其对进出船坞船台的船舶，必须每十天内至少登记和查看一次，做到以坞（台）

管船。健全船舶档案资料管理，对于进入船台、船坞进行修、造、改的，船主须于10日内向辖区地税管理机关提供真实、有效、合法的船舶登记表、出租协议、复印件、承租人的身份证等有效证件的复印件以及税务机关要求提供的相关资料，报地税管理机关建档。对拒不提供的，导致纳税人未缴、少缴税款的，可依照《征管法实施细则》第九十三条规定予以处理。加强以承租场地方式修造船舶的税收管理。进一步明确，以承租船舶企业场地方式修造船舶的，由承租方负责申报缴纳税收。出租场地的船舶企业应根据《税收征管法》及其实施细则规定，在场地出租后30日内将有关情况向主管地税机关报告，不报告的由出租方承担纳税连带责任。建立船舶企业电子台账，实行一厂一台账，一船一登记，船按厂归档。这样不仅便于核对各船厂的船舶进出情况，也更好地测算各船厂的实际坞费、台费收入。在确定好船舶所有人后，要做好船舶的跟踪监控工作，责令船主在交易完成船舶移交前向地税机关申报纳税。

（三）初建预警模型，开展专项评估，促进诚信纳税

通过对船舶行业开展典型调查、进行交叉评估，寻找行业监控规律，积累行业管理经验，探索行业管理措施，建立行业预警模型，从评估、审计、稽查三个角度进行评估验证完善模型，从而提高行业税源征管水平。在准确掌握全市船舶企业具体登记情况的基础上，安排管辖船舶的管理分局对样本企业进行典型调查，收集数据指标，主要包括船舶企业的设备参数、能耗指标、产废指标、盈利指标、经营方式、生产能力和市场行情等信息，测算出行业参考指标，搭建模型的基本框架。在初步摸清行业特点、充分分析行业数据的情况下，测算船舶行业投入产出、物耗、能耗等共性比率，在预警模型中将风险关注点延伸到企业产、供、销各个环节，主要包括船舶建造合同与工程进度、边角废料、人工费用、外包工程、专项费用等列为需要关注的关键方面。管理员要对辖区内船舶及船舶企业进行评估核实，反复测试验证行业监控指标体系。在评估过程中，注意运用合适的评估方法，充分利用预警税控模型，实施多税联评，注重评估实效；注重评估结果的分析，将评估发现问题及时汇总，验证指标合理范畴，提高模型数据的精准性，为补充细化税控模型进行积累。在对评估对象进行定量和定性分析的基础上，判断出评估对象是否存在涉税异常问题，而后针对不同情况，实施税务约谈、日常检查或移送税务稽查。

（四）实现信息共享，加强部门配合，取得政府支持

因为船舶征管是一项难度大的工作，若征管不到位税款一旦流失，就难以补回，取得船舶主管部门支持是很必要的。船舶主要管理部门有海事局、边防大队、交通局、工商局等。由于船舶的修理、改装、新造、所有权变更都要福

州海事局办理，能否与福州海事局协商，通过市海事、船检等部门获取船厂出厂船舶的数量和吨位等重要原始数据，准确掌握各造船厂出厂船舶的各项登记资料和基础信息；通过船舶行业协会、市经贸委、国防科工办获得船舶行业年度汇总数据和船舶工业经济运行情况分析报告，获得我国船舶行业的生产现状和发展分析、经济运行主要特点、存在的主要问题、行业盈利能力等基本信息，掌握了船舶行业的整体情况。由政府牵头积极向上级建议，将国地税机关的完税凭证作为船舶报牌的必备凭证。这样能从源头上有效地控制纳税人的偷逃税行为。

（五）实行分类分级管理

1. 对于规范经营的船舶企业，应重点扶持，用足用活税收优惠政策，帮助健全管理，实现快速发展，这是福安船舶业发展的希望，也是我们地税税源所在。

2. 对于无施工队伍，只收取租费的船坞船台企业，应责令其建立健全账务管理，测算税收负担预警值，开展纳税评估，合理核实其应纳税额，确保公平征税。

3. 对于船舶临时修理和拆解业户，可以委托国税、边防等部门代征。

4. 对于证件齐全的船舶工程公司，根据进坞（台）登记资料，开展民主评税，按船舶吨位所需的钢板确定其加工费收入，合理核定应纳税额，按时申报缴纳。

（课题组成员：彭仕针　何细辉
谢石如
执　　笔：谢石如）

三明林产工业产业集群发展现状分析及税收前景探讨

尤溪县地方税务局课题组

三明市全面深化集体林权制度的改革以来，充分发挥山多林多的优势，促进了林业资源增量、林业增效、林农增收、村财增收。在加快海峡两岸（三明）现代林业合作实验区建设过程中，促进了三明在海峡西岸经济区建设中的加快崛起，也促进了林产工业产业集群的发展。2007 年 1 至 4 月，全市实现规模以上林产工业产值 31.66 亿元，比增 35.2%，居全省首位。林产工业产业集群的发展，为地方税收稳定增长奠定了基础，也为地方财政提供了有力的物资保障。

一、三明林产工业产业集群发展现状分析

（一）三明林业分布现状

三明是福建省重点林区，是国务院批准建立的全国集体林区改革试验区和国家林业局确定的全国集体林区林业产权制度改革的唯一试点，其森林资源较为丰富。从林业部门了解到，三明现有森林面积 2645.5 万亩，森林覆盖率 76.8%，林木蓄积量 1.15 亿立方米，竹林储量 3.66 亿株。全市 268 万人，76% 在农村，是全国集体林区改革试验区和福建省的重点林区。满目层峦叠翠，绿意随风曼舞，应该说三明丰富的森林资源为林业工业产业集群的发展提供了强大的物资保障，而林产工业产业集群的发展也将带动地方经济的发展。

（二）发展林产工业产业集群的有利条件

1. 林产工业发展已略具规模。国家的竞争优势来源于优势产业，而优势产业的竞争优势来源于产业集群。近年来，三明林产工业已初具规模，拥有青

山纸业、永安林业和大亚木业等三家林业上市公司，木竹、人造板、纸及纸浆、笋制品、林化产品等林产品产量约占全省三分之一以上，林业产业总值和林产工业产值均居全省第一。基本上形成以人造板及木竹制品、制浆造纸、林产化工等为主的林产工业发展格局。在林业资源丰富的县、市，社会各种力量、生产要素都逐步向具有优势资源的林产工业集聚，各地规模不等的林产工业企业都有二三百家。如尤溪县，2006 年经林业部门批准取得《福建省木材经营（加工）批准书》的木竹制品加工企业就有 274 户。而中小企业是产业集群的主体，从目前三明整个林产工业产业发展状况来看，加快林产工业产业集群建设已略具规模。

2. 具有优越的投资环境。三明海峡两岸林业合作实验区全面启动，六个合作区稳步推进。

首先，三明是一个重点林区，加快林产工业的发展，应该是经济建设中的重中之重。政府对林产工业的发展高度重视，大力优化经济环境，加大招商引资力度。各个部门的工作也向发展林产工业倾斜，通过召开各类专题会议进行研究和部署，采取市县协作、部门配合、各有侧重的办法，营造良好的现代林业合作环境。在发展林产工业出台了相关的优惠政策，加大林产工业这块的招商引资力度，积极扶持林产工业的发展。

其次，设立台商（林业）投资区条件优越。据分析，三明与台湾两地不仅林业条件十分相似，而且林业发展各有所长。目前，两岸林业交流合作的重点领域主要有家具制造、木竹产品深度加工、林产品市场营销、物种资源交流、生物医药、森林旅游开发等。为了更好地使林业优势尽快地转化为经济优势，同时，在对台林业合作领域中取得更大的突破，出台各项优惠政策，继续设立若干投资区。

3. 集体林权制度改革有序地推进。集体林权制度改革目标是实现“林有其主、主有其权、权有其责、责有其利”。实行集体林权制度改革 3 年来，全市 76 个林产工业项目完成总投资 18.5 亿元，新增规模以上林产工业企业 95 家，亲创国家级品牌 3 个，省级品牌 9 个，产生了不小的经济和税收效益。同时，集体林权制度的改革也带动新兴产业的发展，生物医药迅速壮大，生态旅游也快速发展。应该说集体林权制度改革，最大限度地调动广大林农以及社会各界造林育林护林的积极性，促进林业经济的可持续发展，已为三明林产工业产业集群的发展开辟了更为广阔的天地。此举对促进林业发展新机制的形成，增强林业可持续发展的能力以及优化资源配置，都产生了深远的影响。而政府职能转变、林农收入的增加，林农积极性的提高等等，加快了林产工业产业的发展速度。

二、林产工业产业集群发展存在的问题

（一）缺乏规模意识

虽然近些年林产主导产业发展较为迅速，且已形成林业实验区，拥有青山纸业、永安林业和大亚木业等3家林业上市公司，但还不能全面带动三明整个林产工业产业的发展。苛刻地说，大项目、好项目不多，带动力强的企业不多，集群优势还未真正得以形成。纵观整个三明地区的林产工业企业分布情况，我们可以发现，其还存在布局不合理，中小林产工业企业分布还较为分散，经营规模小的问题。在林木资源比较丰富的尤溪、永安、沙县、将乐等地林产工业企业分布还是相对零散，小规模纳税人和非正常户较多且各自为战，没有形成规模和市场竞争力。如尤溪县，2006年的274户林产加工企业中，民营经济的占了95%，其中个体工商户57户，而经营略具规模的仅为20户，这些状况都离集群发展的方向还有很大的差距。

（二）缺乏品牌效应

在产品相同的情况下，应该说品牌可以产生刺激消费的效果，其产生的经济效益和税收效益是无法估量的。虽然已有越来越多的企业关注品牌效应，但说的容易做起来难度却是很大，大部分的中小企业还是图生存只注重眼前的利益，他们只根据自己所拥有的资金量建立同等规模的企业，而不注重集群的发展。虽然目前全市大大小小的林产工业企业数量众多，但所投入资金量的不同，设备的不同，导致产品质量差参不齐，其林工产品普遍存在产品质量不高、精品不多、品牌不多的问题，很难在市场上占有一席之地，在耗费了资源的同时，却不能产生较大的经济利益，从而也很难创造税收。

（三）林业资源未能有效利用

林产工业产业集群的发展关键要有充足的资源条件。虽然从资源角度讲，森林作为可再生资源，只要正确处理好保护、培育和开发利用的关系，就能够为发展提供取之不尽的资源。但事实上随着林产工业的发展，众多规模大小不一的以原木为生产材料的加工企业蜂拥而起，林木资源已遭到越来越多的浪费和破坏；同时，世界各国对天然森林的禁伐、限伐政策也越来越严格，木材输出国的木材出国量急剧减少，也已造成市场上供不应求。2006年2月21日，国家林业局局长贾治邦在全国林业厅局长会议上指出：目前我国“生态状况进入了治理与破坏相持阶段”。而国家税务总局也在2006年1月召开的全国税

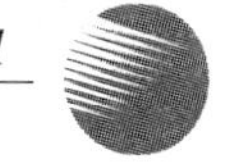

务工作会议上，也将建设环境友好型税制确定为工作重点。

应该说林业产值的增长并不是由木材生产增长所致，而是利用有限的木材资源，通过产业链的拉长，达到了增值、增效的目的，进而对当地的经济、税收的增长起到促进作用。虽然三明地区林业资源丰富，但目前在市场上有一定竞争力的产品都较为单一，产品品种不多，且多为半成品，有的甚至是原材料，这对林业资源就会造成很大的浪费，长期地发展下去，单靠现有的林业资源是远远不能满足生产的需要。而分布各地的众多小企业也在争原料，消费原料，甚至浪费原料，这些都导致资源迅速减少，成本提高，同时也造成税收减少，不利于林产工业产业集群的发展。另一方面目前木材市场混乱，全市虽有几个规模较大的企业起着一定的龙头作用，但大部分的中小企业还是各自为战，不能向深加工方向发展，产品的延伸范围不广。如家具地板行业等与木材市场的专供、专销未有深度合作，造成资源的严重浪费。

三、林产工业产业集群前景规划与税收预测

（一）林产工业产业集群前景规划

1. 应加快形成以资源培育为基础，促进林业的可持续发展。优化林业经济结构，促进林业产业的发展，是实现林业可持续发展物质保证。首先，建立工业原料基地，以市场需求作为培育资源的出发点，搞好资源配置。工业集群的发展离不开雄厚的物资资源，在资源培育上，既要着眼林业的长远效益，又要考虑林业的近期效益。应以市场需求为导向，在三明地区营造一批适销的，具有市场竞争力的经济林，改变结构不合理的现状，使林业效益结构逐步趋向合理。其次，为原料生产基地的培育积极争取基金。政府应进一步发挥经济职能作用，积极牵头发展主导优势产业，通过加强对林业发展的金融支持，拓宽融资渠道，保障原料基地的建设资金，以保证大项目和龙头企业的生产原料的供应。第三，引导发展低消耗、高产出的企业，增强企业效益。应对全市高消耗的低环保企业进行清理，以确保原材料不被浪费。同时引导林产工业企业走科技发展之路，各级政府应重点扶持科技含量大、具有发展潜力且带动力强的林业产业集群，通过集群的发展带动全市林产工业的可持续发展。还可适当地借助外部的资源，扩大原材料购进市场，货比三家，有利于降低产品成本，增加企业效益。

2. 大力培植龙头企业。加快培育林木工业集群，就必须培植一定数量的龙头企业，通过发挥龙头企业的联合带动作用，带动众多的中小企业生产，提

高产品的竞争力，而且还可消化农村大量富裕劳动力，增加农民收入和地方财政收入。因此，三明地区在林产工业产业集群前景规划中，应将培植带动力强的龙头企业作为发展方向，以此增值、增效，带动当地经济的发展，从而促进林产业税收的增长。首先，应以现有林产工业产业加工群体为基础，进一步扩大企业生产规模，通过联合兼并等形式的资产重组，加大技改力度，真正成为具有三明区域特色优势的产业集群。同时，通过骨干企业的支撑带动作用，将林产品加工产业链条加以延伸，增强企业的效益，促进税收增长。其次，集群发展应实行信息资源共享。在各县区内建立龙头企业信息库，指定专人负责管理、协调，根据不同行业，不同市场地位，区别对待，分类指导，并通过龙头企业联合当地中小企业进行生产，提高产品质量，提高市场竞争力。目前，森林资源丰富的尤溪县积极培育龙头企业，发挥龙头企业带动效应，并力争到达2008年，培育年产值上亿元的林产加工企业3家，5000万元至1亿元的5家。第三，成立行业协会，监督行业规章的实施。通过行业协会所起的作用，来督促进当地林产工业产业规范发展、公平竞争，保证森林资源的有效利用。第四，保证龙头企业的原材料及相关辅助材料的优先供应。当然，在培植龙头企业发展的同时，也应积极打击非法竞争行为，以确保林产品市场的公平竞争。

3. 规范加工审批，促进木材企业规模经营。应整合资源，对耗费林木资源严重、规模小的企业进行清理或兼并，对新办的木材加工企业应该上档次、上规模，鼓励发展精细加工项目。对于年产值较低的，且资源消耗量大的中小型木材加工企业，应进行清理整顿，通过联营或加盟重点企业等形式扩大规模。

在今后的林产工业产业集群的发展中，企业的户数和生产规模将会处在相对稳定的发展态势，只有能够上规模、具有高附加值的深加工企业才能成为该产业发展的龙头，全市的林产工业产业才有可持续发展的生命力。

（二）税收征收情况及发展前景预测

目前，全市对林产工业的税收管理，采用查账与核定、自管和代征相结合的办法进行征管。除规模以上企业与一般纳税人，其税收由税务机关按查账征收方式自管外，大部分县（市）对木材采伐劳务税费、木材及其制品的流通环节税费由木材运输办证点按委托协议征收。木材运输办证点工作人员在办理木材采伐、林木产品运输有关手续时按照委托协议征收。

面对众多机遇，三明市林产工业经济呈现出良好的发展前景。通过培育林产工业集群，成功地促进了区域经济的发展，税收因素在产业集群的形成和发展中起着不可估量的作用。如沙县林产工业规模以上企业达51家，从业人员

7100 人，实现产值 26.87 亿元，占该县规模以上工业产值 45.7%；2006 年该县林产工业累计缴纳各项地方税费首次突破 2000 万元大关，达到 2050 万元，其纳税总额占该县地方税费总收入 10.66%，林产工业已成为沙县地方税收的重要税源点。2006 年，三明市大亚木业、青山纸业、永安林业等重点企业的 53 个续建、新建项目进展顺利，当年完成投资 9.6 亿元。全市 60 家重点骨干和成长型企业实现工业产值 47.4 亿元，占全市规模以上林产工业产值的 63.2%；三年来全市投资 1000 万元以上林产工业建设项目达 54 项，累计完成总投资 28.3 亿元。到 2010 年，在充分利用森林资源和提高经济效益的基础上，形成上下游产品纵深开发，主导产业横向配套的林产工业产业集群，集群规模将位居全省林产业前列，成为三明的重要支柱产业，为建设发达的林业产业体系奠定基础。这些不仅预示林产工业将成为我市地方税收新的增长点，同时，也必将带动全市的经济发展。

四、林产工业产业集群税收可持续发展的建议

政府在大力进行环保型的林产工业产业集群建设的同时，要用税收“实用性”的眼光来比较和取舍项目的发展和项目的引进，对于能够造福人民并带来经济效益和税收效益的，应积极予以支持，使当地的资源优势转化为经济优势，真正在三明形成具有较强优势和特色的产业经济区。

（一）完善林业立法，促进林产工业产业集群可持续发展

应该说《森林法》中的一些规定已体现我国法律对林业可持续发展的重视，但在我国已经设立的林业法律制度中还存在着诸多问题与缺陷，如环保意识不强，执法机制不够完善、法律责任制度不健全等等。为了保护并有效利用森林资源，促进林产工业产业集群可持续发展，应在立法思路上真正贯彻生态优先的立法思想，起到保护森林资源的作用；执法方面应完善管理机制，坚持依法治林，惩治不法行为；在法律责任方面应健全法律责任制度，进一步加强对森林资源的保护和林业经营的管理。同时，在林产工业产业集群建设、发展过程中，应通过立法实现社会、经济、环境三方面效益的均衡和综合发挥，使林业的经济效益和生态效益在实践中充分发挥其应有的作用，从而促进林产工业产业集群可持续发展，促进当地经济发展和税收的增长。

（二）依靠政府正确引导林产工业产业集群发展，促进税收稳定持续增长

有效地调控林产工业产业的投资规模，政府的正确引导是经济得以持续健康发展的关键。如果只注重眼前的利益，盲目投资，使得林业产业遍地开花，

一方面造成资源浪费，效益不高，同时带来的只是税收在短期内的提高，而不能持续稳定地发展。而作为地税部门来说，在今后的若干年内，根据三明林业发展特点及产业分布状况，对于如何更好地培植与挖掘这些已存在或潜在的税源，保持林产工业产业集群税源的稳定持续的发展是至关重要的。

产业集群是中小企业发展壮大的必经之路。目前，三明林业资源转化率还较低、产出效益不高，与大资源大产业发展要求还有很大的差距。因此，政府应正确引导投资和集群发展。一是应整合提高现有的林产工业经济存量，合理配置森林资源，做大做强林产工业。对资源浪费较严重，只对产品粗加工的林产工业企业规范加工审批，鼓励发展规模经营、精细加工的项目。二是引导资源向优势产业和重点企业集聚，对林产工业产业集群的发展进行定位。在实践中，对具有就业容量大的环保型林产工业项目鼓励全民创业、引资发展，以此涵养新的税源，并形成新的就业基地。三是借助林改的体制优势，推动林业产业升级。应加快形成资源培育基地，使林业效益结构逐步趋向合理。同时，鼓励林产工业以精深加工为主，不断延伸产业链，提高产品附加值，不断强化龙头骨干企业的带动作用，积极开发具有优势的人造板、造纸、林产化工等产业的下游产品，提高产业效益，促进税收增长，使森林资源加工链条不断延伸。四是走品牌发展之路。应该说中小企业是产业集群的主体，扶持以中小企业为主体的林产工业产业集群将比扶持单体的更有效率。一方面其可以形成区域品牌效应，同时集群中已经具备一定规模、实力和品牌的企业又可以增强区域品牌的效应，这为开拓国内外市场增强竞争实力，也为今后产业经济发展增加效益奠定基础。五是扶持龙头企业，保障企业原料供应。培育龙头企业是推进林业产业化的关键，也是提高林业经济效益、增加农民收入的重要途径。只有把企业进行共同利益的整合，鼓励龙头企业以各种方式建立原料基地，保证原料充足来源，扩大生产规模，增强企业实力，才可参与市场竞争。

（三）抓住重点项目建设时机，带动相关产业发展，充足地方税源

据资料统计，2006 年，三明大亚木业、青山纸业、永安林业等重点企业的 53 个续建、新建项目进展顺利，当年完成投资 9.6 亿元。全市 60 家重点骨干和成长型企业实现工业产值 47.4 亿元，占全市规模以上林产工业产值的 63.2%，体现了重点企业和骨干项目的带动作用。针对重点项目的建设所取得的一系列成果，我们应该将目光放长、放远，在发展林业优势产业的同时，带动相关产业发展。

首先，依托逐步形成的现代交通网络，在进行林产工业产业重点项目建设的同时，发展运输、购销及其他相关产业，有效地促进劳动力的转移，拉伸了

区域经济发展的链条，增大全市经济总量。应该说三明林业产业集群的发展为货物运输业繁荣带来了契机，物流业良好的发展势头已成为拉动货运业地方税收增长的一个重要因素，如 2006 年全市货运税收达四千多万元，通过林产工业产业的发展加快物流市场建设已是关键。其次，应建成具有鲜明区域特色的综合市场，促进当地经济发展，充足地方税源。我们应根据林产工业产业发展优势及特点，建成建材及装饰装璜材料批发市场、竹木产品交易市场，继续做大物流市场。根据三明自然地理环境多样和劳动力资源丰裕的优势，实施林区综合开发与多产业协调发展，大力发展第三产业，在推动林产工业产业内部协调发展的同时，提高林产工业产业的整体经营效益和对外竞争力，带动全市其他具有发展潜力的相关产业创造更大的经济效益和税收效益。

（四）加强税源控管加快税收持续增长

1. 深入税源调研，挖掘税收潜力。“问渠哪得清如许，唯有源头活水来。”税收来源于经济，税源所依存的经济基础和社会环境无时不在发生变化，税源的流动性和可变性要求税务部门要高度重视税源的管理和监控。具体来说，就是要构建一套“覆盖面广、层次清晰、管理科学、职能明确、控制有力、服务有效”的税源监控体系。作为税务机关应深入开展税收调研，组织专人深入林产工业企业开展调研活动，摸清企业生产流程、生产方式、集资分红等情况，规范该产业的税收管理。通过强化征管基础及重点税源监控，进一步稳定现有税源，充分挖掘潜在税源，培育新兴税源，加大稽查工作力度，以此促进税收收入的增长。同时，在税收征管过程中，应结合纳税评估制度，对税源大、增减因素变化大、存在较多欠税或在稽查中发现问题较多的企业，采取静态与动态相结合的跟踪式重点监控；对税源比较大且稳定，纳税信誉好的企业采取定期与日常相结合的一般性监控；对税源较小且变量也小的企业采取简单型监控；只有不断挖掘税收源泉，才能保证地方税持续稳定地增长。

2. 制定相关税收管征措施加强税源控管。建立委托代征机制，从源头上加强对林产税收的控管。目前，在三明地区大量存在集体或个人营林后将林木产品销售专职人员，再由其简单加工或对外直接销售。如不加强征管，很容易造成税收的流失。目前，根据木竹加工业多数产品在货物销售时，一般要到林业主管部门办理《木材运输许可证》和《木材检验码单》的有利条件，且证单上都详细注明材种、规格、数量，税务机关可派员到林业办证窗口或委托林业办证窗口对非查账征收的企业按核定最低计税价格征收或代征各种税、费，从源头上加强对木竹加工业税收的控管。如尤溪县，国、地税、林业相互配合协作，对原木销售采取“联合驻点征收”征管办法，联合聘请代征员进行税款的征收，2005 年代征税款 233.69 万元，2006 年为 339.4 万元，2007 年预计可达 390 万元。而对查账征收的木竹加工企业，凭林业部门管理的基础数据进出仓“码单”数，按核定最低计税价格计算应缴纳的税费，由此产生评估数据，补征应缴未缴税费。

3. 加强纳税评估，设定税负预警值。建立林产工业企业的生产能力、物耗消耗、电耗等生产指标，设定利润率及税负预警值。对林产工业企业的设备数量、生产规模、生产能力进行分析评估，调查评估设备合理生产能力，根据物料消耗、电耗等生产指标估算企业产品数量，根据估算的产品数量，测算企业实现销售收入与其生产能力是否相匹配，利润水平及税负是否超预警值。

4. 依靠政府支持，加强协税护税网络的建设。应该说，政府支持和有关部门的配合对税务机关依法征税、强化征管等都起了重要作用。如何使林产工业产业集群在持续发展的同时又能创造出应有的税收效益，依法治税、强化征管是关键。首先，应根据林产工业发展实际，通过转变各级各部门职能，提高林产工业产业的管理水平。各有关部门特别是林业部门应积极与金融等部门沟通协调，拓宽投融资渠道，保证企业的生产资金和原材料的到位。在大力发培植龙头企业的同时，应积极取得工商部门的支持，对符合集团发展的林产工业企业鼓励注册经营生产。其次，针对原木销售环节征税存在的问题，通过政府牵头，充分发挥委托代征单位的协税、护税作用，加强零散税源税收征管，确保税收不流失。第三，加强部门协作，扩大信息交流。税源户管要强化与工商、国税等部门的资源共享；在纳税申报和税款征收上，要强化与金融、公安等部门的协作；在税收稽查上要强化与审计、公检法等部门的配合。只有完善税收执法保障体系，健全协税护税网络，减少税款流失，推进依法治税，才能共同建设一个齐抓共管的良好税收征管局面。

（执笔：黄　凌　蔡建生）

支持漳州数字视听产品产业发展的税收政策取向研究

漳州市地方税务局课题组

一、以南靖万利达为主的数字视听产品产业现状

（一）数字视听产品产业现有企业概况

1. 行业数量规模。目前，以南靖万利达为主的视听产品企业有7家，税收征管模式均为查账征收。该7家企业为关联企业，分工协作，分别负责视听产品各相关生产流程，生产视听产品相关组件。

2. 缴纳地税税款情况。2005年度7家企业共缴纳地方税收278.97万元。其中：营业税12.54万元（含建安与仓储）、代扣代缴个人所得税23.43万元、城市房地产税76.18万元、印花税166.82万元。其中缴纳地方税收排名前3位的企业入库数占视听产品产业总入库数94.25%，具体数据见表1。

表1

排名	单位名称	2005年缴纳地方税收（万元）
1	南靖万利达科技有限公司	137.56
2	南靖万利达视听有限公司	111.17
3	万利达集团有限公司南靖销售部	14.2

2006年度7家企业缴纳地方税收686.68万元。其中：营业税52.47万元（含建安与仓储）、代扣代缴个人所得税21.73万元、城市房地产税318.92万元、印花税292.63万元、车船使用牌照税0.93万元。其中缴纳地方税收排名前3位的企业入库数占视听产品产业总入库数97.01%，具体数据见下表2。

表 2

排名	单位名称	2006 年缴纳地方税收（万元）
1	南靖万利达视听有限公司	376.8
2	南靖万利达科技有限公司	259.36
3	优科能源（漳州）有限公司	30.05

2007 年 1—9 月 7 家企业缴纳地方税收 525.1 万元。其中：营业税 160.32 万元（含建安与仓储）、代扣代缴个人所得税 12.86 万元、城市房地产税 117.31 万元、印花税 149.61 万元、城镇土地使用税 85 万元。其中缴纳地方税收排名前 3 位的企业入库数占视听产品产业总入库数 96.09%，具体数据见下表 3。

表 3

排名	单位名称	2007 年 1—9 月缴纳地方税收（万元）
1	南靖万利达视听有限公司	328.1
2	南靖万利达科技有限公司	136.32
3	优科能源（漳州）有限公司	40.17

3. 缴纳国税税款情况。这 7 家企业 2005 年缴纳增值税 2625 万元，外商投资企业所得税 4349 万元；2006 年缴纳增值税 3827 万元，外商投资企业所得税 1101 万元。

（二）行业龙头企业万利达集团概况

万利达集团有限公司是以研发、制造及销售电子信息产品为主的高新技术企业。现有员工近 2 万人，其中专业技术人才 2000 多人。公司经过 20 多年的拓展，目前已形成数码影音、移动通信、环保小家电、新能源、汽车电子和医疗电子六大产业，分布于福建和广东两地。万利达（厦门）集团大厦和万利达（深圳）科技大厦是公司的研发中心和管理中心；漳州南靖工业园、漳州金峰工业园、深圳宝安工业园和漳州龙池工业园分别占地 500 亩，是产品的生产制造基地。公司多年来一直是福建省的纳税大户和出口大户。2005 年销售收入 40 亿元人民币，连续 5 年位居全国同行业前 3 名，出口创汇 4 亿美元。2006 年度销售收入 48 亿元人民币，2007 年 1—9 月销售收入 25.7 亿元人民币。

公司自创立以来，就确立了以项目带动企业发展、以产品创新来提升企业竞争力的战略。公司坚持“激情、创新、致远”的经营理念，产品已通过3C、CE、UL、FDA和FCC等认证，销往世界50多个国家和地区，并在香港、北美和欧洲设立了分公司。在国内，公司的销售网络覆盖全国各省、市、县。

企业几年来获得国家和相关部门多项荣誉，如1996年，被国家科委火炬计划办公室评为“国家重点高新技术企业”；2002年，被国家税务总局评为“工商联诚信纳税会员企业”；2005年，被海关总署评为“中国出口200强企业”；2006年，被国家统计局评为“2005年度中国企业集团竞争力500强”（第37位，位居福建省第一）；1997—2007年，先后七届入选中国电子信息百强企业。

二、目前数字视听产品产业存在的问题和困难

（一）数字视听产品更新换代速度加快，市场竞争激烈

国内市场同类企业近年来发展较快，产业多样化趋势明显，一些非视听产品产业的大型企业集团也开始涉猎视听产品领域，加剧了市场竞争。国外同类企业则凭借较强的科技领先能力，保持较强的竞争优势，纷纷争先抢占中国市场。所有这些，给漳州视听产品产业提出了新的挑战。

（二）市场上的视听产品价格呈下降趋势，而企业各项生产经营成本总体上增加

1. 设备成本上升，特别是一些新型进口设备成本大幅上升；2006年1—9月产量270万台，2007年1—9月产量268万台，2006年进口设备总值400万台，2007年进口设备3500万元，增加3100万元，直接增加2007年单位产品折旧费用。

2. 劳工费用上升。随着社会工资水平上涨，目前的用工费比往年增加20%以上。2006年1—9月支付工资总额7350万元，2007年1—9月支付工资总额8747万元。2007年净增加人工成本1397万元。此外，为增强公司向心力、凝聚力，公司为全体员工办理社会保险，实现全员参保，同时为企业主管办理企业年金，这些都增加了企业生产经营成本。

3. 出口退税率由原来的17%下调到13%，而以万利达为龙头的数字视听产品产业出口量占公司总产量的80%以上，公司受此政策调整的影响较大；2006年1—9月因出口退税率下降而增加成本1650万元，2007年1—9

月因出口退税率下降而增加成本2560万元，直接增加成本总额910万元。

4. 从2007年1月1日起，外商投资企业也纳入城镇土地使用税征收范围，万利达（南靖）工业园区2007年度已缴纳城镇土地使用税85万元，如果包含漳州工业园、厦门工业园及深圳工业园区在内，万利达集团公司在城镇土地使用税税收方面就增加几百万元，从而比往年增加了税收负担。

5. 随着2008年1月1日起“两法”合并，外商投资企业的企业所得税税率由原来的15%提高到25%，其中高新技术企业的企业所得税税率由原来的7.5%提高到15%。

6. 购销合同印花税负担较重。由于数字视听产品企业管理较规范，重合同守信用，进出口合同、国内销售合同、国内采购合同较多，加上集团内的关联企业间的材料、半成品往来也均签订购销合同，合同数量较多，造成印花税相应增加。

（三）促进行业科技创新的税收政策有待改进

1. 税收支持的环节有待改进。一是税收优惠侧重在产业链下游，对研发环节给予支持的税收激励政策只占很小的比例；二是目前的增值税对生产环节征税，实行生产型增值税。数字视听产品产业作为创新型企业，构成其主要成本的研发活动费用、高级人才的高额薪酬等，无法进行抵扣，导致创新型生产企业的税负高于一般生产型企业。

2. 税收支持的深度有待改进。一是鼓励科技发展的税收优惠政策法律层次低。主要还停留在行政法规和部门规章的层次上，通过决定、办法、通知、函等形式下发，容易造成法律层次低，缺乏应有的权威性、规范性和稳定性。二是优惠方式以直接优惠为主，通过税率优惠、税额减免等手段实现。这种直接优惠方式虽然有操作简便的优点，但也存在只在一段时期内享受，不利于高新技术产业持续发展，只在投资后享受，对投资前引导作用不明显等不足。三是税收优惠对鼓励企业增加科技投入的力度不够。如现行税收政策规定，企业购买研发用的仪器、设备、计算机软硬件等投入研发的开支只能算固定资产投资，不能打入成本。四是税收政策对人力资本、智力资源的激励手段还较欠缺。

三、数字视听产品产业的发展前景与税收预测

以万利达集团为代表的现有数字视听产品企业，经过20多年来的发展壮大，已具备了较强的生产能力，较完善的企业管理机制、较雄厚的人力资

源和运作资金、较完备的销售网络，并以不断开发出新、优、特的新产品在国内和亚、欧、美国外市场拥有相当的市场占有率，特别是，激光影碟机在国内市场的占有率居首位，视听产品在美国市场占有率在中国出口同类企业中最高。在谈到企业今后的发展方向、发展前景时，万利达集团相关负责人介绍说，企业今后仍将以视听产品为主打产品，发挥企业自身技术优势、经营优势，增强自主创新能力，提高产品科技含量，加速新型产品研发和投产，产品的市场竞争力、市场占有率总体仍将看好，但伴随存在的是更加激烈的竞争和更多的困难。相信，在政府支持民营企业发展，支持视听产品产业发展的大环境下，在加速海峡西岸经济区建设步伐的良好契机下，漳州视听产品产业将迎来新的发展机遇，乘势而上，有所作为，产品销售量和上缴税收也将有新的突破，为“海西”建设作出新的贡献。

四、加快漳州数字视听产品产业发展的税收支持可行性建议

（一）用活用足税收优惠政策，大力扶持企业发展，努力培植地方税源

一要应用税务部门的职能优势，在市场信息、经营机制、涉税政策等方面给予建议、支持，积极促产培财，扶持企业发展；二要用活用足各项税收优惠政策。企业所得税“两法”合并后，国家对高新技术企业仍给予大力扶持，制定了15%的优惠税率，税务部门应不折不扣落实好税收优惠政策，对数字视听产品产业中被认定为高新技术企业的要主动服务，及时兑现，全力扶持；三是针对目前视听产品企业多为集团内部关联企业，关联企业间的材料、半成品购销合同较多的实际情况，建议对企业国内销售、国内采购、关联企业间的合同印花税采取汇总缴税办法，并按购销总额的60%—80%给予优惠。

（二）完善促进企业自主创新的税收政策

一是税收优惠政策的激励要从下游向全程转移。一项技术创新通常要经过课题立项和实验室研究、开发研究（即中间试验阶段）、产业化或商品化3个阶段。而实现科技成果转化的关键环节——“中试”阶段，由于投入多、风险大，常常是企业界和科技界都不愿涉足的“无人区域”。因此，建议对“中试”产品销售收入免征或减征增值税和所得税，同时对科技成果转让免征或减征营业税和所得税。二是对视听产品高新技术企业实行增值税从“生产型”向“消费型”转移。实行消费型增值税是增值税改革的方向，但由于这一改革涉及方方面面，要全面实施还需要一段时间。建议在我国尚

没有条件全面实行“消费型”增值税的情况下，可以考虑暂采用税收优惠的形式，先对视听产品产业中用于科研的研究设备和技术先进的生产设备的进项税额予以抵扣。三是提高科技税收优惠政策的立法层次。对一些已经相对成熟的条例、法规通过必要的程序使之上升到法律层次，既有利于克服由于经常修改而造成税法不够稳定的缺陷，也在一定程度上提升了有关科技税收的法律效力。四是构建多种优惠方式并举的优惠模式支持企业科技创新。改变以往单纯的税额减免与低税率的直接优惠方式，实行加速折旧、投资抵免等税基式优惠，对从事科技开发的投资与再投资实行投资抵免政策，允许企业按研究开发费用的一定比例从应纳税额中抵缴所得税，做到税额减免、优惠税率与税基优惠三种方式相结合，当期受益与长期受益相统一，形成科技创新长效机制，促进企业可持续发展。五是调整进口设备税收优惠政策。进口税收政策的优惠要从对企业进口整机设备，逐渐转变为鼓励国内企业研制具有自主知识产权的产品和装备所需要的重要原材料和关键零部件，原则上停止实施进口整机的免税政策。六是提高视听产品企业自主创新的积极性和主动性。要加大企业对企业研发投入的所得税前抵扣力度。比如，企业用于研发的设备仪器，单位价值在30万元以下的，可允许企业一次或分次摊入管理费用，单位价值在30万元以上的，可允许企业采取缩短折旧年限或加速折旧的政策。同时，对投入到视听产品产业的人力资本实行个人所得税等优惠政策。鼓励人力资本的自主创新，对专利权、著作权、非专利技术使用权等知识产权转让所得或特许权使用费所得予以低税负优惠。鼓励视听企业对在职职工进行技术培训，适当提高允许税前列支的职工教育费用的计提标准。

（三）规范对视听产品产业税收精细化管理和纳税辅导服务，促进行业税收稳步增长

一要强化税源监控。对视听产业税源适时开展全面的清查过滤，建立“县局领导—中层领导—税管员”三级监控机制，推行划片管事制和巡查制度，细化业务流程，明确责任到人。二要加强税源和收入分析。按税种、征收方式、经济性质等指标全面分析税源增减变化，及时掌握企业生产经营、纳税情况、财务报表等涉税情况，对“症”下“药”，及时完善具体管征办法。三要强化企业董事、中高级管理人员的个人所得税宣传和征缴力度，加强国税、地税、工商、经贸等部门间的协作，上门开展税法宣传和纳税辅导。四要积极推进纳税评估和税务约谈，让企业最大限度地减少不必要的损失，维护企业合法权益。五要全面提升纳税服务质量。延伸服务触角，在企

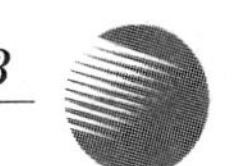

业办理涉税事项、税法宣传、权益维护等方面提升税管员的服务质量和服务效率。

（课 题 指 导：李钰福
课题组成员：李钰福　卢龙昌　王友平　肖文岗
柯月苹　杜河城　吴世民　曾基发
执　　　笔：曾基发）

石狮纺织服装产业的升级与扶持

石狮市地方税务局课题组

一、2006年中国服装产业概况

2006年我国规模以上服装企业累计生产服装170.02亿件，较2005年提高11.86%，但产量增幅大幅回落约4.98%，预示数量竞争时代接近尾声，以品牌、价值、创新为核心的新的竞争时代已经拉开帷幕。据国家统计局数字显示，广东、浙江、江苏、山东和福建规模以上企业仍稳列服装生产前五名，其中广东省服装产量高于第二名浙江省44.19%，占全国总产量的27.14%，福建省服装总量占全国比重5.93%，服装产业集群主要分布在珠江三角洲、长江三角洲、福建沿海和环渤海地区。

2006年全国服装行业企业户亏损面16.30%，纺织行业销售毛利率10.64%、利润率3.65%，纺织服装制造销售毛利率14.11%、利润率4.55%。福建省服装行业销售毛利率14.38%，销售利润率5.02%，亏损率达25.93%（高达1/4）。

2006年我国纺织品和服装出口总额为1470.85亿美元，同比增长25.14%，占全国外贸出口总额的15.18%，累计完成服装及衣着类附件出口总额为951.9亿美元，占全部纺织品服装出口总额的64.72%，占全国商品出口总额的9.82%。2006年，广东、浙江、江苏、上海及山东五省市居全国各省市服装及衣着类附件出口排名前五，合计出口额占服装出口总额的76.9%，其中，第一位广东省出口额281.7亿美元，比2005年增长78.2%，所占份额升至29.6%。而福建已无缘前五。

2006年我国社会消费品零售总额76410亿元，比2005年增长13.7%，在限额以上批发和零售业零售额中，服装类增长19.2%，服装类零售总额达7500亿元以上。2006年大型零售企业销售统计显示：服装销售持续保持增长，

但增幅有所回落，销售价格较2005年同期上升了3.12%。服装消费升级，消费者逐渐向较高消费层次漂移，服装消费市场分层进一步清晰。根据中国名牌战略推进委员会提供的数据，2004—2006年中国名牌服装类浙江省有35个、江苏省17个、上海市12个、广东省10个、山东省9个、福建省8个，全国共108个。商务部2006年服饰类“最具市场竞争力品牌”名单中23个品牌无一归属福建。

通过以上的数据，我们一方面可以看到我国纺织服装行业的发展，另一方面又可以看出福建省在该行业上仍然处于中流水平，远落后于广东等领先省份，石狮所占份额则小之又小。

二、石狮纺织服装产业现状

（一）石狮市宏观经济情况

石狮市，1987年12月国务院批复同意设立，当年石狮国内生产总值2.65亿元，财政总收入0.19亿元，1988年9月30日石狮市委、市政府挂牌对外办公。2007年石狮市实现经评估生产总值240.2亿元，三次产业比重5.0：53.4：41.6，财政总收入（不含基金）22.01亿元，其中国税收入10.70亿元，地税收入9.96亿元，自营出口5.835亿美元，经济总量20年翻了90倍。但是，比之石狮刚建市时在全国的领先地位，如今包含石狮的福建服装生产仅处全国第五，而且与居前的广东、江浙两省已非同一数量级，山东更是已在福建之前，石狮的今日着实让许多有识之士感慨万千，这也让我们再次反思经济决定税收的原理，简单地追求每年宏观经济数字增速的保持，而产业发展与扶持的有效性相对乏力，最终得到的还是经济和税收都落后的苦果。

（二）石狮市纺织服装产业现状

据业内人士反映，在服装上，石狮市场与广州服装市场“营业额不在一个数量级”，常熟、武汉等地的服装市场更是发展强劲，在纺织布料市场上，石狮同样不比浙江绍兴柯桥纺织布料市场。由于日益缺乏对全国服装市场的辐射力，石狮市凭借布料后整理这一唯一优势，正逐步沦为全国纺织服装市场的一个后整理加工基地。由于原材料和市场两头在外，石狮市场呈现出散户少，订单多的特点，呈现服装工业向总部经济转变、店面批发销售则向办事处转变的迹象。

（三）产业现状的危机

1. 市场地位有所下降。随着各地纺织服装市场的兴起，石狮服装在直接面向全国市场的地位逐步下降，石狮服装城的服装批发尚缺乏稳定的全国客户，长期下去，服装城的前景令人堪忧。试想如果石狮服装城的店面里，销售的对象仅是附近城镇的话，石狮服装城还能外称亚洲第几大吗？

2. 产业优势过度集中在染整后处理加工给地方环境造成巨大的压力。石狮市总共辖有两个街道7个镇，目前祥芝、鸿山、锦尚3个污染集控区的环境相信当地居民一定不会满意，蓝天碧水沙滩的自然生态已所剩无几。如果石狮纺织服装工业的发展是以当地群众生态环境的日益恶化为代价，那么石狮的发展就一定不是科学发展，石狮这个福建经济改革试验地也更算不上是和谐。

3. 如果新的产业支柱没有形成，而传统产业又出现发展困难，则地方经济的发展将出现恶性循环。地方的经济增长和财税增长每年都有一定的增长目标，如果原有产业发展停滞，新产业又未形成，则现有企业的负担必然加重，有条件的企业陆续外迁，市场进一步萎缩，当地企业经营进一步恶化，地方经济发展乏力，财税增长乏力，税企矛盾也将加大。由此地方经济的增长将更加依赖于政府的投资拉动，工程项目的支出必然要求更多的财政收入，税务机关承受的压力增加。

4. 三角债问题。据人行石狮支行课题组对33家民营企业2006年支付结算工具使用情况的调查，企业结算工具使用次序如表1所示，虽然现金退出头把交椅，但首要工具仍是电汇和转账，银行承兑汇票被谨慎使用，商业承兑汇票仅有4家企业开始使用。

表1　　石狮民营企业支付结算工具2006年抽样调查

企业	支付结算工具				
	1	2	3	4	5
5家	汇	转账及其他	现金	银行承兑	
28家	汇	转账及其他	银行承兑	现金	商业承兑

由表1我们可以发现，石狮企业间并未普遍使用承兑工具，而更多实行的是现金交易或交易后以电汇、转账等方式直接付款。实际中，企业间的款项往往凭个人信用先欠着，一定时间后再现金或转账支付，第三方承兑汇票的使用较少。个人信用和承兑汇票两种结算方式所形成的企业应收账款坏账风险大为不同，依靠个人信用因其直接性，企业可以逃避不少官方监管，但因拖欠方失信成本低，给收款方造成很大的坏账风险。往年年底，石狮常有几家服装外贸企业倒闭，由于欠账的存在，其上游服装加工厂就要跟着承受大量坏账，服装加工厂的上游布辅料业也要同样承受坏账，这样由于层层欠账的存在，一家企

业的失信后果并不是全部或大部分由该户企业自己承担，而是大部分要转嫁到其上游大量企业，一家企业的倒闭可能就要造成众多企业的相继倒闭。

在石狮，虽然众多的银行和信用社使企业间资金能够快速划转。但是由于商业信用缺乏规范培育，企业大量连环债务存在，不少资金被下游企业占用，致使上游企业资金运转困难，经营风险加大，企业难于用有限的资金做最大的生意。而占用别人资金的企业，由于资金占用的信用成本不高，难免将应付款挪用于其自身的盲目扩大或形象消费，致使整个经济的系统风险累积加大。

2008 年随着央行收紧银根和中国股市的大幅调整，货币供应量的收缩，使得不少企业对欠款业务谨慎止步，但却也造成了业务量的下降，生意依然不好做。但笔者对此倒持乐观态度，随着个人信用被过份使用后的泡沫破灭，随之市场自发产生欠款厌恶，要求现款交易，随着欠款交易对经营的束缚，或许市场能够自发转向第三方承兑汇票的普遍运用。

5. 产业工人的短缺。随着我国经济增长，劳动力成本逐步提高，轻工、纺织等劳动密集型产业出现了由较发达地区向中西部转移的现象。熟练工人的短缺成了许多石狮服装企业主普遍反映的问题。2008 年春节期间我国发生的雪灾，更是让工人短缺问题雪上加霜，一些已经返乡的工人无法马上回石狮，一些因雪灾无法按时回家的工人又在春节后陆续返乡，结果春节过后很多企业无法招收到充足的工人投入生产。而产业工人在供需上出现这种供应不足，引致工人待遇的大幅提高，又逢国家颁布《劳动合同法》，企业在员工管理上面临更多挑战。

6. 国内外经济的波动。近期，美国次贷危机、经济数据走弱及美元贬值，中国实行紧缩货币政策、央行上调存款准备金率、从公开业务回收货币、通货膨胀、股市调整等等，给企业出口和内销业务都造成较大不利影响，“今年恐怕是中国经济最困难的一年。难在什么地方？难在国际、国内不可测的因素多……”（温家宝，2008）。

三、进一步发展石狮纺织服装产业的思路探索

（一）做大中高档服装市场

与内地一些新兴服装市场相比，经过多年市场打拼，石狮的服装产业在品牌和质量上有一定优势，如果政府能够制定合理的发展战略，对中高档服装市场进行深度开发，充分利用海博会的平台积极引进日韩台湾甚至欧洲的行业信息、技术，引导有能力的企业在中高档服装市场进一步树立品牌，则石狮的纺

织服装产业有望焕发第二青春。目前，石狮市对创名牌实行奖励，品牌企业日益增加，同时石狮市也积极推广纺织服装企业 ASP 信息化公共服务平台建设和纺织服装产业系统工程（Fabrics Shishi），希望成效早现。

（二）中低档服装市场的回归

虽然广东等地的服装市场规模已经远远领先于石狮，但是有一个值得思考的问题是，在广东等地做服装生意却有很多是石狮人或闽南人，如果石狮服装城的开发能够摒弃短期利益驱动，更着眼长期发展，制定能产生实效的中长期经济措施，造好软环境，把分散于各地的闽商吸引回来，那石狮的服装城又何愁不兴旺呢？多少闽南人又何必长期远涉他乡，还要支付大笔的营业费用呢？我们在招引外挂大型货运车辆回归本地上有一些经验，在纺织服装产业上也应该思考可行的做法。

（三）办好纺织服装博览会，搭建多样平台

历经十年经营，石狮的海博会仍尚未形成商户争着要来参会的情形，换句话说仍然是需求方市场而不是供给方市场。这说明海博会的辐射力还不够强，也未达到行业人人趋之若鹜的信息发布交流平台的地位。不过我们也应可喜地看到，2007 年第十届海峡两岸纺织服装博览会暨 2007 年休闲服装博览会十届海博会的日程上有 2008 春夏中国休闲面料流行趋势报告会、第二届中国服装金牌代理商加盟商论坛暨总评选颁奖典礼、台湾纺织新产品新技术发表会等项目，还有“台湾设计研发大楼”、“台商投资示范园区”奠基仪式等，台湾与石狮在纺织服装行业上的互补有望进一步深化。2008 年第十一届海博会组委会也传出最新消息，除原有台湾纺拓会展团外，此届海博会将新增韩国展团，我们可喜地看到海博会向国际化迈进的又一步。

就我个人的体会，石狮的纺织服装博览会应该区别定位出两个平台：一个是供全国甚至全球纺织服装行业（或者细化定位到运动休闲类）交流产业潮流和信息技术的盛会，由全国（甚至全球）行业专业人士参与，重点开发行业信息的发布与交流项目，除了台湾，还应该积极拓展与韩日法意等欧亚国家的交流，突出体现服务产业的会展特点；另一个则是对外展示石狮及周边企业和品牌的平台。如果今后辐射范围足够大，还可以形成各地企业集中商贸洽谈的第三个平台。平台间最好不要互相混和，在潮流与信息技术交流平台夹杂太多石狮企业的身影，会降低平台全国化国际化的档位，而如果企业、品牌的推介夹杂在潮流与信息技术交流平台中，则企业的形象也有趋利流俗之嫌。

（四）大力发展第三产业

1. 应该强化金融业对商业的深入润滑，完善商业信用体系，加大金融业

对工商业的信用介入，引导多使用承兑汇票等信用工具，同时提高法院对债务判决的执行力度，进而提高广大工商业户对承兑债务兑现的信心，使企业能够有效地管理信用、预算资金，适应发展的需要。

2. 随着福建与台湾商业贸易的发展，两岸三通的可期，及石狮多年市场开发的优势，货物运输业已呈现低端大量发展的态势，但逃避履行纳税义务的行为却十分普遍，由于货运行业的特殊性，仅税务机关有限的执法力量很难解决问题，需要政府出面加强工商、税收、交通等部门的协作，有力引导行业规范发展，提高纳税意识，争取使物流业、港口经济成长成为石狮的支柱产业之一，提高第三产业在石狮经济产值中的比重。

（五）后整理产业与环境保护需要切实协调

规范布料染整水洗加工业，提高环保科技含量，加速技术更新，降低环境污染，才能在面对国家产业政策调整和国际技术性贸易壁垒时赢得主动，企业自身也才能可持续发展。也只有保持技术的领先，石狮的染整水洗加工行业才能继续在国内保持优势，石狮的服装产业也才能赢得换代升级的宝贵时间。

为经济发展而付出的环境代价应该有决策责任追究制度，建议市长、镇长、村长都应定期就地方环境的状况接受自由参加的群众的质询。对地方环境可能造成重大影响的项目，决策部门必须公开征求意见或召开听证，陈述利弊，接收询问。

（六）商业地产要开也要发

随着这几年我国房地产价格的快速增长，石狮的商业地产也同样飞速涨价，结果租用商业店铺的广大中小企业和个体户很多都会因不堪店租重负而最终倒闭，造成店铺频繁换手，经济的稳定发展受到影响，税务机关的行政管理资源也被大量低效益消耗。

石狮的几个大型商业地产开发都常有初期爆炒，结果投用后惨淡经营，之后长期慢慢恢复人气的现象。石狮步行街被寄予很高的期望，结果开发完成后店铺租金高得离谱，造成大量经营户亏损，进而大量店铺闲置，消费人流稀疏，其后店租才开始下降，但此时商圈人气已弱，要商家和消费者对其重拾信心已不可能在短期内完成，只能再慢慢“开发”了。石狮服装城设计也十分宏伟，但是一期投用几年了，也尚只有女装区比较成功，其他很多一楼显要店面都成了品牌服装当成广告用的样板店，各个店铺各自为政，难以形成男装、童装等各个专业批发区域的聚集。如果开发商赚了钱，房产购买者也从房产升值和高房租上不断获取投资回报，而从事具体经营的业户却因高房租而没有赚到钱，这样的商圈能算开发成功吗？如果说成功，那只能是房地产开发商及其利益集团的成功，而不是地方经济的成功。

为什么政府尽许多力气想把广大经营户引导到新商圈内却收效不大？为什么某些商业地产项目开而不发呢？除了新商圈被认可需要一定的时间外，中间隔了众多房产所有人这一层利益群体也是重要影响因素！一旦房产分散出售，房租定价权在众多房产业主手中，政府在引导经营户聚集上便缺乏较有可操作性的经济手段了，而这些拥有房产的私人和企业，作为独立的市场主体是很难自觉着眼地方经济长远利益而形成一致行动的，相反，他们关注的往往是个体短期利益，不少房东不与承租者签订长期租赁合同，而是只签订短期合同，只要有机会提高房租价格获得更大投资回报便不轻易放过，可谓竭泽而渔，这样，房产权主和承租业户之间便没有长期合作的共赢机制。开发方对地产的开发存在短期行为，建成后便急于高价销售给房产投资人，以便及时回笼资金，进而开发行为中的各个投资主体能够及时回收投资和收益，继续到别的项目淘金。购买商业房产的投资人也存在趋利短期行为，为了及时获取房产投资的回报，只要商圈稍有人气便年年提高房租，丝毫不考虑原承租业主是否可以承受，而且年度房租一般都是要求年初全额缴清，房租的缺乏稳定和全年预缴，给承租经营者造成巨大的经营压力。本来是政府主导进行规划开发的商圈地产，最终却变成众多房产投资人大比例榨取经营业户利润的房产菜市场。承租经营户则处在极为被动的地位，或到期店铺被借故收回，或勉强接受无法预期、不断提高的房租。

据了解，外面的商业很多都是集中在大厦里，而大厦有专门的管理机构，受理承租办理和代缴税费等工作。另外，据了解，广东的商铺租金有采用2带1制的，即在以2个月店租为押金的基础上，店租每月支付。比较起来，石狮的房租支付模式对于承租经营户负担更大。另外石狮商业地产多数缺乏有力的物业管理，商业圈里的地产既然由各个独立的个体所拥有，缺乏专业和长期的发展眼光和管理能力也自是难免。

对于商圈开发，不能只是房地产开发商发，还要广大承租经营户也发，这才应该是政府规划商圈建设的目的所在。如何让新的商业圈繁荣，看来最好是由政府或是有长期经营计划的开发商来开发，并长期持有房产所有权，进行长期规划和管理，这种商场式的管理模式更有机会使开发者与承租经营者形成密切的利益共同体，避免房产业主群龙无首的现象。政府拥有商圈地产的话，一方面可以制定引导产业聚集的房租策略，另一方面，随着商圈的兴旺，也可以让全民都享受到地产增值带来的回报。对于现有商圈，政府应多做一些有实效的引导，为广大经营户创造宽松的经营环境，做大市场蛋糕，多组织现有房产

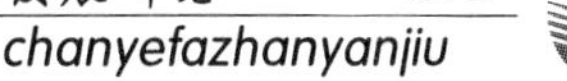

所有人和承租经营户接受现代经济管理教育，协调引导建立更有利于经济长期发展的商业模式。可以引导签订长期房产租赁协议，规定一个合适的房租增长比例，同时也可协议让房产所有人分享承租经营户一定比例的经营成果，使得房产所有人和承租经营户实现利益共享，但这需要有健全的企业核算监控为条件，这或许是为什么一些发达国家、城市的重要消费商业多数在大厦里的重要原因吧。

据了解，石狮服装城二期的店铺就在是否出售上有所改进，以期政府能够更有效力地引导形成专业区域。另外，政府也在不遗余力地采取各种措施促进各类服装商业户往服装城聚集。我们期待石狮的服装城早日全面繁荣，为地方经济作出更大的贡献。

（七）提升行业协会功能，解决恶性降价竞争和无保障欠款等地方经济顽疾

石狮的各种同业公会或行业协会，从无到有，逐步发展，虽然在行业交流以及与地方政府的沟通中不断发挥出重要的桥梁作用，但是，在行业自律上还没有充分发挥作用，如果这些同业公会或行业协会能够在杜绝彼此恶性降价竞争、拒绝无保障欠款等长期困扰石狮经济的顽症上制定一定的行业自律惩戒措施，则整个行业将更加成熟和稳定。比如确定行业一致拒绝无承兑欠款、对恶性降价竞争进行行业内公开谴责和行业抵制等。在行业协会建设上，政府也可以进行一定的引导，促进借鉴外地、外国的成功经验。

（八）发展文化教育事业，促进企业规范管理、人才常驻石狮

在发展经济的同时，石狮市也应该注重文化产业的发展，培养重视学习，尊重知识的文化氛围，对地方的文化遗产要积极地保护，大力发展教育事业，给经济发展源源不断输送人才。从规范企业财务管理与会计核算到积极引导企业走向现代管理，把企业做强做大，同时拥有良好的社会文化氛围，才能真正吸引高端的管理人才和熟练工人长期留在石狮，实现：工作在石狮，生活在石狮，事业在石狮。事实上，目前在石狮买房的外来人员并不多，可见石狮长期留住人才的环境还有待下大力气改造。

四、石狮纺织服装产业的发展前景与税收预测

以石狮目前纺织服装产业的发展态势，传统服装加工行业困难重重，总部经济和物流经济的税收贡献又体现不出来，地方经济和财税收入又因行政政绩的惯性及区域政绩竞争压力保持高速增长目标，这样必然带来企业负担的加大

和经济发展环境的恶化，地方经济的可持续发展与地方税收的持续增长都确实令人担忧。我们期待的是地方政府在产业扶持上能够有发展的眼光、长期的规划、深入的市场开发、有力的规范管理引导，经济持续发展了，地方税收才能是有源之水。同时，税务机关也有待不断提高税收管征水平的科学化、专业化。

五、加快石狮纺织服装产业发展的税收支持建议

（一）充分运用国家税收优惠政策和省级局裁量权

我们在保证完成地方税收收入指导性任务的同时，也应该积极落实国家有关起征点、科技创新等各项税收政策，使老百姓真正能够得到政策的实惠。执行起征点政策就要真正使小业户的税负得到减轻，适当抓大放小；在加强土地使用税征缴的同时，对依余值计征的房产税，原值减除幅度可以考虑由25%提高到30%；支柱产业的行政性收费尽量减免，并给予适当转移支付；争取国家给予鼓励台湾轻工业技术信息等非劳动密集型产业向福建转移的优惠政策。

一些环节上财税收入的减少，可能带来的是地方经济更好的发展和更具持续性的财税收入增长。

（二）制定区域产业发展战略，保护和扶持中小企业及个体工商户

省府可根据各地报送情况，制定全省各地扶持发展的支柱行业，形成全省的产业布局战略，然后施予区域特定产业的扶持政策。促进我省各区域更快形成专业化聚集效应。

根据石狮地税非经营性收入专用发票的开具情况，目前石狮市政府对企业外贸出口、品牌创建、技术创新的转移支付力度明显加大，但对中小企业缺乏有效的保护和扶持措施，广大中小企业和个体工商户的经营日益艰难，经济主体从不断萌生到成熟壮大的市场孵化机制受到影响。中小企业和个体工商户往往直接关系民众的生活，更牵动老百姓的心，而且也只有中小企业能够良好发展，才更能不断涌现出成熟和有实力的企业，因此，建议我省应该适当制定促进中小企业发展的措施。省一级的决策参谋机构可以多建立一些未通过各级政府机构而直接接触中小企业听取实际感受的机制，掌握直接的需求，即可完善政策制定也可直接监督鼓励扶持政策的落实情况。多砍砍各地政府的形象工程，加大对中小个体户的转移支付，“让人民的钱更好地为人民谋利益”（温家宝，2008）。

（三）鼓励经济业务结算使用承兑工具，促进城市信用合作银行发展

完善商业信用体系，可以促进经济健康发展，同时积极促进地方信用合作银行在这方面的介入，可以实现既改善经济运行的健康度，又为地方增加了税源的双赢。

（四）地方财政部门应该加大对企业财务管理和会计核算的规范力度

税收收入的有效组织入库和税收征管模式是否科学，很大程度上依赖于现有企业的账证管理水平，对于地方财政部门，我们更多看到的是对各种财会资格考试的组织，而对于企业财务管理和会计核算工作的监管，很难让人说没有看法。真不知道企业未按有关法律、行政法规和国务院有关部门的规定设置账簿进行核算的行为是那个部门在管，国家有关财会的法律又是那些部门在监督执行？企业不按照国家的有关规定健全账证，不真实体现收支的情况普遍存在，这样的企业基础，给税务机关的征税执法造成了很大障碍，税务机关被迫大量实行核定征收。

（五）有步骤地尽快实现地方税收从普遍核定征收向普遍查账征收转变，提高税收的经济相关性

1. 石狮市地方税收的普遍核定。由于人才缺乏、账证水平低等历史和现实的原因，石狮市地方税收的征收方式大量实行核定方法。这种税收的普遍核定虽然在企业账证不健全的背景下有利于规避纳税人利用虚报亏损进行偷税，从而保证地方税收和财政收入的组织。但是随着我国市场经济的不断发展，内地各地市场不断发展，多个全国性纺织服装批发市场先后出现，服装制造业也出现部分向内地转移的迹象，外部激烈的市场竞争使石狮企业的利润率下降，本地的连环欠款问题又使石狮企业的经营风险加大，这个时候的普遍核定征收与地方财政收入高增速目标的结合，就不一定适应经济的发展了。2007 年末石狮地税正常辖管 11035 户，其中查账征收 188 户，占总户数的 1.7%，一个年生产总值 240 亿元的城市，查账征收竟然不到两百户（其中还包括国有企业），百户纳税人中查账征收仅一户半强，这是一个多么令人悲哀的数据，是我们的地区文化影响，还是我们地区的税收管理模式有问题？

2. 查账征收和核定征收的比较。查账征收方式下，企业生产经营额及其税前利润（应税所得）的核算都依赖于企业的经营状况和财务会计核算，这样在诚信的条件下，企业的生产经营成果——盈亏，均可以在税收上体现增加或减少；在不诚信的条件下，企业则博弈税务机关的检查，虚报亏损或微利，进行偷税。

核定征收方式下，所得税与企业的生产经营成果——盈亏基本脱钩，而与

企业的设备规模及地处等外在因素挂钩，更像是一种财产税而非所得税。这样，在诚信条件下，当纳税人自行核算的生产经营额高于核定的生产经营额时，纳税人自觉补申报超额部分；在不诚信的条件下，企业博弈税务机关的检查，采取隐匿部分设备规模、不设置账簿凭证、不提供真实的财务会计核算资料、现金交易等行为，逃避税务监管，尽量争取被核定较少应纳税额和不申报超核定的生产经营额，达到减轻税负的目的。

总结两种征收方式的特点就是一句话，查账征收是纳税人核算申报，税务机关评估检查，而核定征收是税务机关调查、税务机关核定、税务机关监管检查。

3. 从对纳税人和税务机关的行为影响看普遍核定征收的弊端。对于按核定征收方式纳税的纳税人，在违法成本不高（被彻查的概率较低）的情况下，难免选择以隐瞒经营和收入的手段逃避生产经营额的核定和超额补申报，对于中小企业其中一个最重要最有效的手段就是现金交易，体现在经营款项的结算使用现金（即使通过银行汇转款项，用的也可能是私人储蓄账号，而不是企业的银行账号），也体现在服务业发票开具不主动，甚至推托不开。这样产生两个后果，一是税务机关难于准确掌握纳税人的经营优劣，统一标准核定应纳税款时容易产生“劫贫济富”现象，造成社会不公和税企矛盾的加剧，甚至一定程度上阻碍了经济健康发展；二是纳税人在经营中无法充分运用银行等金融机构提供的各种金融服务，“银行承兑汇票被谨慎使用”（人行石狮支行，2007），这样企业之间就难免大量存在无合同无承兑的欠款关系，甚至有的个体经营户一看到签合同就回避。

一两个经营主体不通过合同和金融机构等传递信用，可能就有机会逃避责任，但当失信成本偏低，市场中大量经营主体都这样的话，大量款项被付款方有意拖欠，企业上下游债务的层层缠绕，最终使整个经济负重难行。更为严重的是，不遵守信用规范，逃避纳税义务的经营主体还可能以低价冲击正常经营户，最终在市场中形成逆向选择，这也是现在石狮为什么欠款很普遍但还“你不做他做”的一部分原因，当然，这种现象也可能一部分缘于闽南“爱拼才会赢”的精神。

再来看看税务机关，普遍核定征收方式下其工作重心被硬生生扯到税款核定标准的制定、调整、税负平衡、解释、内部廉洁监督等事项上，加上社保代征和大量的管理制度创新，基层税务机关陷入大量的繁杂事务工作，下乡巡查税源时间被严重挤占，更谈不上学习业务和对纳税人的会计核算数据进行深入的分析评估，财会知识和查账技能严重退化，在一定范围里被盘点企业设备数

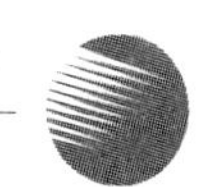

量所替代。

从某种意义上讲，现有的普遍核定征收方式已经给纳税人和税务机关都造成了一定的法治倒退，新到任的石狮市地税局局长在2008年度工作会议上已将“科学引导企业建账建证，企业查账征收面较2007年提高2个百分点”、改进和加强“民主评税”工作、探索和加强未达起征点户的管理、加强干部教育培训等列入2008年主要工作任务，期待这多层次的措施能使现有石狮地税征纳关系中的种种弊端有所改善，并为今后工作积累经验。

4. 破除查账征收无税收的恐惧症。解决核定征收弊端的方法无非有二，一是扩大查账征收面，二是完善核定方法。再怎么完善核定方法也很难与纳税人实际情况相符，如果说核定方法已经完善到与纳税人的实际情况基本相符，那说明监控手段已足够健全，彼时岂不也完全可以实现查账征收了。所以我们认为长远看，扩大查账征收是更优选择。而推行普遍查账征收一个很重要的问题就是要破除查账征收无税收的论调。

大家都知道，查账征收碰到的最大问题就是企业的账面亏损或微利。但是，我们不能因为企业可能虚报亏损就不敢实行查账征收，如果这样的话，那国家岂不也要因为害怕纳税人做假账而把征管法改个样，一般性规定核定征收，而把查账征收作为补充了，那税法的纵向公平性也就不用谈了。事实上普遍核定征收反而纵容了纳税人普遍不健全账证或不向税务机关提供真实的经营核算资料，只有普遍查账征收才能真正实现纳税人核算申报，税务机关审核评估检查的管征模式。随着经济不断发展，纳税人的数量不断增加，税收制度的不断变革，地方税收却长期普遍核定征收，逐户政策解释和手把手辅导申报已使税务机关不堪重负，而当地税务中介因缺乏需求而发展萎靡，因此也没有充足的力量能救税务机关于水火之中。

要避免纳税人虚报亏损，就要善于查账，加大税务机关稽查的深度，把对纳税人的规模盘点和应纳税额核定工作转化为对纳税人申报后的预警评估、稽查。账务线索的挖掘以及关联调查等都值得在评估、稽查中深入实践。从某种意义上说，不是查账没税收，而是我们还查得不透，查得不深，对查账能力也还钻研得不够。如果一家企业因经营额预警或盈利预警被开展稽查将极有可能被彻查并可能因大量补税和罚款而破产，法人代表锒铛入狱，那又有几个企业有足够的胆量冒险做亏损的假账。

对于一些被普遍认为效益较好的企业却出现账面亏损或微利，经彻查又确实没有收获的，我们也应该可以宽容地正视这样的现实。但是，我们还应注意到一个重要的问题，就是在普遍核定征收背景下，难以查获偷税线索的，在普遍查账征收背景下，并不一定就难以查获偷税线索，因为普遍查账征收条件下，偷税的关联风险将加大。

虽然现实的复杂性，使得推行普遍查账征收似乎只是一个遥远的愿景，但是笔者认为提出这个问题还是很有意义的。

5. 推行普遍查账征收的几个问题。

（1）推广会计和税收中介，辅导企业健全账证。实行查账征收的企业多了，对高级财务会计人员的需求提高了，注册会计师、注册税务师、会计师等一批专业人才才会在石狮不断涌现。税务机关一方面应该加强与财政等其他政府职能部门的协作，加大未按国家规定健全账证行为的处理处罚力度，并关联信用登级评定和品牌申报等事项；另一方面应该积极辅导企业健全账证，实现查账征收，可以成批组织信誉较好的财会税务代理机构向广大纳税人推介，还可以邀请外地的财会税务代理机构前来开设讲座，把厦门等地的一些好的模式也推荐给纳税人。

（2）纳税评估和稽查对象的选择。可以如下运用利润率预警机制：将所有同行业的查账征收户以利润率由小到大排序，然后确定一个利润率预警值，截取自行核算利润率低于该值的业户，剔除有确切事件表明亏损的企业后，剩余部分全部开展纳税评估直至必要的税务稽查。利润率预警值可以参考国家的行业平均利润率，结合当地税收收入预期由当地税务机关确定。对于自行核算利润率高于预警值的，采用随机筛选开展纳税评估直至稽查，被检查一次后一定时期（如一年）内可以不再检查，但不应长期全部不查。

除了利润率预警外，还应设置经营额的行业预警值进行监控，特别是营业税户。

（3）查账征收的逐步推广。可以先选择某个比较有健全账证能力的行业率先推行普遍查账征收，税务机关可以先设定一个指导性规模水平，达到条件的原则上应健全账证，对仍不健全账证而申请核定征收的，按高于行业平均水平的营业额和利润率核定应纳税额，并且每年稽查一次。一个行业推行正常后，可继续选择几个行业推行，逐步扩大。

（4）税务机关内部工作机制的改良。要辅导纳税人健全账证，首先税务人员要熟悉会计和税收的各种法规及政策，而如果税管员长期被束缚在记录核定征收户的规模、统计填报各级上级在征管信息系统已运行数年后的今天仍然大量要求报送的数据报表，所谓的辅导纳税人健全账证就只能是一句空话。我们的征收管理体制应该整体“上提”，上级需要数据的，不要一下就找下级要，而是应该首先自己想办法自行查询或向计划部门、信息技术部

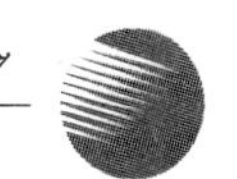

门提取，争取不必再要求基层层层报数据。减少各种自制的“加强管理”，人力没加强，什么工作也加强不了。把基层从繁杂的事务中解脱出来，基层也才能去掌握税收法律、财会知识，真正去辅导纳税人健全账证依法申报纳税，而后实施的切实的评估检查。内部监督也应重在对案件的复审上，事实上，核定征收方式下，纳税人的实物经营规模随时可以变化，因此把规模核查作为一种内部监督机制严格意义上讲是缺乏约束力的，而唯有企业序时保存的账簿凭证，任何时候的复审都对之前的确认人员更有约束力。

（5）普遍查账征收下的核定征收。在普遍查账征收的情况下，核定征收仍然是必要的补充，一些在税务机关确定的指导性规模水平以下小个体户，在普遍查账征收的背景下，其税收对于地方税收总量的影响已较小，完全可以每年进行一次规模复核和应纳税额核定，平时不必频繁核查，也不必频繁制定各种加强管征的办法或措施，税务机关除了对这些纳税人进行年度规模复核和应纳税额核定外，其他征收工作可以积极探索各种有效的委托代征，从而节约税务机关的人力。

（6）意义。实行普遍查账征收，可以提高税收与经济的相关性，也更有机会把总部经济、集团公司等一些真正有税收贡献能力的潜在税收挖掘出来，提高税收与企业经营成绩的关联度，尽量实现多收入多纳税，而不是简单将税收与企业的生产设备相联系。看看福建服装行业25.93%的亏损率，就应该明白整齐划一的核定征收是否存在一定的局限性。另外，也只当查账征收普遍化，国家一些行业税收政策才能真正体现在我们这个县域经济的税收征纳环节上。

6. 也谈现有核定征收方式的完善。

（1）税务机关人力的合理配置。上面千条线，下面一根针。国家的所有税收政策最终都要落到税管员的头上去落实，省地县又有大量的加强管理措施或单项行动，基层税务机关疲于应付的反映十分强烈，这个问题现在也被各级普遍认识到。如果不能增加基层人手，则中间各级税务局都应该尽量少创造出新的工作给基层增加负担，而多做一些业务支持工作。只有基层税管员的工作时间能够得到保障，而不被各级上级的各种事务性工作侵蚀，税收工作的所有完善意图才有实现的基础，否则都是纸上谈兵。而对于税管员的管理，则应该加大优胜劣汰的机制，探索设置不涉及执法的岗位安置不适合执法的人员。

（2）核定方法的科学化。虽然我们极力倡导实行普遍查账征收，但作为更贴近现有的工作现实，核定征收也得谈谈改善的问题。

第一，核定征收应该主要适用于个体户等小额业户，对取得营业执照设立公司的，原则上应要求健全账证，而不予批准核定征收，让企业在创业时即充分考虑财务会计核算所需的经营成本。

第二，在区域、路段、规模等经营条件相近的同行业业户中，对生产经营额的核定不能搞一刀切，基层可根据掌握的实际情况和民主评税对业户进行正态分布核定，即大部分持中，一部分提高，一部分略低。

第三，对同一业户的核定要根据企业的生命周期，在各个年度合理核定应纳税额，比如创业头两年，可以考虑从低标准核定应纳税额。

第四，在单位设备生产经营额、应税所得率、带征率等硬性指标的确定上，可引入专家组调查确认制度，专家组可考虑由行业专业机构、数量经济分析专业人士和征管业务能手等组成，开展深入的行业调查和要素分析，得出核定标准的建议，提交决策部门集体研究确定。

第五，税务机关对税收收入总量的把握，应重在从经济发展里找，而不应重在现有企业的经营额核定标准、应税所得率、带征率等指标去找。计划部门的税收收入分析的明细程度可以再增加一级，除了原有的分税种、分行业外，再明细给出经多项指标筛选出的小集合纳税人的税收贡献额，这样将更有利于税务机关对税收总量的预计。比如某个分局某个行业现有核定户的正常税收总量及其年度变化趋势、某个分局建安工程总量与已申报营业税的工程量的比例及其年度变化趋势等。对于一些重点工程，也应尽量获取准确的建设规模及工期计划等数据，进而尽可能准确地预测年度可能入库税收。

通过这些科学化的税收管征措施或许能使我们的核定征收更贴近企业的实际。笔耕至此，笔者遐想，什么时候不再是所有工作都要从基层层层上报，而是企业健全账证、税务机关办税服务中心受理由纳税人发起的纳税申报（包括各种电子申报）和税款征收以及涉税申请、税管员办理涉税事项并开展税源巡查、纳税评估、稽查人员办理偷骗抗税检查、各级内设科室自主完成统计分析调研、基层适量总结问题和经验，这样各司其职，各负其责，该有多好。但愿这不是空想！

（执笔：吴俊仁）

福建省现代服务业对地方财力的贡献情况分析

福建省地方税务局税收科研所课题组

为保证“十一五”规划中服务业主要目标的实现和任务的完成，国务院先后出台了《国务院关于加快发展服务业的若干意见》（国发〔2007〕7 号）和《国务院办公厅关于加快发展服务业若干政策措施的实施意见》（国办发〔2008〕11 号），这对近两年全国服务业的迅速发展起到了很好的指向作用，而服务业的蓬勃发展对地方税收和地方财政的贡献日益明显，尤其是现代服务业。基于现代服务业对地方财力的重要作用，本文拟对 2007 年度福建省现代服务业对地方财力的贡献情况作一分析。根据 OECD 对产业的分类，参照我国国民经济的行业分类，本文所分析的现代服务业包括：信息传输、计算机服务和软件业，金融业，房地产业，租赁和商务服务业，文化、体育和娱乐业等五个门类。

一、福建省现代服务业对地方税收及地方财力贡献的总体分析

表 1 是部分沿海省市服务业税收的一些情况。

表 1　部分沿海省市现代服务业税收情况　单位：亿元

	现代服务业税收①	第三产业税收②	比重③ =①/②	地税税收收入④	比重⑤ =①/④	地税地方级税收⑥	比重⑦ =①/⑥	地方级财政收入⑧	比重⑨ =①/⑧
全国	4491.37	6944.77	64.68%	11253.65	39.91%	8821.57	50.91%	23565.04	19.06%
福建	205.91	308.84	66.67%	474.79	43.37%	373.35	55.15%	700.03	29.41%
上海	810.07	1247.18	64.95%	1585.93	51.08%	1351.40	59.94%	2074.48	39.05%

续表

	现代服务业税收①	第三产业税收②	比重③=①/②	地税税收收入④	比重⑤=①/④	地税地方级税收⑥	比重⑦=①/⑥	地方级财政收入⑧	比重⑨=①/⑧
广东	926.39	1393.54	66.28%	2026.38	45.72%	1480.57	62.57%	2785.36	33.26%
江苏	596.43	820.35	72.70%	1364.96	43.70%	1072.43	55.61%	2236.66	26.67%
浙江	536.69	813.72	65.96%	1290.23	41.60%	953.52	56.29%	1649.49	32.54%
山东	323.05	480.64	67.21%	764.72	42.24%	756.12	42.72%	1674.48	19.30%

从表1分析的指标看，全国地税部门组织的现代服务业税收占第三产业税收的比重为64.68%，占地税税收收入的比重为39.91%，占地税地方级税收的比重为50.01%，占地方级财政收入的比重为19.06%。东南沿海部分省市的各项指标均高于全国，这说明随着全国各地现代服务业的蓬勃发展，尤其是在东南沿海省市，现代服务业已经成为地方税源和地方财源的重点行业之一。

与全国相比较，福建省现代服务业对地方税收和地方财政的贡献均高于全国的平均贡献度。尤其是对地方财力的贡献，福建省现代服务业税收占地方级财政收入的比重为29.41%，比全国的比重19.06%高10.35个百分点。

与东南沿海部分省市比较，福建省现代服务业对地方税收和地方财政的贡献度则处于居中位置。从现代服务业税收占地税税收比重看，福建为43.37%，与江苏（43.7%）相当，低于上海（51.08%）、广东（45.72%），略高于山东（42.24%）、浙江（41.6%）；从现代服务业税收占地方级财政收入比重看，各省市差距较大，福建为29.41%，低于上海（39.05%）近10个百分点，又远高于山东（19.3%）约10个百分点。

二、福建省现代服务业对地方财力贡献的结构分析

表2是福建省服务业各税种对地方财力的贡献情况。

表2　　福建省现代服务业各税种对地方财力的贡献情况

税种	税收收入（万元）	占地方级财政收入比重
营业税	1357099	19.39%
企业所得税	173825	2.48%
个人所得税	199241	2.85%
其他各税	328926	4.70%

在目前的财政分成体制中，营业税是地税部门征收的三大主税种中唯一由地方独享的税种，营业税对地方级财政收入的贡献一直占有较大的比例。从福建省的现代服务业来看也是如此，其营业税收入为1357099万元，占地方级财政收入为19.39%；企业所得税和个人所得税占地方级财政收入的比重较小且比重相当，分别为2.48%和2.85%；其他各小税种之和占地方级财政收入的比重为4.7%。可见，营业税的贡献度远远高于其他各税种，在现代服务业对地方级财政收入的贡献中，营业税约占2/3。

三、福建省现代服务业对地方财力贡献的行业分析

表3是福建省现代服务行业对地方财力的贡献情况。

表3　　福建省现代服务行业对地方财力的贡献情况

行　　业	税收收入（万元）	占地方级财政收入比重
信息传输、计算机服务和软件业	148350	2.12%
金融业	416543	5.95%
房地产业	1116967	15.96%
租赁和商务服务业	320581	4.58%
文化、体育和娱乐业	56650	0.81%

分行业看，房地产业对地方财力的贡献度最大，而文化、体育和娱乐业的贡献度最小。按比重由高到低排列：第一是房地产业，比重为15.96%；第二是金融业，为5.95%；第三是租赁和商务服务业，为4.58%；第四是信息传输、计算机服务和软件业，为2.12%；第五是文化、体育和娱乐业，为0.81%。房地产业比重远高于其他各行业，在整体现代服务业对地方级财政收入的贡献中，房地产业约为54%。

四、福建省现代服务业对地方财力贡献的地区分析

（一）各地区现代服务业对地方财力的贡献情况

表4是福建省现代服务业对地方财力的贡献情况。

表4　福建省各地区现代服务业对地方财力的贡献情况

地区	税收收入（万元）	占地方级财政收入比重
福州	589985	8.43%
厦门	633989	9.06%
宁德	66528	0.95%
莆田	62854	0.90%
泉州	318827	4.55%
漳州	119221	1.70%
龙岩	73168	1.05%
三明	63387	0.91%
南平	63685	0.91%

分地区看，厦门和福州两个设区市的现代服务业对地方级财政收入的贡献比较大，比重分别为9.06%和8.43%。两市贡献度之和占全省现代服务业整体贡献度的近60%；泉州市位居第三，比重为4.55%；漳州市居第四位，比重为1.7%；而莆田、南平、三明、宁德和龙岩等内陆地区则普遍较低且差距较小，除龙岩市（1.05%）略高于1%外，其余四个设区市比重均略低于1%。

地区间现代服务业税收贡献度的差异，与地区间工业化、城市化程度的差异有关。一般来说，现代服务业的税收贡献度与地区的工业化、城市化程度呈明显的正相关。这是因为工业化、城市化程度高的地区，其工业相对比较发达，商业交易也比较繁荣，人民生活水平相对高，因而对现代化的生产性服务业和生活性服务业的需求较高，现代服务业的发展也较为迅速，其税收贡献度也就比较高。据测算，福建省九个设区市的工业化、城市化程度，沿海地区高于内陆地区，其中厦门、福州、泉州三个设区市居前三位。数据显示，九个设区市的现代服务业税收贡献度与其工业化、城市化程度基本一致。

（二）分行业分析各地区现代服务业的税收贡献情况

表5是福建省现代服务业分地区、分行业税收情况。

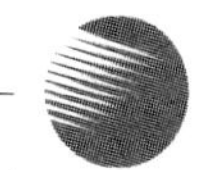

表 5　福建省现代服务业分地区、分行业税收情况　单位：万元

	信息传输、计算机服务和软件业		金融业		房地产业		租赁和商务服务业		文化、体育和娱乐业	
	税收收入	比重	税收收入	比重	税收收入	比重	税收收入	比重	税收收入	比重
全省	148350	100%	416543	100%	1116967	100%	320581	100%	56650	100%
福州	52325	35.27%	102332	24.57%	316398	28.33%	98618	30.76%	20312	35.86%
厦门	25062	16.89%	88876	21.34%	388528	34.78%	115629	36.07%	15894	28.06%
宁德	5942	4.01%	15160	3.64%	37007	3.31%	7588	2.37%	831	1.47%
莆田	7129	4.81%	16027	3.85%	29365	2.63%	9459	2.95%	874	1.54%
泉州	29808	20.09%	72293	17.36%	172900	15.48%	36074	11.25%	7752	13.68%
漳州	10642	7.17%	24099	5.79%	73126	6.55%	9800	3.06%	1554	2.74%
龙岩	6057	4.08%	18307	4.39%	38503	3.45%	9577	2.99%	724	1.28%
三明	5309	3.58%	17672	4.24%	26802	2.40%	12572	3.92%	1032	1.82%
南平	5717	3.85%	16648	4%	32449	2.91%	7462	2.33%	1409	2.49%

注：全省的数据包括省地方税务局直征局征收的税收。

从分行业看，各个行业的税收贡献度排位，福州市、厦门市和泉州市都处在前三位；宁德、莆田、龙岩、三明和南平等内陆地区普遍较低且差距不大；漳州市在信息传输、计算机服务和软件业、金融业和房地产业的税收贡献度比内陆地区高出约2—4个百分点，而租赁和商务服务业、文化体育和娱乐业的税收贡献度较低，与内陆地区基本一样。这与上述各地区的地方财力贡献度相一致。

从信息传输、计算机服务和软件业看，福州市的税收贡献度最高，为35.27%，比位居第二的泉州市（20.09%）高15个百分点；厦门市则居第三位，为16.89%，远低于福州市近19个百分点；漳州市居第四位，为7.17%；其余内陆地区比重均在3.5%—5%之间，三明市最低，仅为3.58%，比最高的福州市低了近32个百分点。

从金融业看，金融业是五个行业中各地区税收贡献度差距最小的行业。福州市的税收贡献度最高，为24.57%；厦门市位居第二，为21.34%；泉州市居第三，为17.36%，低于福州市约7个百分点；漳州市为第四，为5.79%；其余内陆地区比重均在3.5%—4.5%之间，其中宁德市最低，仅为3.64%，比最高的福州市低了近21个百分点。

从房地产业看，税收贡献度最高的是厦门市，为34.78%；第二是福州市，为28.33%；第三是泉州市，为15.48%，比厦门市低了19个百分点；第四是漳州市，为6.55%；其余内陆地区比重均在2%—3.5%之间，其中三明市最低，仅为2.4%，比最高的厦门市低了32个百分点。

从租赁和商务服务业看，税收贡献度最高的是厦门市，为36.07%；第二是福州市，为30.76%；第三是泉州市，为11.25%，比厦门市低了近25个百分点；其余地区均在2%—4%之间，其中南平市最低，仅为2.33%，比最高的厦门市低了近34个百分点。

从文化、体育和娱乐业看，这是五个行业中税收贡献度差距最大的一个行业。税收贡献度最高的是福州市，为35.86%；第二是厦门市，为28.06%；第三是泉州市，为13.68%，比福州市低了约22个百分点；其余地区均在1%—3%之间，其中龙岩市最低，仅为1.28%，比最高的福州市低了近35个百分点。

五、结论与建议

（一）结论

1. 在当前财政分成体制下，现代服务业是地方税源和地方财源的重点行业之一。

2. 福建省现代服务业对地方税收和地方财力的贡献高于全国的平均水平，但在东南沿海省市中，这一贡献度只处于中等水平。

3. 分税种看，福建省现代服务业对地方财力贡献度最高的是营业税。

4. 分行业看，福建省现代服务业对地方财力贡献最大的是房地产业，贡献最小的是文化、体育和娱乐业。

5. 分地区看，九个设区市的现代服务业对地方财力的贡献度可分为三个层次：第一层次是厦门市和福州市，两市贡献度之和占总体贡献度的近60%；第二层次是泉州市，但其税收贡献度只相当于福州市、厦门市的一半左右；第三层次是其余各地区，莆田、南平、三明、宁德和龙岩等内陆地区普遍较低且差距较小，漳州市略高于内陆地区。

6. 从分行业分地区看，信息传输、计算机服务和软件业中，厦门市的税收贡献度低于泉州市；金融业中，各地区的税收贡献度差距相对较小；文化、体育和娱乐业中，地区间的税收贡献度差距很大，宁德、莆田、龙岩和三明等内陆地区的贡献度极为微弱。

（二）建议

1. 充分认识现代服务业发展对其他产业效率和水平的重要意义，对人民生

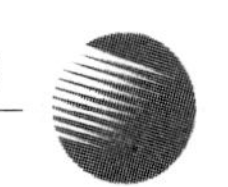

活水平提高的重要意义，对地方税收和地方财力的重要意义，走工业化和信息化同步、三次产业并重的新型工业化道路。切实将现代服务业作为地方税源和地方财源的重点行业，加强监管，加强税源分析与预测，努力培植持续性的现代服务业税源。

2. 2007 年房地产业对地方税收和地方财力的贡献大，但房地产业受国家各项政策的影响较大，今年以来房地产市场交易持续低迷，房地产税收受到很大影响。因此在加强对房地产业税收管征的同时，应重视对现代服务业其他行业的发展，尤其是随着人民生活水平的提高以及社会主义新农村建设的不断推进，要加快文化、体育和娱乐业的发展。

3. 除厦门市、福州市和泉州市外，其余六个设区市的现代服务业税收贡献度都较低，这与这些地区的工业化、城市化水平低有关。因此，要加强这些地区的工业化、城市化建设，以促进其现代服务业的发展，从而提高其现代服务业的税收贡献度。

4. 厦门市的信息传输、计算机服务和软件业税收贡献度低于泉州市，这与厦门市的经济发展水平、工业化和城市化发展水平不相称。因此，厦门市要重视信息传输、计算机服务和软件业的发展，努力提高其税收贡献度。

（执笔：王爱华）

税源建设与海西发展

政策效应分析

“保增长、保民生、保稳定”税收调控措施的政策效应分析

福建省地方税务局计财处课题组

长期以来，我国都是通过采取进出口、投资、消费这“三驾马车”来促进我国经济快速增长。其中很重要的一个着力点是充分发挥我国在国际分工中的劳工力和资源产品比较优势，以输入型需求替代内生性需求，以出口创汇解决就业作为产业发展的重心。在这种发展思路指引下，我国经济发展取得了举世瞩目的成就。但随着当前国际金融危机的深化，外部需求不足以使得传统的发展模式难以为继，长期且过于依赖国际需求导致的产业结构和分配格局失衡等问题开始显现。鉴于此，我国宏观经济决策部门积极贯彻胡锦涛总书记提出的“保增长、保民生、保稳定”的精神，并将其作为当前各项工作的重点。“三保”精神体现在经济领域内就是“保增长”，即保持经济一定增速（如 GDP 增长不低于 8%）；“保民生”，即切实提高人民的生活水平，实现藏富于民；“保稳定”，即经济发展的代价小，通胀水平控制在合理的范围内（如物价指数增长低于 5%）。

一般而言，多目标的规划较难得到最优解，且“保增长、保民生、保稳定”三大目标之间并不完全一致，短期目标与长期目标之间也需要平衡。“保增长”与“保民生”，“保增长”与“保稳定”目标之间的关系比较复杂。首先，经济发展模式若要向以民生为重的方向调整，必然要求资源分配方式相应转变，产业结构重新调整，这可能会在短期内影响经济增速。若要立足于内需的扩张，发展模式的转变，保持经济的长期增长，增长与民生又存在一致性。其次，成本与收益曲线关系表明：收益越高，相对成本越大；经济要保持较快增长，必然需要一定的代偿。从短期均衡角度看，宽松的货币和财政政策在拉动经济增长的同时，会使通胀压力增大，影响经济的稳定

性。从长期均衡角度看，经济结构性调整在达到相对稳定之前要经历一个漫长的磨合过程，调整的过程中各种矛盾可能激化。另一方面，稳定的发展环境有利于减少经济发展过程的阻力，当前的经济发展进入调整期，不稳定因素增多，唯有完成了以民生为重，以内需为重的转轨调整，才能推动经济良性、长效增长，从这个意义上来说三者又是一致的。因此应科学看待“保增长、保民生、保稳定”目标之间的关系，我们认为这三大目标中增长是第一目标，民生是实现增长的着力点和切入点，稳定则界定了当前经济增长的轨道。换言之，宏观经济的政策目标应是平稳的、适度的经济增长，以及在此前提下的以改善民生为着力点的温和的经济结构调整。如此将存在复杂关系的三大目标统一起来，有助于我们实现多目标均衡。目前宏观决策部门出台了较多调控政策，但并非所有的调控政策都对增长、民生、稳定的目标有效，本文重点分析当前税收政策调控对这三大目标的影响效应。

一、当前主要的税收调控措施

当前出台的税收调控政策主要可以分成以下几类：（1）以增进消费，促进就业，改善民生为目标的税收政策；（2）带动企业加大研发（R&D）投入，实现技术升级，扶持中小企业发展的税收政策；（3）推动房地产、信息、物流、金融等第三产业发展的税收政策。

（一）以“民生”为目标的税收政策

主要包括消费税改革和促进就业的税收政策等。

1. 消费税。消费税在选择课税对象时主要基于两种精神：一是调节收入分配，如对游艇、高尔夫球及球具、高档手表、烟酒等高档消费品开征消费税，提高大排量汽车的税率，相对减少小排量车的税收负担，同时对已具有大众消费特征的护肤护发品停止征收消费税。这顺应了当前的消费发展变化特点，表明了中央政府通过税收手段，限制高消费行为的考虑。二是以税收手段促进环境保护和节约资源，如对实木地板、木制一次性筷子等对生态环境有较大负面影响，或是技术落后、浪费资源等商品的课征，同时扩大石油制品征税范围。消费税指向明确，可根据消费水平和消费结构变化对消费税税率和征税范围进行有增有减的调整，引导有关产品的生产和消费。充分发挥消费税的调节功能，无疑对引导消费，调节收入有着积极的意义。

2. 支持就业的税收优惠政策。由已出台的就业税收优惠政策来看，其主要针对特定人群，如高校毕业生就业、下岗再就业、安置转业干部等，以

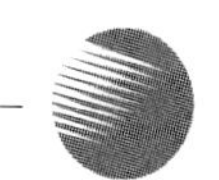

及推动人员向特定区域、行业流动，如鼓励农民工返乡创业、鼓励自谋职业和自主创业、鼓励商贸、服务型企业吸纳就业等。政策优惠的方式主要是对吸纳就业的企业直接减免税，直接受益人是企业。在鼓励特定人群就业方面，规定下岗再就业优惠年定额为4000元，月均300多元，但企业对这些人员申报就业则需缴纳社会保险基金近300元（按960元的缴费基数计算），差额每人不足50元，对企业缺乏足够的激励。部分企业招收低收入岗位人员时，不会由于该项政策专门招收特定人群，政策的效果大打折扣（这些企业更倾向于招收不缴纳社保基金的临时务工人员）。在推动人员向特定区域流动方面，虽然规定了定额减免营业税、城市维护建设税、教育费附加和企业所得税等，但商贸服务性企业多为核定征收税款，减免税政策对其影响较难评估。对于自主创业的个体户，税收优惠补贴给个人，每年可按8000元的限额减免税款。由于这些个体户多为低利经营，实际享受的税额减免远低于该标准。按5%的税负水平计算，要足额享受这一限额标准，年营业额至少要在16万元以上（不计成本摊销）。

（二）以推动技术升级，扶持中小企业发展为目标的税收政策

1. 技术升级。目前技术创新的税收优惠采取的是税额减免与税基减免相结合，侧重于所得税的税收优惠。这些税收政策多针对企业而不是某项经济行为，行业特征也不明显，未有明显倾向性。主要包括：（1）鼓励技术创新的税收政策。国家重点扶持的高新技术企业减按15%的税率征收企业所得税，该项政策惠及我省两批，共计207家企业。新技术、新产品、新工艺研发费用可据实按50%加计扣除，形成的无形资产可按150%的成本摊销。由于技术进步而产品更新较快的固定资产可以加速折旧。研发中心、外国企业和外籍个人从事技术转让、技术开发业务和与之相关的技术咨询、技术服务业务取得的收入免征营业税等。（2）鼓励向企业转移自主创新成果。对符合条件的科技园和孵化器自用以及无偿或通过出租等方式提供给孵化企业使用的房产、土地免征房产税和城镇土地使用税；对其向孵化企业出租场地、房屋以及提供孵化服务的收入，免征营业税。

2. 小型微利企业。符合条件的小型微利企业，减按20%税率征收企业所得税；创业投资企业采取股权投资方式投资于未上市的中小高新技术企业，或国家需要重点扶持和鼓励的创业投资，可按比例抵扣应纳税所得额。此类企业的标准是年应纳税所得额不超过30万元，按5%的税收优惠核算，每年企业享受的优惠不足1.5万元。而在实际征管中，对于这类小型企业多实行核定征收，税收优惠的实际效果难以评估。

（三）对行业的税收优惠

目前对行业的税收优惠主要集中在第三产业的房地产业、软件业、金融保险业、交通运输业、邮电通讯业等。

1. 房地产业。

（1）为促进房地产流通的税收优惠：自2009年1月1日至12月31日，个人将购买不足2年的非普通住房对外销售的，全额征收营业税；个人将购买超过2年（含2年）的非普通住房或者不足2年的普通住房对外销售的，按照差额征收营业税；个人将购买超过2年（含2年）的普通住房对外销售的，免征营业税。个人首次购买90平方米及以下普通住房的，契税税率暂统一下调到1%。个人销售或购买住房暂免征收印花税、土地增值税。这些政策是国家在2009年初房地产市场低迷的情况下为“保增长”目标推出的暂时性政策，将因应市场变化适时调整。

（2）房地产供应上的税收优惠：廉租住房经营管理单位按照政府规定价格向保障对象出租廉租住房的租金收入，免征营业税、房产税。

2. 软件业。

（1）对软件生产企业的税收优惠：主要针对新办和重点软件生产企业，以及对企业研究开发软件产品和扩大再生产、软件生产企业的职工培训费用等施行税收优惠。

（2）特定经营项目企业税收优惠：集成电路设计企业视同软件企业，享受有关企业所得税政策。经省级部门认定的动漫企业按3%计征营业税。

（3）购进软件企业税收优惠：企事业单位购进软件，凡符合固定资产或无形资产确认条件的，可以按照固定资产或无形资产进行核算，经主管税务机关核准，其折旧或摊销年限可以适当缩短，最短可为两年。

3. 金融保险业。

（1）对中国邮政集团公司及其所属邮政企业为中国邮政储蓄银行及其所属分行、支行代办金融业务取得的代理金融业务收入，免征营业税。

（2）国务院证券监督管理机构依法撤销的证券公司在行政清理期间免征营业税。

（3）对买卖、继承、赠与所书立的A股、B股股权转移数据的出让方按千分之一的税率征收证券（股票）交易印花税，对受让方不再征税。

4. 交通运输业。

（1）对航空公司经批准收取的燃油附加费免征营业税。

（2）对台湾航运公司从事海峡两岸海上直航业务在大陆取得的运输收

入，免征营业税。

（3）国家试点物流企业可享受税收优惠政策，前四批我省有十余家企业通过认证，第五批有四家申请审核。

5. 邮电通讯业。

（1）电信股份分公司应就其向 CDMA 用户收取的全部收入减去支付给电信网络分公司价款后的余额为营业额缴纳营业税，电信网络分公司从电信股份分公司分得的 CDMA 业务收入按照“邮电通信业”税目缴纳营业税。

（2）对中国移动通信集团公司、中国联合通信股份有限公司通过手机特服号“10699999”为中国扶贫基金会接受捐款业务，以全部收入减去支付给中国扶贫基金会的价款后的余额为营业额，计算征收营业税。

二、税收政策效应评价

税收政策的影响效应是多方面的，可以大致分成以民生或以增长为侧重。民生目标中的就业增加，增长目标下的经济发展水平提高对稳定亦能起到促进作用。

（一）以“民生”为目标的税收政策效应

当前以“民生”为目标的税收政策主要是围绕增加居民的即期或长期消费能力。西方经济学研究中消费函数的表达式为 $C=c\times Y$，其中，C 为消费水平，c 为边际消费倾向，Y 为收入水平。按凯恩斯理论，Y 为近期私人可支配收入；按弗里德曼理论，Y 为长期平均收入，即持久收入。边际消费倾向和收入水平是影响消费的两大要素。假设对于收入水平一定的国家，收入分配越平均，社会边际消费倾向越高，消费也越多。税收政策对于边际消费倾向的影响主要是通过两方面：（1）改变收入分配状况。即改变由初次分配形成的不同收入、不同地区、不同身份人群的收入状况，从而改变整个社会的收入分配形态，进而改变社会边际消费倾向。（2）改变未来不确定性。即若可筹措充足的社会保障资金，形成较完善的社会保障制度，私人就会因而减少预防性储蓄，从而提高边际消费倾向。此外，对就业稳定性的预期也会提高边际消费倾向。税收政策对居民可支配收入的影响要与财政支出方向结合起来考虑。表达式为 $Y_D=Y+T_R-T_A$，其中 Y_D 为居民可支配收入，Y 为初始分配收入，T_R 为财政转移支付，T_A 为税收。依据上述公式，在税收减免的同时，对居民可支配收入的财政支出要保持稳定或增长，才能保证居民可支配收入的正向增长。

以“民生”为目标的税收政策从消费方向调节，并以增进就业为抓手是合适的。然而由消费税施行以来的效果看，目前高档汽车价格有所上涨；烟类因前段时间计税价格和税率的调整，特别是高档烟价格有所提高；一般消费品价格低廉，降价空间不大，免征消费税的护肤护发品价格并无明显下降。消费税作为一种商品税，由于奢侈品的需求弹性小，税负容易实现转嫁，消费者成为消费税的主要负担者。上半年我省消费税完成49.2亿元，增收14.3亿元（由国税征收），这部分税收实际上是特定群体消费者可支配收入的减少，若未能成为低收入者消费的补贴，则该项税收政策只有“取”，没有“补”，将起不到调节分配，增进消费的作用。由就业政策施行的效果看，根据实证研究，目前我国每百分点GDP增长率对就业的拉动力度不足0.1个百分点。由我省的数据来看，2008年我省GDP现价增长17.4%，就业人口新增68万，增长3.37%。GDP每增长一个百分点，就业增长为0.19个百分点，经济对就业的推动力度较弱。今年68万城镇新增人口、20万高校毕业生就业和50万农村富余劳动力转移带来沉重的就业压力。除了政策优惠力度有限外，在总体就业难的大环境下，税收政策对局部就业的推动作用也大打折扣。

经济不景气，对未来的预期下降，居民更倾向于储蓄，使得促消费的税收政策效力减弱。2009年前5个月居民可支配收入9010.5万元，消费支出5556.63万元，平均消费倾向为0.62，比2008年水平下降0.08个百分点。由上半年存贷款情况看，储蓄存款增长30.05%，其中定期储蓄增长36.13%，快于同期贷款增速。根据计量经济学理论，收入与消费遵从分布滞后模型，收入增长对消费的作用并非集中释放，而是遵从一个衰变的过程，且存在当期消费受上期消费影响的“棘轮效应”，收入增长对当期消费的影响仅为长期累计影响的1/3。着力于居民可支配收入增长的税收优惠政策对消费的影响既有短期效应，又有长期效应，政策效力的完全释放需要一个过程。

（二）以“增长”为目标的税收政策效应

1. 促技术升级的税收政策效应。对政府而言，实施任何一项税收优惠都意味着对一部分税收收入的放弃，导致财政收入的减少。从成本收益的角度，政府放弃一元钱的税收换来等量或超量的收益，政策才是必要且有效用的。目前我国R&D资金投入模式处于政府和企业双主导阶段，评价促技术创新的政策效力要看减少的税收能否带来比在政府定向投资时更多的企业研发投入。使用R&D投入作为被解释变量，用税收优惠政策和其他控制变量作为解释变量，建模研究表明税收政策与企业 R&D 投入具相关性，但并不显著，平均 1 元的税收只能激励 R&D 投入 0.104 元。就具体政策来看，对高新技术企业按 15% 征收所得税，对软件企业超税负退税和研究开发费用税前扣除等激励较大，而工资税前列支、加速折旧等激励作用较小，40% 的抵免由于对技术改造认定及项目立项审批繁琐，多数企业难以享受。鼓励向企业转移自主创新成果的政策指向性较明确，该政策加上地方政府予以工业园区企业的配套优惠措施，有利于企业向工业园区等集中，形成规模经济。但现有财政分配体制导致地方招商引资压力较大，工业园区企业良莠不齐的问题比较突出。

2. 促行业发展的税收政策效应。房地产业优惠政策助推市场回暖效果较为明显。今年以来我省房地产业税收减免逾十亿元，带动交易量和交易金额回暖。受此影响，房地产税收止跌返升，7 月份单月税收增长逾六成。房地产税收总量达 75.44 亿元，税收占比达 20.6%，比 2008 年全年水平提高了 1.66 个百分点。

从全国看，电子信息产业税源集中在沿海地区，与海峡东岸对接紧密。从我省看，电子信息制造业税收收入主要聚集在厦门市、福州市两地；软件和信息服务业税收收入则呈现以福州市为主，厦门市、泉州市为辅高速发展的格局。近年来福建包括软件业在内的电子信息产业发展势头良好，2008 年其占全省地区生产总值比重已接近 10%，成为我省产业门类中规模最大、带动面和影响面最广的战略支柱型产业。2008 年，全省有 2 家企业（星网锐捷、南靖万利达）成为全国首批创新型试点企业，新增了星网锐捷、通士达、三安、宏发 4 个国家级企业技术中心；有 6 家企业（福大自动化、星网锐捷、新大陆、福富、南威、瑞芯）进入全国软件百强；3 家企业（榕基、新大陆、厦门东南融通）列入国家规划布局内重点软件企业。软件业税收优惠政策对推动我省相关产业发展大有裨益。

交通运输业的税收优惠政策中鼓励物流企业和海运发展的相关政策对我省相关行业发展有利，但已获认证的物流企业数目仅为十余家，远小于广东的近五十家。海峡两岸的海上直航业务仅有台湾地区的企业受益，惠及面较窄。

金融保险业和邮电通讯业的税收优惠政策均较少，金融保险业只有针对邮储等特定单位的优惠政策，以及依法撤销证券机构清理期间的优惠政策，而证券交易印花税减免对我省直接影响不大。邮电通讯业的税收优惠政策仅针对 CDMA 业务和捐款等项目。缺乏对行业发展的激励性税收政策，也没有这些行业企业发展某项业务的扶持。

行业发展的税收优惠政策主要是从调节结构的角度出发，多为中央统一下达，没有区分各地区行业结构的差异，各地缺乏政策制定权和调整权，难以因地制宜。

三、对策与建议

（一）注重政策的综合效应，形成消费与投资的稳定预期

消费的增长是当前我国宏观经济发展的主要着力点，除了收入增长外，消费倾向是左右实际购买支出的重要原因。当前经济形势复杂多变，多年累积的公共产品供给不足导致的社会不稳定因素增加，居民储蓄偏好增强。民间投资渠道狭窄，股市、房市受政策性干扰较大。因此，建议应重视政策的稳定性，充分考虑政策的长期效应和短期影响，增强居民的消费和投资信心，形成稳定的消费和投资预期。

（二）增加与税收调控相匹配的财政支出，强化政策效力

由前文的分析可以看出，或者由于优惠的幅度不大，或者由于其他政策的干扰，就业、中小企业等部分税收调控政策实际效果较弱，因此应有相配套的财政政策共同作用，以强化政策效力，促进调控目标更好的实现。由2009年上半年我省财政支出看，就业补助支出1.96亿元，同比增长23.9%；城市最低生活保障补贴1.67亿元，增长24.2%。财政补贴力度有所加大，但具体资金投向上仍以社会保障性支出为主。为此，建议在就业政策上可适当增加企业吸纳特定人群就业的财政补贴，或给予适当的费金减免，直接受益对象应为企业。在收入调节上，应在对部分商品课以消费税的同时，增加低收入群体的消费补贴，既体现有保有压的调控政策又使政策更具导向性。

（三）因地制宜，出台具有我省优势的地方性配套措施

由于经济发展的特点不同，区域之间重点发展的行业也存在较大差异，不宜实行“一刀切”的行业优惠政策。以信息产业为例，台湾地区的信息电子产业仅次于美、日两国，居世界第三位，是全世界最大的信息产品委托制造、营销中心。台湾地区的信息产业中，硬件产业占整个产业的83%。近年来由于台湾地区劳动力成本较高，市场容量小，多数企业已陆续或准备向大陆转移。与台湾地区的信息产业对接是“海西”经济区产业发展的重点之一。然而，目前现有的行业性税收优惠政策多集中在软件、集成电路、

动漫等，其余项目较少。因此，建议福建利用好“海西”发展先行先试的有利政策，加强两岸税收交流协作，出台涵盖IC设计、制造、封装、光电、汽车电子设备产业等台湾地区信息产业优势品目的我省特有的行业税收优惠政策，以吸引这些企业落户，更好的实现产业对接。我省具有沟通两极，对接两岸的区位优势，但是目前大部分物流企业的规模偏小，享受国家优惠的仅为十余家。为此，建议可出台地方性配套优惠措施，比照国家标准，适当降低要求，以鼓励我省中小物流企业壮大。金融等行业的现行税收优惠受益面窄，建议可根据我省实际出台相关补充办法。

（课题负责人：郑孝真
课题组成员：曾永芳　陈　萌　董巧敏
林　易　刘锦忠
执　　笔：陈　萌）

企业所得税征管范围调整对地税企业所得税收入影响分析

福建省地方税务局二处课题组

自1994年税务机构分设以来，国家对企业所得税的征管范围进行了多次的划分或调整，由于其政策规定不够明确，引发了国税、地税部门对企业所得税征管权限的争议，实际税收工作中已经影响到了税收公平、公正。同时，征管范围调整过于频繁，也直接影响了国、地税两部门间的协作关系，在当前我国实行国家税务局、地方税务局两套机构管理的情况下，科学、合理划分企业所得税征管范围，对节约税收征纳成本、理顺税收征管秩序、维护纳税人权益等方面，具有重要意义。

一、企业所得税征管范围划分相关规定

1.《国家税务总局关于企业所得税征收和管理范围的通知》（国税发［1995］23号）规定，地方各级国有企事业单位、集体企业、私营企业所得税属于地方税务局系统征收管理范围；中央各部门、各总公司、各行业协会、总会、社团组织、基金会所属的企事业单位以及上述企事业单位兴办的预算内、外的国有企业，金融保险企业，军队所办的国有企业所得税由国家税务局系统征收管理。

2.《国家税务总局关于调整国家税务局、地方税务局税收征管范围的意见》（国税发［1996］第037号）进一步规定，外商投资企业和外国企业所得税由国家税务局负责征收管理。中央与地方所属企、事业单位组成的联营企业、股份制企业的所得税，由国家税务局负责征收管理。

3.《国家税务总局关于所得税收入分享体制改革后税收征管范围的通知》

（国税发［2002］8号）规定，2001年12月31日前国家税务局、地方税务局征收管理的企业所得税以及按现行规定征收管理的外商投资企业和外国企业所得税，仍由原征管机关征收管理，不作变动。自2002年1月1日起，在各级工商行政管理部门办理设立（开业）登记的企业，其企业所得税由国家税务局负责征收管理。自2002年1月1日起，在其他行政管理部门新登记注册、领取许可证的事业单位、社会团体、律师事务所、医院、学校等缴纳企业所得税的其他组织，其企业所得税由国家税务局负责征收管理。2001年12月31日前已在工商行政管理部门和其他行政管理部门登记注册，但未进行税务登记的企事业单位及其他组织，在2002年1月1日后进行税务登记的，其企业所得税按原规定的征管范围，由国家税务局、地方税务局分别征收管理。2001年年底前的债转股企业、中央企事业单位参股的股份制企业和联营企业，仍由原征管机关征收管理，不再调整。不实行所得税分享的铁路运输（包括广铁集团）、国家邮政、中国工商银行、中国农业银行、中国银行、中国建设银行、国家开发银行、中国农业发展银行、中国进出口银行以及海洋石油天然气企业，由国家税务局负责征收管理。

随后，为了解决企业改组改制以及经营形式发生变化过程中，出现的所得税管理权争夺问题，国家税务总局又下发《关于所得税收入分享体制改革后税收征管范围的补充通知》（国税发［2003］76号），确定企业有整体转让出售（拍卖）、吸收合并、改组为有限责任公司或股份有限公司、一般性变更登记等情况的，其企业所得税仍由原征管机关征管。

4.《国家税务总局关于调整新增企业所得税征管范围问题的通知》（国税发［2008］120号）规定：2008年底之前国家税务局、地方税务局各自管理的企业所得税纳税人不做调整。2009年起新增企业所得税纳税人中，应缴纳增值税的企业，其企业所得税由国家税务局管理；应缴纳营业税的企业，其企业所得税由地方税务局管理。2009年起新增企业的企业所得税全额为中央收入的企业和在国家税务局缴纳营业税的企业，其企业所得税由国家税务局管理；银行（信用社）、保险公司的企业所得税由国家税务局管理，除上述规定外的其他各类金融企业的企业所得税由地方税务局管理；外商投资企业和外国企业常驻代表机构的企业所得税仍由国家税务局管理。2008年年底之前已成立跨区经营汇总纳税企业，2009年起新设立的分支机构，其企业所得税的征管部门应与总机构企业所得税征管部门相一致；2009年起新增跨区经营汇总纳税企业，总机构按基本规定确定的原则划分征管归属，其分支机构企业所得税的管理部门也应与总机构企业所得税管理部门相一致。按税法规定免缴流转税的企业，按其免缴的流转税税种确定企业所得税征管归属；既不缴纳增值税也不缴纳营业税的企业，其企业所得税暂由地方税务局管理

历经几次企业所得税征管范围划分的调整，形成了现今国、地税共同管理企业所得税的做法。实际工作中，就很难避免因国、地税为争取所得税征收管理权而给纳税人带来不便。有些地方就出现国、地税分别要求企业向本部门申报缴纳企业所得税，一旦企业选择其中一部门进行申报，另一部门就责令企业限期改正，并对没有按期申报缴纳的，进行相应的行政处罚，破坏了正常的税收征管秩序，也破坏了税法的统一性和严肃性。

二、企业所得税征管范围划分存在的问题及对税收管理工作的影响

征管范围划分在税收工作实践中，是一个非常重要的程序性规定。从纳税人的角度来说，就是其应向哪个具体的税务机关申报并缴纳税款的问题；从税务机关的角度来说，就是对哪些纳税人的申报和缴纳税款的事宜有权受理的问题。因此，我们在立法上明确划分征管范围，其重要意义就是避免漏管或多头管理，前者将导致少征税款，后者则可能产生重复征税。目前，所得税征管范围划分存在问题及对税收管理工作的影响，主要表现在几个方面：

1. 企业所得税征管范围划分规定过于复杂，并且变换频繁。《国务院关于实行分税制财政管理体制的决定》明确规定：中央企业所得税，地方银行、外资银行和非银行金融企业所得税，铁道部门、各银行总行、各保险总公司集中缴纳的企业所得税属于中央固定收入（由国税系统征收管理）；地方企业所得税（不含上述地方银行和外资银行及非银行金融企业所得税）属于地方固定收入（由地税系统征收管理）。但实际税收管理工作中，并没有遵循这一规定，对企业所得税征管范围的划分变更很大。如《国家税务总局关于国有重点煤矿管理体制改革后企业所得税征收管理问题的通知》（国税发［1998］第139号）规定，原煤炭部直属和直接管理的94户国有重点煤矿，以及原随煤矿一起上收为煤矿服务的地质勘探、煤矿设计等企事业单位下放地方管理，其企业所得税由地方税务局负责征收管理，企业所得税按规定缴入地方金库。《国家税务总局关于石油石化企业经营管理体制改革过程中有关企业所得税问题的通知》（国税发［1998］第147号）规定，原地方石油、石化企业划归中国石油天然气集团公司、中国石油化工集团公

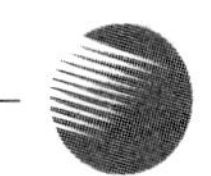

司之后，其企业所得税自划转之日起，统一由当地国家税务机关负责征收管理。《国家税务总局关于汇总（合并）纳税企业所得税若干具体问题的通知》（国税发［1998］第127号）规定，为了鼓励企业规模经营、提高整体竞争力与凝聚力，国家准予某些行业、企业汇总缴纳企业所得税。从这几个规定我们可以看出，国家税务总局的税收通告在确定企业所得税，特别是国有企业所得税税收管辖方面起着决定性作用。一方面，用税收通告这一法律效力层次较低的规范性文件来变通法律效力层次较高的规定（如前文国务院的《决定》），显然降低了国家税法的统一性和权威性；另一方面，这些临时性公布的规定，使得日常税收管理工作变的更为复杂，增加税收成本，降低税收工作的效率。

2. 企业所得税征管范围的划分，影响“以票管税”管理模式效果的发挥。实践中，“以票管税”被税务部门当作一种有效的税收管理模式。在当前税收队伍整体素质不高，税收征收管理技术落后等情况下，通过管理纳税人发票使用情况来监控纳税人申报缴纳税款情况，是一种有效的，并且操作简单的方法。但是，由于当前企业所得税征管范围的划分，对使用增值税发票的企业（2001年12月31日之前设立），企业所得税由地税机关负责征收管理，而对从事饮食、娱乐、建筑、房地产、运输等服务行业的纳税人（2002年1月1日之后设立），使用的是地税部门提供的各种普通（专用）发票，企业所得税则由国税部门负责征收管理。

问题的关键在于，目前，我国的发票管理制度还不健全，对纳税人使用发票的监管力度不够。从20世纪90年代末开始查处的几个涉税大案来看，罪犯无不盯着发票管理的漏洞。在税收管征技术手段落后地区（主要是经济发展落后地区），可以说，对纳税人使用发票情况的管理是加强税务管理直接、有效的手段，而目前所得税管理与发票管理的这种“错位”，大大降低了税务机关通过发票管理来加强纳税管理的效用。

3. 交叉管理带来税收管理效率低下。所得税管理涉及征管范围、征收方式、纳税地点、申报方式、纳税检查等一系列内容。所得税分享体制改革后，两个所得税还是由两个税务机构分别管理，这就造成管理的范围有交叉。如由公司制企业改为个人独资合伙企业，或由个人独资合伙企业改为公司制企业，还有公司的合并分立等，将引起两家税收管理户型的频繁交接与更替，管理方式的不同，将会导致不同的结果，造成税收行政管理效率低下，难度增大。就征收方式而言，国、地税两家分别管理，可能出现对所得税征收方式的认定不一样，并导致税收负担出现偏高或偏低的不合理情况。

从调查的情况来看，由于国、地税管理缺乏协调，在征收方式认定上存在脱节，互相独立受理并认定纳税人提出的征收方式申请，这样就会出现国、地税对同一经营地纳税人认定不同的征收方式，出现税负差异。按照目前的认定征收方式的程序，必须由纳税人向税务机关提出申请，再由税务机关根据调查的情况进行认定，实际上，税务机关基本不会改变纳税人提出的申请。以我们所在地区水电行业为例，国税部门由于能够控制企业发票的使用，对于由其管理的纳税户，一般认定为所得税查账征收，而地税部门对其管理的纳税户，则一般认定为所得税核定征收。很多企业经过对比，认为所得税查账征收总体税负更轻，要求地税部门认定所得税查账征收，但是由于没有办法按照税务部门规定建账建制，而无法获得支持。

4. 企业骗取新办企业税收优惠。新法实施前，对于新办企业企业所得税，94 年财税字 001 号文件就相应规定了若干优惠政策，而根据有关征管范围的规定，新办企业企业所得税归国税征管，可能造成现有企业经改组改制、重组、兼并、破产等手段，重新注册登记，骗取（套取）税收优惠。新法实施后，对新办企业企业所得税同样给予一定的优惠政策，税务机关必须严格甄别是否属于新办，防止纳税人骗取（套取）税收优惠。

三、2002 年企业所得税征管范围调整对我省地税税源的影响分析

国税发［2002］8 号文规定，除由地税部门征收管理的企业或事业单位合并、分设或改制外，其他新设立企业统统划归国税部门征管，从政策上断绝了地税部门所得税户数增长的可能性。而企业的生产、发展、消亡有一定的周期性，地税部门征管的企业所得税户数必然会是逐步萎缩的趋势（详见表 1）。

表 1　　福建地税企业所得税管户及收入情况　　单位：亿元

年度	2001	2002	2003	2004	2005	2006	2007	2008
户数	63131	62394	58936	56520	53261	47453		44588
企业所得税收入	34.96	27.72	35.77	46.61	50.26	64.53	78.5	85.85
税收收入	159	172.86	201.95	243.64	283.72	365.76	474.79	559.95
企业所得税收入比重	21.99%	16.04%	17.71%	19.13%	17.71%	17.64%	16.53%	15.33%

数据来源：历年《福建地税年鉴》及有关统计报表。

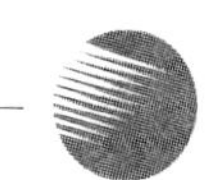

从统计数据来看，福建地税系统管理的企业所得税户数从2001年年底79117户，下降到2008年的44588户，减少了34529户，下降比率高达44%。户数逐渐萎缩的同时，福建地税系统企业所得税收入占税收收入的比重也逐渐下降，2001年福建地税企业所得税收入34.96亿元，税收收入159亿元，企业所得税收入比重为21.98%，2008年福建地税企业所得税收入85.85亿元，税收收入559.95亿元，企业所得税收入比重为15.33%，下降6.65个百分点。在税收收入规模扩大至3.52倍的情况下，企业所得税收入规模仅扩大至2.46倍，企业所得税增长速度明显慢于税收收入增长速度，其中一个重要原因在于企业所得税管户的逐年萎缩。

在国、地税共管企业所得税的局面下，近年来影响地税税源的另一个重要形式是企业"内转外"，即企业通过股权转让等形式，由内资企业变更为外资企业。企业"内转外"的诱因主要有三个方面：一是政策寻租。改革开放以来，为吸引外资，我国制定了一系列外资超国民待遇的优惠政策，外资企业在以企业所得税为代表的税收征免、土地和水电基础设施建设、进出口经营权、外汇管理等方面都享有不同于内资企业的特殊优惠政策。内资企业处于不公平的市场竞争环境中，为能享受外资待遇，有的企业便设法将资金转移至国外，然后以"外资"面目回流，套取各种对外投资的优惠政策，形成了许多"假三资"企业。二是上市融资。我国大多数企业为中小型企业，而国内主板市场仍主要是为国有大中型企业提供直接融资的渠道，中小企业上市融资则十分困难，创业板迟迟不能推出，使得中小企业不能有效利用资本市场。面对此种现状，国内许多高成长型、颇具市场前景的中小企业，通过在开曼群岛、英属维尔京群岛等避税地注册公司，再收购国内公司权益或境外多层壳公司进行股权置换达到控股境内企业的目的，并以该控股公司为主体实现境外上市融资。三是保护私人财产。虽然我国宪法中早已明确保障私人合法所得，但由于法制建设滞后，相关法律法规尚未健全，部分境内私人资本所有者倾向于将财富转移到国外然后再返程投资到国内。通过这种动作，既可以获得国外更好的私人财产保护，也可以在国内获得对"外国投资者"的特殊保护。

表2　　2003年以来福建地税"内转外"分年度情况　　单位：万元

年度	2003	2005	2006	2007	2008
户数	2	65	43	34	15
流失税款	亏损	962.66	19329.37	2043.08	1544.49

说明：2006年，莆田英博雪津啤酒股份有限公司"内转外"影响税款1.7亿元。

表 3　　2003 年以来福建地税“内转外”分地区情况　　单位：万元

地区	福州	厦门	泉州	漳州	莆田	龙岩	三明
户数	150	181	122	32	3	4	2
流失税款	约 4000	—	4923.74	496.86	17000	7.56	1482

可以看出，不论投资者出于何种目的，通过各种途径，将企业变更为外资形式，都直接影响地税税源（详见表 2、表 3）。

四、2009 年企业所得税征管范围调整分析

国税发［2008］120 号文确定了国、地税部门在保 2008 年基年存量的基础上，对 2009 年以后新增管户按照流转税确定管理归属的精神。

首先，解决了 2002 年以来地税部门管户户数逐年萎缩的问题，确保地方财政收入增长。将新办缴纳营业税以及营业税为主的企业的企业所得税由地税部门负责管理，改变了地税部门企业所得税管户单向减少的态势，有利于调动地税部门加强征管的积极性，增加地方财政收入。

其次，以“保量”为前提，可以保证税收收入的稳定性，避免由于某个行业受国家宏观政策的调整带来税收收入的剧烈震荡。从目前税制情况来看，营业税为主的行业主要是金融业和建安房地产业，尤其是房地产行业，而房地产行业的发展较以缴纳增值税为主的制造业来则较不稳定，经常出现大起大落的情况，这势必增大地税税源的不确定性，这一点已经从这两年的经济中反映出来。

从我们了解的情况看，国税发［2008］120 号文实施以来，福建地税系统所管辖的企业所得税户数已经改变单边下降的态势，在当前宏观经济深度回调与税收政策减收效应双重压力下，税源的增长对缓解收入压力起到积极的作用。

（课 题 指 导：黄乃田
课题负责人：许玉生
课题组成员：林雁南　卢富添
执　　　笔：卢富添）

基本养老保险费明细申报对收入的影响分析

福建省地方税务局规费处　三明市地方税务局课题组

根据省政府专题会议纪要［2006］154号的决定，我省地税系统从2007年7月份起对城镇企业职工基本养老保险费实行缴费明细申报，实现与社保经办机构在基本养老保险参保人员信息、征缴数据方面实时相互传送，保证缴费个人账户按月实时分解到位，为做实基本养老保险费个人账户提供基础数据支持。基本养老保险缴费的明细申报，极大地提高了地税机关社保费的征管质量，推动了社保费征缴工作的规范化，对基本养老保险费的收入带来了质的变化影响。

一、明细申报取得的成效

基本养老保险费由参保单位每月按应参保职工工资总额的18%计算并申报缴纳，职工个人按其本人工资总额的8%计算并由单位代扣代缴。实行明细申报前，申报时只体现参保单位全部职工缴费总额和参保职工总数；明细申报后，参保职工个人部分逐个列名、列收入、列费额申报并直接作为社保经办机构记录职工个人账户的依据。从半年的实行情况看，对收入的影响是明显的。

（一）2007年全省基本养老保险费收入及明细申报数据

2007年，全省地税系统共组织基本养老保险费收入1023839万元，首次突破百亿元大关，扣除厦门为747358万元，比上年增收116717万元，增长18.5%，完成省政府计划任务72亿元的103.8%。其中，7—12月入库391791万元，比1—6月入库的355567万元增加36224万元，增长10.2%，比上年同期333690万元增加58101万元，增长17.4%。全省明细申报8—12月，月均明细申报户67400户，占月均应申报户的93.5%；明细缴费人数月均1371557人，占10月、12月两月参保人数平均数1698262人的80.76%。月均入库金额5.2亿元，占月均入库总额的79.4%。2008年1月，除代收窗口外，关闭所有单位的汇总申报软件（代收窗口2月底也关闭），所有参保个人均实现缴费的明细申报。2008年一季度入库212474万元，比上年同期增长21.5%，明细申报缴费人数1月份1478089人，2月份1499534人，3月份1514413人（注：灵活就业人员多在年底一次性缴纳）占参保人数平均为69%。缴费人数3月底比1月底净增36324人。

（二）三明收入情况分析

三明市2007年入库基本养老保险费56105万元，其中1—6月汇总申报入库23071万元、7—12月明细申报入库32834万元（其中有736万元属6月份明细申报试运行的数据，扣除后，上半年应为24007万元，下半年应为32098万元），增加8091万元。申报数据分析如下：

1. 2007年明细申报前后的比较分析。明细申报前，申报主要通过在纳税申报中增设一个社保费类申报进行，费性也是在征管系统原为税性的基础上增加了“欠费补缴”和“政策性补缴”等，由于采用汇总方式申报，未体现具体缴费个人是否缴费和缴费金额；明细申报后，养老保险费申报有了独立的模块，将原有的正常申报细分为“正常申报”、“再次申报”、“补充申报”、“年度结算申报”，将欠费和稽核并入“查补申报”。从缴费户数及缴费金额的比较看，2007年1—6月共累计申报18382户、24007万元，月均3064户、4001万元；2007年7—12月共累计申报21300户、32098万元，月均3550户、5350万元，分别比明细申报前月均增加申报户数486户、增长15.9%，增加申报金额1349万元、增长33.7%，表明实行明细申报后无论申报户数还是申报金额都有较大幅度提高。

2. 2007年明细申报与2006年同期比较分析。2006年7—12月共累计申报16106户、26321万元，月均2684户、4387万元；2007年7—12月正常申报户共申报26735户、29696万元，月均4456户、4949万元，分别比上年同期月均增加申报1772户、增长66%，增加562万元、增长12.8%。扣除窗口提高基数增收1500万元，企业各种方式明细申报总入库32834万元（含6月份试运行数据），比上年同期增收5013万元。

3. 2007年明细申报相关数据分析。

（1）从明细申报后的申报种类相关数据分析。在六种申报种类中，“正常申报”29696万元，占申报总金额的93%，居申报主体地位，除“正常申报”外，“补充申报”1822万元居次席，表明存在缴费人未能按月及时申报而对未申报人员采取“补充申报”。分申报种类看，7月、8月、9月、10月“正常申报”人数及金额较为稳定，11月、12月由于代征窗口集中申报，出现了申报人数及金额大幅增长的现象，符合窗口年底缴费的特点，系正常情况。由于未能及时进行全部人员的当月申报，各月均存在“再次申报”的现象。

（2）从申报方式相关数据分析。网上申报入库10088.15万元，占总入库金额的30.8%，入库金额逐月增加，且只有7月比介质申报入库金额少，8—10月每月金额都比介质申报大；介质申报入库22583.28万元，占总入库金额的68.9%，7—10月入库金额逐月减少，11月和12月受社保经办机构代征的灵活就业人员年底一次性申报入库影响，申报人数和入库金额均呈异常。纸质申报每月不足20万元。可见，“网上申报”这一快捷的申报方式具有强劲的发展潜力。

（3）从个体户缴费批扣相关数据分析。由于只有少数管征单位对个体工商业户采取批扣方式，且变化不大，因此各月申报入库较为均衡。

以上各种比较分析可能看出，自实行明细申报后，随着地税机关与社保经办机构数据的统一，无论是申报人数还是申报金额都有逐月增加的趋势，明细申报的优势开始显现。三明市2007年养老保险费入库56105万元创历史新高，从2007年增收的8093万元分析，扣除工资自然增长和增人提基数带来的增收4300万元及窗口提高基数增收1500万元外，其余的2300万元系由于实行明细申报后征管质量提高带来的。

二、汇总申报对费源管理和费金征管的不利影响

实行明细申报前，地税机关主要通过缴费人在参保登记时提供的基本信息、参保年检时复查信息以及地税机关开展调查取得的信息，进行综合、分类、单项分析其对收入的影响。由于这些信息是静态的，随意性大，无缴费个人信息，加之征收机关基层人员在信息维护上未能及时到位，收入分析的准确性有限，无法为分析好、组织好收入提供准确、科学的资料。

（一）汇总申报对收入无法进行细致分析

收入的准确、科学分析主要考量征收单位、分经济类型、分行业、分所属期间、分收入结构等因素，达到把握收入总体框架。分费种、分征收单

位、分经济类型、分行业与上年同期进行对比分析，找出收入变化的差异性，根据差异情况采取相应的征管措施；分缴费单位的应缴数与同期实缴数进行对比分析，以掌握缴费单位缴纳情况；将入库数和计划数对比分析，了解完成计划的情况；分参保人员结构及缴费年限进行分析；以某一时点数据考虑种种变动因素进行预测性分析等等。以上分析可分别进行，也可结合起来综合分析，这靠人工取数分析是做不到的，只有依托征管信息系统中详实、准确、实时的基础数据，依托计算机强大的统计计算分析能力才可以达到。未实行明细申报前，缴费人提供的信息和地税机关掌握的信息是综合的，征管系统中所反映出的各类数据不详尽、细化，无法为收入分析提供翔实具体到缴费个人的基础数据。

（二）汇总申报对费源潜力难以进行深刻剖析挖掘

剖析费源潜力需要信息主要有：已办税务登记未办理参保登记且为应参保的单位信息，以及员工数、工资额等；已办理参保登记户的员工数，已参保人员名单，未参保人员名单，人员增减详细信息，每位员工工资额等。未实行明细申报前，税务机关掌握的参保单位有关收入信息仅限于参保单位申报的人员总数量、工资总额、费率、费额等数据，或通过某次专项摸底、检查获得一些数据，参保单位人员发生聘、退、辞等人员增减变化无法实时有效跟踪监控，参保单位出于种种原因，对人员增减变动情况表的报送往往与实际情况有出入，要么人员数量不符，要么具体名单不对，要么时间滞后，造成参保人员情况无法准确对应；由于只申报一个工资总额，对于哪些员工已经缴足，哪些员工未缴足，哪些员工未缴纳，无法知悉，这样对于哪些员工有费源潜力也无法把握，对于核定征收户，其人数及工资额的报送更是与实际情况差异明显。由于缴费基数、人数存在失真，以及参保人员的性别、年龄、所处的行业、企业及参保变动全过程分别存在不同的信息途径，无法实时获得，无法组合成查询的相关信息，从而使地税机关对费源的潜力无法进行深刻剖析，也无法为准确分析费源提供参考。

（三）汇总申报对征管质量带来不利影响

征管质量的提高有赖于准确细化的基础数据、强大的比对分析功能，与实际相符的有效的管征办法。实行明细申报前，由于基础数据不详尽、失真，难以在征管中发现问题，更不用说准确地发现问题，从而有的放矢的采取相应的措施，解决管征问题；由于数据的不完整性及滞后性，如对费源把握不全、对费源变化把握不准，这就无法采用计算机强大的收入分析功能，各因素在收入增长中起的作用就无法定量的衡量，收入中的各种构成孰轻孰重无法准确定位，收入的未来走势无法精确把握，这也就给征管决策及在哪个时间点采取什么样的管征措施带来很大的难度。这些都直接影响到征管质量的提高。

三、明细申报对收入管理的影响分析

缴费明细申报后，参保人员个人的参保基础信息、收入信息、缴费信息等详细信息均保存在征管信息系统中，随时调用分析，与参保单位和社保经办机构实现网络互联、信息保持一致，申报、征收及任何变动保持同步，高度透明的信息有助于深入加工、分析、应用，对收入必然产生积极影响。

（一）申报数据真实反映客观现实及对收入的变动影响

通过查询系统可以详细了解掌握所有单位和个人的参保登记及费种鉴定信息、申报入库情况，参保率、征缴率、缴费率、入库率、清欠率等指标全部反映客观现实，避免了人为的操作。2008 年 1—3 月，全省基本养老保险参保户数减少 8953 户，其中，福州减少 8809 户（含清理非正常户、注销户、非参保户）；参保人数虽然增加 43075 人，地区间不平衡，福州增加 44058 人，泉州及省局直属局微量增加，其他设区市均减少，其中减少较多有，漳州减少 713 人，南平减少 162 人，龙岩减少 177 人；缴费人数虽然总体增加 196292 人，主要是福州增加 61845 人，但莆田减少 41369 人，南平减少 9508 人等等，这些数据均能真实反映征管的现实，地区间、行业间、部门间此增彼减，对费源变动情况及其影响收入的量和质一目了然。

（二）更加明确部门间的职责关系，有利于分工协作

一方面，明细申报后，地税、社保、参保单位三方的职责更加明确，如地税负责单位的参保登记并及时传送社保审核，社保负责个人的参保登记并及时传送给地税，参保单位负责及时按规定申请办理参保登记手续和申报缴费。如果哪一方的职责不到位，势必影响费款的申报与征收，例如，每年收入增长主要靠扩面增人提基数，而“增人”的职责不在地税，地税只能在征管中对发现应参保而未参保的人员，督促参保单位申请办理个人参保，如果单位不申请或社保方不及时办理手续，地税没有其他手段，增人不到位必然影响收入。另一方面，地税、社保双方的合作更加密切，在人员信息、数据传送方面必须做到日清月结，否则无法申报也影响收入。

（三）要求夯实的征管基础，有助于收入的稳定增长

一方面，明细申报的前提是参保单位及其参保人员的详细信息在地税、

社保、参保单位三方完全一致，否则无法申报。这就要求，数据信息比对工作必须严谨准确，务必夯实基础数据，如个人的社保号即身份证号码一方18位、而另一方15位，则属比对不成功，无法顺利申报。另一方面，地税内部受软件系统程序设计的制约，从社保登记、费种鉴定、申报流程、信息查询等环节各个具体项目的填写都有具体规定，必须按部就班，否则申报无法开展，如登记环节参保单位类型没有选择，则直接影响查询；费种鉴定中没有选择缴费的费种，则无法申报；申报时如果费性没有选择也影响申报等等，环环相扣，都对基础管理提出很高要求。由于实施明细申报，需要准确反映各时段、各时点参保缴费人的参保情况、缴费情况、适时到账情况，地税机关在日常征收管理中可以依据这些基础数据进行深入分析，掌握费源变动和收入执行情况，为收入分析提供原始素材；及时发现征管中的异常现象，在重点费源管理、欠费管理方面做到有依有据，避免无因管理，提高了费源分析水平，只要扩面增人提基数落到实处，则必然促进收入的稳定增长。

（四）促进征管行为规范，有利于及时了解掌握收入动态

明细申报后，必须确保信息、数据的高度一致性，限制了人为掌控收入措施的运用，给地税机关提出强管理求准确的要求，一是在缴费方式上提供了网上申报、介质申报、纸质申报的方式，缴费人必须依据明细申报业务规程的要求，按时按质依程序做好每月的明细申报工作；二是社保经办机构和地税机关实现网络联结，实现了数据共享，地税机关通过社保经办机构传送的参保职工基本动态信息，可以容易地了解掌握参保单位员工是否足员参保以及增减员动态信息；三是通过地税机关自身掌握的参保单位动态信息，可掌握社保的覆盖面；四是通过参保单位缴费基数核定，可规范征收管理，促进参保单位申报的时效性及准确性；五是通过申报查询，掌握参保单位是否及时申报。因此，在费款收入上的任何异常变化，都可立即找到征管上的原因所在。

（五）可以增加收入预测的科学性和准确性，有利于提高收入的分析质量

明细申报后，地税机关和社保经办机构实现网络联结，双方均建立参保单位数据库和参保人员数据库，地税机关负责参保单位信息数据的动态维护，社保经办机构负责参保人员基本信息的动态维护，两部门相关数据实行实时相互传递、同步更新。同时，个人账户采取按月记账，这对人员增减变动申报的时效性提出了很高要求，一旦出现人员变动或参保人员基本信息变

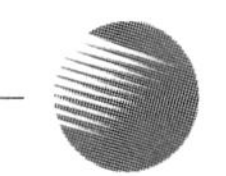

更，参保单位必须及时向社保经办机构申报，以确保参保人员数据库中人数、缴费基本信息的准确。这就便于地税机关掌握费源规模及其变化情况，增加了收入预测的科学性和准确性。同时，由于基础数据的准确性，可依托强大的计算机网络，对各行业、各经济类型的缴费人的参保缴费情况、数据变动的逻辑关系进行横向及纵向的动态比对分析，从中找出费源潜力，及时发现管理中存在的问题，研究堵塞漏洞、加强征管的措施，促进收入的增长。

（六）可以增强应参保人参保的积极性，促进扩面增人工作

明细申报后，一是由于参保缴费单位及缴费个人能够方便地适时查询参保缴费情况，从而避免了参保的盲目性，消除了应参保人对所在单位是否为自己参保的疑虑，从而增加了参保的积极性，为实现应保尽保奠定了坚实的基础。二是可以促使缴费人按时足额申报缴费。一方面，地税机关推行多元化申报，更方便缴费人按时申报缴费，改变过去单一上门申报缴费方式；另一方面，社保经办机构根据地税机关传送的征收数据实时分解登记个人账户，年终不再与企业办理年度分解，在此情况下，如果缴费人不能及时按月申报入库将影响社保经办机构及时登记个人账户，从而损害职工利益，缴费人的缴费行为将日趋规范，基本养老保险费收入将更为稳定、均衡、有序。三是缴费人能及时了解到缴费情况，参保单位和缴费个人更加关注养老保险费缴纳情况，促进养老保险费的征缴工作，对个别观望人员也起了促进的效应。提高了个人的参保意识，有助于用人单位自觉扩面增人。

四、巩固明细申报工作，促进基本养老保险费收入的稳定增长的举措

缴费明细申报积极意义是明显的，近一年的实践对收入的增长作用也是显见的。因此，进一步扩大缴费明细申报的社会影响，加强和完善基础管理是今后的一项重要工作。

（一）加大宣传力度

要站在关注民生的高度，多渠道、全方位、多形式开展缴费明细申报的宣传工作，尤其是要结合《劳动合同法》，协同劳动、社保、工会组织，加强对参保单位及其职工的宣传，在全社会营造支持缴费明细申报实时分解记账的舆论氛围。在宣传方面，一是将省政府的决定及工作安排、进展及时向各级政府、人大、政协汇报，取得工作的支持；二是与行业协会、重点参保

单位召开座谈会，以及深入参保单位，宣传缴费明细申报的重要性，阐明明细申报和实时分解的重要意义，开展细致的业务辅导，争取参保单位的认同，化阻力为动力；三是制作宣传手册（单）广泛发放、张贴，摄制公益广告片在电视上滚动播放，将明细申报的工作流程送达参保单位，帮助参保单位掌握明细申报的方法，消除畏难情绪，使参保单位从要我做到我要做进而变成我能做。同时，社保宣传要按照党的十七大提出要“以增强诚信意识为重点，加强社会公德、职业道德建设，引导人们自觉履行法定义务”精神，积极建立诚信缴费机制，努力营造“诚信申报、依法缴费”的征缴氛围。

（二）扎实基础数据

实现参保单位、社保经办机构、地税机关“三方”参保人员信息一致，是实现缴费明细申报的最主要前提。实现“三方”信息一致必须做好三项工作：首先，一是开展参保单位数据比对，包括单位名称全称、电脑编码、社保编码、组织机构代码等主要指标的一致性，对不一致及时进行沟通协调，该注销的注销，该补充登记的登记，该补充信息的补充，统一口径，确保数据接口的顺利对接；二是核实参保人员信息数据。要求参保单位到当地社保经办机构核对所有参保职工名单，包括姓名、性别、身份证件及号码、个人社保号码等，确保信息一致；提醒参保单位对参保职工社保关系不在本单位的，及时办理社保关系转移手续，确保参保单位参保人员信息与实际参保人员信息一致；其次，社保经办机构将与参保单位核对一致的参保人员信息提供给地税机关。确保参保单位按已核对的参保人员信息进行缴费明细申报；再次，地税机关必须及时登记、维护系统中参保单位各项相关信息，否则影响申报和统计。

（三）推进信息化建设

为适用明细申报的需要，已前瞻性地开发面向社保“五险”的信息化管理系统，其中基本养老保险参保缴费明细申报模块运行基本稳定，基本养老保险费征管的信息化建设已迈出坚实的一步，但还需在以下几个方面加以完善提高，一是要积极推进对外服务系统的建设，本着方便、快捷的原则，推进和扩大网上申报，要让参保单位可从网上下载明细申报数据信息并实现向地税机关的明细申报，足不出户即可实现参保缴费；二是要完善地税、社保双向数据链接系统，及时顺畅地通过联网专线传递参保、登记、申报等信息，并适时更新维护；三是做好参保单位—社保经办机构—地税机关软件的维护工作。任何一方软件运行不稳定，都将导致信息数据传输的偏差，如各

地不时出现的增减员社保已传送而地税未接收（没有到达地税前置机）等都影响申报顺利进行；四是完善多渠道多形式与金融机构对接缴库方式，如引入银联卡等方便缴费人；五是完善查询、统计分析功能。

以上只是分析缴费明细申报对过细掌握费源情况、了解扩面空间的重要基础作用，以及提供定量分析的依据，而增加费款收入仍需要依托完善的社保法规政策、广泛深入的社保宣传辅导、强有力的扩面征缴的具体办法，以及执法的保障措施。

［项目总指导：程立顺
项目总负责：陈新儿
具体负责人：张茂林　许增强
成　　　员：张建祥　姚　斌　刘万明　汪文忠
张仁雄（市局信息科）
黄建铭（尤溪局副局长，协助）
杨洪林（清流局规费，协助）
李将闽（将乐局规费，协助）
余智勇（永安局规费，协助）］

浅析城镇土地使用税的税收政策效用

泉州市地方税务局课题组

一、城镇土地使用税的历史渊源和政策规定

土地使用税的全称是城镇土地使用税（以下简称土地使用税）。是国家在城市、县城、建制镇和工矿区内，对使用土地的单位和个人，以其实际占用的土地面积为计税依据，按照规定的税额计算征收的一个税种。其目的是通过对占有“土地”这一短缺资源，采用不同的税额标准对占用不同档次的土地所形成的级差收入进行调节。它属于财产类税制体系范畴的税收。

对城市土地征税，是近代的产物。土地是人类赖以生存、从事生产必不可少的物质条件。我国人多地少，节约用地是一项重要的国策。在我国对农村土地征税始于夏朝。古代的各个时期，都把对土地课税，作为主要的收入来源。国民党统治时期，曾制定土地税法，在部分城市开征过地价税和土地增值税。建国后，就设立了房产税和地产税。1951 年 8 月前，中央人民政府政务院公布的《城市房地产税暂行条例》，规定在城市中合并征收房产税和地产税，始称城市房地产税；1973 年简化税制时，把对国营企业和集体企业征收的房地产税并到工商税中，只保留了对城市房产管理部门、个人和外侨征收此税；1984 年工商税制改革时，设立了土地使用税；1988 年 9 月，为了利用经济手段加强对土地的控制和管理，调节不同地区、不同地段之间的土地级差收入，促使城镇土地使用者节约用地，提高土地使用效益，国务院发布了《中华人民共和国土地使用税暂行条例》（国务院令［1988］17 号），并规定自当年 11 月 1 日起实施；2006 年 12 月 31 日国务院令第 483 号公布了《国务院关于修改〈中华人民共和国城镇土地使用税暂行条例〉的决定》，统一适用于内外资企业。

二、城镇土地使用税税收政策的执行情况

（一）城镇土地使用税征收管理的现状

我市 2007 年城镇土地使用税入库 28304 万元，同比增收 12601 万元，增幅 80.2%；2008 年入库 84183 万元（含 2007 年度的税额补差），同比增收 55879 元，增幅 197.4%。总体看来，我市城镇土地使用税近几年都保持较高的增长幅度，特别是 2007 年税额标准提高以后，收入呈现出倍增趋势。

特别是在 2008 年通过全市城镇土地使用税的税源清查，初步摸清了我市城镇土地使用税纳税人的土地利用状况、税额缴纳等情况，并实现了动态更新和管理，为今后制定各种切实可行的措施，加强土地使用税的征收管理奠定了坚实的基础。目前我市共有城镇土地使用税纳税人总户数 70772 户，占用土地总面积 15198.26 万平方米，应税土地总面积 12193.18 万平方米，应纳税款 63325.28 万元。

（二）目前城镇土地使用税征收管理中存在的主要问题

目前，城镇土地使用税在征管上存在的一些问题直接影响了土地使用税调节资源配置、提高土地使用效率作用的发挥，影响了税负公平，容易引起纳税人的误解和不满。

1. 征管基础信息未掌握。一般来说，企业使用土地应该拥有土地使用权证，但现实情况并非如此，由于历史的原因有不少国有、集体老企业没有取得土地使用权证，企业日常申报土地使用税估计个面积数，出现少面积的情况；有的企业增加了房地产也不报，一个面积数申报了很多年；有的企业有多处房产，申报时只报一处房产占地面积，其他地方的房产占地面积一律漏报。

2. 部门间协作配合不够。土地使用税的征管基础工作涉及国土、建设、物业管理等部门及相关镇街，单靠地税部门一家的努力难以见效。虽然有关政策法规明确规定，相关部门单位有向税务机关提供涉税基础信息的责任和义务，但在实际工作中，由于尚未建立起一套较为完善、形成惯例的部门协作机制和信息共享交换平台，地税部门很难实时取得房产、土地的登记资料及变动情况。

3. 税收宣传力度不足，公民依法纳税意识不强。由于地方税种类较多，对一些小税种的税法知识及法律责任宣传普及依然不足，加上日常征管不到位，管理工作尚欠规范，使得少数纳税人税收法律意识淡化，以为土地使用税等能逃则逃、能少则少。

4. 协税护税网络不健全。社会化综合治税的征管体系尚未形成，从土地使用税征管工作来看，目前的协税护税网络建设还不够健全，各相关部门协税护税的积极性和作用尚未充分调动发挥出来。如何采取委托代征、统一扣缴等多种有效方式，扩大试点范围和力度，构建一套较为完善的社会化征管体系，值得我们进一步去认真探索。

5. 征税等级标准长期未调整。近年来，许多地方的城区不断扩大，新的工业开发园区不断涌现，其经济发展势头良好，而与此不相适应的是土地使用税的征收等级及标准往往多年未做调整，上述区域大多处于低征税等级的区域，征税标准远低于老城区，造成老城区与新城区、开发区之间的税负严重失衡。这种因征税等级和标准长期未调整而造成的税负失衡现象非常普遍，显然不能贯彻城镇土地使用税调节级差收入的初衷，也不利于企业之间公平竞争和经济发展。

（三）加强城镇土地使用税征收管理的主要对策

各级税务部门应进一步明确工作职责加强税收宣传，细化工作措施，加强税源管理，加大征收力度，有针对性地采取措施加强征管，不断提高土地使用税征管的精细化水平。

1. 加强税收宣传和政策辅导。组织全局税收管理员学习相关政策，熟悉和掌握辖区内不同地段土地适用的等级税额标准。同时，结合市局对土地使用税征收范围及计税依据的重新调整，加大对外宣传力度，利用大厅公告栏、电子显示屏对调整后的土地等级、税额标准进行公示，并将政策文件及调整后的土地等级和税额新标准的宣传资料分送给纳税人，加强对企业的纳税辅导，多方式多渠道争取社会各界对该税征管工作的理解和支持。

2. 加强动态管理和调查核实。根据当地经济的发展状况，及时申请调整土地使用税的地段等级和税额标准，公平企业税负，使土地使用税真正发挥调节资源配置、提高土地使用效率的作用；充分运用现代化税收管理手段，将已普查清楚的税源底子如应税土地面积、应纳税款、土地座落地、房产原值面积、租赁情况等逐户输入计算机；实行“巡查制”，要求管理员日常加强巡查，对差异户重新输入微机管理，并明确对土地使用税、房产税税源数据库加强严格监控和维护，为今后加强土地使用税征收管理提供良好的条件认真开展征收范围内所有企业土地面积的调查核实工作，要求纳税人提供土地使用证的复印件，填写基本信息并建立台账；同时，调查人员必须核实纳税人的计税依据，必要时采取实地勘测丈量、实地调查，采集相关信息，并针对采集到的土地信息进行重点比对、分析纳税人申报数据是否准确、采集录入信息是否真实

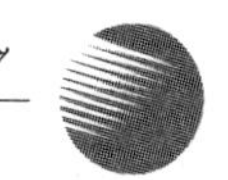

可靠，认真核实，确保数据的准确性。

3. 充分利用信息技术。深化土地使用税覆盖式管理，达到以地管税的目标，各地土地管理部门的地籍资料比较完整、准确、详细。我们应当以地籍资料为基础，以地管税，使土地使用税管理更加细致。首先要取得国土管理部门的配合，利用该部门拥有的电子地图系统数据库资料对全部土地进行覆盖，确定每一宗土地的土地使用证编号、面积、厂区内使用面积、土地使用权所有人详细资料、土地等级、应纳税额等，出租土地应有承租土地使用人详细资料，其次要将电子地图系统的数据库资料定期与纳税申报资料进行比对，及时发现征管漏洞，第三要及时将土地管理部门和城建规划部门的有关资料及时更新到数据库内，这样我们的土地使用税管理水平会得到极大提高。

4. 强化申报严格审核。严格审核纳税人是否按照新的城镇土地使用税标准申报缴纳税款，对未按规定申报和只申报不缴税的纳税人，采取深入调研和发送税务文书责令限期改正等形式，使纳税人依法履行纳税义务，对个别确有困难的企业按规定办理缓缴，确保税款及时足额入库。

5. 加强后续管理和考核。对纳入征收范围内的企业建立跟踪档案，随时掌握纳税人城镇土使用税计税依据的变化，同时建立城镇土使用税纳税人的手工登记账本与电子征管台账，使管理工作进一步到位。在城镇土使用税征期结束后对辖区内的政策执行情况开展专项抽查，以确保土地使用税政策的贯彻执行。同时，将城镇土地使用税的信息采集、调查核实、征收管理等工作纳入年度目标管理考核，重点考核及时性、真实性和完整性，做到工作有计划、有措施、有落实、分步实施，从而进一步调动全局职工认真履职、实施科学精细化管理的积极性。

6. 建立健全委托代征机制。努力构筑社会化综合治税体系，要加强与国土、房产、乡镇政府等的协作，通过开展委托代征、统一扣缴等方式，努力构建土地使用税社会化征管网络，不断探索土地使用税科学化、精细化管理之路。

三、城镇土地使用税现行税制存在的主要缺陷和改革建议

（一）城镇土地使用税现行税制存在的主要缺陷

近两年来，随着我国工业化和城乡一体化建设步伐不断加快，在城镇土地使用过程中也不断出现了新情况和新问题，而现行的城镇土地使用税税收政策已难以适应新的要求，反映出了一些缺陷：

1. 关于征税范围的划分问题。根据《城镇土地使用税暂行条例》（以下简称《暂行条例》）第二条规定：土地使用税的征税范围为在城市、县城、建制镇、工矿区范围内使用土地的单位和个人。国家税务局《关于检发〈关于土地使用税若干具体问题的解释和暂行规定〉的通知》（国税地［1988］15号，以下简称：第15号通知）对土地使用税征税范围又作了如下解释：城市的征税范围为市区和郊区；县城的征税范围为县人民政府所在城镇；建制镇的征税范围为镇人民政府所在地。但是，在实际征收过程中，一是各地对建制镇的征税范围划分不统一。有的地区规定建制镇的征税范围为镇人民政府所在地的村（居委会、街道），不包括所辖的行政村；有的地区规定建制镇的征税范围按行政区划确定，包括所辖的行政村。二是乡镇合并、乡镇更名后征税范围难划分。随着农村乡镇合并，有的乡合并归镇，而有的乡则更名为农业生态园区、矿产资源区、旅游度假区等。由于现行的土地使用税政策，对上述情况如何确定征税范围既不统一又不够明确，不仅造成了地区之间、企业之间的税负不公平，而且使基层税务机关在实际征收中难以执行。

2. 关于纳税人的确定问题。根据《暂行条例》及第15号通知规定：土地使用税由拥有土地使用权的单位和个人缴纳。又据财政部、国家税务总局《关于集体土地城镇土地使用税有关政策的通知》（财税［2006］56号）规定："在城镇土地使用税征税范围内实际使用应税集体所有建设用地，但未办理土地使用权流转手续的，由实际使用集体土地的单位和个人按规定缴纳城镇土地使用税"。但是，在当前农村集体土地使用中通过自行转让，以租代征等形式将农用地转作建设用地的情况比较普遍。一是农村集体经济组织与用地单位和个人签订协议，以一次性收取土地补偿金、青苗费的形式擅自将农用地转让作为建设用地。二是以逐年分期收取土地补偿金、青苗费的形式擅自将农用地出租作为建设用地。三是受让人或承租人将取得的农用地经过"七通一平"、建造围墙或者建设标准厂房后，再出租给生产经营单位和个人，用于生产经营场所。以上不论土地是转让还是租赁，其实质都是在农村集体土地所有权和使用权不变且未依法办理土地使用权流转手续的情况下，自行租赁土地的行为。如一律按照财税［2006］56号文件规定，由实际使用人缴纳土地使用税，在实际执行过程中又产生了新的问题和矛盾。

3. 关于实际占用土地面积的确认问题。根据《暂行条例》第三条规定："土地使用税以纳税人实际占用的土地面积为计税依据"。第15号通知对实际占用的土地面积作了如下解释："纳税人持有政府部门核发的土地使用证书的，以证书确认的土地面积为准，尚未核发土地使用证书的，应由纳税人据实

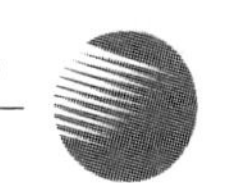

申报土地面积”。但在实际执行过程中，有许多纳税人虽然取得了土地使用权证书，但由于政府拆迁、道路规划等原因，造成土地未能全部交付，或采取逐步分期交付，使纳税人实际取得的土地面积与土地使用权证书的核定土地面积不一致，对于这类情况如何确定应税土地面积目前仍不明确。

4. 关于纳税义务发生时间的确定问题。根据财政部、国家税务局总局《关于房产税、城镇土地使用税有关政策的通知》（财税［2006］186号）规定：对“以出让或者转让方式有偿取得土地使用权的，应由受让方从合同约定交付土地时间的次月起缴纳城镇土地使用税；合同未约定交付土地时间的，由受让方从合同签订的次月起缴纳城镇土地使用税”。根据这项规定，在实际执行过程中存在两个问题：一是如出让或者转让的是耕地就与《暂行条例》第九条第一款：“征用的耕地自批准征用之日起满一年时开始缴纳土地使用税”的规定存在矛盾。二是出让方或转让方在合同约定交付土地的时间内，如果由于政府拆迁等原因，不能按时交付土地或部分土地不能按时交付，如何确定纳税义务发生时间不够明确。

此外，从2002年起各地开始对从事商品房开发的房地产企业恢复征收土地使用税，但至今房地产开发企业在缴纳土地使用税的起止时间上也不统一。如在征收时间上，有的地方规定从取得土地使用权证书的次月起缴纳，有的地方规定以合同约定交付土地时间的次月缴纳等等。在停征时间上，有的地方规定在开发商品房全部竣工验收后，凭国土部门的土地分割证明，不再征收土地使用税；有的地方规定对已售商品房开具销售发票并结转销售收入后不再征收土地使用税；有的地方规定按签定的商品销售合同，自约定的交付日期起不再征收土地使用税；甚至还有的地方规定只要签定商品房销售合同就视同已售商品房就不再征收土地使用税等等。由于房地产开发企业具有占地面积大、开发周期较长的特点，所以，对房地产开发企业缴纳土地使用税的起止时间亟需明确和统一。

5. 关于跨地区使用土地纳税地点的确定问题。根据第15号通知规定：“纳税人使用的土地不属于同一省（自治区、直辖市）管辖范围的，应由纳税人分别向土地所在地的税务机关缴纳土地使用税。在同一省（自治区、直辖市）管辖范围的，纳税人跨地区使用的土地，如何确定纳税地点，由各省、自治区、直辖市税务局确定”。但在实际执行过程中，对总机构与分支机构不在一地的，应由纳税人分别向土地所在地税务机关纳税比较好理解和执行；对在同一个省、市、县（市）范围内跨地区使用土地的都一律向土地所在税务机关申报纳税就难以执行，目前在实际执行中市与县交界处跨地区用地，或在县与县、镇与镇、镇与乡交界处跨地区用地，都是由纳税人向其登记注册地即机构所在地税务机关缴纳土地使用税。在当前市、县、镇“分灶吃饭”的财政体制下，由于对市、县、镇之间跨地区用地的纳税地点不够明确，使土地使用税征收中的矛盾凸显出来，市、县、镇之间相互争抢税源的情况也时有发生。

（二）完善城镇土地使用税现行税制的改革建议

1. 扩大土地使用税的征税范围。随着我国城乡一体化进程步伐的不断加快，以及农村撤乡并镇、乡镇更名等新情况、新问题的出现，为促进土地的节约使用，强化对建设用地的税收征管，建议将城镇土地使用税改为土地使用税，征税范围由原来的城市、县城、建制镇、工矿区扩大到在我国境内所有使用土地的单位和个人（除税法规定免税的单位和个人外），并根据不同地区、不同地段的土地，设置不同类别和不同等级，确定其税额幅度标准，调节土地级差，体现公平税负、合理负担的原则。

2. 进一步明确土地使用税的纳税人。针对当前农村集体土地在不改变其所有权和使用权性质的前提下，普遍存在自行转让或出租集体土地使用权的新情况，以及城乡结合部以经营地产为主要收入来源的“地主”的出现，要区分不同情况，确定其纳税义务人。建议按如下原则确定纳税义务人：即对农村集体经济组织通过自行转让，以租代征或出租等形式，将农用地和尚未利用的土地转让、出租后用于建设用地，以及受让或承租人将取得的农用地经过平整、建设厂房后又进行转让的，但未依法办理土地使用权流转手续的，由最终实际使用集体土地的单位和个人按规定缴纳土地使用税。对农村集体经济组织以及受让或承租人将农用地经过平整、建设厂房后直接用于对外出租的，均由出租的单位和个人按规定缴纳土地使用税。

3. 要合理确定纳税人实际占用土地面积。本着从严掌握和确定纳税人实际占用土地面积的精神，对纳税人持有政府部门核发的土地使用权证书，而实际占用面积大于土地使用权证书核定面积的，以实际占用面积为准，如实际占用面积小于土地使用权证书核定面积的，以证书核定的面积为准；如因城镇规划、厂区外道路建设及公共绿化需要占用纳税人土地使用权证书核定的占地面积的，凭县级及县级以上人民政府出具的证明，可扣除厂外道路、公共绿化占用的面积作为纳税实际使用面积。对纳税人尚未取得土地使用权证书的，以转让或者受让合同核定的土地面积或者纳税人实际取得的土地占用面积为准。

4. 要进一步明确纳税义务发生的时间。针对当前土地使用过程中存在未批先用和先批后用的实际情况，结合财税［2006］186 号文件精神，建议增加

“对纳税人由于政府拆迁等原因，不能按时取得土地的，可凭出让或转让方与受让方签订的延期交付土地的补充协议，从重新约定交付土地的时间次月起缴纳土地使用税。

此外，房地产开发企业取得土地使用权缴纳土地使用税的起始时间应与其他单位和个人规定的纳税义务发生时间相一致。对已销售的商品房不再征收土地使用税的停征时间确定问题，应统一明确为从开具销售发票并结转销售收入的次月起不再征收土地使用税。

5. 要进一步明确纳税人跨地区使用土地的纳税地点。建议对纳税人跨地区使用土地的应区分不同情况确定纳税地点，即对纳税人总机构与分支机构不在一地的，应由纳税人分别向土地所在地税务机关缴纳土地使用税；对纳税人在同一地段而不在同一省（市、县、镇）的跨地区使用土地的，如果纳税人依法办理了土地征用或受让手续，并取得土地使用权证书的，由纳税人向其机构所在地税务机关缴纳土地使用税；如纳税人未依法办理土地征用或受让手续的，由纳税人向其土地所在地税务机关缴纳土地使用税，以防止争抢税源的情况发生。

（课 题 指 导：余清雄
课题组成员：许金宽　杨　芊
郑宇评　吴曲峰）

高新技术企业研究开发费用所得税加计扣除政策效应分析

龙岩市地方税务局课题组

2006 年 1 月 9 日，国家主席胡锦涛在全国科学技术大会上说：“要推动中国经济增长从资源依赖型转向创新驱动型，推动经济社会发展切实转入科学发展轨道”。2006 年 2 月 9 日，中共中央、国务院同时发布决定公布施行的《国家中长期科学和技术发展规划纲要（2006—2020）》中提出，到 2020 年，全社会科技研发经费年投入总量将超过 9000 亿元，投入水平位居世界前列，企业将成为科技创新主体。纲要确定，到 2010 年，全社会研究开发投入占国内生产总值（GDP）的比重将提高到 2%；到 2020 年，这一比例将达到 2.5% 以上。纲要指出，要把提高自主创新能力摆在全部科技工作的突出位置，营造激励自主创新的环境，推动企业成为技术创新的主体，努力建设创新型国家。科技开发投入是科技创新的物质基础，是科技持续发展的重要前提和根本保障。为贯彻落实《国家中长期科学和技术发展规划纲要》精神，鼓励企业自主创新，《企业所得税法》保留了对企业研发费用加计扣除的优惠，并对此项优惠政策作了明确规定。

《企业所得税法》第三十条第（一）项规定：企业开发新技术、新产品、新工艺发生的研究开发费用，可以在计算应纳税所得额时加计扣除。

《实施条例》第九十五条规定：《企业所得税法》第三十条第（一）项所称研究开发费用的加计扣除，是指企业为开发新技术、新产品、新工艺发生的研究开发费用，未形成无形资产计入当期损益的，在按照规定据实扣除的基础上，按照研究开发费用的 50% 加计扣除；形成无形资产的，按照无形资产成本的 150% 摊销。

《实施条例》第九十五条是对《企业所得税法》第三十条第（一）项的

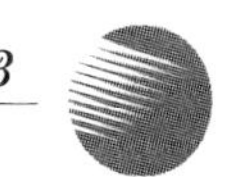

细化规定。这一规定有利于引导企业增加研发费用投入，提高我国企业核心竞争力。

2008 年 12 月 20 日国家税务总局发布《企业研究开发费用税前扣除管理办法（试行）》（国税发［2008］116 号），作为《企业所得税法》及《实施条例》的配套法规，该办法对于企业的研究开发费用可以享受加计扣除的资格以及归集范围均作出了详尽列示，从研发活动、研发活动费用和报送的材料三个方面收紧了研发费用税前加计扣除政策，同时在淡化“三新”概念和规范政策落实程序两个方面，使该项政策更具可执行性。与老政策相比，现行政策有八点变化：一是名称变化，“技术开发费”改称“研究开发费”；二是提升了政策的法律级次，增强了政策稳定性；三是企业如发生年度亏损，允许加计额部分计入亏损总额，留待以后年度在法定年限内弥补；四是企业所得税预缴环节即可享受加计扣除；五是实行“边备案、边抵扣、事后管理”的程序要求；六是简化了加计扣除的程序，如对要求享受研究开发费用加计扣除的企业进行自主立项，而不再要求到政府相关部门进行立项；七是范围上发生了变化，即对于资本化的研究开发费用也允许享受加计扣除；八是研发区域上进行了扩大，即研发费用取消了限制境内的说法。该办法规定了企业从事《国家重点支持的高新技术领域》和国家发展改革委员会等部门公布的《当前优先发展的高技术产业化重点领域指南（2007 年度）》规定项目的研究开发活动，其在一个纳税年度中实际发生的 8 项规定费用支出，允许在计算应纳税所得额时按照规定实行加计扣除。下面，本文就国家重点支持的高新技术领域经认定的高新技术企业研究开发费用加计扣除政策效应进行分析研究。

一、高新技术企业研究开发费加计扣除政策效应的实证分析

（一）高新技术企业和研究开发费用加计扣除政策对我市企业的利好影响

1. 目前我市享受高新技术企业优惠政策的企业情况。2008 年我市高新技术产业企业 121 家，实现总产值 138.2 亿元。截止目前，共有 10 户企业通过省高新技术企业认定机构认定为高新技术企业，并取得高新技术企业证书，其中，由国税征管企业所得税的仅 1 户。

2. 两项优惠政策对我市经济的助推作用。我市高新技术企业和满足加计扣除条件的企业可享受上述优惠政策，能直接减轻企业税收负担，2008

年度减免高新技术企业所得税 25826.49 万元，经税务机关备案可加计扣除的研发费用 8023.74 万元。对于促进我市高新技术发展、吸收外来投资，促进我市企业的产业升级，调整我市的产业结构具有极其重要的意义。特别是当前经济发展遇到一定的困难时，高新技术企业抗经济波动能力要明显高于劳动密集型企业，对促进我市高新技术企业的全面快速发展、提高我市经济的抗波动能力具有不可估量的意义。这点，主要体现在促进企业加大研发投入尤为明显。

企业研发费用加计扣除，就是企业以 100 元的研发投入，可以按 150 元进行税前扣除，按企业所得税税率 25% 计算，企业可以少交所得税 37.5 元，只减少企业税后利润 62.5 元。换句话说，企业以 62.5 元的税后利润减少可以达到 100 元研发投入的效果，即放大了 60%。税前多抵扣了 50 元，就可少交企业所得税 12.5 元，企业的税后利润就多了 12.5 元。企业的研发投入可以减税，必然会激励企业加大对研发的投入。这从我市 10 户高新技术企业的研发费用投入可以得到印证：2005—2008 年度的研发费用的投入分别为 13578.16 万元、18674.15 万元、17976.29 万元、22275.18 万元。经过税务部门备案可加计扣除的研发费用也是呈逐年上升，2006—2008 年度分别为 999.67 万元、2678.85 万元、8023.74 万元。

（二）高新技术企业研发费用加计扣除政策对我市财政收入影响有限

我国要实现提高自主创新能力、建设创新型国家的目标，必须进一步鼓励和引导企业增加研发投入、支持企业更加广泛地开展自主创新活动，从而使企业真正成为技术创新的主体。在现行的税收优惠政策中，研究开发费用税前加计扣除政策的设计就是让企业投入的研究开发费用越多、企业的税前抵扣额越大、其缴纳的所得税就越少，从而形成良性循环，其主要功能就是激励企业加大研发投入。

如果这项政策完全得以落实，将对我国财政收入的征收产生多大影响呢？根据科技部门公布的统计数据，2008 年我市高新技术产业企业 121 家科技经费活动支出为 4.58 亿元，与国内生产总值（GDP）672.85 亿元的比值为 0.68%，经认定的 10 户高新技术企业“三新”（即新技术、新产品和新工艺）的研发支出，即“三新”研发支出为 22275.18 万元。除去不能享受加计扣除政策的部分，可加计扣除的研发费用约为 16800 万元，经税务机关备案加计扣除的研发费用 8023.74 万元（有 4 户企业放弃加计扣除政策，其中 1 户为国税管征企业）。上述研发费用的 50% 的加计扣除额约为 8400 万元，按企业所得税税率 25% 计算，企业可少缴所得税 2100 万元。因企业

所得税是中央和地方按 6∶4 共享，我市财政收入将减少 840 万元。显然，落实加计扣除政策，对我市地方财政收入的影响是不大的。也就是说，研发费用税前加计扣除政策对地方财政收入的影响是非常有限的。

（三）高新技术企业研究开发费加计扣除政策效应的经验分析

在这 10 家高新技术企业进行的调查中，有近 50% 的企业领导，不知道企业研究开发费用可以按 150% 的比例抵扣企业的应纳所得税；有的企业家表示，听说有这样一个文件，但对内容不熟悉，具体怎么操作就更不清楚；有的企业看重的是高新技术企业这块含金量很高的牌子效应，而不考虑加计扣除政策的应用；有的企业本年度的经营效益不理想或出现亏损，不懂得加计扣除政策允许加计额部分计入亏损总额，留待以后年度在法定年限内弥补；有的企业认为加计扣除政策的备案审批复杂，认为已经按 15% 的优惠税率缴纳企业所得税，存在为国家做点贡献是应该的想法。出于种种因素考虑，经认定的这 10 家高新技术企业就有 4 户企业放弃研发费用加计扣除政策，从 2008 年度高新技术企业研究开发项目认定备案的企业数只达 60%

（四）高新技术企业加计扣除政策效应分析的结论

从模型上分析有较好效果的政策在我市的实践中却多少令人失望，在刺激企业的科研投入这一主要导向上，研究开发费用加计扣除政策目前在我市还远未充分发挥其预期作用，这其中有政策制定的漏洞，也有实行过程中的管理差错。

二、高新技术企业研究开发费用加计扣除政策外部效应原因分析

（一）外部效应内在化分析

企业是否投入研发，主要取决于企业应对激烈市场竞争的需要，要在市场竞争中处于主动，必然要加大对新技术、新产品、新工艺的研发投入。然而，研发是有风险的，越是在科技创新价值链的前端投入、越是开发附加值高、竞争力强的新产品，就越需要较大的创新投入，失败的风险相对也越大。从这点上看，科技创新活动具有高收益性和高风险性的特点。

按照我国的税收制度，新产品的附加值越高，企业应缴纳的增值税或营业税就越多；利润越高，企业应缴纳的所得税就越多。如此一来，企业较高的投入、较高的税负，却承担着较大的风险，这就形成了较大的不平衡。决定了企业科技创新收益的不确定性和不连续性，这必然抑制企业的创新欲

望。政府的减税让利，可以在一定程度上降低企业研发的风险、加大企业对研发投入的意愿，从而引导和促进企业加大对研发的投入。实际上，许多企业为了生存、发展，其研发投入并不会因为为了享受税收优惠政策而随意加大。

不过，税收优惠有一个很大的功能，就是引导和促进企业加大对研发的投入，进而促进企业更加规范研发管理。对研发投入实行税收优惠政策，并且设定了一些条件和程序，这些条件和程序，都是根据研发的管理规范进行设定的。企业要享受税收优惠政策，必须符合条件，并按一定的程序提交相应的证明材料，这就引导企业规范其研发活动。研发活动规范了，就会带动产品、工艺、生产、市场、售后等多个环节的规范，也会促进企业对投入产出、知识产权保护等环节的规范，企业的整个创新活动规范了，创新的成功率就能提高。政府便可以获得企业研发投入的信息，企业也可以降低研发投入的风险，并且学习如何进行研发管理。

（二）研究开发费加计扣除虎头蛇尾，政策解读理解不透

造成企业未申报研究开发费加计扣除的主要原因：一是企业对研究开发费加计扣除的政策不了解；二是企业在技术开发费立项后，企业本身不积极，财务怕麻烦，技术部门怕啰嗦，技术开发费没有进行单独核算，无法正确进行费用归集；三是税务部门对于审核确定研究开发费有畏难情绪。

三、高新技术企业研究开发费用加计扣除现存问题及对策

（一）缺乏针对研发风险准备金的相关政策

企业的研究与开发具有高投入、高风险的特点，由于许多不确定因素，在新产品、新技术、新工艺研究和开发的各个阶段都存在着如技术风险、财务风险、管理风险和市场风险等。目前的税收政策并未对企业研究与开发活动中存在的风险予以充分的关注，亦没有制定相应的税收政策帮助企业化解研究与开发活动中存在的风险。

为了有效地解决企业在研究与开发活动中投资高、风险大的问题，应当允许企业特别是目前生产规模不大、但有科技发展前景的中小企业，按其销售收入的一定比例提取研究与开发风险准备金，以弥补研究与开发可能失败造成的损失。对于研究与开发风险准备金应允许企业在税前列支，从税收政策的角度建立起企业科技投资的利益补偿机制，消除企业研究与开发活动在各个环节存在的潜在风险，削弱研究与开发活动的不确定性，增强其收益的

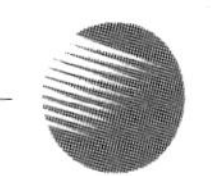

确定性和保障性。但同时也要采取有效措施以确保该准备金用于研究与开发

（二）企业内部的协作不畅

部分企业不急于办理研究开发费用备案手续，总是等到每年年底或次年1～5月汇算清缴期，才由企业的财务部门通知技术部门准备认定材料，进行项目的认定申请工作，并且每次需要的立项文件比较急，使得科技部门审核的时间比较紧促，立项率比较低。有些企业超过了申报时间，自动放弃了享受所得税加计扣除的政策。另外，技术部门往往与财务部门沟通不足，造成研发项目和费用的列支与规定不符，存在多列、漏列现象，导致项目核算费用不准。

因此，整个企业应重视加计扣除带来的节税效应，尽早申请立项，将研发费用的立项核算工作纳入工作日程的重点。科技与财务部门应抽派人手联合负责项目工作。

（三）部分企业的研发机构不健全、研究开发费用划分不清

1. 部分企业的研发机构不健全。由于部分企业未设立专门的研发机构或企业研发机构同时承担生产经营任务的，《企业研究开发费用税前扣除管理办法》要求应对研发费用和生产经营费用分开进行核算，准确、合理地计算各项研究开发费用支出，对划分不清的，不得实行加计扣除。从调查情况上看，有的企业正是由于研究开发费用和生产经营费用划分不清才放弃加计扣除政策的应用。

根据这项规定，为了准确核算研发费用，用足用活加计扣除，避免不必要的涉税风险，企业应尽量成立研发机构。如果不成立专门的研发机构，一些研发费用和生产经营费用很难分清的项目，如果划分不清，则可能失去加计扣除的机会。特别是研发和生产经营过程中同时消耗的材料、燃料和动力费用，以及研发人员如果同时从事生产经营的话，其工资、薪金、奖金、津贴、补贴项目，就很难准确、合理地计算出研究开发费用的具体支出。如果成立专门的机构，专职的人员、专门的仪器设备，则可以很明显地分清可以加计扣除的研发费用。对研究开发费用实行专账管理，就可以准确归集填写年度可加计扣除的各项研究开发费用实际发生金额。

另外，《企业研究开发费用税前扣除管理办法》要求企业在一个纳税年度内进行多个研究开发活动的，应按照不同开发项目分别归集可加计扣除的研究开发费用额。即使成立专门机构，多个开发项目的费用归集就有一定的难度，而如果多个开发项目分布于多个机构的话，举证、归集、核算的难度将进一步加大，环节也将增多，如果稍有失误，就可能使整个项目核算不准

确，从而影响了加计扣除优惠的享受。从调查情况上看，10 家经认定的高新技术企业 2008 年度以前在一个纳税年度内进行多个研究开发活动的企业，由于《企业研究开发费用税前扣除管理办法》文件下发较迟，均未能将不同开发项目分别归集可加计扣除的研究开发费用额，很大程度上影响研究开发费用加计扣除政策的全面贯彻。

2. 研发费用核算指标不足。由于《工作指引》设定的研发费用核算范围与会计准则不一致，企业在进行研发费用核算的时候存在极大的障碍，无法明确研发费用的归集。《工作指引》设定的研发费用包括：企业为实施研究开发项目而购买的原材料等直接投入、科技人员工资、执行研究开发活动而购置的仪器和设备以及研究开发项目在用建筑物的折旧费用、设计费用、装备调试费、因研究开发活动需要购入的专有技术所发生的费用摊销、委托外部研究开发费用。办公费、通讯费、专利申请维护费、高新科技研发保险费等其他费用。在财务核算中，“研发费用”会计科目记载的与研发活动相关的新产品设计费、新工艺规程制定费、图书资料等前期投入和专利申请费用。企业在财务核算时对在研发活动中直接消耗的材料、燃料和动力费用列入“制造费用”或“生产成本”；从事研发活动的在职人员工资列入“应发工资”科目；专门用于研发活动的有关折旧费列入“制造费用”，因研究开发活动需要购入的专有技术所发生的费用摊销计入“无形资产摊销”，这些支出都与非高新技术项目混合在一起。企业在申请高新技术企业时填报的研发费用数据是从各个会计科目中筛选剔除，无法真正准确核算，甚至有的企业为了达到《认定办法》规定标准，编造虚假数据。《企业研究开发费用税前扣除管理办法》规定，研究开发费用的明细应包括：新产品设计费、新工艺规程制定费以及与研发活动直接相关的技术图书资料费、资料翻译费；从事研发活动直接消耗的材料、燃料和动力费用；在职直接从事研发活动人员的工资、薪金、奖金、津贴、补贴；专门用于研发活动的仪器、设备的折旧费或租赁费；专门用于研发活动的软件、专利权、非专利技术等无形资产的摊销费用；专门用于中间试验和产品试制的模具、工艺装备开发及制造费；勘探开发技术的现场试验费；研发成果的论证、评审、验收费用。同时，高新技术企业认定标准的研究开发费用归集与税法规定加计扣除的研究开发费用关联性不大。

根据《企业研究开发费用税前扣除管理办法》第十条规定，企业必须对研究开发费用实行专账管理，并将各种研究开发费用项目按照办法规定准确归集实际发生额。申报的研究开发费用不真实或者附报资料不齐全的，不

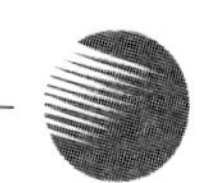

得享受研究开发费用加计扣除，主管税务机关有权对企业的申报额进行合理调整。

因此，需要建立规范的企业研究开发费账目，以及相应的研发管理制度和财务管理制度，以便于税务部门核定研究开发费的支出，避免对企业的税收加计扣除带来影响。

（四）研发费用费用化或资本化选择存在避税空间

企业对研究开发费用的加计扣除可以根据职业判断进行费用化或资本化处理，即企业为开发新技术、新产品、新工艺发生的研究开发费用，未形成无形资产计入当期损益，进行费用化处理；形成无形资产的，计入资产账户，按规定年限进行分摊。《企业所得税法》对于资本化的研发费用也允许享受加计扣除的税收优惠，其基数为相关资产的摊销额，按照《暂行条例》第六十七条规定，自行研发的无形资产摊销期为10年，即研发费用加计扣除政策可以在10年内享受，对于费用化的研发费用，加计扣除如果形成亏损可以享受5年。结合过渡期税收优惠政策，特区新办高新技术企业“三免三减半”，西部地区鼓励类企业“两免三减半”的优惠，对于研发费用集中发生在投产初期的企业可能利用研发费用化或资本化选择做一定的选择，存在一定程度的避税空间。

（五）利用研发费用避税的考虑

利用研发费一直以来是关联企业进行避税的主要方式之一，其主要包括以下两种形式：一是委托开发：即关联企业一方委托另一方进行研发，包括实验，技术开发等，按照新所得税政策相关政策，对委托方而言可以享受加计扣除优惠，对受托方而言可以享受技术转让所得免税或者其他技术类优惠。二是合作开发：即关联企业在集团层面进行某项技术的联合研发，进而共同享受该项技术带来的预期效益。如《企业所得税法》第四十一条第二款，以及《企业所得税法实施条例》第一百一十二条，对企业与其关联方共同开发、受让无形资产，或者共同提供、接受劳务发生的成本，在计算应纳税所得额时应当按照独立交易原则（成本与预期收益相配比的原则）进行分摊，防止进行利润转移。

同时由于新所得税法取消了在中国境外发生的研究开发费用这一限制，围绕研发费开展的避税活动将是今后一段时间主要方式之一，从技术创新角度，如果真能创造出新产品、新技术、新工艺，并且这种产品、技术、工艺的知识产权归属于中国企业，其避税的结果可以看作是国家对于企业技术创新的支持，但如果实际并不是这样，必然需要加以限制，从企业而言这种关联企业间的开发也必须遵循这些原则。

因此，要求企业及时建立高新技术企业关联企业及关联业务往来台账，对关联业务往来价格、费用标准等实行备案管理。拓宽关联交易管理信息来源渠道，加强关联交易行为调查，审核关联交易是否符合独立交易原则，防止企业利用关联方之间适用所得税政策及盈亏情况的不同而转移定价和不合理分摊费用。同时，国家应抓紧制定出台相关的限制措施加以规范。

（课题指导：李钰福
课题负责：陈寿福
执　　笔：谢宪仪）

项目带动战略对地方税收的影响和效应简析

三明市地方税务局课题组

一、项目投资与经济税源的关系

地方经济的振兴和发展，离不开经济资源的供给和投入。投资增长首先引起经济增长，通过经济增长来影响税收收入增长；反之，就没有经济和税收的增长。

(一) 项目投资的作用与功能

项目投资对地方经济发展的作用主要表现在：社会固定资产投资能力增强、规模扩大，优化区域经济的资源配置，加速产业结构调整和升级，创造更多的就业机会，增强综合竞争力。其已成为我国国民经济运行的重要组成部分和新的增长点。项目投资还具有以下功能，一是开拓外部市场，有利于当地的资源进入国内和国际市场循环圈；二是带来技术、知识和设备，提高当地资源产品的附加值和市场竞争力；三是吸引当地所缺乏的资金，使资源的转化成为可能。图 1、表 1 为 2006—2008 年三明市地方税收与 GDP、固定资产投资的关系。

表 1　2006—2008 年三明市 GDP、固定资产投资及地税税收收入情况

单位：亿元、%

年份	GDP	增长（%）	固定资产投资	增长（%）	地税税收收入	增长（%）
2006	448.52	13.1	241.29	46.6	16	24.6
2007	545.69	15.4	363.14	50.5	20.4	27.5
2008	666.92	14.2	512.47	41.1	24.7	21.3

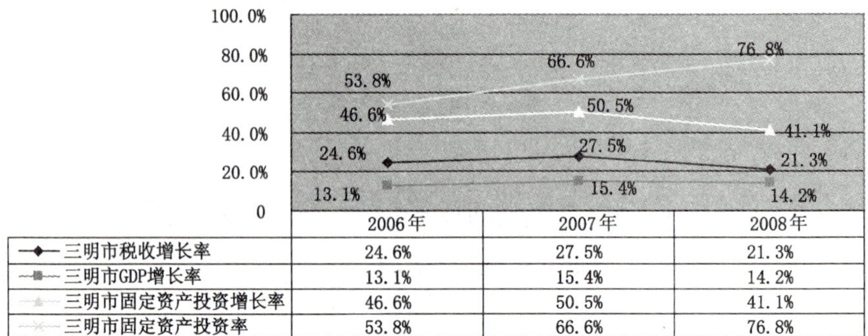

	2006年	2007年	2008年
三明市税收增长率	24.6%	27.5%	21.3%
三明市GDP增长率	13.1%	15.4%	14.2%
三明市固定资产投资增长率	46.6%	50.5%	41.1%
三明市固定资产投资率	53.8%	66.6%	76.8%

图 1　近年地方税收与固定资产投资趋势图

（二）项目投资拉动经济快速增长

作为发展中国家，我国经济发展与项目投资增长关系极为密切，项目投资增长是拉动经济发展的重要推动力。三明市经济发展进程同样印证了这一点：当经济增长快时，投资增长较大，地方税收增长也快；当经济增长较慢时，投资增长小甚至出现负增长。如“十一五”的这三年时间里，2007 年我市全社会固定资产投资增长 50.5%，同年 GDP 增长高达 15.4%（可比价，下同）；2008 年全社会固定资产投资增长 41.1%，同年 GDP 增长 14.2%。可见，项目投资的增长对经济增长的影响是直接的，对增加经济税源作用明显。

（三）项目投资拉动地方税收收入规模扩张

从地方税种结构看，除所得税与 GDP 的相关性比较间接外，流转税中营业税及附加的城建税，与 GDP 中二、三产业基本对应，相关性较高；财产与行为税如房产税、土地增值税、城镇土地使用税、车船使用税、印花税等主要对财富存量征税，与 GDP 没关系，但对地方税收贡献率大，投资增长越大，财富存量也就越大，地方税收收入也就越大。从表中可以看出，地税税收收入和固定资产投资二者的增长趋势吻合，这说明固定资产投资增速直接影响地税税收收入增速，近三年随着我市投资规模的不断扩大，尤其是房地产开发投资以年均 65.6% 的速度递增为我市地方税收持续快速增长奠定了良好的基础。

二、“十一五”以来我市实施项目带动战略的基本情况

“十一五”以来，我市围绕实施项目带动战略的决策部署，充分发挥三

明在“海西”建设中的“前锋、基地、枢纽、支撑”作用，以科学发展观为指导，深入开展项目建设，进而推动全社会固定资产投资、地区生产总值（GDP）和地方税收持续快速增长。

2006—2008 年我市共安排市级重点项目 356 个，年度计划投资共计 309.5 亿元，年度共计完成投资 331.41 亿元，占计划投资的 107.1%，其中省级重点项目 153 个，完成投资 235.36 亿元，占总完成投资额的 71%，全市共有 156 个项目建成投产或部分投产，项目工作跃上新台阶，项目带动成效凸显，见表 2。

表 2　　2006—2008 年三明市重点项目情况　　单位：亿元、%

年度	重点项目（个）		总投资	年度计划投资	年度完成投资		占全社会固定资产投资比重（%）
	合计	其中：省级项目			合计	其中：省级完成投资	
2006	90	42	657.43	80	91.81	65.34	38
2007	127	56	684.63	106	108.9	79.52	30
2008	139	55	863	123.5	130.7	90.5	25.5
合计	356	153	2205.06	309.5	331.41	235.36	29.7

（一）基础设施环境不断改善，交通基础设施建设不断推进

基础设施是融入海峡西岸经济区建设的先决条件，3 年来，我市交通运输等基础设施建设显著改观，2006—2008 年，我市重点项目中交通设施完成投资达 115.55 亿元，占全市重点项目完成投资总额的 34.9%，高速公路投资为我市经济腾飞添翼，三年里，第一条出省快速通道京福高速公路三明段全线建成通车，泉三高速公路全面动工，永武、永宁高速公路等重大交通项目前期工作进展顺利。

（二）产业结构逐步优化升级

通过项目带动，我市产业结构不断优化，三次产业结构比由 2006 年的 22.8：41：36.2 调整为 2008 年的 20.8：47.8：31.4，第一、三产业的比重有所下降，第二产业比重提高了 6.8 个百分点，这也充分肯定了“十一五”期间我市加大交通在建项目及工业改扩建项目的投资力度对我市二产比重逐步加大所作的突出贡献。

（三）固定资产投资逐年快速攀升，带动了就业和人民生活水平的不断提高

在重点项目建设的强劲支撑下，固定资产投资速度递增，2006 年，全

社会固定资产投资突破200亿元，2007年突破300亿元，2008年突破500亿元，3年增长幅度均达四成以上，年均增长高达46%。几年来，重点项目充分发挥了增加就业的作用，吸纳了大量的劳动力参与工程建设，增加了城乡居民收入，而且在项目建成投产后，特别是一大批交通项目、工业项目、农业产业化项目在建及建成投产后，为广大城乡居民创造了大量的就业机会，缓解了就业压力，促进了农村劳动力的转移，繁荣了城乡市场，促进人民生活水平稳步提高。

（四）重点项目税收收入持续增长

重点项目建设在拉动地方经济发展的过程中起到重要的作用，重点项目税收也越来越成为地方税收增收的重要来源。据统计，“十一五”以来的前三年全市重点项目为我市带来2.64亿元的税收收入，其中2006年为7289万元，2007年为8736万元，2008年为10385万元，占全市税收收入的比重基本保持在4.3%左右，为我市重点项目建设的再投入提供了强大的财力保障，也为三明经济社会持续快速协调发展作出了有力贡献，见表3。

表3　三明市“十一五”以来重点项目税收收入情况　单位：万元

年度	税收收入									占全市税收收入比重（%）
	合计	其中：交通	能源	农林水	工业	社会事业	商贸服务	城建环保	预备项目	
2006	7289	3168	1326	239	1318	89	12	588	547	4.5
2007	8736	5697	765	285	1073	93	175	471	177	4.3
2008	10385	6609	306	498	1012	392	375	953	240	4.2
合计	26410	15474	2397	1022	3403	574	562	2012	964	4.3

（五）“4+1”产业成效显著

我市在实施项目带动战略过程中，坚持资源型产业与非资源型产业、基础性与生产性项目并举。通过项目投资调整产业结构，优化资源配置。重点培育冶金、林产加工、机械、采矿和生物医药等“4+1”产业，成效初显。“4+1”产值从2006年的256.65亿元增加到2008年的562.78亿元，地方税收收入由2006年的2.25亿元，增加到2008年的3.86亿元，占总税收比重由2006年的14%上升到2008年的15.6%，提高1.6个百分点，成为我市的支柱产业。

三、我市实施项目带动战略中存在的主要问题

（一）项目产业结构不尽合理，规模、质量偏低

近年我市重点项目仍以基础设施建设和资源开发为主，作为推动经济持续增长和地方财力增强的源动力的产业项目相对滞后，缺乏龙头项目的支撑使经济发展的内在动力不足，缺乏连续性，制约了产业发展水平的提升；项目主要以外延式的扩大再生产为主，而科技创新带动产业升级的项目少。各级政府在调整产业结构时，应重视生产要素的配置效率，促进生产要素向效率更高的产业、部门转移；从产业的比较优势中，努力增强自主创新能力、推进产业升级，从而实现自然资源、资本、劳动力、技术、管理、信息等各生产要素的重组融合，不断提高生产要素的配置效率。

（二）区域间产业趋同，比较优势弱化

项目带动战略主要是以固定资产投资拉动为主，消费环节主要是中间消费，对最终消费的推动尚显不足；而且投资拉动主要是以政府为主导，区域间容易产生重复建设、攀比，造成产能过剩，投资推动经济发展的边际效应持续下降。如：近期许多地方分别提出建设稀土产业和光伏产业等。我们认为，区域经济布局上要把握非均衡生产的原理，根据资源、经济基础等客观条件的差异，建立形成差别化、特色化的产业，形成自身的比较优势和竞争优势，确保地方经济持续、均衡发展。

（三）产业聚集平台有待加强

目前，各地均成立工业园区或工业小区，但有一定规模和上下游产业链配套的工业园区有限，一园多区现象普遍。由于园区规模小，基础设施配套存在不完善和滞后，设有集中供热和污水处理的园区十分有限。同时园区开发主体单一，资金过多依赖于财政，开发资金明显不足，民间资金参与度不够。

（四）经济结构调整尚需加强

在经济快速发展时，政府与企业对调整经济结构，加快产业升级的意愿不积极；经济下滑时，政府急于维持现状，力促经济稳定，对调整经济结构，加快产业升级的意愿是心有余而力不足，企业资本持币观望，谨慎投资。

同时，我们认为实施项目带动战略应注重：一是以市场为导向，优化社会资源的配置，充分体现经济、社会和生态效益有机结合，实现人与自然的和谐；二是谋划全局，统筹安排。重视培育统一开放的市场体系，统筹协调产业发展规划和社会保障机制构，为加快发展提供新的动力。

四、目前我市实施项目带动战略对地方税收的影响

（一）壮大地方税收总量

我市经济发展主要是通过投资与消费拉动。全社会固定资产投资的规模和速度影响着我市经济发展和地方税收的总量和增幅水平。几年来，通过项目带动战略的实施，我市固定资产投资进入快速增长期，重点项目相继开工建设并投产运营，有力地推动全市经济持续快速发展，形成一批我市重点税源企业和地方税收增长的重要力量。近年我市地方税收屡创佳绩，一年一个新台阶：2006 年突破 16 亿元，2007 年突破 20 亿元，2008 年突破 24 亿元，三年间税收收入实现近翻一番。税收收入的快速增长提高了地方税收的贡献率，增强了地方政府参与国民收入分配的能力。

同时，重点项目具有一定的辐射和放大效应，带动相关的配套行业形成产业聚集；从而提高就业、地方经济和税收的增长。

（二）征管力度和强度不足

税收征管质量和水平影响税收增长潜力。由于项目增多且规模不一，地税部门往往只注重对重点项目和项目中建筑安装工程的实时监控和管理，而忽视对项目在实施过程中全方位、多角度的征管。缺乏对项目投资进行有效系统地评估，在摸清税源结构和新增长点，做好税收预测方面还有待加强和完善，并有针对性地提出征管措施和流程。同时随着重点项目的建成、投产、正常运营发展，纳入地方重点税源监控的企业越来越多，对地税部门的人员素质和信息应用水平提出了更高的要求。

（三）投资税收效应的滞后性和持续性

项目投资从立项、设计、考察、建设到投产各环节需要有一定的投资期，而其投资产生的税收效应则相对滞后，对当年甚至之后的一两年时间内无法形成税收或少量形成税收，如近三年来我市重大基础设施项目中泉三高速公路建设年限从 2005 年开始，当年完成投资达 6.6 亿元，占项目总投资的 7.7%，但当年仅实现税收 20 万元。此外，重点项目整个过程对经济和税收的促进作用是持续和逐步放大的，虽然大多重点项目产生的直接税收属一次性税源，对地方税收的持续增长影响较大，但它对金融、运输、服务等相关产业发展所产生的间接税源有一定带动作用。同时，消费型增值税的实

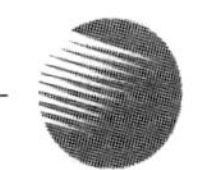

施进一步延长了投资税收效应释放时间。

五、实施项目带动战略，促进地方税收可持续发展

（一）围绕税源抓项目，围绕效益给扶持

发展离不开财力保障，要确保地方税收快速增长，进而为地方经济发展提供充实的财力保障，必须按照区域产业规划，积极引进并培植、扶持对地方经济发展有利的重点项目，逐步提高地方税收贡献率。地税部门可通过实施项目带动战略过程中的“有为”导向，在提高地方经济和税收总量，增强地方可支配财力的同时，为地方税收事业发展拓宽空间。我们认为实施项目带动过程中要做到：扶持放在明处，该缴的税收足额缴纳，该承担的社会责任认真履行，该给予的支持统筹协调。

具体说来，我们认为地税部门不仅可提供优质、便捷的服务，全面落实税收优惠；更重要的是要介入到项目投资过程中的决策和参与谈判，测算税收贡献和财政成本，从而影响地方政府项目投资导向。如：我们可对开发区或者项目投资中引进的新办企业在经营一定时间后进行全方位的纳税评估（税收贡献率、销售收入、利润率等），进而对项目投资成本进行重新评估，向市委、市政府提供项目投资相关评估数据，建议项目投资的新举措、新目标。

当然，我们要顺应落实科学发展观和建设海峡西岸经济区的大背景，注重项目投资的可持续发展，防止关注短期效应而忽视长期社会与经济效益。统筹规划好地方经济和税收的巩固和可持续发展工作，实现项目带动战略作为地方经济长期、稳定、可靠、巩固的税收支点，以此助推把三明建成“海西”中心城市的发展目标，促进地方税收与三明经济同步协调发展。

（二）突出工业，提升工业

从三次产业角度上看，发展地方经济：一是全力发展第一、二产业，确保该产业有良性运行机制；二是通过一、二产业的发展来带动第三产业，并主动引导、鼓励、扶持各种资本对第三产业的投资，稳步提高第三产业占GDP的比重。2008年我市三次产业分别是20.8：47.8：31.4，相应的地方税收占比分别为0.9%：39%：60.1%。其中，第二产业中工业占比27.3%，比全省平均水平高6.8%。

目前我市工业存在行业和产品结构单一，缺乏规模效益，产品档次低，资源型企业比例偏大；工业整体竞争力不强，围绕资源发展深加工、延伸产业链的重点项目不多，可持续发展的压力较大。近期国务院通过了《关于支持福建省加快建设海峡西岸经济区的若干意见》（以下简称《意见》），提出要按照优化开发、重点开发、限制开发和禁止开发的不同要求和不同领域的功能定位，多方面多角度进行合作交流、保障、协调、特色和先行先试的指导思想。《意见》要求福建要以生态省建设实现人与自然的和谐，生态环境优化，资源利用率提高，人居环境明显改善，可持续发展能力显著增强。这为我市经济提供了巨大的发展空间和难得的发展机遇，对进一步贯彻实施我市“工业强市、生态立市、科教兴市、开放活市”的发展战略和“强化主轴、壮大两翼、‘块状’推进、连片发展”的区域发展布局，以及“突出工业、提升工业，加强农业、做特农业，培育三产、搞活三产”的产业发展思路提供了发展契机和挑战。虽说对我市现有工业有阵痛，但可以从根本上解决我市工业发展后劲和产业转型长级不足的问题，集中体现了新型工业化的发展道路。

面对新形势、新任务和新要求，前期市委、市政府制定并颁布了《振兴三明工业行动计划》。该计划着眼于科学发展，突出产业板块，推动工业从外延向内涵发展，从粗放型到集约型发展，促进产业集聚，提升产业水平，实现工业强市的目标，是三明工业发展方式的重大转变。通过实施《行动计划》，从工业率先突破，立足特色形成产业集聚，充分发挥“永安—三明—沙县”的区位优势，提高区域核心竞争力和强化主轴财税实力，全面提升工业发展水平。其主要围绕八大产业进行资源、行业、产业和资产整合，初步策划了177个重点工业项目，预期投资480多亿元，重点是打造6个产值规模超百亿的“产业板块”。如果这批项目能够全部实现，今后4年内可拉动全市工业增长1.23倍，每年可拉动增长22%以上，新增工业产值1080亿元。通过测算，此项计划的实施并带动相关产业的发展可实现地方税收8.38亿元，极大地提高地方经济的发展空间、聚财能力和税收贡献率。

当前，在沿海地区出口下滑，土地、人员成本高居不下，产业升级转型的影响下，部分产业转移已成趋势。我市应抓住有利时机，以“泉三”高速公路全线通车为契机，主动承接和引导沿海地区产业向我市投资转移，重点要引进符合国家产业政策规定，有利于发挥资源优势、有利于产业做大做强、有利于产业链延伸拓展的项目，从而形成我市新的产业集中地和增长点。

（三）抓住机遇，大力发展第三产业

从三次产业的税收贡献率来分析，第三产业最高，第二产业次之，第一

产业最小。这一方面是税收制度的因素所在；另一方面是地税部门加强税源管理，拓展地方税收政策作为空间所影响的。同时也应看到第二产业具有放大效应，可带动第三产业的协调发展。

近年来，我市第三产业持续快速发展、总体规模不断扩大，已成为地方税收的主要税源。其发展规模、结构变化对地方税收有着举足轻重的影响。从行业发展现状看，三明市传统行业如批发零售贸易、餐饮业、交通运输业等发展稳定；房地产业、旅游业、社会服务业等现代服务业发展速度加快且有增长潜力；文化体育、会展和中介服务成为第三产业中的新兴行业。

诚然，我市第三产业发展也存在不近人意的地方：占地区生产总值（GDP）的比重还较低，2008 年是 31.4%，低于全省平均水平 5.79 个百分点；行业结构有待突破，现代服务业特别是现代物流业和信息咨询业等相对落后；区域间协调发展仍需改善。

2008 年，我市已经把市区摆在“海西”中心城市来谋划，把支撑点放在产业发达、交通便捷、生态优越、和谐文明的绿色工贸城市来定位。如何加快第三产业发展已摆在我市经济的突出位置。在促进我市三次产业协调发展上，市委、市政府提出：要着力促增长，继续强化工业的支撑作用，全面提升工业发展的质量和效益；着力调结构，积极发展第三产业；着力抓好农民增收和农业生产。在发展第三产业方面，我局从有利于提高地区生产总值（GDP）、就业和地方税收贡献率的角度积极建言，要依托一、二产业的发展，大力发展交通运输、现代物流、金融服务、技术研究和开发、信息服务及商务服务等生产性服务业。我们认为，现代物流业对于转变发展方式，推动产业结构调整具有重要作用。现阶段，我市应以加快发展现代物流业为重点。从培育物流市场和发展现代物流企业入手，促进企业内部物流社会化，发展第三方物流。要创造条件将物流业分离出来进行整合，加快建设“海西”金属材料制品市场、汽车综合服务区、会展中心等生产性服务业项目，也可以通过剥离，各自形成或联合组建为企业配套的物流企业。地税部门应认真落实好服务业发展的相关税收优惠政策，通过税收杠杆的调节，促进生产性服务业反哺工业，为现代服务业发展助力，推动服务业与工业共同发展。

（四）主动作为，加强征管

随着项目带动战略的实施，我市企业规模和数量不断的扩大和增多，这给税收征管质量和效率提出了新的要求。近年来，我市主要通过“项目管理”和“以票控税”相结合的机制，对项目建设税收进行实时控管，有效地确保地方税收及时足额入库。诚然，目前项目投资的税收管理模式还有待改进和完善：税收征管较为被动，项目实施全过程未纳入征管体系，投产后税收监控转移不顺畅，完税审验不完整，信息化网络平台缺位等。为切实加强重点建设项目地方税收管理，统一管理模式，规范管理行为，提高征管质效，挖掘增收潜力，根据税务总局提出的税收征管科学化、精细化、规范化的要求，今年我们提出在全市范围内推行“四位一体”的税源管理体系，加强税源变化情况、政策效应情况的分析，加强经济税源的监控、税收执法质量的考核，做到税源现状和走势心中有数，征管措施及时跟进到位，切实提高税收征管的质量和效率。

对投资额在限额（如1000万元或视情况自行确定）以上项目投资，从立项、征地、设计、建设、投产运行等各个环节涉及地方税收各项均应纳入地税部门统一管理，明确职责，分级分层抓好落实。在协调好发改委、经贸局、国土局和工商局基础上做好信息采集、档案建设、调查统计分析、发票管理和纳税评估检查等工作。对重大建设项目实行委托代征、集中管理的办法。同时要依托信息网络平台对项目立项、投资额、建设与承建单位、工程进度、纳税申报等信息进行系统分析比对、处理，实现项目信息增值共享、集成互联和实时监控。项目建成投产后，地税部门应将项目投资从“项目管理”状态过渡到正常税务管理状态。

（五）盘活民间资本，拓展投资渠道

活跃的民间投资是扩大内需、拉动经济增长“生力军”。2008年，我市规模以上工业中的非公有企业数达1203家，占全市规模工业企业数的87%；实现产值479.16亿元，增长34.2%，拉动全市规模工业增长17.6个百分点。当前经济发展的不确定因素仍然较多，我们应加大对民间资本的扶持力度，放宽政策，开放市场减轻民营企业负担；引导民间企业发展壮大。近期为贯彻落实中央关于加快建设海峡西岸经济区和保增长、保民生、保稳定的决策部署，在进一步鼓励和扩大民间投资方面，我省出台了《关于进一步鼓励和扩大民间投资的若干意见（试行）》。《意见》中对民间投资采取法律上“非禁即入”的原则，推进公平准入，实行同等待遇；提出了民间投资领域、行政审批、用地、融资渠道、税收优惠和行政收费等优惠政策，鼓励民营企业提升产业层次，增强发展后劲，在参与市场竞争中占有领先地位。

（六）扩大就业渠道，推进城镇化进程

实施项目带动战略过程中，在农村劳动力转移问题上应立足现实、着眼

长远，从体制安排上解决目前农村劳动力外出务工过程中离乡不离土、进城未转移的现象。随着国家调整国民收入分配与再分配格局（医疗、社保、房产等）的推行，将逐步解除进城务工农民的后顾之忧，使他们实现真正意义上的农村人口向城镇转移，促进城镇化进程。目前省政府出台政策，解决夫妻、子女户籍落户问题，体现以人为本执政理念，有助于发挥人力资源优势。我市应解放思想，突破观念束缚，“先行先试”，力求制度创新，实现人力资源梯次配置、合理流动。

（课 题 指 导：黄小平
课 题 负 责：符夷杰
课题组成员：刘两传　王明明
执　　　笔：潘益强　黄子艳）